# 우리 기업을 위한
# 미국소송 실무가이드

법무법인(유한) 태평양

## US LITIGATION GUIDE
## *for* KOREAN COMPANIES

박영사

# 머리말

  법무법인(유한) 태평양은 우리 기업의 미국소송 대응에 도움을 드리기 위하여 국제 분쟁 및 미국소송 절차에 관한 전문성을 바탕으로 2016년 처음 '우리 기업을 위한 미국소송 가이드'를 발간하였습니다. 이어서, 2018년에는 그 후속으로 특허권 관련 국제 분쟁 증가 추세에 따라 특허 관련 분쟁에 관한 내용을 심화하여 '우리 기업을 위한 미국소송 가이드 - 특허 분쟁 편'을 펴낸 바 있습니다.

  위 가이드의 발간 이후 많은 한국 기업들로부터 미국소송에 관한 이해, 사전 및 사후 대응에 큰 도움을 받았다는 긍정적인 평가가 이어졌고, 아울러 미국소송과 관련하여 실무적인 측면에 보다 중점을 둔 서적을 발간해 달라는 꾸준한 요청이 있었습니다.

  한편, 우리 기업의 해외 사업 규모가 갈수록 급격히 증가함에 따라, 일반적인 미국소송 실무와 특허 분쟁 소송 실무 외에도 국제통상 분쟁, 공정거래 소송, 집단 소송(class action) 등 여러 분야의 미국소송 실무에 관한 세부적인 가이드 발간에 관한 필요성 또한 크게 증가하였습니다.

  이에 법무법인(유한) 태평양의 관련 분야 전문가들은 미국소송과 관련된 내용들을 실무자의 입장에서 보다 쉽게 이해할 수 있도록 구체적인 예시 등을 통해 설명하면서, 우리 기업들이 익숙하지 않은 다양한 형태의 미국소송에 관하여 실무에서 유용하게 참고할 수 있도록 '우리 기업을 위한 미국소송 실무가이드'를 새롭게 발간하게 되었습니다.

  '우리 기업을 위한 미국소송 실무가이드'는 우리나라와 여러 측면에서 차이가 있는 미국의 소송절차를 국내 기업의 실무자들이 기본부터 각 분야별 고유한 절차까지 한 권의 가이드로 이해할 수 있도록 구성하였고, 특히 국제무역위원회(ITC)의 국제통상 분쟁 조사 및 공정거래 소송 실무, 집단소송 실무 등의 전문적인 사항에 관해서는 별도의 장을 할애하여 서술하였습니다.

제1장에서는 미국소송 절차의 기본 절차, 국내 소송과 차이점이 있는 배심재판절차 및 증거개시절차(discovery), 송달 및 집행 등 실무에서 필요한 사항들을 설명하고, 제2장에서는 아직 국내 기업들에게 익숙하지 않은 각 분야별 미국소송 실무에 관하여 상술하였습니다. 이와 관련하여 특허침해소송 및 특허무효심판 실무, 국제무역위원회(ITC)의 지식재산권 침해조사 및 심결 절차, 반덤핑 및 상계관세, 세이프가드 조사 및 구제조치 등 국제통상 분쟁 관련 절차, 공정거래 소송 실무 및 연방거래위원회(FTC) 및 미국 법무부(DOJ)의 관련 절차를 상세히 설명하여 실무에서 편리하게 참고할 수 있도록 하였습니다. 또한, 증권관련집단소송법 외에는 아직 국내 도입이 되지 않은 집단소송 절차와 관련하여 미국에서의 실무를 개관하고 각 분야별 실례를 소개하여 점차 위험성이 증가하고 있는 국내 기업의 미국 집단소송 대응에도 도움을 드리고자 하였습니다. 특히, 제3장에서는 미국소송을 효과적으로 관리하는 데 참고할 수 있도록 로펌 선정 등 전략적, 실무적인 관점에서의 미국소송 관리 및 대응 방안을 수록하였습니다.

이번에 공저자로 참여한 국제중재소송그룹, 공정거래그룹, IP그룹의 전문가들은 미국소송 등 해외 분쟁, 지식재산권 분쟁, 공정거래 분쟁, 국제무역위원회, 연방거래위원회 조사 절차 등 관련 분야에 탁월한 전문성과 다양한 경험을 가지고 있으며, 실제 관련 절차를 수행하며 느낀 고객들의 실무적인 애로사항 및 문의 사항을 최대한 반영하여 이번 가이드를 준비하였습니다.

법무법인(유한) 태평양은 '우리 기업을 위한 미국소송 실무가이드'가 국제적으로 위상을 드높이고 있는 우리 기업들이 효과적이고 성공적으로 미국소송 등 다양한 국제 분쟁에 대응하는 데 실무적인 도움이 되기를 진심으로 희망합니다.

2022년 11월

# 차 례

## 제1장  미국소송 개관

## 제 2 장　　분야별 미국소송 실무

# 제3장 효과적인 미국소송 관리와 대응 전략

# 미국소송 개관

# 한국 기업과 미국소송

　미국에 진출하는 한국 기업 또는 미국 기업과 거래하는 한국 기업의 수가 증가하면서, 한국 기업이 미국 법원에서 진행되는 소송의 당사자가 되는 사례 또한 꾸준히 늘고 있다. 특히 미국 시장에서 직접 사업을 하는 경우뿐 아니라, 직접적인 관련성이 없는 경우라 하더라도 여러 가지 상황에서 미국 법원에서의 소송에 휘말리게 되는 경우도 종종 발생한다. 예를 들어, 미국에서 판매되는 물건의 부품을 한국에서 생산하는 회사는 그 부품을 직접 미국으로 판매하지 않더라도 지식재산권 침해나 제조물 하자 등을 이유로 미국 법원에서 제소당할 가능성이 있다. 또한 미국 규제당국(예, 국제무역위원회)이 국내 수출기업을 조사하는 경우, 미국에 수출하는 회사뿐만 아니라 그 기업의 계열사나 협력업체까지 조사 범위가 넓어지는 경우도 있다. 한편, 미국에서 사업을 하는 한국 기업간에도 미국 시장이 매우 중요하여 미국 법원을 선택하여 분쟁을 시작하거나 규제당국을 통해 대규모의 법적 이슈에 노출되는 상황까지 벌어지기도 한다.

　이렇게 다양한 형태로 미국 법원에서 제소를 당하거나, 미국 규제당국의 조사를 받는 국내 기업이 늘고 있는데도, 미국소송 절차나 조사 절차에 대한 이해가 부족한 탓에 적절한 대응 기회를 놓쳐 결국 분쟁에서 패소하는 안타까운 상황이 종종 벌어지기도 한다. 다른 한편으로는 적극적으로 미국에서 소송을 제기할 필요성이 있는 사안에서도 미국소송 절차와 구체적 진행 방향을 충분히 이해하지 못하여 이를 전략적으로 활용하지 못하는 경우도 발생한다.

　미국의 소송절차는 한국뿐만 아니라 전세계 많은 국가들(특히 우리나라와 같은 대륙법계 국가들)과 큰 차이가 있다. 미국 규제당국의 조사절차는 말할 것도 없다. 소송절차를 예로 들자면, 한국의 민사소송에서는 소장이 제출되고 그 부본이 송달되면 1개월 내에 답변서가 제출되어야 하고, 이후 여러 차례 준비서면을 교환하고 법관이 변론 기일을 열어가며 당사자들의 주장과 입증을 통해 실체적 진실을 점진적으로 발견해 나가는 접근 방식을 취한다. 반면 미국의 민사소송에서는 증인신문, 문서제출 등을 당사자들이 직접 주도하면서 사실을 발견(fact finding)해 나가는 방식을 취한다. 이러한 과정을 증거개시절차, 즉 디스커버리(discovery)라고 한다. 이렇게 증거개시절차가 당사자간에 이루어지고 나면, 배심재판(jury trial) 또는 법관재판(bench trial)을 통하여 사실적·법적 쟁점에 대한 결론이 내려진다. 증거개시절차를 거치는 동안 당사자들은 해당 사건의 승패를 점칠 수 있게 되고, 이 때문에 상당수의 사건들이 판결 선고 전에 조정, 화해(settlement), 취하 등의 방식으로 종결되기도 한다.

특히 미국소송에서 배심재판은 형사소송뿐만 아니라 민사소송에서도 이용된다. 단순한 개인간의 상사계약 분쟁에서부터 복잡한 지식재산권 관련 재판까지, 해당 법원이 관할하는 지역에서 선정된 비법률가들이 사실 판단을 내리는 것이다. 법적인 훈련을 받지 않은 사람들에게 복잡한 법적 사안을 쉽게 설명해야 하므로, 쟁점을 쉽고 효과적으로 배심원 앞에서 주장하는 것이 송무 변호사의 중요한 임무가 된다. 나아가, 외국 기업은 배심원이 외국 회사에 대한 편견을 갖고 있을 가능성도 고려해야 되므로, 미국소송을 진행하는 한국 기업의 입장에서 배심재판의 준비는 그리 간단한 문제가 아니다.

미국에서 활동하는 기업(또는 언제라도 미국소송에 휘말릴 가능성이 있는 기업)이라면 미국소송에서의 증거개시절차나 배심재판의 특징이 무엇이며, 이러한 절차들이 구체적으로 어떻게 진행되는지 이해할 필요가 있다. 그러나 국내에 소개되어 있는 자료들은 미국소송에 대하여 아주 개괄적인 설명에 그쳐서, 우리 기업이 미국소송에서 반드시 맞닥뜨리는 절차들을 구체적으로 설명하는 내용은 찾아보기 어려우므로, 이 책에서는 한국 기업이 알아야 할 미국소송의 기본적인 진행 형태와 주요 쟁점에 대해서 설명하고자 한다.

뿐만 아니라, 최근에는 미국 국제무역위원회(ITC)에서 진행되는 미국 내

물품 판매에 관한 분쟁(소위 제337조 절차)에 한국 기업이 관여하는 경우가 급격히 늘어나고 있다. 국제무역위원회는 전통적으로 미국에 물품을 수출하는 한국 기업을 상대로 반덤핑, 상계관세, 세이프가드, 지식재산권 침해제품의 수입 금지 등과 같은 무역구제 시스템을 운영하여 왔는데, 이 또한 한국 기업이 안정적인 미국시장 진출 과정에서 반드시 대응하여야 할 절차이다. 이 책에서는 국제무역위원회의 국제통상 분쟁 조사절차에 대해서도 주요 내용을 기술하였다. 마찬가지로 미국 공정거래 당국 역시 한국 기업을 상대로 섭외조사를 실시하고 있으므로, 해당 절차에 대해서도 주요하게 다루었다.

이 책은 크게 세 개의 장으로 나뉜다. 제1장에서는 미국 사법시스템 전반에 대한 소개와 함께 구체적인 미국소송 절차에 대하여 설명한다. 제2장에서는 분야별 미국소송 실무를 다루는데, 구체적으로 특허침해소송(제1절), 국제무역위원회의 지식재산권침해조사(제2절), 특허무효심판(제3절), 국제무역위원회의 통상분쟁 조사(제4절), 미국 공정거래 소송 실무(제5절), 집단소송 실무(제6절)를 다룬다. 그리고 제3장에서는 효과적인 미국소송 관리와 대응전략을 통해 가장 효율적인 미국소송 대응 방법을 구체적으로 제시하고자 한다.

참고로, 이 책에 나오는 미국소송상의 용어들은 가능한 한 한국사법체계에 맞게 그 용어를 환원하려고 시도하였으나, 근본적인 법 개념과 절차의 차이로 인해 어쩔 수 없이 의미 차이가 있음을 밝혀둔다. 국문 번역보다는 영문 원문을 그대로 사용하는 것이 의미전달에 더 용이하다고 판단한 경우에는, 국문 번역 없이 영문 용어를 그대로 사용하였다.

# 미국소송 절차

## Ⅰ. 미국 법원의 구조

미국은 한국과 달리 연방정부(federal government)와 주정부(state government)로 이원화되어 있으며, 사법부(judicial branch) 또한 연방법원(federal courts)과 주법원(state courts)으로 나누어져 있다.

연방대법원(U.S. Supreme Court)은 미연방헌법 제3조 제1항에서 명시적으로 설립을 규정하고 있다. 그러나 연방 하급심 법원들은 연방의회가 제정한 별도 법률에 근거하여 설립되었다. 연방대법원을 포함하여 연방법원의 판사들은 대통령이 지명하고 연방 상원(Senate)의 동의를 받아 임명된다.[1] 현재 연방 사법 시스템에는 제1심 법원의 역할을 수행하고 있는 94개의 연방지방법원(U.S. District Court)과 연방행정법원(U.S. Court of Claims), 연방무역법원(U.S. Court of International Trade), 연방파산법원(U.S. Bankruptcy Court, Bankruptcy Appellate Panels), 조세법원(U.S. Tax Court) 등이 존재한다. 이들 1심 법원의 결정에 관한 항소심은 총 13개의 연방항소법원(U.S. Courts of Appeals)이 항소심을 담당한다.[2]

---

1) 28 U. S. C. §§ 41–49; 28 U. S. C. §§ 81–144.
2) 한편, 국제 지식재산권 분쟁과 관련해서는 미국 연방지방법원 이외에도 미국 국제무역위원회가 아주 중요한 분쟁해결 기관으로 활용되기도 한다. 사법부에 속하는 연방무역법원과 달리 국제무역위원회는 워싱턴 D.C에 소재한 대통령 직속의 준사법 행정기관으로, 대외무역이 미국 국내의 생산·고용·소비 등에 미치는 영향에 관한 모든 요인을 조사하고, 수입으로 인한 미국 내 산업피해의 조사와 판정을 내리고, 나아가 "수입금지(exclusion)"에 의한 구제조치를 내린다. 국제무역위원회에서는 연방법원에서 인정하지

연방항소법원은 서킷(circuit)이라고 불리는 항소관할에 있는 하급심 법원에서 올라오는 항소심 사건을 담당한다. 이러한 서킷은 현재 11개의 지역 순회항소법원(regional circuits)과[3] 미국의 연방 수도인 District of Columbia (D.C.) 법원에서 내려진 판결에 대한 항소심을 담당하는 D.C. 연방항소법원(U.S. Court of Appeals for the D.C. Circuit), 연방무역법원·행정법원 등에서 올라오는 항소심을 다루는 연방순회항소법원(U.S. Court of Appeals for the Federal Circuit)을 더하여 총 13개 서킷이 있다. 이러한 연방항소법원의 재판에 대한 상고 사건은 연방대법원에 관할이 있다. 아래 그림은 이러한 연방항소법원들의 관할을 지도에 표시한 것이다.

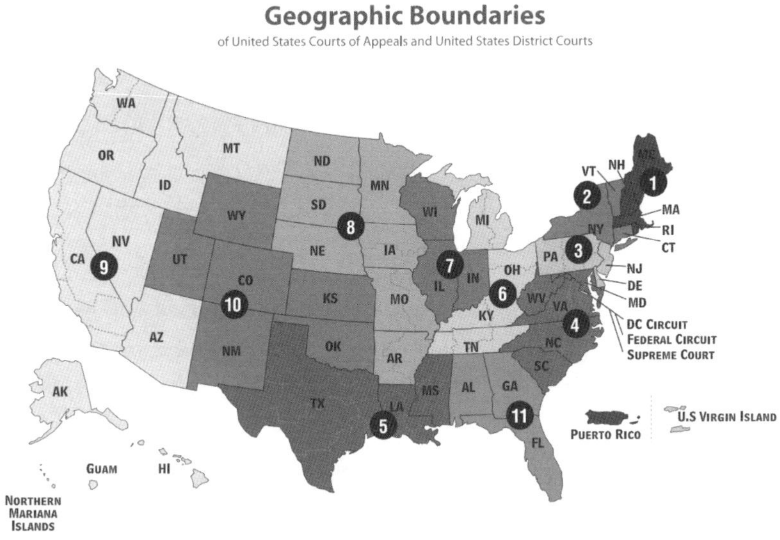

**Geographic Boundaries**
of United States Courts of Appeals and United States District Courts

[그림 1] 연방 항소법원 관할[4]

---

않는 전문증거도 증거로 받아들일 만큼 절차가 유연하고, 분쟁절차의 진행도 연방법원 소송절차에 비하여 빠르다. 미국 기업이 미국 내로 제품을 수출을 하고 있는 한국 기업을 상대로 공격을 할 때 많이 활용되고 있다.

3) 여러 주들을 "Circuit"이라는 이름의 11개의 구역으로 묶어서 분할하고, 각 구역의 이름을 숫자로 할당하여 이들 지역의 연방항소심을 담당하는 법원들을 각각 제1순회, 제2순회 연방항소법원(U.S. Court of Appeals for 1st Circuit, 2nd Circuit, … )등으로 부른다.

연방법원이 다룰 수 있는 사건의 종류는 크게 (1) 연방 및 주에서 제정한 법률의 위헌심사, (2) 연방법이나 미국이 대외적으로 체결한 조약이 적용되는 사건,[5] (3) 외교관 및 연방 정부 공직자를 상대로 하는 사건, (4) 서로 다른 주민(州民, state citizen)들 간의 분쟁,[6] (5) 해사 사건(admiralty law case), (6) 파산 사건 등이다. 이 중에서 한국 기업이 연방법원에서 소송을 하게 되는 사건은 위 (2)와 (4)에 해당되는 경우가 많다.

한편 미국 50개 주에는 각 주마다 제정된 주헌법에 근거하여 주법원이 설치되어 있고, 이들은 서로 상이한 명칭과 법제 하에서 운영되고 있다. 따라서 그 구조와 기능을 일반화하기는 어려우나,[7] 주법원들은 대부분 연방법원과 마찬가지로 3심제로 운영되고 있다.[8] 다만, 각 주마다 각급 법원의 명칭이 다르므로 유의해야 한다. 예컨대, 뉴욕주에서는 1심 지방법원을 Supreme Court 로 부르며 이 Supreme Court가 62개 카운티마다 존재한다.[9] 그리고 이 62개 카운티들을 4개 지역으로 묶어 각 지역을 관할하는 4개의 항소법원이 존재하는데, 이들은 Appellate Division으로 불린다. 그리고 대체로 Appellate Division에

---

4) United States Courts, USCourts.Gov, https://www.uscourts.gov/about-federal-courts/federal-courts-public/court-website-links (2021. 6. 30. 마지막 방문).

5) 일반적으로 이를 일컬어 강학상 "federal-question 관할"이라고 부르는데, 원고가 제기한 소가 미합중국연방헌법(U.S. Constitution), 조약 및 연방법의 적용과 관련된 민사소송인 경우를 말한다.

6) 일반적으로 이를 일컬어 "이주민(異州民)간 민사소송관할 (diversity jurisdiction)"이라고 하는데, 소송의 당사자들이 서로 다른 주에 적(citizenship)을 두고 있거나 서로 다른 국적(nationality)을 가지고 있는 민사소송의 경우, 주법(state law)이 적용되는 사건이라고 하더라도 연방법원에서 소를 제기할 수 있다. 이러한 이주민간 민사소송관할은 연방헌법의 위임을 통해 연방의회가 제정한 Judiciary Act of 1789에 의해서 만들어졌는데, 현행 Judiciary Act에 따르면 이주민간 민사소송관할이 성립하기 위해서는 청구금액이 75,000달러를 초과(exceed)해야 한다.

7) 주법원의 판사들의 임명 방식도 선출(election), 임명(appointment) 등 주 마다 다르다.

8) 괌(Guam)이나 브리티시버진아일랜드(British Virgin Island) 등과 같은 미합중국영역(territories)들은 주가 아니기 때문에, 독자적인 법원체계를 갖추고 주법원과는 다른 사법체계를 가진다. 예를 들어, 괌법원은 2심제로 운영된다.

9) 마치 State Supreme Court가 주 최고법원을 가리키는 것 같지만, 최고법원은 Court of Appeals라는 별도의 명칭을 가지고 있다. 워싱턴주에서는 주 1심법원을 Superior Court 이라고 부른다.

서 상고된 사건을 다루는 뉴욕주의 최고법원은 New York State Court of Appeals이다.10)

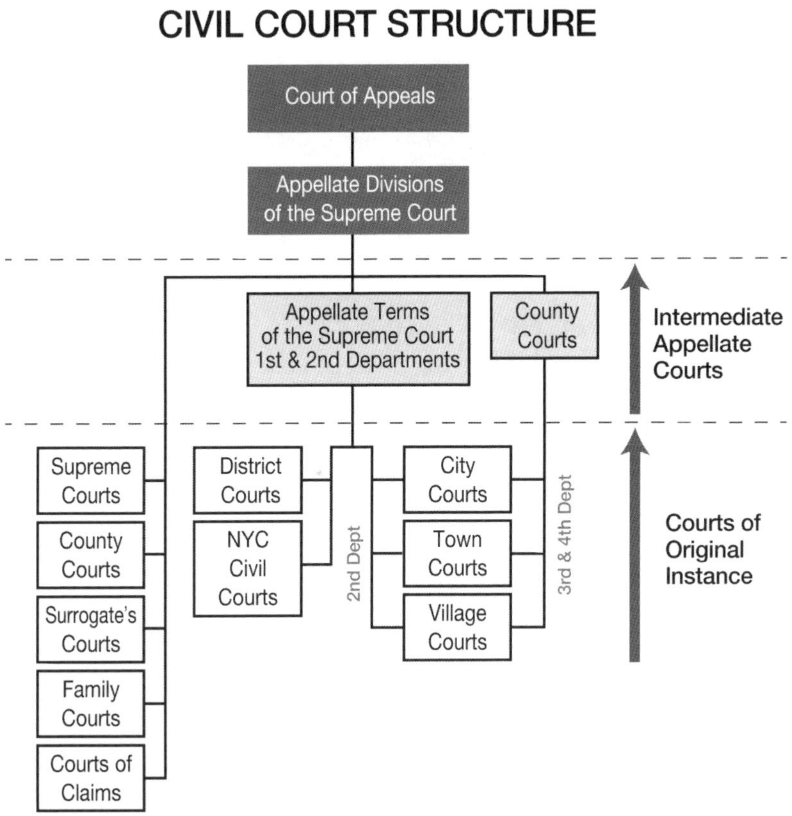

# CIVIL COURT STRUCTURE

[그림 2] 뉴욕법원의 구조11)

주법원은 연방법원 전속 관할 사건(예컨대, 연방법 적용사건, 특허사건 등)을 제외한 모든 사건에 대하여 관할을 가진다. 따라서 계약위반에 따른 손해배상

---

10) 한편, 소규모 행정단위에서의 특정 사안(교통법규위반, 소액심판 등)을 다루는 법원이 별도로 존재하기도 하는데, 주 지역법원(municipal court)이나 소액심판법원(small claims court) 등이 대표적이다.

11) The Courts – General Information, NYCourts.gov, https://www.nycourts.gov/courts/structure.shtml (2021. 11. 05. 마지막 방문).

이나 불법행위 등과 같은 민사소송은 주법원에 제기되는 경우가 많다. 연방법원과 주법원의 관할이 겹치는 경우도 적지 않은데, 이 경우 원고는 어느 법원에서 소를 제기할 것인지(피고는 사건을 다른 법원으로 이송 신청할 것인지) 선택해야 한다.

## Ⅱ. 미국소송 절차의 개요

연방법과 주법은 민사소송의 구체적인 절차와 명칭을 약간씩 다르게 규정하고 있기 때문에, 연방법원 소송절차와 주법원 소송절차는 일부 다른 점이 있으나, 전반적인 소송의 흐름이나 모습은 대체로 비슷하다. 대략적인 모습은 아래와 같다.

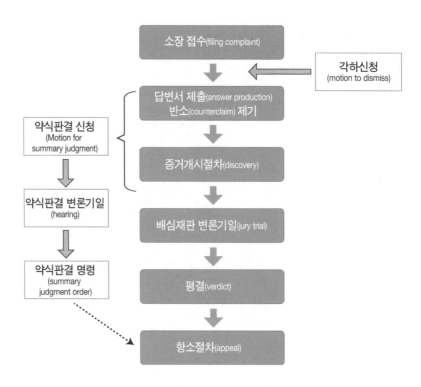

[그림 3] 미국소송 절차의 일반적인 순서

민사소송을 시작하기 위해서는 먼저 원고(plaintiff)가 자신이 입은 민사적 피해에 대한 법적 구제를 요청하면서 그에 대한 사실적·법률적 근거 등을 간략히 설명하는 소장(complaint)을 연방지방법원 또는 해당 주의 관할 지방법원12)에 접수(filing)하여야 한다.

접수된 소장은 소환장(summons)과 함께 피고(defendant)에게 송달(service of process)된다. 이 때에 구체적인 송달 절차는 관련 주법 내지 연방법에 상세하게 규정되어 있다.

소장이 송달되면, 피고는 직접(*pro se*)13) 또는 소송대리인을 통해 응소(appearance)해야 한다. 관련 민사소송 규칙에 규정된 기간 내에 응소하지 않을 경우, 법원은 원고의 신청으로 변론을 거치지 아니하고(즉, 무변론으로) 원고 전부승소 판결을 내릴 수도 있는데, 이러한 판결을 무변론판결(default judgment)이라고 한다. 따라서 피고는 소장을 송달받는 즉시 변호사와 상의하여 신속하게 대응해야 한다.

미국소송에서는 소송절차 전반에 걸쳐 모션(motion)이라는 다양한 신청절차가 있다. 예를 들어, 소송 초반 소장에 대한 답변서(answer) 제출 전에, 법원으로 하여금 소를 각하시켜 달라고 요청하는 각하신청(motion to dismiss)이 대표적이다. 간단한 소송의 경우 이러한 신청절차를 통해 조기에 소송이 종결될 수도 있으나, 그렇게 간단하게 소송의 승패가 결정되는 경우는 상대적으로 드물다.

---

12) 예컨대 워싱턴주의 Superior Court나 뉴욕주의 Supreme Court, 연방법원 중 Federal District Court 등이 지방법원에 해당한다. 대체로 이들 법원은 계약위반에 따른 손해배상이나 불법행위 등과 같은 민사사건들에 대하여 일반적인 관할권(general jurisdiction)을 행사할 수 있다. 물론 이들 법원 이외에 소송이 최초로 개시될 수 있는 법원에는 주 차원에서 family court, small claims court, juvenile court, municipal court 등이 있을 수 있고, 연방 차원에서 연방조세법원, 군법원(Court Martial), 연방무역법원 등이 있을 수 있으나, 여기서 이러한 특수한 사법 절차 등에 설명은 생략한다.

13) 28 U.S.C. § 1654 ("In all courts of the United States the parties may plead and conduct their own cases personally or by counsel as, by the rules of such courts, respectively, are permitted to manage and conduct causes therein.") 참조. 그러나 대부분의 연방·주법원 소송에 참여하는 법인(corporation)에 대해서는 변호사 강제주의가 적용되어 반드시 대리인이 선임되어야 한다. *Rowland v. California Men's Colony*, 506 U.S. 194 (1993) 참조.

소장과 답변서를 주고 받은 이후, 각종 신청을 통하여 소송이 조기에 종결되지 않으면 소송은 계속 진행되고, 마침내 "디스커버리(discovery)"라고 불리는 증거개시절차로 이어진다. 증거개시절차는 일방 당사자가 상대방에게 서면질의(interrogatory)를 보내거나, 녹취증언(deposition)을 진행하거나, 증거문서를 제출(document production)하라는 등의 요청을 통해서 이루어진다.

이렇게 증거개시절차가 진행되는 동안 원고와 피고는 간간이 법원에 모여 소송진행상황에 관하여 함께 논의하고, 다툼이 있는 부분에 대해서는 법원의 판단을 구하기도 하는데 이러한 종류의 회의를 일컬어 기일전 회의(pre-trial conference)라고 부른다.

미국소송에서 많은 시간과 비용이 증거개시절차에 투입되는데, 이로 인하여 당사자들에게 상당한 경제적 부담과 압박이 가해진다. 따라서 이 절차가 진행되는 도중 많은 사건들이 화해(conciliation)나 조정(mediation), 또는 합의(settlement) 등을 통해 종결된다.[14]

증거개시절차가 끝나고 나면 해당 사건의 사실관계가 대체로 파악되므로, 앞서 언급한 것을 전제로 일방 당사자가 약식판결(summary judgment)을 신청하는 경우가 많다. 약식판결을 신청하는 당사자는 사실관계에 다툼이 없으므로 배심재판 없이 판사가 직접 본안판단을 내려달라고 신청(summary judgment motion)하게 된다. 약식판결 신청이 받아들여지지 않거나, 화해 등을 통해 소송이 종결되지 않으면, 소송은 변론절차(trial)로[15] 이어진다.

미국 민사소송의 재판절차는 배심재판(jury trial)의 형태로 진행되는 경우

---

14) 소송이 개시되어 재판절차까지 지속되는 사건들의 비율은 상당히 낮은 편이다. 예컨대, 2019년 통계에 따르면 민사소송 사건이 접수된 이후 재판절차까지 진행되어 종결된 사건의 비율은 0.7%에 그친 것으로 집계되었다. Table 4.10-U.S. District Courts, Civil Judicial Facts and Figures (Set. 30, 2019), United States Courts, USCourts.Gov., https://www.uscourts.gov/statistics/table/410/judicial-facts-and-figures/2019/09/30 (2021. 6. 30. 마지막 방문) 참고.

15) 일반적으로 미국소송에서 "Trial"이란 배심재판이나 법관재판에서와 같이 사실증인에 대한 신문이나 증거 제출 등을 통해 사실심이 이루어지는 집중심리 절차를 일컫는 것이 보통이다. 이는 한국 법원에서 소송 절차 전반을 가리키며 사용하는 용어인 "재판" 보다는 다소 협소한 의미이다. 따라서 여기에서는 미국소송에서 배심재판 내지 법관재판에 의한 집중심리 절차를 지칭하는 용어로 "변론절차" 내지 "변론기일"을 사용한다.

가 많다. 도산, 압류, 해사사건 등과 같이 법관재판(bench trial)으로 진행되는 경우도 있으나,[16] 배심재판은 헌법상 보장된 권리이므로[17] 원고가 이를 포기하지 않는 이상 배심재판이 요구(demand for jury)되는 경우가 대부분이다. 물론 원고가 배심재판을 적극적으로 요구하지 않는 경우에는 법관재판으로 진행될 수 있다.[18] 배심재판을 위한 배심원단(jury)이 선정되고 나면 판사, 당사자, 소송대리인, 배심원, 증인 등이 모두 모여 재판을 진행한다. 재판절차에서는 원고측과 피고측 소송대리인들이 증인들에 대한 신문을 하고, 이어서 배심원의 평결(verdict)이 이어진다. 비법률가로 이루어진 배심원들은 '합리적인 사실판단자(reasonable trier of fact)'로서 법리가 아닌 사실관계(fact)에 관해서만 심리한다. 따라서 양측 소송대리인은 각종 증거와 변론을 통해 배심원 앞에서 사실관계에 관하여 주장한다. 이 때 판사는 법원규칙(court rule)에 따라 재판을 주재하고, 배심원들이 발견한 사실관계에 적용해야 할 법리를 설명하여 배심원들로 하여금 최종적인 평결을 내릴 수 있도록 도와주는 역할을 한다.

배심원단이 평결(verdict 또는 배심재판이 아닐 경우에는 판사의 판결, 즉 judgment)을 내리면, 이에 대하여 불복하는 일방 당사자는 같은 판사에게 '평결과 다른 판결(judgment notwithstanding the verdict 또는 JNOV이라고 한다)'을 내려줄 것을 신청하여 판사 직권으로 다시 판단해줄 것을 요구하거나, 법원이 평결을 판결의 형태로 내리는 즉시 이를 상급 법원에 항소(appeal)하기도 한다.

이하에서는 소송의 개시부터 불복 절차까지 조금 더 구체적으로 살펴본다.

---

16) *In re Cavender*, 2017 WL 8218841, at *11 (Bankr. N.D. Ill. Nov. 27, 2017) ("no right to a jury trial for a claim of nondischargeability in bankruptcy"); *FDIC v. Sextant Dev. Corp.*, 142 F.R.D. 55, 58 (D. Conn. 1992) ("no right to a jury trial in a foreclosure proceeding"); Fed. R. Civ. Pro. 38(e) ("no right to a jury trial for federal admiralty or maritime claims.").

17) *Baltimore & Carolina Line v. Redman*, 295 U.S. 654, 657 (1913); *Parsons v. Bedford*, 28 U.S. (3 Pet.) 433, 446-48 (1830).

18) Fed. R. Civ. P. 39(b).

# III. 소송의 개시와 관할 법원

## 1. 주법원 vs. 연방법원

미국의 사법체계는 주법원과 연방법원으로 이원화되어 있기 때문에, 원고는 어느 법원에 소를 제기할 것인지를 먼저 결정하여야 한다. 이를 위해서는 사건의 성격에 비추어 법원의 종류, 관할, 재판적 등이 면밀히 고려되어야 한다. 예컨대, 물품매매계약에 관하여는 각 주가 제정한 물품매매(sale of goods) 관련 법률도 있고, 물품매매계약 관련 손해배상청구도 주법원에 제기되는 경우가 많다. 그러나 물품매매계약 관련 사건이 연방법원에서 진행될 수도 있다. 원고와 피고가 서로 다른 주(또는 국가)의 주민(국민)이고,[19] 손해배상의 청구금액이 총 75,000달러를 초과할 경우에는 연방법원에 소를 제기하는 것이 가능하다.[20] 이때 연방법원은 해당 소송의 절차적인 부분에는 연방법을, 실체적인 부분에 대해서는 주법을 적용하게 된다.[21] 한편, 이렇게 이원화된 법률 적용 시에는 무엇이 절차적 문제이고 무엇이 실체적 문제인지와 같은 복잡한 쟁점이 있을 수 있다.[22] 이처럼 특정 법원이 어떠한 사안에 대해서 재판을 진행할 수 있는 권한을 물적관할(subject matter jurisdiction)이라고 하며, 연방법원과 주법원은 물적관할이 다르다.

한국 기업이 미국 법원에서 소송을 제기하는 경우에는 서로 이주민(異州

---

19) 법인인 당사자의 주적(州籍, state citizenship)을 판단할 때는, 해당 법인의 설립지(state of incorporation)와 주된 영업지(principal place of business)가 어디인지를 모두 확인해야 한다. 법인의 인적관할에 대하여는 아래에서 따로 다룬다.

20) 28 U.S.C. §1332.

21) 다른 주 주민간의 분쟁에서 어느 주법을 적용하는지에 관하여는 상당히 복잡한 저촉법(conflict of laws) 원칙을 따르는데, 이 책에서는 다루지 않는다.

22) 예를 들어 연방법원에서 이주민(異州民) 간 소송(소위 "diversity action")이 진행될 경우, 제척기간(statute of limitation)에 대해서 연방법을 적용할 것인지 주법을 적용할 것인지에 대한 문제가 있을 수 있다. 이주민간 소송의 권리행사기간과 관련된 법은 실체적인 사안과 관련된 것으로 보아 청구원인(cause of action)의 근거가 되는 '주법(state law)'을 적용하는 것이 일반적이기는 하나, 여기서 다시 파생되는 여러 가지 쟁점들에 대해서는 연방법과 주법이 달리 적용된다(American Jurisprudence Trial, 4 AMJUR TRIALS 441 참조).

民)간 민사소송관할(즉, diversity 관할)이 성립하여 연방법원과 주법원 모두에서 물적관할이 인정되기도 하는데, 이때에는 소를 제기할 법원 한 곳을 선택하여야 한다. 국제소송의 경우 서로 다른 국적의 당사자가 참여하여 국제조약에 따른 송달절차나 증거수집절차 등이 적용되는 경우가 많다. 국제소송절차는 대체로 주법원보다는 연방법원 판사들이, 그리고 국제거래가 활발하게 이루어지는 주법원의 판사들이 그렇지 않은 주의 판사들보다 더 익숙한 경우가 많다. 원활한 절차 진행을 위해서는 이러한 법원별 특성도 고려할 필요가 있다.

## 2. 관할(jurisdiction)과 재판적(venue)

연방법원과 주법원 간의 선택과는 별개로, 소를 제기할 법원의 지리적 위치도 중요하다. 주법원 소송이든 연방법원 소송이든, 과연 어느 주(state)에서 소송을 할 것인지, 해당 주의 여러 법원들 중 어느 법원에서 소를 제기할 것인지도 고려해야 한다.

주법원에서 소를 제기하고자 하는 원고는 해당 법원이 원고와 피고에 대하여 관할이 있는지 살펴보아야 한다. 이는 앞서 설명한 물적관할과는 구분되는 개념으로, 인적관할(personal jurisdiction)이라고 한다. 일반적으로 피고가 개인일 때는 어느 특정 주의 주민(州民, state citizen) 또는 거소자(domiciled)이거나, 그 주와 상당하고 계속적인 연관성(significant and ongoing contacts)이 있는 경우에는 주법원의 인적관할이 인정되고,[23] 기업의 경우는 해당 주와 계속적이고 체계적인 연관성(continuous and systematic affiliation)이 있는 경우 주법원의 관할이 인정된다.[24] 또는 피고와 해당 주 간에 최소한의 연관성(minimum contact)이 존재할 경우 이에 근거하여 인적관할이 인정되기도 한다. 따라서 피고의 본사가 원고와 다른 주에 설립되어 있다고 하더라도, 원고의 주에 있는

---

23) 피고가 해당 주의 주민 내지 거소자가 아니라고 하더라도, 피고가 해당 주에 어떠한 계기로 잠시 머무르는 동안 소장이 적절히 송달된다면 주법원의 관할이 성립하는 경우도 있으므로, 이러한 측면 역시 전략적으로 고려될 수 있다. 이러한 관할을 일컬어 "tag jurisdiction"이라고 한다(*Burnham v. Super. Ct. of Cal.*, 792 N.E.2d 987 (2003) 참조).

24) *Bauman v. DaimlerChrysler Corp.*, 576 F.3d 1088, 1098 (9th Cir. 2009).

영업소를 통해서 또는 해당 주의 주민들을 상대로 영업행위를 하였거나 불법행위 등을 한 경우에는, 대체로 해당 주법원의 인적관할이 인정된다.[25] 최소연관성(minimum contact) 기준은 각 주마다 법률(소위 "long-arm statute"라고 함)이나 판례에 따라 다르게 적용된다.[26] 한편, 피고의 자발적인 동의(consent)에 근거하여 인적관할이 인정되기도 한다. 예컨대, 피고에 대한 법원의 인적관할에 명시적으로 동의를 표시하거나, 송달된 소장에 자발적으로 응소(appearance) 또는 반소(counterclaim)를 하는 경우, 계약을 통해 특정 법원의 인적관할에 사전 합의하는 경우 등이 있다.[27]

연방법원의 인적관할은 그 연방법원이 위치해 있는 주의 주법원 소송에 적용되는 원칙을 준용한다.[28] 예를 들어, 뉴욕주에 있는 연방지방법원들은[29] 인적관할을 판단함에 있어 뉴욕주법상의 인적관할 기준을 적용한다.[30] 따라서 뉴욕주에 있는 연방법원에서 소를 제기하기 위해서는 뉴욕주법상의 인적관할 성립여부를 살펴볼 필요가 있다.

위와 같이 관할에 대하여 검토한 후에는, 해당 주 내에 위치하고 있는 여러 연방법원·주법원들 중 어디에서 소송을 진행할 것인지 결정해야 한다. 예컨대, 워싱턴주(State of Washington)는 39개의 카운티(county)마다 1심 법원의 역할을 하는 주 지방법원(Superior Court)이 한 개씩 위치하고 있다. 뉴욕주는 62개

---

25) 이때, 해당 주를 특정하지 않고 이루어지는 단발성 물품 판매에 관한 소송에 대해서는 인적관할이 성립되지 않는다고 보는 입장도 있다(*J. McIntyer Machinery, Ltd v. Nicastro*, 567 U.S. 872 (2011) 참조). 또한 특정 주에서 소송물과 관련이 없는 단순 물품판매를 했다는 사실만으로는, 해당 주법원의 인적관할이 성립되지 않는다고 보는 견해도 존재한다(*Goodyear Dunlop Tires, S.A. v. Brown*, 131 S.Ct. 2846 참조).

26) 예컨대, 피고가 스스로 해당 주에서의 혜택(benefit), 특권(privileges), 보호(protection) 등을 누리기 위해 고의적인 행위(purposeful acts)를 행한 경우 그러한 최소한의 연관성이 있다고 보는 주도 있다(*Buckeye Boiler Co. v. Super. Ct.*, 71 Cal. 2d 893 (1969). 참조).

27) 따라서 특정 주법원의 인적관할에 관하여 이의를 제기하고자 하는 피고의 입장에서는 소장의 송달 이후 응소하기 전에 신중하게 대응 여부 및 방향을 검토하여야 한다. 자세한 논의는 아래 제3편의 '응소절차'에 관한 부분에서 추가적으로 논의한다.

28) Fed. R. Civ. P. 4.

29) New York 연방지방법원으로는 U.S. District Court for the Eastern District, the Northern District, the Southern District, the Western District of New York이 있다.

30) New York Civil Practice Law and Rule ("N.Y. Civ. Prac. L. & R.") § 302.

의 카운티마다 지방법원(Supreme Court)이 한 개씩 존재한다. 이렇게 많은 지방법원들 중 하나를 골라 소를 제기하기 위해서는 인적·물적관할(jurisdiction)과는 별개로, 재판적(venue)에 대한 검토가 필요하다. 관할이 대체로 소송이 진행되는 법원이 위치한 주(state) 또는 해당 법원의 연방·주 시스템 등에 관한 개념이라면, 재판적은 특정 주의 하위 행정구획인 여러 카운티(county) 간의 선택에 관한 개념이다.

　재판적은 주로 소송의 편의(convenience)를 고려하여 결정된다. 따라서 이론적으로는 한 주의 여러 법원에서 재판적이 동시에 인정될 수도 있다. 뉴욕주법은 여러 카운티들 중 '일방 당사자가 거주하고 있는 카운티' 또는 '소송의 대상이 되는 부동산이 위치해 있는 카운티'에 자리 잡고 있는 법원에 소를 제기하면 된다고 규정되어 있다.[31] 그러나 만약 소송 당사자들 중 아무도 뉴욕주 내에 거주하고 있지 않다면, 관련 법률 또는 당사자간 합의에 의하여 달리 지정되지 않은 이상 원고가 임의로 지정할 수 있다.[32]

　연방법원의 재판적(venue)이 어느 법원에 있는지를 결정하는 기준은 주법이 아닌 연방법에 별도로 규정되어 있다.[33] 연방민사소송규칙에 의하면, 특정 주에서 각 연방지방법원이 위치해 있는 지역(district)들 중 (i) 피고가 거주하고

---

31) N.Y. Civ. Prac. L. & R. § 503(a); e.g., *Fensterman v. Joseph*, 162 A.D.3d 855, 856, 80 N.Y.S.3d 1, 2 (2d Dep't 2018) (venue properly laid in county where one of the plaintiffs resided at the time the action was commenced); *Timan v. Sayegh*, 49 A.D.3d 274, 274, 854 N.Y.S.2d 338, 339 (1st Dep't 2008) (venue was proper in county where one defendant resided even though other defendants resided elsewhere); *Corea v. Browne*, 45 A.D.3d 623, 623, 845 N.Y.S.2d 825, 826 (2d Dep't 2007) (venue properly laid in Bronx County where plaintiff resided at time action was commenced).

32) 예컨대, 카운티나 시 또는 해당 기관의 공무원 등을 상대로 제기된 소송은 이들 기관이 속해 있는 카운티에 재판적이 존재한다(N.Y. Civ. Prac. L. & R. §§ 504 & 505 참조). 또는 합의 관할도 가능하다. N.Y. Civ. Prac. L. & R. § 501 ("Subject to the provisions of subdivision two of section 510, written agreement fixing place of trial, made before an action is commenced, shall be enforced upon motion for change of place of trial."); e.g., *Tower Broadcasting, LLC v. Equinox Broadcasting Corp.*, 160 A.D.3d 1435, 1436, 76 N.Y.S.3d 335, 336 (4th Dep't 2018) 참조. 그 밖에 원고가 관할을 결정하는 경우는 N.Y. Civ. Prac. L. & R. § 503(a)에 규정되어 있다.

33) 28 U.S.C. § 1391.

있는 지역, (ii) 피고가 청구하는 내용을 구성하는 사실관계의 상당 부분이 발생한 지역, 또는 (iii) 위 (i)이나 (ii)에 해당되지 않는 경우에는 피고에 대해서 인적관할을 가지는 지방법원 아무 곳에서나 재판적이 있다고 규정되어 있다.[34]

정리하자면, 민사소송을 제기하는 원고는 소송의 대상이 되는 사안과 당사자들에 대한 인적·물적관할 등을 고려하여 연방 또는 주법원이 위치한 주를 먼저 결정한 후에, 해당 주의 카운티 내지 지역(regional district)에 재판적이 있는 법원들 중 당사자의 편의 내지 기타 소송전략 등을 고려하여 적절한 법원을 선택하여야 한다.[35]


## IV. 소장 작성과 송달절차

미국 민사소송은 원고(plaintiff)가 소장(complaint)을 작성하여 관할법원에 제출(filing)하고, 이를 피고에게 송달(service)하는 것으로 시작된다. 미국소송을 진행하는 한국 기업들의 경우 해당 기업이 처한 특수성을 고려하여 전략적으로 대응해야 하는데, 미국소송 절차가 생소하여 중요한 판단 실수를 범하는 경우가 많다. 특히 소송 개시 단계 절차를 정확히 이해하는 것이 매우 중요하다.


### 1. 소장(complaint)의 구성과 청구취지

미국소송에서 사용되는 소장에는 양측 소송 당사자의 이름과 관할 법원, 원고 주장의 근거가 되는 기본적인 사실관계[36] 및 여기에 적용되는 법률,[37]

---

34) 28 U.S.C. § 1391(b).

35) 인적관할(personal jurisdiction)과 재판적(venue)의 개념이 간혹 혼동될 수 있다. 두 가지 개념의 차이점을 간단히 요약하면, 관할(jurisdiction)은 해당 법원이 특정 사건에 대해서 판결을 내릴 권한에 대한 것인 반면, 재판적은 사건 당사자들의 편의 및 관할권이 행사될 수 있는 지리적 위치에 관한 것이라 할 수 있다.

36) 소장에는 원고의 입장에서 피고의 법적 책임을 뒷받침하는데 필요한 최소한의 사실관계가 포함된다. 사실관계를 너무 장황하게 적시할 필요는 없지만, 그렇다고 법적 주장을

청구취지[38) 등이 간단하게 기재된다. 이때에 특정 청구원인에 대한 제척기간 또는 소멸시효(statute of limitation)는 청구원인마다 달리 정해진다.[39) 따라서 원고는 이들 청구원인들을 개별적으로 검토하여 제척기간이 도과되지 않도록 유의하여 적시에 소장을 제출해야 한다.[40) 아래는 전형적인 형식의 소장 예시이다.

---

전혀 뒷받침하지 못할 정도로 구체적이지 않을 경우에는 피고의 신청에 의하여 소장이 각하될 수도 있다.

37) 원고 주장의 법적 근거를 '청구원인' 또는 'cause of action' (더러는 "claim for relief"라고 표현하기도 한다)이라고 하는데, 원고는 소장에 이러한 청구원인을 여러 개 포함시킨다. 이는 여러 개의 청구원인을 통해 승소율을 올리려는 전략적 선택일 수도 있고, 특정 청구원인들이 징벌적 배상(punitive damage), 소송비용(litigation cost 또는 attorney fees)의 배상과 같은 특수한 청구취지를 요청할 수 있도록 하는 근거가 되기 때문이기도 하다.

38) 청구취지(prayer)란 원고가 해당 소송을 통해 받고자 하는 구제수단이다. 이러한 구제수단에는 보상적 손해배상(compensatory damages), 징벌적 배상(punitive damages), 형평상의 구제(equitable relief) 등이 있다.

39) 미국민사소송법상 중요한 개념인 'statute of limitation'은 경우에 따라 우리말로 '제척기간' 내지 '소멸시효' 등으로 번역될 수 있다. 문맥에 따라 두 가지가 혼용될 수 있으므로 여기에서는 '제척기간'으로 통일하여 사용한다.

40) 예컨대 뉴욕주에서 계약위반에 따른 손해배상 청구소송을 할 경우 제척기간이 6년이므로, 피고의 계약위반 시점 이후 6년 이내에 소가 제기되어야 한다(N.Y. Civ. Prac. L. & R. § 213(2)). 한편, 워싱턴 주 또한 서면계약의 위반에 대한 권리행사기간은 6년인 반면 (Wash. Rev. Code § 4.16.040), 구두계약에 관한 제척기간은 3년(Wash. Rev. Code § 4.16.080)이다.

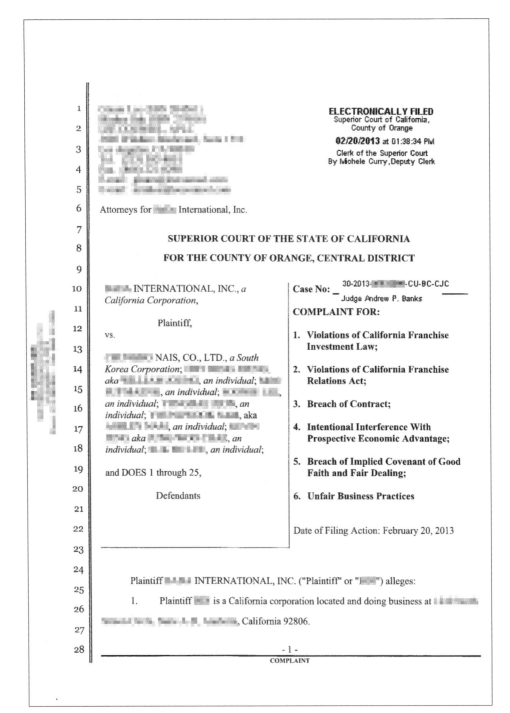

Attorneys for ▓▓▓ International, Inc.

**SUPERIOR COURT OF THE STATE OF CALIFORNIA**

**FOR THE COUNTY OF ORANGE, CENTRAL DISTRICT**

| | |
|---|---|
| ▓▓▓ INTERNATIONAL, INC., *a California Corporation*,<br><br>Plaintiff,<br><br>vs.<br><br>▓▓▓ NAIS, CO., LTD., *a South Korea Corporation*; ▓▓▓ *aka* ▓▓▓, *an individual*; ▓▓▓ *an individual*; ▓▓▓, *an individual*; ▓▓▓, *an individual*; ▓▓▓, *aka* ▓▓▓, *an individual*; ▓▓▓ *aka* ▓▓▓, *an individual*; ▓▓▓, *an individual*;<br><br>and DOES 1 through 25,<br><br>Defendants | **Case No:** ___ 30-2013-▓▓▓-CU-BC-CJC<br>Judge Andrew P. Banks<br><br>**COMPLAINT FOR:**<br><br>1. **Violations of California Franchise Investment Law;**<br><br>2. **Violations of California Franchise Relations Act;**<br><br>3. **Breach of Contract;**<br><br>4. **Intentional Interference With Prospective Economic Advantage;**<br><br>5. **Breach of Implied Covenant of Good Faith and Fair Dealing;**<br><br>6. **Unfair Business Practices**<br><br>Date of Filing Action: February 20, 2013 |

Plaintiff ▓▓▓ INTERNATIONAL, INC. ("Plaintiff" or "▓▓▓") alleges:

1.      Plaintiff ▓▓▓ is a California corporation located and doing business at ▓▓▓ ▓▓▓, ▓▓▓, California 92806.

- 1 -

COMPLAINT

2.    Defendant ▨▨▨▨▨, CO., LTD. ("▨▨▨"), is a South Korean corporation located at 7F, ▨▨▨▨▨▨▨, Seocho-Gu, Seoul, South Korea, and its factory at ▨▨▨▨▨▨▨, Jincheon-Gun, Chungcheongbuk-Do, South Korea.

3.    Defendants ▨▨▨▨▨▨▨▨▨▨▨▨▨▨▨▨▨▨▨▨▨▨▨▨▨▨▨▨ and Does 1 through 25 are individuals.  They are managing agents of ▨▨▨.  They have, at relevant times, been physically present in this district, engaged in this district in the acts alleged, affecting Plaintiff in this district.  They knew their acts would cause damage and irreparable harm to Plaintiff.

## JURISDICTION AND VENUE

4.    This Court has jurisdiction over Defendant ▨▨▨ because it sent its agents to this state at relevant times, acted through its agents in this state, contracted with Plaintiff in this state, sold the franchise in this state, derived benefits from this state, committed fraud in this state, directed its activities in and to this state, sent its goods that are the subject of this action into this state for resale and rental, and committed other acts alleged below in this state.

5.    Venue is proper in this county pursuant to Ca. Civ. Proc. §§ 395(a) and 395.5, in that the action involves an agreement that was to be performed in this county; the acts and injuries to the Plaintiff occurred in this county; and the obligations and liabilities arose in this county.

6.    Any provision in written agreement purporting to set jurisdiction or venue outside of this state is void, in that Bus. & Prof. Code § 20040.5 states that "A provision in a franchise agreement restricting venue to a forum outside of this state is void with respect to any claim arising under or relating to a franchise agreement involving a franchise business operating within this state."

///

- 2 -
COMPLAINT

1    7.    Plaintiff does not yet know the true names, identities, or capacities of Defendants

2    sued as Does 1 through 25. Thus, Plaintiff sues them using fictitious names. Each fictitiously

3    named defendant is an individual or some form of legal entity that is responsible and liable for

4    the acts and damages alleged herein. Plaintiff will seek leave of court to amend this complaint to

5    state the true names, identities, or capacities of the fictitiously named Defendants as they are

6    ascertained.

7    8.    In doing the wrongful acts and omissions alleged, each Defendant was the agent,

8    servant, employee, or co-conspirator of each other Defendant, and each Defendant acted in the

9    course and scope of the agency, service, employment, or conspiracy with ratification or approval

10   of the principal, employer, and fellow conspirators.

11

12                              **FIRST CAUSE OF ACTION**
                         **(Violations of California Franchise Investment Law)**
13                                  **Against All Defendants**

14   9.    Plaintiff repeats and re-alleges all the allegations contained in Paragraphs 1

15   through 8, inclusive, and by this reference incorporates the same herein as though fully set forth.

16   10.   Defendant ▓▓▓▓ sold a franchise, as defined in the California Franchise

17   Investment Law (California Corporations Code § 31005), to ▓▓▓, without complying with the

18   registration and presale disclosure requirements under the Franchise Investment Law.

19   11.   The franchise was offered and sold to ▓▓▓ in this state, in that the offer to sell was

20   made in this state; the offer to buy was accepted in this state; the franchisee ▓▓▓ is a California

21   corporation with its offices and domicile in this state; and operates the franchised business in this

22   state.

23   12.   ▓▓▓▓ entered into a written agreement ("Agreement") with ▓▓▓ on May 15,

24   2004. A true and correct copy of this Agreement is attached hereto as Exhibit "A". ▓▓▓▓

25   and ▓▓▓ entered into an amendment to the Agreement on October 5, 2005 ("Amendment"). A

26   true and correct copy of this Amendment is attached hereto as Exhibit **"B"**.

27   ///

28                                    - 3 -
                                    COMPLAINT

1
2
3
4
5
6
7
8
9
10
11
12
13
14
15
16
17
18
19
20
21
22
23
24
25
26
27
28

**PRAYER**

WHEREFORE, Plaintiff prays for judgment against the Defendants, and each of them as follows:

**On the First Cause of Action**

1. For compensatory damages according to proof;

2. For rescission of the May 15, 2004 Agreement and April 5, 2005 Amendment;

3. For exemplary and punitive damages in an amount deemed adequate to punish and to make examples of Defendants to be determined at the time of trial; and

4. For reasonable attorney's fees according to proof.

**On the Second Cause of Action**

1. For compensatory damages according to proof;

2. For exemplary and punitive damages in an amount deemed adequate to punish and to make examples of Defendants to be determined at the time of trial; and

3. For reasonable attorney's fees according to proof.

**On the Third Cause of Action**

1. For compensatory damages according to proof;

2. For rescission of the May 15, 2004 Agreement and April 5, 2005 Amendment;

3. For exemplary and punitive damages in an amount deemed adequate to punish and to make examples of Defendants to be determined at the time of trial; and

4. For reasonable attorney's fees according to proof.

**On the Fourth Cause of Action**

1. For compensatory damages according to proof;

2. For exemplary and punitive damages in an amount deemed adequate to punish

- 21 -

COMPLAINT

1   and to make examples of Defendants to be determined at the time of trial; and

2        3.     For reasonable attorney's fees according to proof.

3

4                 **On the Fifth Cause of Action**

5        1.     For compensatory damages according to proof;

6        2.     For rescission of the May 15, 2004 Agreement and April 5, 2005 Amendment;

7        3.     For exemplary and punitive damages in an amount deemed adequate to punish

8   and to make examples of Defendants to be determined at the time of trial; and

9        4.     For reasonable attorney's fees according to proof.

10

11                 **On the Sixth Cause of Action**

12        1.     For disgorgement of unjust enrichment

13        2.     For a temporary, preliminary, and permanent injunctions, both prohibitory and

14   mandatory in nature, enjoining, restraining, and mandating that Defendants avoid and refrain

15   from all form of unfair business practices including, but not limited to, violations of applicable

16   franchise laws, rules and regulations, and breach of contract.

17

18                 **On All Causes of Action**

19        1.     For costs of suit; and

20        2.     For such other and further relief as the Court deems just and proper.

21

22   Dated: February 20, 2013              **LEE COUNSEL, APLC**

23

24

25                      By:

26

27

28                          - 22 -
                           COMPLAINT

예시 1   소장의 일반적인 형태

한국소송과 달리 청구취지(prayer)를 소장의 말미에 적시하는 형식은 한국 기업에게는 특히 낯설게 느껴질 수 있다. 청구취지란 원고가 해당 소송을 통해 받고자 하는 구제수단을 말한다. 전형적인 구제수단으로 보상적 손해배상(compensatory damages), 징벌적 배상(punitive damages), 형평법상의 구제(equitable relief) 등이 있는데, 이 중에서도 특히 징벌적 배상은 한국소송에서는 예외적인 청구취지이기 때문에 주목할 필요가 있다. 아래에서는 미국소송 특유의 청구취지를 포함하여, 미국 민사소송에서 주로 활용되는 청구취지들의 종류에 관하여 각각 살펴본다.

## 가. 금전 배상

미국 민사소송 소장에는 금전적 청구의 구체적인 금액을 제시하지 않는 대신, 대략적인피해액을 어림잡아 주장하거나, 소송이 진행됨에 따라 구체적인 금액을 추후에 다시 특정하겠다는 의사가 표시되는 경우가 많다.

예컨대, 불법행위에 따른 금전 배상은 일반적으로 특별손해(special damages)와 일반적 손해(general damages)의 두 가지 범주로 나누어진다. 전자는 피고의 행위로 인해 원고에게 발생한 구체적인 비용 등을 의미하고, 후자는 정신적 피해와 같이 구체적으로 산정되기 어려운 피해를 일컫는다. 한편, 계약위반 사건에서는 계약위반에 따라 직접적으로 발생한 금전적 손해를 일반적 손해(general damages), 그 밖에 물리적 피해 등에 관한 손해를 특별손해(special damages)라고 일컫는다.[41] 이 밖에도, 관련 입법 내지 판례법 등을 통해 결과적 손해(consequential damages), 지체상금(liquidated damages) 등이 인정되는 경우도 있다.[42]

---

41) Special damages, Legal Information Institute, https://www.law.cornell.edu/wex/special_damages (2021. 10. 18. 마지막 방문).

42) 이는 계약법 내지 불법행위법에 대한 자세한 논의를 요하므로 여기서는 생략한다.

## 나. 징벌적 배상(punitive damages)

징벌적 배상은 피고로 하여금 원고에게 형벌적인 의미의 배상액을 지급하는 것을 말한다. 이는 원고의 권리가 아니라, 배심원의 재량에 따라 결정되는데,[43] 액수가 상당히 커서 공익을 위해 민사적으로 부과되는 일종의 처벌(penalty) 내지 벌금(fine)처럼 인식되기도 한다.[44] 이러한 징벌적 배상은 법률상 제한이 없는 한 배심원의 재량에 따라 상당히 큰 액수가 부과될 수 있기 때문에,[45] 미국소송에 익숙하지 않은 한국 기업들에게는 큰 부담이 된다.

징벌적 손해배상은 각 주마다 인정 여부가 달라진다.[46] 코네티컷주와 미시간주는 징벌적 손해배상을 금전적 손해배상의 일부로 간주하고,[47] 루이지애나주, 매사추세츠주, 네브라스카주, 뉴햄프셔주, 워싱턴주 등에서는 징벌적 손해배상이 원칙상 인정되지 않는다.[48] 일부 주에서는 특정 피고(개인 및 단체)나 특정 사안에 대해서는 징벌적 손해배상 청구가 아예 금지되기도 한다.[49] 징벌

---

43) Corpus Juris Secundum (Thomson West 2021), 25A C.J.S. Damages § 232 ("whether a plaintiff is entitled to punitive damages is usually a question of fact for the fact finder or the jury.").

44) Corpus Juris Secundum (Thomson West 2021), 25A C.J.S. Damages § 221 ("Punitive or exemplary damages are concerned with the conduct of the tortfeasor rather than with the damages of the victim and are regarded as a fine or penalty for the protection of the public interest.").

45) Corpus Juris Secundum (Thomson West 2021), 25A C.J.S. Damages § 255 ("The size of a punitive damages award rests in the discretion of the fact finder. Reviewing courts will not disturb the award absent an abuse of discretion and are reluctant to set aside an award merely because it is large, or the court would have awarded less.").

46) John J. Kircher & Christine M. Wiseman, Punitive Damages: Law and Practice, (2$^{nd}$ Ed. Clark Boardman Callaghan 2021) § 4:2 (Jurisdictions treating punitive damages as compensatory) 참조.

47) Id.

48) Id. § 4:5 (Jurisdictions prohibiting punitive damages) 참조.

49) 예컨대, 알라바마주는 주정부기관 및 고용인에 대한 징벌적 손해배상청구가 금지되고 (Ala. Code § 6-11-26; § 6-11-27), 콜로라도주에서는 행정소송이나 중재절차에서 금지되며(Code Colo. Rev. Stat. § 13-21-102(5)), 일리노이주에서는 의료소송이나 법률대리인에 대한 malpractice 소송 등에서도 금지된다(735 Ill. Comp. Stat. 5/2-1115;

적 배상은 인정하면서도 금액이 법률에 의하여 제한되기도 한다. 예컨대, 앨라배마주, 알래스카주, 플로리다주, 사우스캐롤라이나주에서는 법률에 의해서 징벌적 손해배상 금액이 금전적 손해액의 3배수 또는 총 500,000달러 중 더 큰 금액을 초과할 수 없다.[50] 아칸소주는 손해액의 3배수 또는 250,000달러 중 더 큰 금액을 초과할 수 없고, 3배수에 해당하는 금액도 10만 달러를 초과해서는 안 된다.[51] 이처럼 각 주마다 각기 다른 방식으로 징벌적 손해배상 금액에 대한 제한을 두고 있음이 확인된다.[52]

이렇게 법적으로 징벌적 손해배상의 적용이 구체적으로 금지되거나 제한되는 경우를 제외하면, 징벌적 손해배상은 금전적 손해배상과는 별개로 청구될 수 있다.[53]

징벌적 손해배상이 인정되기 위해서는 피고의 행위(conduct)가 그와 같은 징벌적 배상을 정당화시킬 정도로 중대하거나(gross) 악의(malice)가 있어야 한다는 것이 일반적이다.[54] 따라서 징벌적 손해배상은 피고의 행위가 대단히 비도덕적이거나 기만, 사기, 강박 등과 같이 공서양속에 심각하게 반하는 경우로 한정되는 것이 대부분이다.

실무상 소장에 구체적인 징벌적 배상 금액을 제시되는 경우는 드물고, 배

---

745 Ill. Comp. Stat. 10/2 − 102). 몬타나주에서는 계약위반 관련 청구에서 활용될 수 없고(Mont. Code Ann. § 27 − 1 − 220), 오하이오주에서는 제약사에 대한 청구에서 금지된다(Ohio Rev. Code Ann. § 2307.80(C)). 오래곤주에서는 제약사 및 의료인을 대상으로 할 수 없고(Or. Rev. Stat. Ann. §§ 30.927, 31.740), 웨스트버지니아에서는 정부기관이나 피고용인을 상대로 적용될 수 없다(W. Va. Code § 29 − 12A − 7).

50) Ala. Code § 6 − 11 − 21(a); Alaska Stat. § 09.17.020(f) (subject to increase under certain conditions); Fla. Stat. Ann. § 768.73(1)(a) (subject to increase under certain conditions); S.C. Code Ann. § 15 − 32 − 530(A) (subject to increase under certain conditions).

51) Ark. Code Ann. § 16 − 55 − 208(a).

52) 1 Punitive Damages: Law and Prac. 2d § 4:16 (2020 ed.) (Statutory punitive damages caps and other limitations on recovery) 참조.

53) 1 Punitive Damages: Law and Prac. 2d § 4:1 (2020 ed.) ("The vast majority of jurisdictions, however, award punitive damages in addition to full compensatory damages in order to punish and deter a category of egregious conduct.").

54) 1 Punitive Damages: Law and Prac. 2d § 5:1 (2020 ed.) 참조.

심원으로 하여금 징벌적 배상액을 결정하도록 요청하는 경우가 대부분이다. 한편 징벌적 배상 자체가 가지는 특성 때문에, 원고는 의도적으로 소장에 징벌적 배상청구를 명시하여 전략적으로 활용하는 경우도 있다.

### 다. 형평법상의 구제(equitable relief)

형평법상의 구제란 금전적 배상판결 이외에 법원이 원고의 권리를 보호하기 위해 내리는 여러 가지 구제수단들을 통칭한다. 예컨대 피고로 하여금 계약상 특정 채무를 이행할 것을 명령하는 특정이행명령(specific performance),[55] 특정 물품을 영구적으로 생산·판매하지 못하도록 하는 영구적 금지명령(permanent injunction)[56] 등이 형평법상의 구제에 속한다.

### 라. 선언적 구제(declaratory relief)

원고는 법원으로 하여금 향후 또는 현재 분쟁의 소지가 되는 쟁점을 분명하게 확인해 달라고 요청할 수도 있다. 이는 법원의 선언적 결정을 통한 구제를 구하는 절차이므로, "선언적 구제"라고도 한다.[57] 예컨대, 특허 분쟁이 예

---

55) 81A C.J.S. Specific Performance § 1 ("Specific performance is an equitable remedy which compels the performance of a contract on the terms agreed upon or such a substantial performance as will do justice between the parties under the circumstances.").

56) 43A C.J.S. Injunctions § 15 ("A permanent injunction determines on the merits that a plaintiff has prevailed on a cause of action for tort or other wrongful act against a defendant and that equitable relief is appropriate. It issues complete injunctive relief to the petitioner, so far as possible, after a full adjudication on the merits of the petition, though an injunction may be issued without a trial if no genuine issue of material fact is presented.") 참조.

57) 26 C.J.S. Declaratory Judgments § 1 ("A "declaratory judgment" declares the rights of the parties or expresses the opinion of the court on a question of law without ordering anything to be done. When a plaintiff seeks a declaratory judgment, he or she is not seeking to enforce a claim against the defendant, but rather a judicial declaration as to the existence and effect of a relationship between him or her and the defendant. Stated another way, a declaratory judgment declares rights, status, and other legal relationships, whether or not further relief is or could be claimed. A

상될 경우 문제가 될 법한 기술에 대하여 아무런 특허관련 위반 문제가 없다는 확인을 받거나, 특정 계약서상의 권리·의무의 존부에 대한 확인,[58] 특정 부동산의 법률상 소유자 확인,[59] 부동산 접근권(easement) 존부에 대한 확인[60] 등이 대표적인 예이다.

## 마. 변호사 보수 및 비용

원칙적으로 소송으로 인해 발생한 변호사 보수(attorney fees) 및 비용(costs)은 당사자가 각자 부담하는 것이 원칙이다.[61] 한국소송에서는 패소 당사자가 소송비용을 전부 또는 일부 부담하는 것이 원칙이므로, 미국소송의 중요한 차이점이라고 할 수 있다. 따라서 패소한 당사자에게 소송에서 발생한 대리인 보수 및 기타 비용을 부담할 것을 강제하지 못한다.

그러나 예외적으로 변호사 자문료 및 비용 등의 청구가 가능한 경우도 있다. 예컨대, 피고가 악의적인 의도(bad faith)를 가지고 소송절차에 협조하지 않아 원고로 하여금 불필요한 비용과 노력을 들이도록 하는 경우,[62] 피고의 채

---

declaratory action is, therefore, distinguishable from other actions in that it does not seek execution or performance from the opposing party. Instead, the plaintiff in a declaratory judgment action seeks a judicial declaration of the rights of the parties for the purpose of guiding future conduct.") 참조.

58) *Goodrich－Gulf Chemicals, Inc. v. Phillips Petroleum Co.*, 376 F.2d 1015 (6th Cir. 1967); *Hann v. Venetian Blind Corp.*, 15 F. Supp. 372 (S.D. Cal. 1936); *Windmoller v. Laguerre*, 284 F. Supp. 563 (D.D.C. 1968); *Wilson v. U.S. Civil Service Commission*, 136 F. Supp. 104 (D.D.C. 1955); *Automotive Equipment v. Trico Products Corporation*, 11 F. Supp. 292 (W.D.N.Y. 1935).

59) *Filipowicz v. Rothensies*, 31 F. Supp. 716 (E.D. Pa. 1940); *Maas v. Maas*, 305 Ky. 490, 204 S.W.2d 798 (1947); *Lowell v. City of Boston*, 322 Mass. 709, 79 N.E.2d 713 (1948).

60) *Zlotnick v. Jack I. Bender & Sons, Inc.*, 285 F. Supp. 548 (D.D.C. 1968), judgment modified on other grounds, 422 F.2d 716 (D.C. Cir. 1970); *Wessely Energy Corp. v. Arkansas Louisiana Gas Co.*, 438 F. Supp. 360 (W.D. Okla. 1977), judgment aff'd and remanded, 593 F.2d 917 (10th Cir. 1979).

61) *Amusement Industry, Inc. v. Stern*, 786 F. Supp. 2d 741 (S.D. N.Y. 2011); 25 C.J.S. Damages § 83. 참조.

62) *U.S. for Use of Dixie Plumbing Supply Co. v. Taylor*, 293 F.2d 717 (5th Cir. 1961).

무불이행이 지나치게 자의적이고 합당한 사유를 완전히 결여하고 있는 경우,[63] 피고가 계약위반 및 영업기밀탈취 등과 같은 위법한 행위를 통해, 특히 비양심적이고 기만적으로 행동한 경우[64] 등에 한하여 변호사 보수 및 비용 등을 청구할 수 있다는 법률 또는 판례가 존재한다. 이러한 비용은 금전적 배상의 일환으로 청구되며, 징벌적 손해배상과는 구분되는 개념이다.[65] 당사자간 별도 합의가 존재하는 경우에도 변호사 보수 및 비용을 청구할 수 있는데, 그 금액과 종류는 당해 계약서상의 구체적인 조건에 따라 달라진다.[66]

이처럼 변호사 자문료 및 보수에 대한 상환신청이 가능한 예외적인 경우에는, 원고가 이에 관한 청구를 소장 말미 청구취지에 포함시킨다.

지금까지 소장의 구성에 관하여 살펴보았다. 그러나 원고가 소장을 법원에 제출했다고 해서 소송이 계속 진행되는 것은 아니고, 원고는 반드시 소장 부본을 피고에게 송달해주어야 하는데, 이를 미국법 체계에서는 "service" 내지 "service of process"라고 부른다. 이에 관해서는 아래에서 구체적으로 살펴본다.

---

63) *Autrey v. Williams & Dunlap*, 210 F. Supp. 491 (W.D. La. 1962), aff'd in part, rev'd in part on other grounds, 343 F.2d 730 (5th Cir. 1965).

64) *Carter Products, Inc. v. Colgate−Palmolive Co.*, 214 F. Supp. 383 (D. Md. 1963), opinion adhered to on denial of reh'g, 136 U.S.P.Q. 577, 1963 WL 105143 (D. Md. 1963); *Raney v. Gillen*, 31 So. 2d 495 (La. Ct. App. 2d Cir. 1947) (overruled in part on other grounds by, *Chauvin v. La Hitte*, 229 La. 94, 85 So. 2d 43 (1956)) and (overruled in part on other grounds by, *Lloyd v. Merit Loan Co. of Shreveport*, 253 So. 2d 117 (La. Ct. App. 2d Cir. 1971)).

65) *Bankers Fidelity Life Ins. Co. v. Oliver*, 106 Ga. App. 305, 126 S.E.2d 887 (1962); 25 C.J.S. Damages § 84.

66) *First Federal Sav. and Loan Ass'n of Phoenix v. Ram*, 135 Ariz. 178, 659 P.2d 1323 (Ct. App. Div. 2 1982); *Miller v. Fernley*, 280 Or. 333, 570 P.2d 1178 (1977); *Guay v. Brotherhood Bldg. Ass'n*, 87 N.H. 216, 177 A. 409, 97 A.L.R. 1053 (1935); 25 C.J.S. Damages § 85 ("such fees are allowed only in accordance with the terms of the contract.") 참조.

## 2. 송달(service of process)절차와 요건

원고가 소장을 관할과 재판적이 있는 법원에 제출하고 나면, 법률상 정해진 기간 내에 피고에게 반드시 송달(service of process)을 해야 한다. 송달이 적법하게 이루어지기 전까지 법원은 피고에 대한 인적관할(personal jurisdiction)을 유효하게 행사할 수가 없다.

소장이 송달되는 경우에는 반드시 '소환장(summons)'이 동봉되는데, 이는 법원에서 발급되는 서식을 사용하는 것이 보통이다. 소환장에는 피고를 상대로 소가 제기되었다는 사실이 표시되어 있고, 이에 대한 대략적인 응소방식과 기간이 설명되어 있다. 아래 그림은 전형적인 소환장의 예시이다.

SUM-100

# SUMMONS
## (CITACION JUDICIAL)

NOTICE TO DEFENDANT:
(AVISO AL DEMANDADO):

███████████, CO., LTD., a South Korea Corporation, et al.
(PLEASE SEE ATTACHMENT FOR ADDITIONAL DEFENDANTS)

YOU ARE BEING SUED BY PLAINTIFF:
(LO ESTÁ DEMANDANDO EL DEMANDANTE):

████ INTERNATIONAL, INC., a California Corporation

**NOTICE!** You have been sued. The court may decide against you without your being heard unless you respond within 30 days. Read the information below.

You have 30 CALENDAR DAYS after this summons and legal papers are served on you to file a written response at this court and have a copy served on the plaintiff. A letter or phone call will not protect you. Your written response must be in proper legal form if you want the court to hear your case. There may be a court form that you can use for your response. You can find these court forms and more information at the California Courts Online Self-Help Center (www.courtinfo.ca.gov/selfhelp), your county law library, or the courthouse nearest you. If you cannot pay the filing fee, ask the court clerk for a fee waiver form. If you do not file your response on time, you may lose the case by default, and your wages, money, and property may be taken without further warning from the court.

There are other legal requirements. You may want to call an attorney right away. If you do not know an attorney, you may want to call an attorney referral service. If you cannot afford an attorney, you may be eligible for free legal services from a nonprofit legal services program. You can locate these nonprofit groups at the California Legal Services Web site (www.lawhelpcalifornia.org), the California Courts Online Self-Help Center (www.courtinfo.ca.gov/selfhelp), or by contacting your local court or county bar association. **NOTE:** The court has a statutory lien for waived fees and costs on any settlement or arbitration award of $10,000 or more in a civil case. The court's lien must be paid before the court will dismiss the case.

*¡AVISO! Lo han demandado. Si no responde dentro de 30 días, la corte puede decidir en su contra sin escuchar su versión. Lea la información a continuación.*

*Tiene 30 DÍAS DE CALENDARIO después de que le entreguen esta citación y papeles legales para presentar una respuesta por escrito en esta corte y hacer que se entregue una copia al demandante. Una carta o una llamada telefónica no lo protegen. Su respuesta por escrito tiene que estar en formato legal correcto si desea que procesen su caso en la corte. Es posible que haya un formulario que usted pueda usar para su respuesta. Puede encontrar estos formularios de la corte y más información en el Centro de Ayuda de las Cortes de California (www.sucorte.ca.gov), en la biblioteca de leyes de su condado o en la corte que le quede más cerca. Si no puede pagar la cuota de presentación, pida al secretario de la corte que le dé un formulario de exención de pago de cuotas. Si no presenta su respuesta a tiempo, puede perder el caso por incumplimiento y la corte le podrá quitar su sueldo, dinero y bienes sin más advertencia.*

*Hay otros requisitos legales. Es recomendable que llame a un abogado inmediatamente. Si no conoce a un abogado, puede llamar a un servicio de remisión a abogados. Si no puede pagar a un abogado, es posible que cumpla con los requisitos para obtener servicios legales gratuitos de un programa de servicios legales sin fines de lucro. Puede encontrar estos grupos sin fines de lucro en el sitio web de California Legal Services, (www.lawhelpcalifornia.org), en el Centro de Ayuda de las Cortes de California, (www.sucorte.ca.gov) o poniéndose en contacto con la corte o el colegio de abogados locales. AVISO: Por ley, la corte tiene derecho a reclamar las cuotas y los costos exentos por imponer un gravamen sobre cualquier recuperación de $10,000 ó más de valor recibida mediante un acuerdo o una concesión de arbitraje en un caso de derecho civil. Tiene que pagar el gravamen de la corte antes de que la corte pueda desechar el caso.*

| The name and address of the court is:<br>(El nombre y dirección de la corte es): Central Justice Center | CASE NUMBER:<br>(Número del Caso) 30-2013-00632096-CU-BC-CJC |
|---|---|
| Superior Court of Orange County, Central Justice Center<br>700 Civic Central Drive West, Santa Ana, CA 92701 | Judge Andrew P. Banks |

The name, address, and telephone number of plaintiff's attorney, or plaintiff without an attorney, is:
(El nombre, la dirección y el número de teléfono del abogado del demandante, o del demandante que no tiene abogado, es):
██████ ███, ███, ███ ███████, ████ ███████ ████, ████ ███, Los Angeles, CA 90010, (213) 382-8051

| DATE: 02/20/2013<br>(Fecha) | Clerk, by *Michele Curry*<br>(Secretario) | , Deputy<br>(Adjunto) |
|---|---|---|

(For proof of service of this summons, use Proof of Service of Summons, (POS-010).)
(Para prueba de entrega de esta citation use el formulario Proof of Service of Summons, (POS-010)).

ALAN CARLSON, Clerk of the Court — Michele Curry

**NOTICE TO THE PERSON SERVED:** You are served

1. ☐ as an individual defendant.
2. ☐ as the person sued under the fictitious name of (specify):

3. ☐ on behalf of (specify):

under: ☐ CCP 416.10 (corporation)  ☐ CCP 416.60 (minor)
☐ CCP 416.20 (defunct corporation)  ☐ CCP 416.70 (conservatee)
☐ CCP 416.40 (association or partnership)  ☐ CCP 416.90 (authorized person)
☐ other (specify):

4. ☐ by personal delivery on (date):

Page 1 of 1

Form Adopted for Mandatory Use
Judicial Council of California
SUM-100 [Rev. July 1, 2009]

**SUMMONS**

Code of Civil Procedure §§ 412.20, 465
www.courtinfo.ca.gov

Case 4:21-cv-███ Document 10 Filed on 04/30/21 in TXSD Page 1 of 2

AO 440 (Rev. 06/12) Summons in a Civil Action

# UNITED STATES DISTRICT COURT
for the
Southern District of Texas

| | | |
|---|---|---|
| ROBERT ███ ███ | ) | |
| | ) | |
| | ) | |
| | ) | |
| *Plaintiff(s)* | ) | |
| v. | ) | Civil Action No.  4:21-cv-██ |
| ███ ███ CO. LTD | ) | |
| d/b/a ███ HOUSTON OFFICE CO. | ) | |
| | ) | |
| *Defendant(s)* | ) | |

## SUMMONS IN A CIVIL ACTION

To: *(Defendant's name and address)* ███ ███ CO. LTD d/b/a ███ ███ HOUSTON OFFICE CO.
███ ███ ███ - Registered Agent
███ ███ ███
Houston, Texas 77084

A lawsuit has been filed against you.

Within 21 days after service of this summons on you (not counting the day you received it) — or 60 days if you are the United States or a United States agency, or an officer or employee of the United States described in Fed. R. Civ. P. 12 (a)(2) or (3) — you must serve on the plaintiff an answer to the attached complaint or a motion under Rule 12 of the Federal Rules of Civil Procedure.  The answer or motion must be served on the plaintiff or plaintiff's attorney, whose name and address are:

███  ███  ███
███  ███  ███
███  ███  ███
Suite 112    Suite 3    Suite 120
Bryan, TX 77803    Boston, MA 02127    Boston, MA 02109

If you fail to respond, judgment by default will be entered against you for the relief demanded in the complaint. You also must file your answer or motion with the court.

Nathan Ochsner, Clerk of Court

Date: April 30, 2021

s/ Joseph Wells
*Signature of Clerk or Deputy Clerk*

**예시 2**  주/연방 소송의 소장과 동봉되어 송달되는 소환장의 일반적인 형태

소장이 송달되지 않으면 소송은 진행될 수가 없다. 원고가 송달을 의도적으로 지연하여 피고와 합의교섭을 시도하는 하는 경우도 있으나, 송달 기한이 법률상 정해져 있으므로 무한정 소송을 지연할 수는 없다. 연방법원의 경우, 소장이 해당 법원에 접수된 지 90일 안에 소장과 소환장이 피고에게 송달되어야 한다.[67] 그러나 해외 송달을 하거나 다른 정당한 사유가 존재한다면 법원은 이러한 송달 기한을 적용하지 않거나 송달에 필요한 합리적인 기간만큼 연장해주기도 한다.[68]

미국 연방법원은 연방민사소송규칙(Federal Rules of Civil Procedure)에 규정된 송달규칙을 따르고, 주법원은 그 주마다 달리 정하고 있는 구체적인 송달 관련 규칙을 적용한다. 이러한 송달 절차를 준수하지 않을 경우, 피고가 송달 하자에 근거하여 소각하의 신청을 하여 소를 각하시킬 수도 있다.[69]

소장의 적법한 송달절차에 관해서는 연방민사소송규칙 제4조에서 규정하고 있다. 적법한 송달절차를 완료하기 위해서는 피고에게 소장의 사본, 소환장과 같이 법원에 제출된 자료들이 피고에게 제공되어야 한다. 구체적인 송달 방법은 송달받을 대상이 개인(individual)인지 법인(corporation, partnership, association 등)인지, 또는 그 대상이 미국에 있는지 아니면 외국에 있는지 등에 따라서 달라진다.[70] 먼저, 송달받을 대상이 미국 관할권 안에 있는 개인인 경우에는 관할 법원이 위치한 주 또는 해당 개인이 살고 있는 주의 법률에 의하여 송달이 이루어진다. 이에 따라 대체로 그 개인에게 인편으로 직접 소장이 전달되도록 하거나, 그의 주거지(dwelling) 또는 주거주지(usual place of abode)에 사는 다른 사람 내지 대리인 등에게 전달하는 방식으로 송달이 이루어질 수도 있다.[71]

한편, 송달 대상이 미국에 있는 단체—예컨대, 기업(corporation), 합명회사(partnership), 단체(association) 등—인 경우에도 개인에게 송달되는 것과 비슷한

---

67) Fed. R. Civ. P. 4(m). 이 기간 동안 소장이 송달되지 않으면 법원은 소를 각하(dismiss)하여야 한다.

68) *Id*, *Nylok Corp. v. Fastener World Inc.*, 396 F.3d 805, 807 (7th Cir. 2005); *In re S1 Corp. Sec. Litig.*, 173 F. Supp. 2d 1334, 1343 (N.D. Ga. 2001) 참조.

69) 예컨대, Fed. R. Civ. P. 12(b)상 송달의 하자는 각하 신청(motion to dismiss) 사유가 된다.

70) Fed. R. Civ. P. 4(e) − (j).

71) Fed. R. Civ. P. 4(e)(2)(B).

방식이 이용될 수 있다.[72] 예컨대, 소장 및 소환장의 사본이 법인의 경우에는 회사의 임원(officer), 관리자(managing or general agent), 송달이 위촉된 대리인 (agent authorized to receive service) 등에게 직접 인편으로 교부될 수 있다. 실무에서는 법인의 대리인에게 소장 교부를 하는 경우, 문서의 사본을 우편으로 회사에 보내는 방법이 많이 활용되는 것으로 보인다.[73]

연방민사소송규칙에 따른 송달절차와는 별개로, 주법원에 제출된 소장은 각 주법에 따라 송달된다. 예컨대, 뉴욕주에서는 뉴욕민사소송규칙(New York Civil Practice Law and Rules 또는 NY CPLR)을 따르며, 연방소송과 마찬가지로 송달받는 대상 및 그 대상이 있는 위치에 따라 송달 방식이 달라진다. 개인 (individual)에게 송달이 이루어질 경우에는 (1) 송달받는 개인이나 법인 등에게 직접 교부(deliver)하는 방식, (2) 제3자에게 전달 후 우편송달(leave and mail)하는 방식, (3) 그 송달대상이 위촉한 대리인에게 전달하는 방식, (4) 피고 주소지 문에 부착 후 우편송달(nail and mail)하는 방식, (5) 편의송달(expedient service) 방식 등이 가능하다.[74] 먼저, 제3자에게 전달 후 우편송달하는 방식은 송달받는 자의 영업 장소, 주거지, 주거주지 등에 사는 사람(피고 이외 제3자)에게 소장·소환장을 교부(leave)한 후, 20일 이내에 같은 문서의 사본을 제1종 우편(first class mail)으로 송달 대상자의 마지막 거주지 내지 영업 장소로 보내는 방식을 말한다.[75] 적절한 노력(due diligence)에 불구하고 직접교부방식 또는 제3자 전달 후 우편송달 방식을 통해서 송달이 이루어지지 않을 경우, 피고 주소지에 소장을 부착한 후 우편송달(nail and mail)하는 방식이 사용될 수 있다.[76] 이를 위해서 피고의 실제 영업 장소, 주거지, 주거주지 등의 문(door)

---

72) Fed. R. Civ. P. 4(h)(1)(A).

73) Fed. R. Civ. P. 4(h)(1)(B).

74) N.Y. Civ. Prac. L. & R. § 308 (뉴욕주민사소송규칙은 이 밖에도 여러 다른 송달 방식을 규정하고 있으므로, 상황에 맞게 적절한 송달이 이루어질 수 있도록 상세한 규정검토가 선행되어야 한다).

75) N.Y. Civ. Prac. L. & R. § 308(2) (사본을 제1종 우편으로 송달한 후 송달 혹은 배달, 둘 중 나중인 것으로부터 20일 내에 소환자에 지정되어 있는 법원 서기에게 송달 증빙 자료를 우편으로 보내야 한다).

76) N.Y. Civ. Prac. L. & R. § 308(4) (Leave and Mail과 마찬가지로 Nail and Mail도 사본을

에 관련 송달문서들(소장 및 소환장 등)을 부착한 후, 20일 이내에 제1종 우편으로 피고의 마지막 거주지 내지 실제 영업장소로 같은 문서들을 송부하면 된다.[77] 한편, 현실적으로 여러 송달 방식의 실행이 어려운 경우(impractical), 원고는 법원으로 하여금 송달방식을 특정해달라고 요청할 수도 있다.[78]

만약 송달의 대상이 기업(corporation)인 경우에는, 일반적으로 기업의 임원(officer), 이사(director), 관리자급 또는 일반 대리인(agent), 재무관리자 및 부관리자(cashier or assistant cashier),[79] 또는 법에 따라 적절하게 임명된 대리인(agent) 등에게 직접 인편교부(personal delivery)를 해야 한다.[80] 이러한 피고 기업에 대한 인편교부가 어려운 경우에는, 뉴욕주 회사(domestic corporation)나 뉴욕에서 영업이 허락된 비뉴욕회사(foreign corporation)에[81] 한하여 소장·소환장의 사본을 뉴욕주 국무장관(secretary of state)에게 전달함으로써 송달의무를 이행할 수도 있다.[82] 이때 송달 절차는 국무장관이 해당 서류 2부를 접수한 시점에 완료된 것으로 간주되며, 국무장관은 서류 1부를 즉시 피고에게 우편으로 송부해야 한다.[83] 한편, 피고 법인이 뉴욕주에서의 영업이 허락되지 않

---

제1종 우편으로 송달한 후 송달 혹은 배달, 둘 중 나중인 것으로부터 20일 내에 소환자에 지정되어 있는 법원 서기에게 송달 증빙자료를 우편으로 보내야 한다).

77) N.Y. Civ. Prac. L. & R. § 308(2).

78) N.Y. Civ. Prac. L. & R. § 308(5). 이러한 경우 법원은 드물게 전자메일이나 텍스트메시지 등으로 송달을 대체하도록 허락해준 사례가 있다. 예를 들어, *Wimbledon Fin. Master Fund, Ltd. v. Laslop*, 95 N.Y.S.3d 152 (1st Dep't 2019) (alternative service on the defendant's attorney through the New York State Courts Electronic Filing System); *Baidoo v. Blood−Dzraku*, 5 N.Y.S.3d 709, 716 (Sup. Ct. N.Y. Co. 2015)(a digital copy of the summons using a private message through Facebook); *Hollow v. Hollow*, 747 N.Y.S.2d 704, 708 (Sup. Ct. Oswego Co. 2002) (court ordered service by email, international registered air mail, and standard international mail)) 등이 있다.

79) N.Y. Civ. Prac. L. & R. § 311(a)(1). 여기서 유의할 점은 상기 재무관리자의 범위는 단순히 자금을 관리, 수령하는 자가 아닌 단독으로 회사의 자금을 결제할 권한을 지니고 있는 자를 의미한다(*Scheib v. Curran*, 643 N.Y.S.2d 64 (1996) 판례 참조).

80) *Lakeside Concrete Corp. v. Pine Hollow Building Corp.*, 65 N.Y.2d 865 (1985) 판례 참조.

81) 뉴욕주회사(domestic corporation)란 뉴욕법에 의하여 설립되었거나, 연방법에 따라 설립되어 뉴욕에 위치하고 있는 등의 회사로 정의된다(N.Y. Civ. Prac. L. & R. § 105(h) 참조).

82) N.Y. Bus. Corp. Law § 306(b).

83) N.Y. Bus. Corp. Law § 306(b)(1).

은 다른 주의 기업일 경우(unauthorized foreign corporation)에는 먼저 뉴욕주 국무장관에게 소장을 인편으로 교부한 후, 동일한 소장을 해당 기업에게 인편 또는 우편으로 교부하는 방식으로 송달하면 된다.[84] 이 밖에도 조합(partnership)이나 유한책임 조합(limited liability partnership)에 대한 송달 방식이 달리 규정되어 있으므로 관련 규정을 개별적으로 확인할 필요가 있다.[85]

피고가 다른 나라에 거주하고 있거나 외국 법인일 경우에는 어떻게 송달이 이루어져야 할까? 미국 연방법과 대부분의 주법에서는 외국송달에 대한 규정을 별도로 두고 있다. 그러나 다른 사법체계에 소속되어 있는 외국의 소송 당사자에게 송달을 하는 것은 여러 가지 절차적인 문제를 발생시킬 수 있다. 이러한 절차적인 문제를 극복하기 위하여, 한국과 미국을 포함한 여러 국가들이 국제조약에 가입하여 원활한 국제송달에 협조하고 있는데, 소위 "헤이그 송달협약"이라고 불리는 민사 또는 상사의 재판상 및 재판외 문서의 해외송달에 관한 협약(The Convention on the Service Abroad of Judicial and Extrajudicial Documents in Civil or Commercial Matters, 이하 "헤이그 송달협약")이 대표적인 예이다. 한국과 미국은 모두 헤이그 송달협약의 가입국이므로, 한국 기업이 미국 소송에 참여하게 되는 경우 미국 내 연방 · 주법상 규정되어 있는 국외송달 방식이 아닌, 헤이그 송달협약의 적용을 받게 된다.[86] 헤이그송달 협약에 따른 국제송달에 관해서는 아래 [제1장 제4절 I]에서 보다 자세히 살펴본다.

---

84) N.Y. Bus. Corp. Law § 307(b)(1) − (2).

85) N.Y. Civ. Prac. L. & R. §§ 310, 310 − a; N.Y. Partner Law §§ 121 − 109 and 121 − 1505 참조.

86) 물론, 미국소송의 일방 당사자가 헤이그 송달협약 가입국이 아닐 경우에는 기존 연방 · 주법 상 규정되어 있는 송달방식에 따르게 된다. 헤이그 송달협약은 중앙당국을 통한 송달 외에도 (1) 외교관 또는 영사관원에 의한 직접송달(제8조), (2) 영사관원을 통해 목적지국의 지정 당국으로 하는 간접송달(제9조), (3) 우편에 의한 송달(제10조 a호), (4) 사법공무원 간의 직접 송달(제10조 b호), (5) 이해관계인과 목적지국 사법공무원 등 간의 직접 송달(제10조 c호), (6) 그 밖의 직접적인 경로와 기타 체약국법이 허용하는 방식과 같은 대체적인 송달경로를 허용한다(제19조). 그러나 한국은 동 협약 제8조 및 제10조에 대하여 이의선언을 함으로써, 제8조의 외교관 또는 영사에 의한 자국민 이외의 자에 대한 직접송달과 제10조에 규정된 모든 간이한 송달방법이 적용되지 않는다. 또한 우리나라는 제9조에 따른 송달을 하기 위하여 필요한 당국도 지정하지 않았으므로 영사경로를 통한 미국에서 한국으로의 간접적인 송달도 허용되지 않는다.

# V. 응소 절차와 초기 대응

응소(appearance)란 피고가 소송에 응하여 참여하는 행위를 말한다. 넓게는 피고가 공식적으로 소송에 참여하는 행위 일체를, 좁게는 피고가 소장에 대한 답변서(answer)나 신청(motion) 등을 제출함으로써 소송에 대응하는 절차 등을 가리키기도 한다.[87] 응소절차에는 원칙적으로 무한정응소(general appearance)와 특별응소(special appearance) 두 가지가 있는데, 소장을 송달받은 피고는 이 두 가지 응소방식 중에서 하나를 잘 선택해야 한다. 예컨대, 무한정응소를 할 경우 자칫 피고 스스로 해당 법원에 관할이 있음을 인정하는 것으로 인정될 수 있으므로 주의가 필요하다.[88]

이하에서 각각의 응소방식에 관하여 살펴본다. 참고로 일부 주법에서는 특별응소와 무한정응소 간의 절차적 구분이 여전히 남아 있는 것으로 보이나, 많은 주법원 및 연방법원에서는 더 이상 특별응소(special appearance) 라는 절차적 개념을 엄격하게 적용하지는 않는다. 이는 아래 응소 실무에 관한 설명에서 다시 구체적으로 살펴본다.

## 1. 무한정응소(general appearance)

무한정응소(general appearance)란 피고가 소송이 개시된 법원에 출석하거나 답변서 등을 제출하는 등의 방식으로 법원의 관할하에서 소송에 참여하는 행위를 가리킨다. 예를 들어 피고에 대한 인적관할(personal jurisdiction)이 없는 법원에서 소송이 개시되는 경우에도 피고는 별 생각 없이 송달된 소장과 소환장에 명시된 바에 따라 답변서(answer)를 제출하는 경우가 있다. 그러나 이는

---

87) Black's Law Dictionary 107 (8th ed. 2004).

88) 예컨대, *Titus v. Superior Court*, 23 Cal. App. 3d 792, 800−801 (1972) ("Where a person makes a general appearance such appearance operates as a consent to jurisdiction of his person. ⋯ However, where a person makes a 'special appearance' he does not thereby consent to jurisdiction over his person. A special appearance is made when a defendant appears in court for the sole purpose of objecting to the lack of jurisdiction over his person without submitting to such jurisdiction") 참조.

자칫 해당 법정의 관할에 자발적인 동의를 표시하는 것으로 간주되거나 관할권 항변을 포기하는 것으로 인정되어[89] 관할권 항변에 근거한 소각하 신청 기회를 잃게 되는 결과를 초래할 수도 있다.[90]

피고 입장에서는 이처럼 무한정응소를 함에 있어서 세심한 주의를 기울여야 한다. 무한정응소가 성립되는 방식은 여러 가지가 있는데, 피고 또는 피고의 소송대리인이 실제로 법원에 출석하지 아니하더라도, 소장에 명시된 대로 답변, 항변사유제출, 관련 법원 명령의 집행, 원고에의 서면 출석통보 등을 하게 되면, 무한정응소가 성립되었다고 본다.[91] 한편, 피고가 특별한 절차 없이 법정의 출석요구(또는 명령)에 응하여 지정된 법정에 해당 기일에 출석하는 행위 또한 무한정응소로 인정될 수 있다.[92]

## 2. 특별응소(special appearance)

특별응소란 (1) 송달의 적법성 또는 (2) 인적·물적관할의 존부 등을 사전에 다투어 소를 각하시킬 목적으로 응소를 하는 행위를 말한다.[93] 예를 들어 소환장에서 피고에게 응소할 것을 요구하더라도, 이를 송달받은 피고가 해당 법원에 인적관할(personal jurisdiction)이 없다고 판단하면 특별응소를 통해 관할 없음을 주장하여 소의 각하를 시도해 볼 수 있다. 특별응소는 무한정응

---

89) General appearance로 인해서 해당 법원의 관할에 자발적으로 종속된(또는 동의한) 경우의 예로는 *Rowell v. Withrow*, 538 U.S. 580, 581 (2005) 사건 등 참조.

90) 이는 한국 민사소송법에서 "피고가 제1심 법원에서 관할위반이라고 항변하지 아니하고 본안에 대하여 변론하거나 변론준비기일에서 진술하면 그 법원은 관할권을 가진다"라고 규정하고 있는 것과 비슷한 맥락이라 할 수 있다(민사소송법 제30조 (변론관할)).

91) 예를 들어, 워싱턴주법 Wash. Rev. Code § 4.28.210 참조.

92) *Withrow*, 538 U.S. at 581. 참조.

93) *State v. Huller*, 168 P. 528, 535 (1917) ("Whether the appearance is general or special is governed by the purpose and object of the appearance. If the appearance be for the purpose of objecting to the jurisdiction of the court and is confined solely to the question of jurisdiction, then the appearance is special, but any action upon the part of the defendant, except to object to the jurisdiction which recognizes the case is in court, will amount to a general appearance.") 참조.

소와 달리 응소와 동시에 해당 법원의 관할에 자발적으로 종속되지는 않는다.

## 3. 실무상의 적용

현재 연방법원과 일부 주법원에서는 특별응소와 무한정응소의 용어로 절차를 구분하지 않는다.[94] 이렇게 응소 종류를 구분하지 않는 법원에서도 인적관할 및 송달에 관한 항변 등이 가능한데, 이는 대부분 각하신청(motion to dismiss)을 통하여 이루어진다. 구체적인 절차는 다음과 같다.

연방법원에서 진행되는 민사소송에서는 원칙적으로 소장을 송달받은 후 21일 안에 답변서(answer)가 제출되어야 한다.[95] 그러나 피고가 송달의 하자 및 인적관할 없음을 이유로 소를 조기 각하시키고자 한다면, 답변서 대신 각하신청(motion to dismiss)을 제출해야 한다. 이러한 이의제기 없이 답변서만 제출하면 피고가 위와 같은 이의 제기를 포기한 것으로 간주될 수 있다.[96]

따라서 연방소송 실무상 소장을 송달받은 피고는 답변서를 제출하기 앞서, 송달의 적법성과 관할의 존부 등을 면밀하게 살펴보아야 한다. 그리고 그에 관한 절차적 하자가 발견되면 반드시 각하신청(motion to dismiss)을 통해 소를 각하시켜야 한다. 만약 불가피한 이유로 답변서를 우선적으로 제출해야 하는 상황이라면 그러한 절차적 이의를 답변서에라도 명확히 포함시켜야 한다.[97] 특히 송달 방법과 관할에 관한 이의제기는 국제소송에서는 빈번하게 발생하는 문제이므로, 이는 미국소송에 참여하는 한국 기업이 가장 먼저 고려해

---

94) *Martens v. Winder*, 341 F.2d 197, 200 (9th Cir. 1965) ("the express language and purpose of Rule 12 of the Federal Rules of Civil Procedure which seeks to consolidate all pre-trial defenses and objections by eliminating the distinction between general and special appearances.") 참조.

95) Fed. R. Civ. P. 12(a)(1)(A)(i).

96) Fed. R. Civ. P. 12(h).

97) *Dell Mktg., L.P. v. Incompass IT, Inc.*, 771 F. Sup. 2d 648, 653 (2011) (citing *T & R Enters., Inc. v. Cont'l Grain Co.*, 613 F.2d 1272) ("A party may appear generally and yet object to personal jurisdiction at any time before the answer is filed or in the answer.").

야 할 사안 중 하나이다.

주법원 응소절차는 각 주의 민사소송규칙마다 달리 정해져 있으므로 개별적으로 살펴보아야 한다. 예를 들어, 뉴욕주 법원에서의 응소는 송달 후 20일 내에 피고가 답변서(answer)를 제출하거나, 응소통지(notice of appearance)를 제출함으로써 이루어진다. 뉴욕주 법원은 연방법원과 마찬가지로 별도의 특별응소(special appearance) 절차를 폐기하였다.[98] 따라서 관할의 부재나 송달의 하자와 같은 선결적인 문제들은 각하신청(motion to dismiss)을 하거나, 답변서에 이의 내용을 포함하여 하여야 한다.[99] 이의제기 없이 답변서만 제출되면, 연방법원에서와 마찬가지로 이의 제기를 포기한 것으로 간주되어 법원의 관할이 인정될 수 있으므로 주의가 필요하다.[100]

# VI. 소송 진행 계획 수립

미국 법원에 소장이 일단 접수되고 나면, 향후 소송의 진행 일정 및 초기에 논의되어야 하는 여러 쟁점(예컨대, 증거개시절차 관련 쟁점이나 주로 논의되어야 하는 기타 쟁점)등이 먼저 정리되고, 이어서 구체적인 소송 진행 방향과 일정이 결정된다. 구체적인 절차는 연방법원과 주법원에서 약간의 차이가 있으나 그 모습은 비슷하다.

먼저 연방법원에서 소장이 접수(filing)되고 나면, 송달 여부와 관계없이 법원은 1차 기일명령(initial scheduling order) 또는 사건관리지침(case-management guideline) 등을 내리게 되는데, 여기에 소송 초기의 중요한 기일들이 명시된다.

---

98) *Colbert v. Int'l Sec. Bureau Inc.*, 79 A.D.2d 448, 461 (1981) ("The [provisions] abolish the special appearance, allowing an objection to jurisdiction over the person to be raised either by motion under [CPLR 3211] or in the answer. ... The objection is waived if not raised by one of these two methods.").

99) N.Y. Civ. Prac. L. & R. § 320.

100) *McGowan v. Hoffmeister*, 792 N.Y.S.2d 381, 382 (2005) ("By appearing in the action and electing to answer the complaint without an objection to jurisdiction, defendants conferred jurisdiction upon the court and waived the defense.") 참조.

대표적으로 송달증명서(proof of service) 제출 기한, 소위 연방민사소송규칙 제26조 제f항 기일이라고 불리는 절차진행회의(meet and confer conference)일자, 연방민사소송규칙 제16조에 따른 사건관리기일(case management conference)일자 등이 기재되며, 추가적으로 향후 진행될 제26조 제f항 및 제16조 회의 등에서 제출되어야 하는 서류에 관한 내용도 간혹 포함된다.

1차 기일명령에서 예정된 제26조 제f항 회의가 열리면 소송대리인들은 향후에 열리게 되는 '제16조 사건관리기일(일반적으로 case management conference 또는 CMC라 함)' 준비, 증거개시절차 계획 및 일정 등에 대하여 논의하게 된다. 여기서는 향후 전개될 증거개시절차를 통해 전자적 방식의 증거자료들(예컨대, 컴퓨터에 저장되어 있는 각종 파일들)이 제출되어야 할 경우, 이들의 종류와 위치 및 제출 방식 등에 대해서 논의하기도 한다. 일반적으로 제26조 제f항 회의 결과는 당사자간의 공동 보고서(joint report)를 통해 정리되며, 이는 나중에 열리는 제16조 사건관리회의의 출발점이 된다.

제16조 사건관리기일은 일반적으로 "CMC 회의"라는 이름으로 더 잘 알려져 있다. CMC 회의는 법원 또는 판사의 개인 집무실에서 열리기도 하고 간혹 전화회의를 통해서 원격으로 이루어지기도 한다. CMC 회의에서는 기존 제26조 제f항 회의에서 만들어진 공동 보고서를 기반으로 향후 소송 진행에 대한 일정, 증거개시절차에 관한 세부 논의(전자문서 개시방법 등)가 마무리된다. 그리고 CMC 회의에서 확정된 내용을 바탕으로 법원은 최종기일명령(scheduling order)을 내린다.[101]

이와 같이, 제26조 제f항 회의를 거쳐 제16조 사건관리회의에서 논의된 바에 따라 법원이 최종기일명령을 내리게 되면, 소송은 증거개시절차를 시작으로 비로소 본격적인 국면에 돌입한다.

연방법원과는 달리 뉴욕주 법원에서는 연방법원에서와 같은 Rule 26(f) 회의, Rule 16 회의 등이 구분되어 있지 않고, preliminary conference라는 이름의 사전 회의에서 사건의 배경과 주요 쟁점 정리, 증거개시절차 진행 방식

---

101) 비교적 간단하거나 전형적인 사건의 경우 기존에 제출된 Fed. R. Civ. P. 26(f) 보고서의 내용에 기반하여 CMC회의 없이 곧바로 판사의 재량으로 기일명령이 내려지기도 한다.

(특히 전자적으로 저장된 증거 자료들의 개시 방법 등) 및 일정 등이 논의된다. preliminary conference 전에는 각 소송 당사자들의 대리인들 간에 비공식적인 접촉을 통해 preliminary conference에서 논의될 주제에 대한 사전 논의가 선행된다. 그러한 논의 이후 당사자들이 preliminary conference를 신청하게 되면 비로소 preliminary conference가 열리게 되고, 이 회의에서 논의된 사항들을 바탕으로 법원은 preliminary conference order를 내리게 되는데, 이 명령 상의 내용에 따라 주요 기일 등을 포함하여 향후 소송절차의 구체적인 방향이 결정되게 된다.

# Ⅶ. 답변서(answer) 및 반소(counterclaims) 제출

연방법원 민사소송에서는 별도의 각하신청을 제출하지 않는 한 원칙적으로 소장을 송달받은 후 21일 안에 답변서(answer)를 제출하여야 한다.[102] 답변서는 소장상의 각 주장에 대한 피고의 인정(admission) 또는 불인정(denial) 여부를 밝히는 것을 주된 목적으로 한다. 따라서 답변서의 내용은 소장의 내용과 형식에 따라 결정된다. 아래 예시와 같이, 소장과 마찬가지로 답변서 1면 상단에는 사건의 제목(당사자명 포함)과 법원명, 사건 번호 등이 기재된다. 본문에는 소장에 제기된 사실적·법률적 주장에 대한 답변(즉, 인정·불인정 여부)을 문단별로 간략히 기재하는 것이 보통이다. 예컨대, 소장상의 특정 주장이 사실이 아닐 경우, 피고는 간략하게 "Defendant denies the allegations of Paragraph __"와 같이 부인할 수 있다. 또는 피고가 원고의 특정 주장이 사실이 아님을 믿고 있는 경우에는 피고의 믿음(belief)에 기인한 점임을 강조하여 "Upon information and belief, denies each and every allegation contained paragraph __ of the complaint"와 같이 기재하기도 한다. 이처럼 정보와 믿음

---

102) Fed. R. Civ. P. 12(a)(1)(A)(i) 규정상 송달 후 21일 내에 답변서를 제출해야 하지만, 경우에 따라서는 합리적인 이유를 들어 답변서 기한 연장을 짧게는 수일 길게는 수주 법원에 요청할 수도 있다. 이때 기한연장 허락 여부는 담당 판사의 재량에 따라서 결정된다.

에 근거한 답변의 경우, 피고가 직접 알고 있는 사실이 아니라 간접적으로 얻은 2차 정보에 근거하고 있음을 인정하는 것이다.[103]

한편, 소장에 적시된 원고의 주장에 대한 아무런 정보나 믿음도 전혀 없는 경우에는, 해당 내용을 단순히 부인(deny)하기보다는 그러한 사정을 구체적으로 밝혀야 한다. 따라서 "Denies knowledge or information sufficient to form a belief as to the truth of each and every allegation contained in paragraph __ of the complaint"와 같이 기술할 수도 있으며, 이는 단순히 부인(deny)을 표시하는 것과 동일한 효과를 지닌다.[104] 부인하지 아니한 주장은 피고가 인정한 것으로 간주되므로(All other statements of a pleading are deemed admitted)[105] 답변서 작성시 부인할 내용을 빠뜨리지 않도록 소장 내용을 주의 깊게 살펴보아야 한다. 경우에 따라서는 소송 초반부터 원고에게 구체적인 사실관계나 항변을 전달하기 위해, 단순 인정·부인 여부에서 더 나아가 관련 쟁점이나 배경사실에 대한 추가적인 설명을 포함시키기도 한다.[106]

피고가 답변서에 상대방 주장에 대한 인정·부인 여부를 밝히고 나면, 적극적 항변(affirmative defense)이나 반소(counterclaim) 등을 포함시킬 수 있다. 연방민사소송규칙에는 '피고'의 청구가 (1) 원고의 소송물(subject matter)에 관한 거래(transaction)나 사건(occurrence)에서 발생하고 (2) 당해 법원에 관할이 없는 제3의 당사자를 추가할 필요가 없는 경우에는 반드시 '반소'로 제기되어야 한다고 정하고 있다.[107] 이러한 의무적 반소(compulsory counterclaim) 이외 주장

---

103) *Barrett v. Forest Laboratories, Inc.*, 39 F. Supp. 3d 407, 2014 Fair Empl. Prac. Cas. (BNA) 170012 (S.D. N.Y. 2014), *referencing* Black's Law Dictionary 783 (7th Ed. 1999).

104) 예컨대, 미국 뉴욕민사소송규칙(N.Y. Civ. Prac. L. & R. § 3018(a))은 다음과 같이 규정하고 있다. "Denials. A party shall deny those statements known or believed by him to be untrue. He shall specify those statements as to the truth of which he lacks knowledge or information sufficient to form a belief and this shall have the effect of a denial. All other statements of a pleading are deemed admitted, except that where no responsive pleading is permitted they are deemed denied or avoided."

105) *Id.*

106) 이처럼 구체적으로 기술된 답변서를 일컬어 소위 'speaking answer'라고 한다.

107) Fed. R. Civ. P. 13(a)(1). 그러나 그러한 피고의 청구가 이미 다른 별도 사건에서 다투어

에 대해서는 피고가 재량으로 반소를 제기할 수 있다.[108] 당사자간 이해관계
가 복잡한 소송에서는 피고가 다른 공동피고(co-defendant)나 제3당사자 등에
대한 교차청구(cross claim)를 하기도 하는데,[109] 이러한 교차청구는 적극적 항
변이나 반소 뒤에 기재되는 것이 보통이다.

끝으로 답변서 맨 마지막 "Wherefore"로 시작하는 단락에서는 원고의 청
구를 기각해 달라는 요청과 함께, 피고의 적극적 항변이나 반소·교차청구 등
을 인용해달라는 취지의 내용이 포함된다. 이때 반소나 교차청구는 피고가 소
송상대방에 대하여 별도의 소를 개시하는 것과 마찬가지이므로, 형식면에서
일반적인 소장(complaint)에 포함되어 있는 요소들이 그대로 포함되어 있다. 간
혹 피고가 변호사 보수를 요청할 만한 근거가 있는 경우에는 답변서 마지막
단락에 변호사 보수(attorney fees)를 요청하는 내용을 포함시키기도 한다.

아래는 위와 같은 내용이 포함되어 있는 답변서의 일반적인 예시이다.

---

지고 있는 등의 경우에는 반드시 '반소'로 제기할 필요는 없다(Fed. R. Civ. P. 13(a)(2)
참조).

108) Fed. R. Civ. P. 13(b).

109) Fed. R. Civ. P. 13(g) ("A pleading may state as a crossclaim any claim by one party
against a coparty if the claim arises out of the transaction or occurrence that is the
subject matter of the original action or of a counterclaim, or if the claim relates to any
property that is the subject matter of the original action. The crossclaim may include
a claim that the coparty is or may be liable to the crossclaimant for all or part of a
claim asserted in the action against the crossclaimant.").

1  ▓▓▓▓▓▓▓▓▓▓▓▓▓▓▓▓

2  ▓▓▓▓▓▓▓▓▓▓▓▓▓▓▓▓

3  ▓▓▓▓▓▓▓▓▓▓▓▓▓▓▓▓

4  ▓▓▓▓▓▓▓▓▓▓▓▓▓▓▓▓

5  ▓▓▓▓▓▓▓▓▓▓▓▓▓▓▓▓

6  Attorneys for MATTHEW ARNOLD
   and DARK HALL PRODUCTIONS, LLC.

```
                    FILED
         CLERK, U.S. DISTRICT COURT

              OCT 29 2009
                3:05

         CENTRAL DISTRICT OF CALIFORNIA
         BY                     DEPUTY
```

7

8                 **UNITED STATES DISTRICT COURT**

9       **CENTRAL DISTRICT OF CALIFORNIA, WESTERN DIVISION**

| | |
|---|---|
| 10 ▓▓▓▓▓▓▓▓, an individual, on behalf of himself and similarly situated investors, | CASE NO. CV09-▓▓▓ MMM (CWx) |
| 11 | |
| 12 | ▓▓▓▓▓▓▓▓▓▓ **ANSWER TO COMPLAINT AND COUNTERCLAIM FOR:** |
| 13          Plaintiff, | |
| 14          v. | 1) **FRAUD AND DECEIT;** |
| 15 ▓▓▓▓▓▓▓▓, an individual; ▓▓▓▓▓▓▓▓▓▓▓▓, LLC., | 2) **CONVERSION OF MONEY;** |
| 16 a California limited liability company; and DOES 1-10, inclusive, | 3) **BREACH OF ORAL CONTRACT;** |
| 17 | |
| 18          Defendants. | 4) **BREACH OF ORAL CONTRACT;** |
| 19 ──────────────────────── | 5) **PROMISSORY ESTOPPEL;** |
| 20 ▓▓▓▓▓▓▓▓, an individual; ▓▓▓▓▓▓▓▓▓▓▓▓, LLC., | 6) **BREACH OF WRITTEN CONTRACT;** |
| 21 a California limited liability company, | 7) **UNJUST ENRICHMENT** |
| 22          Counter-Plaintiff, | |
| 23          v. | **DEMAND FOR JURY TRIAL** |
| 24 | |
| 25 ▓▓▓▓▓▓▓▓, an individual; and DOES 1-10, inclusive, | |
| 26          Counter-Defendants. | |
| 27 | |
| 28 | |

0100-9999 / 97407.2

1      .

2

3      11.    ███ ███ admits that during the trip to Korea, ██ ██████ met with

4 several investors. ████ ███ is without sufficient knowledge as to the remaining

5 allegations of Paragraph 11, and on that basis denies them.

6

7      12.    ██████ █████ admits that he is the sole author and copyright owner

8 of the script "███ ████." ███ ███ denies all other allegations in Paragraph 12.

9

10      13.    ███ ███ denies the allegations of Paragraph 13.

11

12      14.    ███ ███ denies the allegations of Paragraph 14.

13

14      15.    ███ ███ denies the allegations of Paragraph 15.

15

16      16.    ███ ███ denies the allegations of Paragraph 16.

17

18      17.    ███ ███ denies the allegations of Paragraph 17.

19

20      18.    ███ ███ denies the allegations of Paragraph 18.

21

22      19.    ███ ███ denies the allegations of Paragraph 19.

23

24      20.    ███ ███ denies the allegations of Paragraph 20.

25

26      21.    ███ ███ denies the allegations of Paragraph 21.

27

28      22.    ███ ███ denies the allegations of Paragraph 22.

0100-9999 / 97407.2

4

COUNTERCLAIM:

1

2      23.    ▮▮▮ is without sufficient knowledge as to the allegations of

3 Paragraph 23, and on that basis denies them.

4

5      24.    ▮▮▮ is without sufficient knowledge as to the allegations of

6 Paragraph 24, and on that basis denies them.

7

8      25.    ▮▮▮ admits that it filed an action in L.A. Superior Court on or

9 about October of 2007 captioned ▮▮▮ ▮▮▮ ▮▮▮, LLC v. ▮▮▮ ▮▮▮ ▮▮▮, et al.,

10 BC ▮▮▮. In it, ▮▮▮ alleged that ▮▮▮ ▮▮▮ committed various breaches of

11 contract, fraud, and conversion. On October 17, 2009, a jury returned a verdict on

12 behalf of ▮▮▮ ▮▮▮ and against Sophia Yoo in the amount of $3.700,000. The jury

13 also awarded ▮▮▮ ▮▮▮ punitive damages against ▮▮▮ ▮▮▮ in the amount of

14 $60,000. ▮▮▮ ▮▮▮ denies the remaining allegations of Paragraph 25.

15

16                **FIRST CAUSE OF ACTION**

17       **FRAUD – INTENTIONAL MISREPRESENTATION**

18            **(AGAINST ALL DEFENDANTS)**

19

20      26.    ▮▮▮ hereby incorporates by reference all of the answers in the

21 above paragraphs.

22

23      27.    ▮▮▮ admits that he travelled to Korea in March or April of 2007.

24 Dark Hall denies the remainder of the allegations of Paragraph 27.

25

26      28.    ▮▮▮ denies the allegations of Paragraph 28.

27

28

Case 2:09-cv-▨▨▨-MMM-CW  Document 5-3  Filed 10/29/09  Page 6 of 95  Page ID #:128

1  29.  ▨▨ is without sufficient knowledge as to the allegations of
2  Paragraph 29, and on that basis denies them.
3  30.  ▨▨ denies the allegations of Paragraph 30.
4
5  31.  ▨▨ is without sufficient knowledge as to the allegations of
6  Paragraph 31, and on that basis denies them.
7
8  32.  ▨▨ denies the allegations of Paragraph 32.
9
10  33.  ▨▨ denies the allegations of Paragraph 33.
11
12                    **SECOND CAUSE OF ACTION**
13                    **BREACH OF ORAL CONTRACT**
14                    **(AGAINST ALL DEFENDANTS)**
15
16  34.  ▨▨ hereby incorporates by reference all of the answers in the
17  above paragraphs.
18
19  35.  ▨▨ denies the allegations of Paragraph 35.
20
21  36.  ▨▨ denies the allegations of Paragraph 36.
22
23  37.  ▨▨ denies the allegations of Paragraph 37.
24
25  38.  ▨▨ denies the allegations of Paragraph 38.
26
27
28

0100-9999 / 97407.2

6

COUNTERCLAIM:

1

**AFFIRMATIVE DEFENSES**

2

**FIRST AFFIRMATIVE DEFENSE**

3

**(Statute of Limitations)**

4   Defendant is informed and believes, and thereon alleges, that Plaintiff's action

5 is barred by the provisions of CCP Section 337 (the statute of limitations for actions

6 based on a contract in writing.

7

8

**SECOND AFFIRMATIVE DEFENSE**

9

**(Statute of Limitations)**

10   Defendant is informed and believes, and thereon alleges, that Plaintiff's action

11 is barred by the provisions of CCP Section 338 (actions based on fraud)

12

13

**THIRD AFFIRMATIVE DEFENSE**

14

**(Statute of Limitations)**

15   Defendant is informed and believes, and thereon alleges, that Plaintiff's action

16 is barred by the provisions of CCP Section 339 (actions based on contract not in

17 writing)

18

19

**THIRD AFFIRMATIVE DEFENSE**

20

**(Statute of Limitations)**

21   Defendant is informed and believes, and thereon alleges, that Plaintiff's action

22 is barred by the provisions of CCP Section 343 (catch-all)

23

24

**THIRD AFFIRMATIVE DEFENSE**

25

**(Failure to Perform)**

26   Defendant is informed and believes, and thereon alleges, that Plaintiff's

27 action is barred by reason of his failure to perform his obligations under the contract

28

0100-9999 / 97407.2

9

COUNTERCLAIM:

**COUNTERCLAIMS**

Counter-Plaintiffs ████ ████ Productions, LLC and ████ ████ (collectively, "████") for their Counterclaim against Counter-Defendant ████ ████ Yoo ("███ ███") and Does 1 through 10, inclusive, (collectively, "Defendants"), allege as follows:

**NATURE OF THE ACTION AND RELIEF SOUGHT**

1.   On October 15, 2009, a jury in the Los Angeles Superior Court returned a verdict on behalf of ████ and against ███ ███ (Plaintiff's daughter) on the exact same issues raised in this case. In that verdict, the jury awarded ████ $3,700,000.00 for fraud and breach of contract and $1,945,000.00 for conversion against ███ ███. A copy of the "filed" verdict forms are attached as Exhibit "1" to this Cross-Complaint. ███ ███'s father was a defendant in that case and was dismissed without prejudice after ████ ████ failed to serve him due to his residence in Korea. ████ now brings this action against ███ ███ by way of counterclaim.

**FACTS RELEVANT TO ALL CAUSES OF ACTION**

2.   This action involves the misappropriation of approximately four million five hundred thousand dollars ($4,500,000) of financing raised and intended to be used to make a motion picture entitled "███ ████" by Counter-Defendant ███.

3.   ███ ████ was to be written, directed and produced by ████ ████. ███ ████, who is the managing member of ████, raised the funds from investors in Korea pursuant to an agreement with ████ to fully finance the picture, and

0100-9999 / 97407.2

14

COUNTERCLAIM:

1

## ON ALL COUNTS

2

3        T.      For reasonable costs incurred in this action;

4

5        U.      For reasonable attorneys' fees incurred herein as provided for by

6    contract or statute;

7

8        V.      For such other and further relief as the Court may deem just and proper.

9

10   Dated: October 29, 2009                    Respectfully submitted:

11

12                                              ZUBER & TAYLOR LLP
                                                Oliver A. Taylor
13                                              Lukas D. Camish

14

15                                              By: _____

16                                              Attorneys for MATTHEW ARNOLD, an
                                                individual and DARK HALL
17                                              PRODUCTIONS, LLC, a California
18                                              limited liability company

19

20

21

22

23

24

25

26

27

28

0100-9999 / 97407.2

43

COUNTERCLAIM:

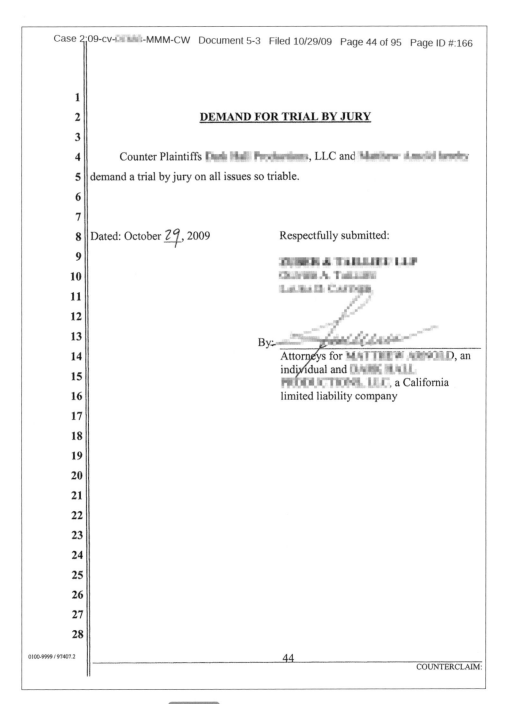

1
2 **DEMAND FOR TRIAL BY JURY**
3
4   Counter Plaintiffs ▮▮▮▮ ▮▮▮▮ ▮▮▮▮▮▮▮▮▮, LLC and ▮▮▮▮▮▮ ▮▮▮▮▮ ▮▮▮▮▮
5 demand a trial by jury on all issues so triable.
6
7
8 Dated: October 29, 2009                    Respectfully submitted:
9                                            ▮▮▮▮ ▮. ▮▮▮▮▮▮ ▮▮▮
10                                           ▮▮▮▮▮ ▮. ▮▮▮▮▮
11                                           ▮▮▮▮ ▮. ▮▮▮▮▮
12
13
14                            By: _____
                               Attorneys for ▮▮▮▮▮▮▮ ▮▮▮▮▮▮D), an
15                             individual and ▮▮▮▮ ▮▮▮▮
16                             ▮▮▮▮▮▮▮▮▮▮▮ ▮▮▮, a California
                               limited liability company
17
18
19
20
21
22
23
24
25
26
27
28

0100-9999 / 97407.2

44

COUNTERCLAIM:

**예시 3**  **답변서의 일반적인 형태**

## Ⅷ. 증거개시절차(discovery)

소송 진행 일정이 확정되고 나면, 본격적으로 증거개시절차가 시작된다. 증거개시절차 또는 디스커버리(discovery)라는 이름으로 더 잘 알려져 있는 미국의 증거개시절차제도는 당사자들이 증거개시절차의 범위와 방법을 합의하고 계획하여, 각종 증거자료들을 일방 당사자의 요청에 따라 또는 자발적으로 제출하는 절차를 말한다. "미국소송은 디스커버리다"라는 말이 나올 만큼, 증거개시절차는 미국소송 특유의 절차이며 많은 비용과 시간이 투입된다. 이 때문에 증거개시절차를 계기로 화해(settlement)하는 경우도 많다. 특히 한국 기업들은 개시 대상이 되는 증거 및 증인의 언어가 다르고 절차에 대한 기대도 달라서, 미국소송대리인과 소통 문제가 발생하는 경우가 많다.

일반적으로 증거개시절차에는 녹취증언(deposition), 서면질의(interrogatory), 문서 또는 물증의 제출(discovery and inspection of documents or property) 등이 주로 사용되는데, 이들 모두 한국 민사소송 절차와는 매우 다르기 때문에, 각 절차의 특징을 정확히 이해할 필요가 있다. 특히 최근에는 2006년과 2015년 연방민사소송규칙 개정을 통해 전자적으로 저장된 정보(electronically stored information; "ESI")도 증거개시절차 대상이 되었다. 이에 따라 증거개시절차 대상 정보는 종이 형태로 준비된 복사물뿐만 아니라 그 문서의 기재 내용을 전자적으로 저장한 자료들에까지 미치게 되었고, 특히 전자문서를 통해 확인할 수 있는 문서 작성자, 작성일, 최종 수정일자 및 저장장소 등과 같은 메타데이터(meta data)까지 포함되었다. 이러한 전자적 문서들을 대상으로 하는 증거개시절차를 가리켜 소위 "이디스커버리(E-discovery)"라고 하는데, 최근에는 미국소송에서 현출되는 대다수의 증거 자료들이 전자증거문서들이기 때문에 사실상 일반적인 증거개시절차와 이디스커버리의 구분이 다소 모호해졌다.

이처럼 미국소송에 개입하고 있는 한국 기업은 다른 절차보다도 반드시 증거개시절차에 큰 노력을 기울여 미국소송에 대비해야 한다. 이러한 중요성을 고려하여 미국소송 증거개시절차는 아래 [제3절 증거개시절차 실무]에서 구체적으로 살펴본다.

한편, 일반적으로 디스커버리 절차를 통해 현출되는 증거자료 외에, 증거개시절차에서는 특정 분야에 전문적인 지식과 경험을 가지고 있는 전문가의 증언과 진술서가 활용되는 경우가 많다. 이러한 전문가 증인의 법정 증언은 해당 분야와 증언의 관련성(relevancy) 내지 신뢰성(reliability)을 판사가 고려하고 허용하는 경우에 한하여 허가되는데, 이때 이러한 전문가 증언의 허용 여부를 판단하기 위해서는 소위 '도버트(Daubert)' 기준이 적용된다. 도버트 기준에 대한 보다 자세한 설명은 이하 [제2장 제1절 Ⅲ. 2. '증거개시절차 중 전문가 의견]에서 자세히 다룬다.

## Ⅸ. 각종 신청(pre-trial motion) 제도

미국소송이 변론절차(trial) 단계까지 진행되어 판결이 내려지는 경우는 한국소송에 비해 상당히 드물다. 대신 소송이 진행되는 도중에 합의(settlement)를 통해 종결되는 경우가 더 많다. 이는 변론절차(trial) 단계에 이르기까지 긴 시간과 비용이 소요되기 때문에 당사자들이 조기 종결을 모색하는 경우가 많기 때문이다. 이렇게 조기 종결을 모색할 수 있는 이유는 각종 신청(motion) 절차를 통해서 각 당사자들의 유불리가 변론절차에 이르기 전에 어느 정도 드러나기 때문이다.

예를 들어, 송달의 적법성이나 관할에 대한 이의가 있을 경우 피고는 즉각적인 응소를 하기 보다는 각하신청(motion to dismiss)을 통해 소송의 조기 종결을 시도해 볼 수 있다. 한편, 증거개시절차를 통해 드러난 사실관계에 별다른 다툼이 없다면 배심이 아닌 판사의 결정을 구하는 약식판결(summary judgment)을 신청할 수도 있다.

아래에서는 미국소송에서 소위 motion practice라고 불리는 이러한 신청 절차들에 대해서 구체적으로 살펴본다.

## 1. 소각하 신청(motion to dismiss)

앞서 응소 절차를 설명하면서 언급한 motion to dismiss는 한국의 소각하 신청과 유사한데, 원고의 소장(complaint)이 비록 형식적 요건을 충족했다고 하더라도 그 밖의 여러 흠결로 인하여 각하되어야 하는 경우에 주로 이용된다. 예를 들어 피고가 답변서(answer)를 제출하기 전에 관할 없음을 이유로 소각하를 구하는 신청(pre-answer motions)을 할 수도 있는데, 이 또한 앞서 설명한 바와 같이 motion to dismiss의 형태로 이루어지는 경우가 많다.

motion to dismiss를 신청할 수 있는 근거는 절차 규정마다 약간씩 다른데, 연방민사소송규칙상의 대표적인 신청 근거는 제12조 제b항에 열거되어 있다.110) 동 항의 근거들은 해당 사건의 선결문제(preliminary matters)와 관련된 것으로서, 피고는 소장에 대한 답변서를 제출하기 전에 motion to dismiss를 신청하는 것이 일반적이다. 이중에서 특히 '청구원인기재불충분(failure to state a claim upon which relief can be granted)'에 근거한 motion to dismiss가 자주 이용된다. '청구원인기재 불충분'은 소장에 적시된 청구원인이 명백히 잘못되어 주장 자체가 성립하지 아니하는 경우, 또는 청구원인을 뒷받침하는 사실관계가 최소한의 구체성마저 결여하고 있는 경우 등에 적용된다.

motion to dismiss는 주법원에서도 자주 활용된다. 이 또한 소송의 초반 단계에서 소를 각하시킬 목적으로 이용되는 것이 보통인데, 뉴욕주의 경우 motion to dismiss 신청의 근거가 연방법에서의 근거들과 크게 다르지 않다.111)

---

110) Fed. R. Civ. P. 12(b)에 규정된 각하사유는 (1) 물적관할의 결여 (lack of subject matter jurisdiction), (2) 인적관할의 결여(lack of personal jurisdiction), (3) 부적절한 재판적 (improper venue), (4) 소장 내용상의 하자(insufficiency of process), (5) 송달 절차의 하자(insufficiency of service of process), (6) 소장에서의 청구원인기재불충분(failure to state a claim upon which relief can be granted), (7) 필수적 공동소송인(persons required to be joined if feasible)이 소송의 당사자에 포함되지 않은 경우 등이 있다.

111) 뉴욕주법상의 각하사유에는 (1) 주장에 대한 항변이 서면에 기반하고 있는 경우(a defense is founded upon documentary evidence), (2) 물적관할의 결여(lack of subject matter jurisdiction), (3) 행위무능력(lack of legal capacity), (4) 이미 진행 중인 다른 소송이 있는 경우(another action pending), (5) 중재합의 등의 존재, (6) 반소

연방소송에서 motion to dismiss와 비슷한 성격의 신청절차로서 석명신청 (motion for a more definite statement)이 있다.[112] 이는 원고가 제출한 소장에 적시된 주장의 내용이 확실치 않아서 적절한 대응이 힘들 경우에 적용되며, motion to dismiss와 마찬가지로 답변서 제출 이전에 제출된다. 한편, 삭제신청(motions to strike) 절차도 있는데,[113] 이는 원고 또는 피고가 제출한 서면에 담겨 있는 부적절한 주장을 제외시키는 명령을 내려달라는 신청을 말한다. motion to strike의 대상이 되는 부적절한 주장에는 중복(redundant)되거나, 사소(immaterial)하거나, 관련 없는(impertinent), 비방적인(scandalous) 주장 및 청구원인 등이 있다. 대체로 주법원에서의 소송에서도 이와 동일하거나 거의 유사한 종류의 신청 절차들이 존재한다.

## 2. 잠정적 · 예비적 금지명령(temporary restraining order/preliminary injunction)

잠정적 · 예비적 금지명령이란 당사자간의 분쟁에 대한 판결이 내려지기 전까지 권리자의 손해를 방지하고 소송의 목적인 집행을 달성하기 위해 현 상황을 유지하는 명령을 말한다. 미국소송 절차상 금지명령(injunction)은 그 존속기간에 따라 잠정적 금지명령(temporary restraining order), 예비적 금지명령(preliminary injunction), 그리고 영구적 금지명령(permanent injunction)으로 구분되며, 이들 절차는 연방법 및 대부분의 주법에서 대동소이하게 규정되어 있다.[114]

---

(counterclaim)제기와 관련된 문제, (7) 소장상 청구원인의 결여(failure to state a cause of action), (8) 인적관할(personal jurisdiction)의 결여 등이 있다(N.Y. Civ. Prac. L. & R. § 3211(a) 참조). 이 중에서 N.Y. Civ. Prac. L. & R. § 3211(a)(7)(소장상 청구원인의 결여)은 연방법원 소송에서의 Fed. R. Civ. P. 12(b)(6)에 따른 각하신청(motion to dismiss)과 유사하다.

112) Fed. R. Civ. P. 12(e).

113) Fed. R. Civ. P. 12(f).

114) 한편, 영구적 금지명령(permanent injunction) 요청은 잠정적 · 예비적 금지명령과는 달리, motion practice의 일환으로 신청이 이루어지는 것이 아니라 최종적인 청구의 방식으로 이루어진다.

한국 법원에서의 가압류 · 가처분 절차에 익숙한 한국 기업은 미국 법원에서의 잠정적 · 예비적 금지명령 절차 또한 유사한 형식일 것이라고 생각기 쉽다. 그러나 그 절차적 형식이나 입증 정도, 비용 면에 있어서 한국에서의 가압류 · 가처분 절차와 확연히 다르기 때문에 유의할 필요가 있다. 예를 들어, 미국 법원에서의 예비적 금지명령(preliminary injunction)은 소장이 작성 · 제출 · 송달되어 본소가 제기됨과 동시에 또는 그 직후에 이루어지므로, 본소 제기 전에도 가능한 한국의 잠정처분과 큰 차이가 있다. 이러한 점 때문에 장시간의 해외송달이 요구되는 한국 기업에 대해서는 잠정적 · 예비적 금지명령 신청이 쉽지 않다. 그러나 한국 기업이 원고 자격으로 미국 기업을 상대로 소를 제기하는 경우에는 충분히 고려해볼 수 있는 절차이다.

아래에서는 미국소송의 잠정적 · 예비적 금지명령 절차에 관하여 구체적으로 살펴본다.

## 가. 잠정적 금지명령(Temporary Restraining Order, "TRO") 신청

잠정적 금지명령은 현상유지를 목적으로 한다는 점에서 예비적 금지명령과 비슷한 목적을 가지고 있으나, 예비적 금지명령(preliminary injunction) 보다 이전 단계에서 상대방에 대한 통지 없이 일방적으로(*ex parte*) 이루어질 수 있다는 점에서 차이가 있다.

연방소송에서 잠정적 금지명령을 신청하기 위한 요건은 "금지명령의 발령 없이는 신청인에게 회복할 수 없는 손해가 발생하는 경우"로 한정되어 있어 비교적 간단하며, 그 집행 역시 수일간만 지속된다. 그러나 잠정적 금지명령을 받기 위해서 신청인은 (1) 본소에서의 승소가능성과 함께, [115] (2) 법원이 잠정적 금지명령 신청을 거절함으로 인해 발생할 신청인 손해가, 당해 신청이 인용되어 상대방이 입을 손해보다 크다는 점을 입증해야 한다.[116] 그러

---

115) *Juracek v. City of Detroit*, 994 F. Supp. 2d 853 (E.D. Mich. 2014) 참조.

116) *Alliance for the Wild Rockies v. Cottrell*, 632 F.3d 1127, 1131 (9th Cir. 2011) (finding that to obtain a TRO, a plaintiff must demonstrate "that he is likely to succeed on the merits, that he is likely to suffer irreparable harm in the absence of preliminary relief, that the balance of equities tips in his favor, and that an injunction is in the public interest") 참조.

한 손해발생 가능성을 명확하게 입증하여 판사를 설득해야 하므로, 한국소송에 비해 짧은 기간 상당히 높은 수준의 입증이 요구된다. 따라서 그 만큼 밀도 있는 준비와 노력이 요구된다.

연방소송에서 잠정적 금지명령을 신청하는 자는 상대방 또는 그 대리인에게 구두 또는 서면상의 통지를 하는 것이 원칙이지만, 일정한 요건이 충족되면 법원은 신청인의 요청에 의하여 그러한 통지 없이 금지명령을 내릴 수도 있다.117) 다만 잠정적 금지명령이 상대방에 대한 통지 없이 내려진 경우, 법원은 최대한 빠른 시일 내에 예비적 금지명령 변론기일(preliminary injunction hearing)을 지정해야 하며, 해당 변론기일에서 신청인은 계속해서 잠정적 금지명령의 신청취지를 유지하여야 한다. 만일 그렇지 않을 경우 법원은 잠정적 금지명령을 철회해야 한다.118)

이러한 잠정적 금지명령의 기간은 최대 14일이지만 정당한 사유가 있을 경우 또는 상대방의 동의가 있을 경우 연장이 가능하다.119) 한편, 법원이 내린 잠정적 금지명령의 내용이 모호하거나 지나치게 광범위하다거나 부적절하다는 이유 등으로 변경이나 취소를 구하는 것도 가능하다. 그러나 잠정적 금지명령 발령일로부터 10~20일 이내에 예비적 금지명령(preliminary injunction)의 변론기일이 지정되기 때문에, 잠정적 금지명령의 변경이나 취소를 구하는 실익은 크지 않다.

금지명령의 구체적인 절차나 용어상의 차이가 있을 수는 있으나, 충족되어야 하는 요건및 법리 측면에서 주법원의 잠정적 금지명령 절차는 연방법원에서의 그것과 크게 다르지 않다.

---

117) 이를 일컬어, ex parte order(일방적 명령)이라 한다. (i) 변론까지 간다면 신청인에게 즉각적이고도 회복할 수 없는 피해 또는 손실이 발생할 것을 선서진술서나 확인된 소장(verified complaint)에 의하여 확인할 수 있고, (ii) 신청인의 대리인이 잠정적 금지명령의 통지가 왜 불요한지에 대하여 서면으로 이유를 제출하였을 경우 일방적 명령을 내릴 수 있다(Fed. R. Civ. P. 65(b)(1)).

118) Fed. R. Civ. P. 65(b)(3).

119) Fed. R. Civ. P. 65(b)(2).

## 나. 예비적 금지명령(preliminary injunction) 신청

예비적 금지명령신청은 소장의 접수와 송달이 이루어지는 즉시 원고에 의하여 신청되는 경우가 대부분이지만, 잠정적 금지명령(TRO)보다는 덜 급박하게 진행된다. 연방민사소송규칙 제65조에 따르면 예비적 금지명령의 신청인은 (1) 본안에서의 승소가능성(likelihood of success on the merits), (2) 회복하기 어려운 손해(irreparable injury), (3) 금지명령이 발령되었을 경우 피신청인이 입게 되는 불이익과 금지명령이 기각되었을 경우 신청인이 입게 되는 불이익 간의 비교형량, (4) 공공의 이익(public interest) 등의 요건에 비추어 볼 때 현상의 유지를 위하여 예비적 금지명령이 필수적이라는 점을 입증해야 한다.[120] 잠정적 금지명령(TRO) 신청 과정과 마찬가지로 예비적 금지명령 신청 절차 또한 한국소송의 가처분 절차에 비해 상당히 높은 수준의 입증을 요구하므로, 이에 따른 신청인의 상당한 노력이 요구된다.

예비적 금지명령을 신청하는 자는 원칙적으로 담보(security)를 제공하여야 하는데, 이는 신청인이 고의 또는 과실 없이 예비적 금지명령을 받아냈으나 추후 부당한 것으로 판명된 경우 피신청인이 받은 손실을 변상하도록 하고자 하는 것이다.[121] 그러나 법원 재량에 따라 담보 제공 없이 예비적 금지명령이 내려지는 예외적인 경우도 있다.[122]

---

120) *Winter v. Natural Resources Defense Council, Inc.*, 129 S.Ct. 365 (2008) ("A plaintiff seeking a preliminary injunction must establish that he is likely to succeed on the merits, that he is likely to suffer irreparable harm in the absence of preliminary relief, that the balance of equities tips in his favor, and that an injunction is in the public interest") 참조.

121) Fed. R. Civ. P. 65(c) ("The court may issue a preliminary injunction or a temporary restraining order only if the movant gives security in an amount that the court considers proper to pay the costs and damages sustained by any party found to have been wrongfully enjoined or restrained. The United States, its officers, and its agencies are not required to give security.").

122) 19 Fed. Proc., L. Ed. § 47:97 (Discretion to dispense with security under particular circumstances) 참조. 예외적인 사항으로는 (1) 금지명령으로 인해 피신청인에게 손해가 발생할 가능성이 거의 없는 경우(Corning Inc. v. PicVue Electronics, Ltd., 365 F.3d 156, 58 Fed. R. Serv. 3d 895 (2d Cir. 2004)), (2) 예비적 금지명령이 다툼의 대상인 소송물

한국에서는 피신청인이 보전처분으로 인해 입은 손해배상청구권에 관하여 신청인이 제공한 담보에 대하여 질권자와 동일한 권리를 갖게 되고, 제공된 담보액을 넘는 부분에 관해서는 신청인의 일반재산에 대해 확정판결 등 집행권원을 받아 강제집행을 할 수 있다. 그러나 미국소송의 경우는 대체로 신청인이 금지명령 신청을 하는 데에 있어 악의적이거나 절차를 남용했다는 사정이 있어 신청 그 자체로서 불법행위를 구성하는 경우가 아닌 이상, 부당한 가처분에 의한 피신청인의 손해는 제공된 담보로부터만 배상 받을 수 있다. 따라서 만일 담보가 없는 경우에는 금지명령이 정당한 사유 없이 발령된 경우라고 하더라도 배상을 받을 수 없게 된다.[123] 각 주법원에 적용되는 원칙도 여기서 크게 다르지 않으나, 개별 사안에 따라 해당 주법상 요건을 구체적으로 살펴보아야 한다.

## 3. 약식판결 신청(motion for summary judgment)

미국의 민사소송상 정식재판절차에서 말하는 재판은 원칙적으로 배심재판(jury trial)을 가리키는 경우가 대부분이다. 배심원 없이 판사가 심리하는 법관재판(bench trial)도 있는데, 배심재판의 경우 사실관계를 배심원들이 확정하는 반면, 법관재판은 사실관계 확정과 법률의 적용이 모두 법관에 의하여 이루어진다.

---

에 관한 관할권을 유지하기 위하여 발령되는 경우(Edward E. Gillen Co. v. Ins. Co. of the State of Pennsylvania, 747 F. Supp. 2d 1058 (E.D. Wis. 2010)) 등이 있다.

123) *Coyne−Delany Co., Inc. v. Capital Development Bd. of State of Ill.*, 717 F.2d 385, 37 Fed. R. Serv. 2d 784 (7th Cir. 1983); 19 Fed. Proc., L. Ed. § 47:99 (Amount of bond for restraining order or preliminary injunction) 참조 ("the amount of the bond constitutes the limit of damages the defendant can obtain from the plaintiff for a wrongful injunction provided that the plaintiff was acting in good faith. Since the amount of the bond is the limit of the damages the enjoined party can obtain, an injunction bond serves to provide notice to the moving party as to the maximum extent of its potential liability for costs incurred as the result of a wrongful injunction.8 In fixing the amount of security required, a court is not required to order security in respect of claimed economic damages that are no more than speculative.").

법관재판의 가장 대표적인 예가 바로 약식판결(summary judgment)절차이다. 약식판결이란 양 당사자간에 주요 사실관계에 대해서 다툼이 없어 오직 법률적 문제만이 남았다고 판단되는 경우, 기존에 확인·발견된 사실관계에만 근거하여 법관이 법을 해석 및 적용하여 직접 판결을 내리는 절차를 말한다. 약식판결은 원칙적으로 서면심리(trial on paper)만으로 행하여지기 때문에 모든 자료와 증거는 반드시 적절하게 서면에 기재되어 제출되어야 한다. 약식판결을 신청하기 위한 요건에는 (1) 사건의 주요사실에 관한 진정한 다툼이 없음이 입증될 것, (2) 신청자가 법률상 판결을 받을 자격을 갖출 것 등이 포함된다.[124] 이와 같은 요건이 충족되었다면 원고와 피고 누구든 판사에게 약식판결을 내려줄 것을 신청할 수 있다.

약식판결은 해당 소송의 전체 청구에 대하여도 신청할 수 있지만, 소송의 일부분인 일부 청구에 대해서도 신청할 수 있다. 그렇다고 소송 중 어느 때나 신청할 수 있는 것은 아니고, 일정한 시기 내에 신청을 해야 하는데, 연방법상으로는 모든 증거개시절차를 마친 때로부터 30일 전까지는 신청이 이루어져야 한다.[125] 뉴욕주법에 따르면 note of issue[126]가 법원에 접수된 지 30일 이후 그리고 120일 이내에 신청하여야 하며, 만일 납득할 만한 사정이 있는 경우에는 기간의 연장이 가능하다[127].

주요한 사실관계에 다툼이 없기 때문에 약식판결을 신청하는 당사자는 주요 사실관계에 다툼이 없음을 입증할 수 있는 서류를 제출하여야 하는데, 이러한 서류에는 증거개시절차를 통해 수집한 녹취증언(deposition), 전자적 형태로 저장되어 있는 정보들, 선서진술서(affidavit)[128], 진술서(declaration)[129], 서

---

124) Fed. R. Civ. P. 56(a).

125) Fed. R. Civ. P. 56.

126) 증거개시절차가 모두 끝나서 재판(trial)으로 진행될 수 있다는 당사자들의 고지양식으로 법원에 접수되어야 한다.

127) N.Y. Civ. Prac. L. & R. § 3212(a).

128) 권한있는 공무원의 면전에서 선서하고 자발적으로 진술한 내용을 작성한 공증문서를 의미한다.

129) 진술한 내용을 서면에 작성한 사적 문서로서, 선서진술서와는 다르게 선서와 공증을 받지 않은 문서를 의미한다.

면질의(interrogatory)의 답변, 또는 기타 유사 문서들이 그러한 입증서류들에 포함될 수 있다.130) 위의 신청을 받은 재판부는 신청인이 제출한 문서에 기반하여 주요 사실관계에 다툼이 없음을 확인할 수도 있지만, 신청인이 약식판결의 신청을 위하여 제출한 문서가 아니더라도 소송절차 중에 제출된 문서에 해당한다면 이에 기하여 신청이 이유 있는지 판단할 수 있다.131)

반대로 약식판결 신청의 피신청인은 주요 사실관계에 신청인과 피신청인 간 다툼이 있다는 점을 입증하는 방식으로 방어를 할 수 있다. 피신청인은 신청인이 약식판결 신청을 하면서 제출한 문서에 의하여 주요 사실관계에 대한 다툼이 없는 것을 증명하지 못했음을 밝히거나, 또는 신청인이 사실관계를 증명하는 문서를 제출하지 못하였음을 밝힘으로써 이의를 제기할 수 있다.132) 또한 신청인이 제출한 서류 중 선서진술서(affidavit) 또는 진술서(declaration)상에서 확인되는 사실관계가 사실인지의 여부를 피신청인에게 확인할 수 없는 경우라면, 재판부는 (1) 약식판결을 내리는 것을 연기하거나 이를 거부할 수 있고, 또는 (2) 피신청인으로 하여금 선서진술서나 서면진술서를 취득하도록 명령할 수도 있다.133)

만일 신청인이 위와 같은 서류의 제출을 통하여 양 당사자 간에 주요한 사실관계에 대하여 다툼이 없음을 적절하게 입증하지 못할 경우, 재판부는 신청인으로 하여금 사실관계를 보완할 수 있는 자료를 제공할 기회를 부여하기도 한다.134) 반대로 피신청인이 신청인의 주장 및 입증에 대하여 반대되는 주장이나 입증을 하지 못할 경우, 재판부는 (1) 약식판결 신청과 관련하여서만큼은 신청인이 주장하는 사실관계가 다투어지지 않음을 인정하거나 (2) 신청인의 주장 및 입증만으로 약식판결을 내릴 수 있다.135)

---

130) 이중에서 선서진술서(affidavit)와 진술서(declaration)를 서류로써 제출하였을 경우, (i) 이들은 개인의 직접적인 지식에 기초하였을 것("must be made on personal knowledge"), (ii) 증거능력이 있을 것, 그리고 (iii) 진술자가 선서진술서에 기재된 사실을 법정에서 증언할 수 있다는 것을 보여줄 수 있어야 한다(Fed. R. Civ. P. 56(c)(4)).

131) Fed. R. Civ. P. 56(c)(1), (3).

132) Fed. R. Civ. P. 56(c)(1)(B), (c)(2).

133) Fed. R. Civ. P. 56(d).

134) Fed. R. Civ. P. 56(e)(1).

재판부가 내린 약식판결에 대하여 불복하는 당사자 일방은 항소를 할 수도 있다.[136] 약식판결을 거부하는 재판부의 결정은 항소의 대상이 되지 않고, 다음 단계인 재판절차로 자연스럽게 진행되게 된다.[137] 또한 당사자는 일부 청구에 대하여서만 약식판결을 신청하고 재판부는 이를 인용할 수 있는데, 이 경우 약식판결대상이 된 부분에 대해서만 항소하고 약식판결의 대상이 되지 않은 청구 부분에 대해서는 1심 소송을 진행하는 것도 가능하다.[138]

약식판결 신청인은 신청이 허가될 경우 소송을 조기에 종결할 수 있는 장점이 있으며, 신청이 각하되어도 절차적인 측면에서는 실질적인 불이익을 입지 않는다. 그러나 사실관계가 첨예하게 다투어지는 소송이라면 약식판결이 받아들여질 가능성이 그만큼 낮기 때문에 그 성공가능성 내지 전략적 가치에 관한 논의가 선행되어야 한다.

---

135) Fed. R. Civ. P. 56(e)(2)(3).
136) 36 C.J.S. Federal Courts § 452 참조.
137) 36 C.J.S. Federal Courts § 452 참조.
138) 36 C.J.S. Federal Courts § 452 참조.

# X. 배심재판(jury trial) 절차

## 1. 개 관

증거개시절차와 각종 motion practice를 거친 후에도 소송이 합의나 조정 등에 의하여 종결되지 않을 경우, 사건은 그 시기까지 제출된 증거를 바탕으로 배심재판 단계로 넘어갈 수 있다.[139]

물론 당사자간의 합의나 요청 등에 근거한 법관재판(bench trial)도 가능하나, 여기서는 가장 전형적인 절차인 배심재판(jury trial)을 중심으로 살펴보도록 하겠다. 배심원의 숫자나 배심원 배제 절차 등은 각 주마다 다르지만, 배심재판의 전반적인 흐름은 연방법원과 주법원이 크게 다르지 않으므로 여기서는 연방민사소송규칙에 근거한 재판절차에 대해서만 간략히 소개하고자 한다.

## 2. 최종 기일전 회의(final pre-trial conference)

변론기일(trial) 전, 판사는 양측 소송대리인들과 함께 최종 기일전 회의 즉, pre-trial conference를 가진다.[140] 최종 기일에서 판사와 소송대리인들은 사건의 여러 절차적 쟁점을 최종적으로 조율하고 관리하게 되는데, 어떤 지역에서는 이를 docket call이라고 부르기도 한다. 특히 배심재판 중에 제출될 증거의 범위와 종류에 대하여 최종적인 논의도 하게 되는데,[141] 이 때에 드러나는 증거의 성격에 따라 소송 승패의 윤곽이 어느 정도 드러날 수도 있기 때문에 당사자간 최종적인 합의(settlement) 모색의 기회가 되기도 한다.

최종 변론전 기일은 연방민사소송규칙 제16조 제e항에서 정하고 있는 바

---

139) 지식재산권 관련 소송(예컨대 특허소송)의 경우에는 재판(trial)에 돌입하기 앞서, 아주 중요한 절차가 하나 더 존재한다. 마크맨 히어링(Markman Hearing)이라고 하는 절차인데, 여기서는 문제가 되는 특허의 청구범위해석(claim construction)에 관한 양 당사자의 공방이 이어지고, 이에 대한 법원의 결정이 이루어지게 된다. 이에 관해서는 아래 [제2장 제1절 III. 3. 마크맨 히어링(Markman Hearing)]에서 보다 자세히 살펴본다.

140) Fed. R. Civ. P. 16.

141) Fed. R. Civ. P. 16(a).

에 따라, 대체로 소송대리인들과의 논의를 통해 가능한 한 변론기일과 가까운 시일 내에 열린다.[142] 경우에 따라서는 소송대리인들이 먼저 회의를 통해 기일에서 논의할 주요 의제를 정하고 이에 대한 서로의 의견이나 합의점을 정리하여 공동사전보고서(joint pre-trial statement)라는 형식의 문서로 미리 제출하기도 한다. 주요 아젠다로는 배심원 선정 및 배심원에게 제공될 배심원 설시문(jury instruction)에 관한 논의, 증인, 감정인을 비롯하여 각종 증거와 관련된 쟁점 등이 있다. 특히 특정 증거에 대한 증거배제신청(motion in limine)이 제출되었을 경우 이에 대한 심리가 이루어지기도 한다. 그리고 전반적인 변론기일 일정 또한 여기서 논의되는데, 모두진술(opening statement) 및 주신문, 반대신문 등의 진행 시간 등도 함께 논의되기도 한다.[143] 판사는 최종 기일에서 논의된 사항들을 확정하고 이를 명령(order) 형태로 내리게 되며, 이를 기반으로 변론절차가 진행된다.[144]

## 3. 배심원 선정과 역할

배심재판에서 소송 당사자가 해야 할 첫 번째 일은 배심원 선정이다. 배심원은 통상적으로 6명에서 최대 12명으로 구성된다.[145] 소송대리인들 혹은 판사는 배심원 후보들에게 질문하는 과정을 통해 배심원을 선발하는데, 이러한 선발 과정을 예비심문선서(*voir dire*)라고 부른다. 배심원후보들이 소송대리인들의 질문에 답변을 하는 과정에서 편견(bias)을 가지고 있는 것이 확인되는 경우, 소송대리인은 판사에게 그 배심원을 배제해 줄 것을 요청할 수 있다. 이때 소송대리인이 그러한 편견에 관한 충분한 근거를 제시하면 판사는 해당 배제 요청을 수용해야 한다.[146]

한편, 별다른 근거 없이 특정 배심원을 배제하는 무이유부기피(peremptory

---

142) Fed. R. Civ. P. 16(e).

143) Fed. R. Civ. P. 16(c)(2).

144) Fed. R. Civ. P. 16(d).

145) Fed. R. Civ. P. 48.

146) Fed. R. Civ. P. 47 (a), (c).

challenge)도 가능하다.147) 이러한 일방적인 기피가 가능한 배심원후보의 숫자는 제한되어 있다. 연방민사소송의 경우 판사가 별도로 허락하지 않는 이상 양 당사자 측에서 각각 3명까지 무이유부기피를 할 수 있다.148)

미국 연방·주 민사소송에서 배심원은 자신들에게 제출되는 모든 증거를 바탕으로 사실관계에 대한 판단을 하는 '합리적인 사실판단자(reasonable trier of fact)' 역할을 한다.

## 4. 증거의 제출

배심원단이 갖추어지면 변론절차가 개시된다. 양측 소송대리인들은 배심원들 앞에서 모두진술(opening statement)을 할 기회를 가진다. 이것을 통해 배심원들에게 각자 주장의 개요, 앞으로 소송대리인이 무엇을 어떤 방식으로 입증할지 등을 설명하게 된다. 민사소송에서는 원고가 입증책임을 부담하므로,149) 양 측의 모두진술이 완료되면 원고부터 자신이 신청한 첫 번째 증인을 소환한다.

원고측 소송대리인은 자신이 신청한 증인에 대해 주신문(direct examination)을 하고, 그 이후에는 피고측 소송대리인이 반대신문(cross examination)을 진행한다. 피고측 소송대리인은 반대신문에서 그 증인이 주신문에서 증언한 내용에 대한 질문과 새로운 질문을 모두 할 수 있다. 반대신문이 완료되면 원고측 소송대리인은 재주신문(redirect)을 할 기회를 가진다. 이때는 증인이 피고측 소송대리인의 반대신문 시 답변한 것과 관련된 것에 대해서만 질문할 수 있다. 이후 피고측 소송대리인은 재반대신문(re-cross)을 할 수 있으며, 이때 재반대신문의 내용은 증인이 재주신문시 답변한 사항들에 국한되어야 한다. 증인의 신문이 진행되는 동안 소송대리인은 각종 증거를 제시할 수 있다. 피고측 소송대리인은 그 증거의 제출에 대해 각종 이의(예컨대, 특정 증거의 진정성립 문제 제기 등)를 신청할 수 있으며 이에 대한 판사의 결정이 부적절할 경우, 이를 근거로

---

147) Fed. R. Civ. P. 47(b).

148) 28 U.S.C. § 1870.

149) Federal Rules of Evidence ("Fed. R. Evid.") 301.

추후 항소를 할 수도 있다.

원고측 대리인의 증인신문 및 증거 제시가 마무리되고 나면, 피고측이 증인을 신청한다. 이 경우에도 마찬가지로 피고가 신청한 증인을 상대로 피고측 소송대리인이 주신문을 하며 원고측 소송대리인이 반대신문을 하게 되고, 필요에 따라 재주신문, 재반대신문을 주고받게 된다.

연방민사소송의 경우 증인들에 대한 질문의 내용과 증거의 제출에 대해서는 연방증거규칙(Federal Rules of Evidence)에 따른 엄격한 규칙이 적용된다.[150] 예컨대, 전문증거(hearsay) 금지원칙에 따르면 증인 자신이 직접 경험하거나 정보를 가지고 있지 않은 사항에 대한 증언이 제한된다.[151] 또한 소송대리인들이 자신이 신청한 증인에 대해서 유도신문(leading question)을 해서도 안 된다.[152] 이렇게 증거법에 어긋나는 신문이 이루어질 경우, 상대방 소송대리인은 증인신문 도중에 상대 소송대리인의 신문이나 이에 대한 증인의 답변에 대하여 이의(objection)할 수 있다. 판사는 그 자리에서 해당 이의신청에 대하여 재량에 따라 받아들일지 여부를 결정하게 되고, 계속해서 증인신문이 이루어지도록 변론절차를 이끌어 간다. (물론 이와 같은 이의신청 절차와 이에 대한 판사의 결정은 패소 당사자가 향후 항소를 하게 되는 근거가 되기도 한다.) 원고측과 피고측의 모든 증인신문 및 증거제출이 완료된 후 양측 대리인은 배심원들에게 최종 변론(closing statement)을 하게 된다.


## 5. 배심원의 심리 및 평결

증인신문이 끝나고 나면, 사건이 배심원들의 심리로 넘어가기 전에 양측 당사자는 마지막 법률적인 신청(motion)을 할 수 있는 기회를 갖게 된다.[153] 먼저 양측 소송대리인은 판사에게 지시평결신청(motion for directed verdict)을 신청할 수 있는데, 이는 재판과정을 통해 드러난 사실관계가 당사자들의 특정

---

150) 주법원에서 진행되는 소송에서는 각 주에서 제정한 증거법이 적용된다.

151) Fed. R. Evid. 801, 802.

152) Fed. R. Evid.611(c).

153) Fed. R. Civ. P. 50(a)(2).

주장에 관한 판단을 곧바로 내릴 수 있을 정도로 너무나 명백하여, 이를 바탕으로 배심원들이 신청인 자신에게 유리한 판결을 내리도록 판사가 직접 지시해 줄 것을 요청하는 것을 말한다.154)

　지시평결신청이 기각되면, 판사는 배심원들이 판단해야 하는 사실관계와 거기에 적용되는 관련 법리 및 그러한 법리 적용의 법적 결과 등을 항목별로 정리하여 배심원들에게 알려주게 된다. 이러한 내용이 담긴 문서를 배심원 설시문(jury instruction)이라고 한다.155)

　설시문이 배심원단에게 교부되고 나면, 배심원들은 변론 절차를 통해 확인한 사실관계를바탕으로 설시문상 요구되는 결정을 내리기 위한 자체적인 심리를 하게 된다.156) 이러한 심리절차를 통해 배심원들은 피고에게 책임이 있는지, 배상금액은 얼마가 적정한지 등을 판단하고, 비로소 변론절차의 최종 결과인 평결(verdict)을 내리게 된다.157) 경우에 따라서는 판사가 배심원들에게 일련의 질문을 하여 각 질문에 대해 배심원들이 심리한 후 결론을 내리는 특정사안 평결(special issues verdict)의 방식이 사용되기도 한다.158) 연방법원에서는 대체로 6 – 12명으로 구성된 배심원단의 평결이 반드시 만장일치로 이루어져야 하는 반면, 일부 주법원에서는 만장일치일 필요가 없다.159) 배심원들 간의 의견 불일치로 평결이 이루어지지 못하면 소위 불일치 배심(hung jury)이 되는데, 이 때에는 심리무효(mistrial)가 선언되어 청구 자체가 기각(dismiss)되거나 배심원 선택 절차부터 시작하여 변론절차를 다시 진행해야 한다.160) 배심원들이 평결에 이르면 배심원대표가 법원 서기(court clerk)에게 이 사실을 통보하고, 판사는 이를 공식적으로 발표한다.

---

154) Fed. R. Civ. P. 50(a)(1). 물론 판사의 이 결정 역시 추후 항소의 근거가 될 수 있다.

155) Fed. R. Civ. P. 49.

156) Fed. R. Civ. P. 49(a)(2), (b)(1)참조. 참고로, 변론절차(trial) 중 또는 배심원단의 심리 중에는 양측 당사자 및 소송대리인은 절대로 배심원과 접촉해서는 안 된다.

157) Fed. R. Civ. P. 49(b).

158) Fed. R. Civ. P. 49(a).

159) 예컨대 뉴욕주 제1심법원에서는 6명의 배심원 중 5명의 의견으로 평결이 이루어진다.

160) Fed. R. Civ. P.에서는 "hung jury"라는 용어를 쓰지 않는다.

# XI. 불복 절차

배심재판을 통해 평결이 내려진 후 패소 당사자가 이에 불복할 경우 거칠 수 있는 대표적인 절차에는 크게 (1) 평결과 다른 판결(judgment notwithstanding, 소위 "JNOV") 절차와 (2) 항소(appeal) 절차가 있다.

## 1. 평결과 다른 판결(JNOV) 신청

먼저, 평결과 다른 판결(JNOV)절차는 배심원의 평결을 해당 재판(trial)을 주재한 판사가 뒤집는 결정을 하는 것을 말한다.[161] 배심원이 내리는 평결은 대체로 이성적이고 사실에 기초한 법적 결론이라고 추정되는 것이 보통이다. 다만, 연방민사소송규칙상 이 추정이 합당하지 못한 경우 패소자는 평결 10일 이내에 평결을 파기해달라는 신청할 수 있으며, 패소자가 평결과 다른 판결(JNOV)을 신청하면 판사는 배심원에게 제시된 사실 및 증거를 검토하여 비이성적인 배심원 평결이었다고 판단할 경우에만 배심원 평결을 파기하는 권한을 행사할 수 있다.[162]

그러나 실무상 실제로 배심원 평결과 상반된 판결이 나올 가능성은 매우 낮으며, 해당 배심원 평결이 대단히 자의적이고 독단적이지 않은 이상 법원은 배심원 평결을 그대로 따르는 경향을 보인다.

## 2. 항 소

### 가. 개 요

한편 JNOV절차와는 별도로 제1심 판결에 불복하는 당사자는 항소(appeal)를 제기할 수 있다.[163] 항소심에서도 사실심리가 이루어지는 한국의 사법체계

---

161) Fed. R. Civ. P. 50(b).

162) 연방민사소송규칙에서는 JNOV 신청 대신 "motion for judgment as a matter of law (JMOL)"이라는 이름의 신청 절차가 규정되어 있으나, 그 효력은 JNOV와 거의 동일하다(Fed. R. Civ. P. 50).

와는 달리, 미국 연방·주 항소법원에서는 사실심리를 하지 않고 법률심 역할만 담당한다. 따라서 대체로 판사가 법률문제와 관련하여 실수(error)를 했고, 그 실수가 판결의 번복을 요할 정도로 중대한 것이라면 항소심 법원은 새로운 재판을 명하게 된다. 사실심을 담당한 배심원의 평결이나 배상액에 실수가 있었다는 주장도 자주 제기되는데, 이러한 경우에도 배심재판을 다시 하지는 않고, 제1심에서 제출된 사실증거들을 바탕으로 배심원이 합리적인 판단을 했는지 살펴보게 된다. 이때 그 심사기준은 상당히 엄격해서 항소법원이 배심원의 판단이 비합리적이었다는 이유로 평결을 파기·환송하는 경우는 무척 드물다.

## 나. 항소절차의 개시

연방민사소송절차를 예로 들어보면, 항소인은 우선 제1심판결이 있은 후 30일 이내(또는 일방 당사자가 미 연방정부, 그 공무원 혹은 기관인 경우에는 60일 이내)에 해당 제1심 법원에 항소장을 접수해야 한다.[164] 제1심 법원은 정당한 사유가 있었던 경우 그 기간을 연장할 수도 있다.[165] 항소장에는 항소하는 당사자, 판결, 항소할 법원 등이 간략히 포함되어 제출된다.[166] 제1심 법원 서기(clerk)는 항소장 부본 1부를 피항소인 소송대리인에게, 다른 1부를 항소심 법원에 보낸다. 그리고 항소인은 항소 절차와 관련하여 상대방에게 항소통지를 해야 한다.[167]

모든 서류가 접수되면 항소심 법원의 서기가 항소절차 개시를 위하여 양측에 서류가 접수된 날짜를 통지한다. 항소인은 서류가 접수된 날로부터 40일 이내에 항소 서면(항소이유서)을 접수하여야 한다.[168] 항소이유서에는 소송물에 대한 설명, 항소심 법원의 관할, 항소 이유, 항소인이 원하는 구제 등에 관한

---

163) Federal Rules of Appellate Procedure ("Fed. R. App. P.") 3.
164) Fed. R. App. P. 4(a)(1)(A), (b)(i)(ii)(iii)(iv).
165) Fed. R. App. P. 26(b).
166) Fed. R. App. P. 3(c).
167) Fed. R. App. P. 25(c)(1).
168) Fed. R. App. P. 31(a)(1).

내용이 포함된다.[169] 항소인이 항소이유서를 제때에 제출하지 아니할 경우 피항소인은 이를 근거로 항소 각하를 신청할 수도 있다.[170]

피항소인은 위의 문서를 받은 지 30일 이내에 자신의 항소심 서면을 제출해야 한다.[171] 피항소인의 서면 역시 항소인의 그것과 같은 형태로 작성한다.[172] 피항소인이 서면을 제출하지 않을 경우 법정에서의 구두변론 기회가 박탈될 수도 있으므로 반드시 제출되어야 한다.[173] 항소인은 피항소인의 서면을 수령 후 14일 이내에 반박서면(reply brief)를 접수할 수 있는 기회를 부여받게 된다.[174]

### 다. 항소사건의 심리와 판결

항소심의 다음 단계로서 심리준비기일(pre-hearing conference)라고 불리는 항소법원의 내부 절차가 진행된다.[175] 심리준비기일(pre-hearing conference)은 항소심 심리를 촉진하기 위한 절차로서, 항소법원의 담당 판사들이 모여서 항소심에서 심리할 사항들을 정리하고, 쟁점에 대하여 토의하는 것을 말한다. 이 회의에서 판사들은 대체로 향후 있을 구두심리에서 소송대리인들에게 질문할 내용들을 정리하게 된다.

그 이후에 열리는 구두 심리기일에서는 양측 소송대리인이 판사 앞에서 자신들의 주장을 구술로 변론(oral argument) 하게 된다.[176] 이때 소송대리인들은 준비한 서면을 읽어 내려가기보다는 판사의 질문에 대한 답변을 준비하여야 한다. 양측 당사자가 구두변론에 참석하지 않는 등의 이유로 구두변론이 열리지 않는 경우 법원은 양쪽이 제출한 서면만을 검토하여 항소심 판결을 내

---

169) Fed. R. App. P. 28(a).
170) Fed. R. App. P. 31(c).
171) Fed. R. App. P. 31(a)(1).
172) Fed. R. App. P. 28(b).
173) Fed. R. App. P. 31(c).
174) Fed. R. App. P. 31(a)(1).
175) Fed. R. App. P. 33.
176) Fed. R. App. P. 34.

린다.177) 한편, 판사가 재량으로 구술심리가 불필요하다고 생각하는 경우(예컨대, 쟁점이나 사실관계가 단순한 사건 등)에도 구두변론을 생략한다.178)

항소심의 판결은 판사 다수결에 의해 결정되는데, 첫 번째 항소심을 담당하는 판사의 수는 3명이고, 연방·주 대법원에서 열리는 최종심은 대체로 9명 전원이 심리하여 결정을 내린다. 법원서기(court clerk)는 판결문을 각 당사자에게 송부하고179), 패소한 당사자는 판결이 선고된 지 14일 이내에 재심을 청구(motion to reconsider)할 수도 있다.180) 재심 청구 서류는 동일한 항소심 판사가 검토한 후 해당 청구를 기각하거나 받아들이게 된다.181) 그러나 실무상 재심 청구가 인정되는 경우는 대단히 드물기 때문에, 실제로 재심을 통해 새로운 판결을 구하기 보다는 절차적 전략(예컨대, 절차의 지연 등)를 위해 활용되는 경우가 더 많다.

항소인이 승소하게 되면 항소법원은 해당 제1심 판결을 파기(reverse)하거나, 일부 쟁점에 대하여 하급심법원의 잘못을 시정할 것을 명하면서 환송(remand)할 수도 있다.

---

177) Fed. R. App. P. 34(e).
178) Fed. R. App. P. 34(a)(2).
179) Fed. R. App. P. 36(b).
180) Rules of the Supreme Court of the United States ("Sup. Ct. R."), Rule 18.7 (다만, 미 연방정부가 당사자인 사건은 그 기간이 45일로 연장된다. Fed. R. App. P. 40(a)(1) 참조).
181) Fed. R. App. P. 40(a)(4).

# 증거개시절차(Discovery)의 방법과 쟁점

## I. 증거개시절차의 방법

미국소송에서 많은 비용과 노력이 소모되는 절차가 증거개시절차(discovery)
이다. 증거개시란 당사자들이 가지고 있는 증거자료를 재판(trial)이 개시되기 전
에 서로 공개하고 제공하는 절차를 말한다. 미국의 증거개시제도는 미국소송만
의 고유한 영역으로, 국내에서조차 영문 명칭 그대로 "디스커버리"라고 불리는
경우가 많다.

대륙법계에 속하는 한국의 민사소송에서는 당사자가 자신의 주장을 입증
하기 위해 직접 증거를 수집하고 선별하여 제출한다.[182] 따라서 원칙적으로
상대방으로부터 받을 수 있는 자료도 제한적이다. 반면 미국소송에서는 증거
개시절차를 통해 상대방으로부터 사건과 관련된 자료를 받아낼 수 있다.

상대방이 가지고 있는 증거를 보전하고 이용할 수 있다는 점, 관련성 있
는 자료를 상대방에게도 제공해야 한다는 점은 소송 전략뿐 아니라 사건의 결
과에도 영향을 미친다. 따라서 성공적인 미국소송 수행을 위해서는 증거개시
절차를 정확하게 이해하고 활용하여야 한다.

증거개시절차에 대하여는 미국 연방 또는 주 민사소송법(Rules of Civil
Procedures)에 상세하게 규정되어 있다.[183] 일부 예외를 제외하고 연방법과 주법

---

182) 민사소송법 제289조, 제308조, 제364조 등 참조.

에 규정되어 있는 증거개시 방법은 대체로 비슷한데,[184] 서면질의(interrogatory), 증거문서제출요청(request for document production), 녹취증언(deposition), 자인요구(request for admission) 등이 대표적이다. 아래에서는 이들 각 방법의 개념과 특징에 관하여 간략히 살펴본다.

## 1. 서면질의(interrogatory)

서면질의(interrogatory)란 일방 당사자가 특정 쟁점에 관한 정보를 얻기 위해서 상대방에게 서면으로 된 질의서를 보내는 것을 말한다. 서면질의는 당사자에게만 할 수 있고, 제3자에게는 할 수 없다.[185] 질의서를 교부 받은 당사자는 그에 대한 답변서를 작성하여 일정 기한 내에 회신하여야 한다.[186] 아래는 서면질의의 예시이다.

---

183) 예컨대, 증거수집의 범위와 방법은 연방민사소송규칙 제26조~제37조에 규정되어 있고, 뉴욕주는 주 민사소송법(N.Y. Civ. Prac. L. & R.) 제3101조~제3140조에, 워싱턴주는 주 법원 규칙(State Court Rule) 제26조~제37조까지에 각 규정되어 있다.

184) 주법원에서 진행되는 증거개시절차 또한 연방법원에서의 절차와 크게 다르지 않다. 예를 들어, 뉴욕주 법원에서 소송이 진행될 경우, 뉴욕주 민사소송규칙 제31조는 증거개시절차의 방법으로 녹취증언(deposition), 서면질의(interrogatory), 문서 또는 물증의 개시 및 조사(discovery and inspection of documents or property), 신체 또는 정신 감정(physical and mental examinations of persons) 등을 진행할 수 있다고 규정하고 있다(N.Y. Civ. Prac. L. & R. § 3102).

185) 아래에서 자세히 살펴보겠지만, 녹취증언(deposition)은 소송당사자 외 제3자에 대해서도 진행될 수 있다.

186) 서면질의 절차에서는 법원은 개입하지 않고 당사자 간에만 서면질의 및 답변을 교환한다. 연방법원 소송의 경우 질의를 받은 당사자는 연방민사소송규칙 제33조에 따라 원칙적으로 30일 이내에 답변을 하여야 하고, 뉴욕주 법원에서는 20일(N.Y. Civ. Prac. L. & R. § 3133), 워싱턴주 법원 소송에서는 30 일 이내에 답변을 하여야 한다(Wash. Ct. R. 33(a)).

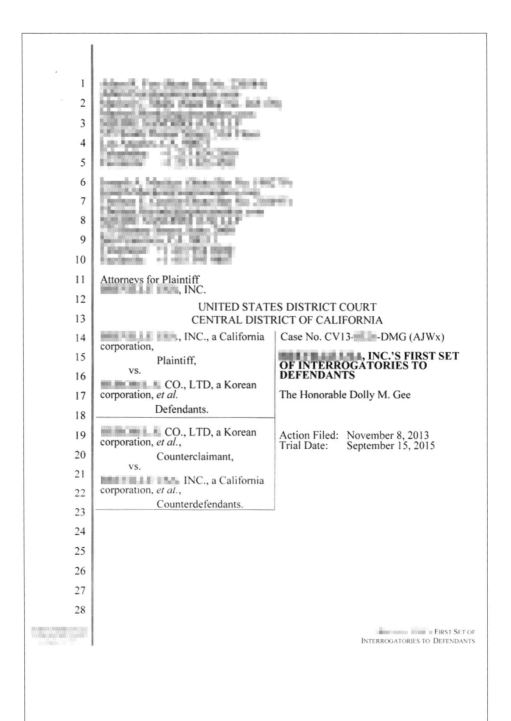

1
2
3
4
5
6
7
8
9
10
11 Attorneys for Plaintiff
███ ████ ████, INC.
12
13
UNITED STATES DISTRICT COURT
CENTRAL DISTRICT OF CALIFORNIA
14 ███ ████ ████, INC., a California
corporation,
Case No. CV13-███-DMG (AJWx)
15
Plaintiff,
███████████, INC.'S FIRST SET
OF INTERROGATORIES TO
DEFENDANTS
16 vs.
17 ███ ████ CO., LTD, a Korean
corporation, et al.
The Honorable Dolly M. Gee
18
Defendants.
19 ███ ████ CO., LTD, a Korean
corporation, et al.,
20
Counterclaimant,
Action Filed:  November 8, 2013
Trial Date:    September 15, 2015
21 vs.
22 ███ ████ ████ INC., a California
corporation, et al.,
23
Counterdefendants.
24
25
26
27
28

███████████ █████ ████ ■ FIRST SET OF
INTERROGATORIES TO DEFENDANTS

| | |
|---|---|
| 1 | PROPOUNDING PARTY:   ▓▓▓▓▓▓ ▓ ▓▓▓, INC. |
| 2 | RESPONDING PARTIES:   ▓▓ ▓▓▓▓ ▓ CO., LTD, |
| 3 | ▓▓ ▓▓▓▓ ▓▓▓▓▓ ▓, INC., |
| 4 | ▓▓ ▓▓▓▓▓▓▓, INC., AND |
| 5 | ▓▓▓ ▓▓▓▓▓▓ ▓ ▓, INC. |
| 6 | SET NUMBER:   ONE (NOS. 1-8) |
| 7 | |

Pursuant to Rule 33 of the Federal Rules of Civil Procedure, plaintiff ▓▓▓▓▓
▓▓▓▓ ▓▓ ▓ ▓▓▓ ▓▓▓▓ ▓▓▓▓") requests that defendants ▓▓▓▓ ▓ ▓ Co., Ltd., ▓▓▓▓
America, Inc., ▓▓▓▓▓ ▓▓▓▓, Inc., and ▓▓▓▓▓ ▓▓▓▓▓▓ Inc., serve full and
complete written responses, under oath, to the following interrogatories within
thirty (30) days of service.

### DEFINITIONS AND INSTRUCTIONS

1.   "Advertising" or "Advertisement" means any notice or material, in
any medium, including but not limited to, product packaging, broadcast, print, the
internet, or electronic mail, which is designed to promote the sale or use of a good
or service within the United States. As used in these Interrogatories, the terms
"Advertising" and "Advertisement" are further limited to Advertising that compares
the ▓▓▓▓ ▓▓▓ ▓▓▓▓ to other juicers, including, but not limited to,
representations that ▓▓▓▓▓ ▓▓▓▓ ▓▓▓▓▓ produce juice with greater nutritional
content, obtain greater juicer yield, are faster or quieter than other juicers.

2.   "And" and "or" shall be construed conjunctively or disjunctively as
necessary to bring within the scope of the requests all information that might
otherwise be construed to be outside of its scope.

3.   "Any" and "each" include and encompass "all."

4.   "▓▓▓▓▓▓▓ ▓▓▓▓▓▓" refers to juicers that use a rotating mechanism
to grate and grind fruits or vegetables into particles and that separate juice from the
resulting pulp through centrifugal force.

- 1 -

▓▓▓▓▓▓▓▓ ▓▓▓▓ ▓ FIRST SET OF
INTERROGATORIES TO DEFENDANTS

provide his, her or its full name, name, last known address(es), last known telephone number(s), last known employer (if any) and, if applicable, last known title or position and the nature of his, her or its responsibility or role.

10. "Individual(s)" and/or "person(s)" means any natural person(s), in any capacity whatsoever, or any entity or organization, including any divisions, subsidiaries, departments, and other units thereof.

11. "██████████ ██████" refers to juicers that use a screw-like auger or press to squeeze juice from fruits, vegetables, or other food.

12. "You" or "your" means each defendant — ██████ █ █ Co., Ltd., ██████ ██████ ██ ██████ ████ Inc., and ██████████ Inc., including each of their past or present directors, officers, employees and controlling shareholders — depending on the party responding to these Interrogatories.

13. Unless otherwise stated, these Interrogatories seek information concerning the Advertising and sale of ██████ █████ Juicers in the United States, not in other geographic markets.

14. Unless otherwise stated, these Interrogatories request information from January 1, 2008 to the present.

## INTERROGATORIES

### INTERROGATORY NO. 1:

Identify all persons, including, but not limited to third parties, who have been involved in, advised, or otherwise assisted in developing Advertising for the ██████ █████ ██████.

### INTERROGATORY NO. 2:

Identify all Advertisements for the ██████ █████ ██████ For purposes of this Interrogatory, "Identify" means to state, for each Advertisement, the medium in which the Advertisement appeared, the date(s), times and places that the Advertisement was disseminated or otherwise used in any geographic market within the United States.

**INTERROGATORY NO. 3:**

Describe all evidence, including, but not limited to, any scientific studies, tests, analyses or other sources, that you believe supports all or part of the statement that " ▨▨▨ ▨▨▨ ▨▨▨ extracts 42.7% more vitamin C, 60.7% more vitamin A, and 35% more juice."

**INTERROGATORY NO. 4:**

Describe all evidence, including, but not limited to, any scientific studies, tests, analyses or other sources, that you believe supports the statement that " ▨ ▨▨ ▨▨▨ ▨▨▨▨ Juice contains 5 times more Vitamin C than high speed juicer [*sic*]."

**INTERROGATORY NO. 5:**

Describe all evidence, including, but not limited to, any scientific studies, tests, analyses or other sources, that you believe supports the contention that ▨▨▨▨ ▨▨▨ ▨▨▨ "actually juice[] faster than most typical juicers."

**INTERROGATORY NO. 6:**

On a month-by-month basis, Identify your sales of ▨▨▨ ▨▨▨ ▨▨▨▨ in the United States. For purposes of this Interrogatory, "Identify" means to state, for each month, the specific model or models sold, the number of units of each model sold, the Identity of the buyer(s) of each model, and the per-unit price paid for each unit, less any discounts or rebates.

**INTERROGATORY NO. 7:**

On a month-by-month basis, state all costs, by category, you contend would be deducted for purposes of determining your profit from sales of ▨▨▨ ▨▨▨ ▨▨▨ in the United States. Where possible, costs shall be stated both in the aggregate and on a per-unit basis for each category.

///

///

///

▨▨▨ ▨▨▨ S FIRST SET OF INTERROGATORIES TO DEFENDANTS

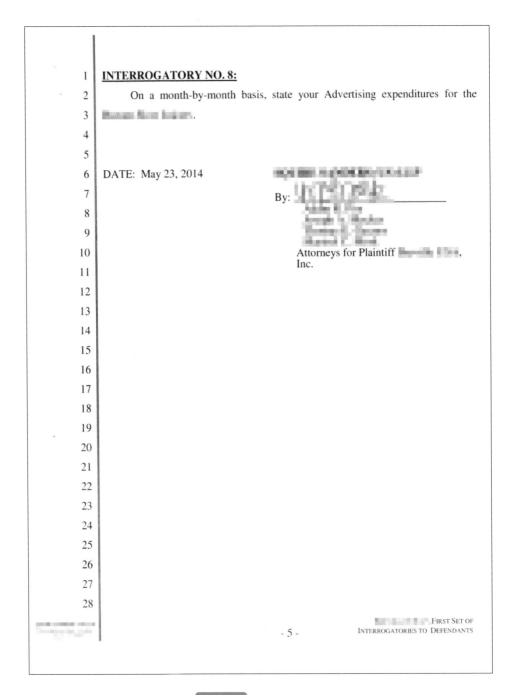

| | |
|---|---|
| 1 | **INTERROGATORY NO. 8:** |
| 2 | On a month-by-month basis, state your Advertising expenditures for the |
| 3 | ▓▓▓▓ ▓▓▓ ▓▓▓▓. |
| 4 | |
| 5 | |
| 6 | DATE: May 23, 2014 |
| 7 | By: |
| 8 | |
| 9 | |
| 10 | Attorneys for Plaintiff ▓▓▓▓ ▓▓▓, Inc. |
| 11 | |
| 12 | |
| 13 | |
| 14 | |
| 15 | |
| 16 | |
| 17 | |
| 18 | |
| 19 | |
| 20 | |
| 21 | |
| 22 | |
| 23 | |
| 24 | |
| 25 | |
| 26 | |
| 27 | |
| 28 | |

▓▓▓ ▓▓▓ FIRST SET OF
INTERROGATORIES TO DEFENDANTS

예시 4  Interrogatory

질의서는 보통 절차회의에서[187] 확정된 증거개시절차 일정에 따라 발송된다. 질문의 수는 법원규칙(court rules)에 따라 다른데, 연방법원에서는 원칙적으로 25개 이하로 질문이 가능하고,[188] 그 이상은 법원의 허가가 필요하다. 주법원 규칙들(예컨대, 뉴욕주나 워싱턴주 법원규칙) 중에는 질문의 수에 제한을 두고 있지 않은 규칙들이 많지만,[189] 대체로 사건의 성격에 비추어 과다한 질의는 피한다. 절차회의(CMC 회의 등)에서 질문의 수를 정하기도 한다.

답변 당사자는 답변하지 않는 질문에 대해서는 답변거부 사유(이의)를 구체적으로 제시하여야 한다. 답변서에서 이의하지 않을 경우, 나중에 이의하더라도 받아들여지지 않을 위험이 있으므로 주의해야 한다. 이의 사유로는 질문이 불명확(vague or ambiguous)한 경우,[190] 증거로서 부적합한 질문을 하는 경우(예컨대, 대리인－의뢰인 특권이 적용되는 정보 등을 요청하는 경우 등),[191] 질문 내용이 너무 광범위하여 대답이 곤란한 경우,[192] 답변 내용을 정리하는 데 지나친 비용과 노력이 드는 경우 등이 대표적이다.[193] 답변 당사자는 변호사의 도움을 받아서 사건의 법적 쟁점을 모두 고려하여 답변 내용을 정교하게 다듬어 회신할 수 있다.

연방법원 소송에서 답변 당사자가 30일 이내에 아무런 답변을 하지 않을 경우 질의 당사자는 상대방에게 답변을 재촉할 수 있다. 이에 협조하지 않을 시 질의자는 상대방의 답변을 구하는 명령을 내려줄 것을 법원에 신청할

---

187) 예컨대, 연방법원절차의 경우 연방민사소송규칙 제16조(Fed. R. Civ. P 16)에 의한 사건 관리회의(즉, CMC회의) 등.

188) Fed. R. Civ. P 33(a)(1).

189) N.Y. Civ. Prac. L. & R. 3130.

190) *Georgacarakos v. Wiley*, 2009 WL 1194155 (D. Colo. 2009); *Struthers Scientific & Intern. Corp. v. General Foods Corp.*, 45 F.R.D. 375 (S.D. Tex. 1968).

191) *Horace Mann Ins. Co. v. Nationwide Mut. Ins. Co.*, 238 F.R.D. 536, 66 Fed. R. Serv. 3d 1133 (D. Conn. 2006).

192) *Beach v. City of Olathe, Kan.*, 203 F.R.D. 489 (D. Kan. 2001); *Jefferson v. State*, 60 A.D.3d 1215, 875 N.Y.S.2d 335 (3d Dep't 2009); *K Mart Corp. v. Sanderson*, 937 S.W.2d 429 (Tex. 1996).

193) *Design Basics, L.L.C. v. Strawn*, 271 F.R.D. 513 (D. Kan. 2010); *Groupwell Intern. (HK) Ltd. v. Gourmet Exp., LLC*, 277 F.R.D. 348 (W.D. Ky. 2011); *Pegoraro v. Marrero*, 281 F.R.D. 122 (S.D. N.Y. 2012).

수도 있다. 이에 법원은 답변 당사자가 제출한 답변거부 사유(이의)를 살펴, 그 내용이 부적절하다고 판단할 경우 답변을 강제하는 명령을 내릴 수도 있다.[194] 이러한 절차는 대부분의 주법원에서도 유사하다.

## 2. 증거문서제출 요청(request for document production)

문서제출 요청의 대상이 되는 문서의 범위는 연방 또는 주 민사소송규칙에 명시적으로 정의되어 있으며, 아래 ["Ⅱ. 이디스커버리"]에서 상술하듯이 전자적으로 보관된 정보를 문서의 범주에 포함시키는 규정은 이디스커버리 실무의 출발점이 되기도 한다. 예컨대, 연방민사소송규칙(Federal Rules of Civil Procedure)은 증거문서제출 요청 대상이 되는 정보를 "글, 도면, 그래프, 차트, 사진, 녹음, 이미지 또는 기타 정보를 담을 수 있는 매체"를 포함하여, 해당 매체로부터 바로 의미가 전달되거나, 번역 등을 통하여 의미가 전달될 수 있는 문서 또는 전자적 저장 정보(electronically stored information) 내지 유체물 등으로 폭넓게 정의하고 있다.[195] 각 주 민사소송법에서도 이렇게 문서의 범주를 폭넓게 정의하는 경우가 많다.[196]

---

194) 만일 답변을 거부한 당사자가 법원 명령마저 어길 경우에는 법정모독(contempt of court)으로 처벌을 받을 수도 있다(Fed. R. Civ. P 37). 법원 또는 판사마다 자신의 법정에서 지켜야 할 법정예절(courtroom decorum)을 공표하는데, 이를 위반하거나 법원의 명령을 위반할 경우 법정모독으로 처벌받을 수 있다. 법정모독은 제재의 성격에 따라 형사상의 모독죄(criminal contempt)와 민사상의 책임(civil contempt)로 나뉘어 진다.

195) Fed. R. Civ. P 34(a) ("[A]ny designated documents or electronically stored information —including writings, drawings, graphs, charts, photographs, sound recordings, images, and other data or data compilations—stored in any medium from which information can be obtained either directly or, if necessary, after translation by the responding party into a reasonably usable form ⋯ [or] any designated tangible things ⋯").

196) 예를 들어, 미국 캘리포니아주 민사소송규칙(California Code of Civil Procedure)은 전자적으로 보관된 정보에 대한 증거개시절차를 보다 정밀하게 규율하기 위해 2009년과 2013년 두 차례에 걸쳐 개정되었다. 캘리포니아주 민사소송규칙 제2031.010조 제a항은 각종 문서, 유체물, 부동산 내지 기타 재산 등과 함께 '전자적으로 저장된 정보'에 대한 증거개시를 허락하고 있다("Any party may obtain discovery within the scope delimited by Chapter 2 (commencing with Section 2017.010), and subject to the restrictions set forth in Chapter 5 (commencing with Section 2019.010), by inspecting, copying,

상대방(또는 제3자)에게 문서제출을 요청하기 위해서는 요청하는 문서 목록과 요청 이유를 포함한 증거문서제출 요청서(request for document production)를 보내야 한다. 요청서를 받은 당사자는 특정 기간 내에 요청받은 문서의 제출 또는 조사가 가능한지 여부 등을 서면으로 답변해야 한다. 제출 또는 조사가 불가할 경우에는 답변서에 그 이유를 요청 문서 항목별로 기재해야 한다.[197] 아래는 문서요청서의 예시이다.

---

testing, or sampling documents, tangible things, land or other property, and electronically stored information in the possession, custody, or control of any other party to the action.").

[197] 뉴욕주 소송의 경우, 문서제출요청서에 문서제출 시한(요청서 송달 이후 최소 20일 이상), 장소 및 방법 등이 명시되어야 하고(N.Y. Civ. Prac. L. & R. § 3120), 해당 요청에 대하여 이의가 있을 경우에는 요청서를 송달받은 이후 20일 내에 이러한 이의를 담은 답변서를 요청당사자에게 보내야 한다(N.Y. Civ. Prac. L. & R. § 3122). 워싱턴주 소송의 경우 연방민사소송규칙과 마찬가지로 30일 이내에 답변이 이루어져야 한다(Wash. Ct. R. 34).

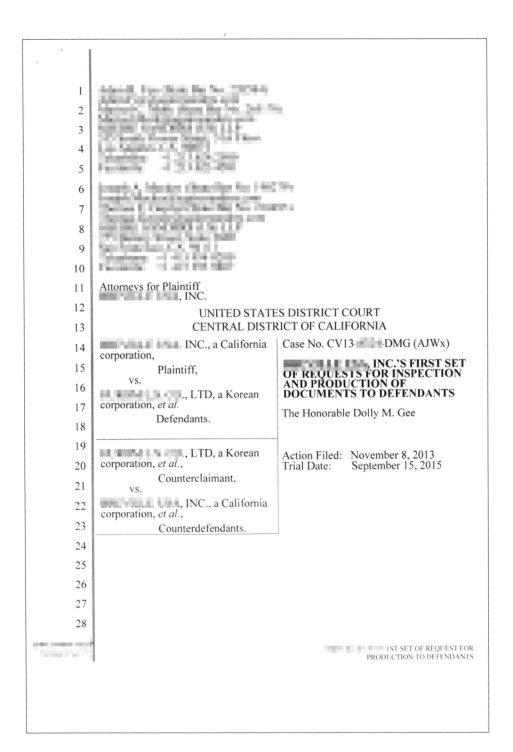

1

2

3

4

5

6

7

8

9

10

11 Attorneys for Plaintiff
████████████, INC.

12        UNITED STATES DISTRICT COURT

13        CENTRAL DISTRICT OF CALIFORNIA

14 ████████ INC., a California        Case No. CV13-████-DMG (AJWx)
corporation,

15                Plaintiff,        **████████, INC.'S FIRST SET
                                     OF REQUESTS FOR INSPECTION
        vs.                          AND PRODUCTION OF
16                                   DOCUMENTS TO DEFENDANTS**

17 ████████., LTD, a Korean
corporation, *et al.*              The Honorable Dolly M. Gee

18                Defendants.

19 ████████., LTD, a Korean
                                   Action Filed:   November 8, 2013
20 corporation, *et al.*,          Trial Date:     September 15, 2015

21                Counterclaimant,

        vs.
22 ████████, INC., a California
corporation, *et al.*,

23                Counterdefendants.

24

25

26

27

28

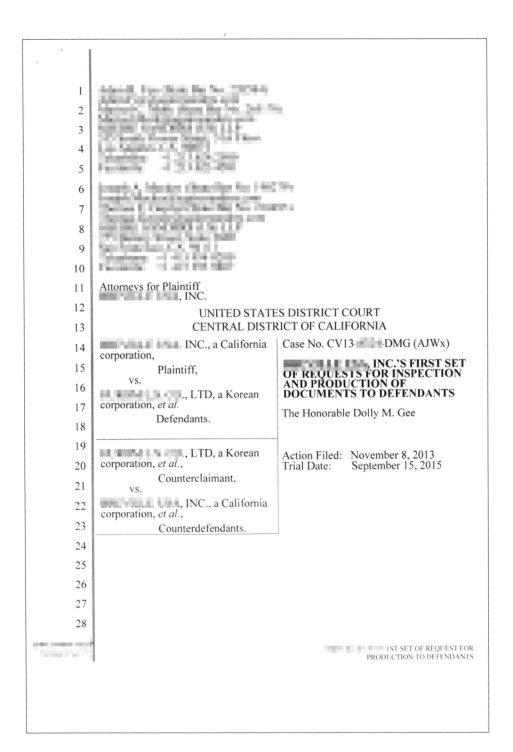

████████ 1ST SET OF REQUEST FOR
                        PRODUCTION TO DEFENDANTS

| | |
|---|---|
| 1 | PROPOUNDING PARTY: ████ ██ ███, INC. |
| 2 | RESPONDING PARTIES: ██████ ███ CO., LTD, |
| 3 | ████ ███ ███ ██, INC., |
| 4 | ██ ███ ████, INC., AND |
| 5 | ███ ███ █████████, INC. |
| 6 | SET NUMBER: ONE (NOS. 1-43) |

7     Pursuant to Rule 34 of the Federal Rules of Civil Procedure, plaintiff ████

8 ████, Inc. ("███████ ████") propounds the following Requests for Production to

9 defendants ██████ ███ Co., Ltd., ██████ ████████, Inc., ██████ ████, Inc., and

10 ████████████, Inc., and requests compliance within thirty (30) days of service.

11     Documents shall be produced and delivered to the offices of ██████ ███████

12 ████████ ████ ████████████ ████ ████, Los Angeles, CA 90071.

13 **<u>DEFINITIONS</u>**

14     1.   "Advertising" or "Advertisement" means any notice or material, in any

15 medium, including but not limited to, product packaging, broadcast, print, the

16 internet, or electronic mail, which is designed to promote the sale or use of a good

17 or service within the United States. As used in these Requests, the terms

18 "Advertising" and "Advertisement" are further limited to Advertising that compares

19 the ██████ ████ █████ to other juicers, including, but not limited to,

20 representations that ██████ ████ █████ produce juice with greater nutritional

21 content, obtain greater juicer yield, are faster or quieter than other juicers.

22     2.   "And" and "or" shall be construed conjunctively or disjunctively as

23 necessary to bring within the scope of the requests all information that might

24 otherwise be construed to be outside of its scope.

25     3.   "Any" and "each" include and encompass "all."

26     4.   "Communication(s)" means any and/or all written, oral, telephonic or

27 other utterances of any nature whatsoever, shared, shown, and/or transferred

28 between and/or among any two and/or more persons, including, but not limited to,

where applicable, are also to be included in the load files: BegDoc, EndDoc, BegAttach, EndAttach, Author, Date Created, Date Last Modified, Date Sent, Date Received, To, From, CC, BCC, Document Type, Location, Optical Character Recognition ("OCR") data and any metadata used to profile any document in a document management system used by the responding party. Information obtained from databases shall be produced as ASCII comma-delimited files and shall include associated file and field structural information. Spreadsheets shall always be produced in native format.

4. If any document is not maintained in English, and an English translation or version is available, both the original and the English translation or version should be produced unless otherwise indicated.

5. All documents and things produced in response to these requests shall be produced along with any and/or all attachments and/or enclosures as have ever been attached to and/or enclosed with the document at any time.

6. To the extent that you contend that any document in whole or in part constitutes an attorney-client communication, attorney work product, or is subject to any other privilege or immunity, please comply with Federal Rule of Civil Procedure 26(b)(5).

7. Unless otherwise stated, these requests seek information concerning the Advertising and sale of ▨▨▨ ▨▨▨ ▨▨▨ in the United States, not in other geographic markets.

8. Unless otherwise stated, these requests cover the period from January 1, 2008 through the present.

**REQUESTS FOR PRODUCTION OF DOCUMENTS AND THINGS**

**REQUEST FOR PRODUCTION NO. 1:**

All documents constituting, in whole or in part, Advertisements.

**REQUEST FOR PRODUCTION NO. 2:**

Produce one copy of all Advertisements identified in response to

| | |
|---|---|
| 1 | Interrogatory No. 2. |
| 2 | **REQUEST FOR PRODUCTION NO. 3:** |
| 3 | All documents showing the conception, design, or development of any |
| 4 | Advertising, whether or not actually used, for the ▇▇▇ ▇▇ ▇▇▇. |
| 5 | **REQUEST FOR PRODUCTION NO. 4:** |
| 6 | All documents that constitute or relate to any plans or strategies for |
| 7 | Advertising the ▇▇▇ ▇▇ ▇▇▇. |
| 8 | **REQUEST FOR PRODUCTION NO. 5:** |
| 9 | All documents that constitute, or reflect any communication regarding |
| 10 | Advertising. |
| 11 | **REQUEST FOR PRODUCTION NO. 6:** |
| 12 | All documents constituting marketing studies or market research relating to |
| 13 | the ▇▇▇ ▇▇ ▇▇▇, whether complete or incomplete. |
| 14 | **REQUEST FOR PRODUCTION NO. 7:** |
| 15 | All documents that constitute or relate to any business plans or business |
| 16 | analyses prepared by you that refer to the sale of ▇▇▇ ▇▇ ▇▇▇. |
| 17 | **REQUEST FOR PRODUCTION NO. 8:** |
| 18 | All documents constituting or containing sales, revenue or profit projections |
| 19 | for ] ▇▇▇ ▇▇ ▇▇▇. |
| 20 | **REQUEST FOR PRODUCTION NO. 9:** |
| 21 | Documents sufficient to show your corporate and organizational structure |
| 22 | and any changes to that structure since January 1, 2000. |
| 23 | **REQUEST FOR PRODUCTION NO. 10:** |
| 24 | All documents relating to or reflecting the organizational structure or |
| 25 | business relationships between Defendants. |
| 26 | **REQUEST FOR PRODUCTION NO. 11:** |
| 27 | All documents referring to any juicer marketed under the ▇▇▇ brand. |
| 28 | |

▇▇▇ ▇▇ 1ST SET OF REQUEST FOR
PRODUCTION TO DEFENDANTS

- 5 -

예시 5　Request for document production

증거문서제출 요청을 받은 자가 해당 요청을 불이행하거나 불성실하게 대응하는 경우 요청 당사자는 증거문서제출 명령을 법원에 신청할 수 있다.[198] 당사자가 법원의 증거문서제출 명령에 응하지 않을 경우 법원은 여러 제재를 가할 수 있으며,[199] 이는 대부분의 주법원에서도 마찬가지이다.[200]

증거문서제출요청은 당사자 아닌 자(non-parties)에게도 자발적인 제출을 구하는 방식으로 이루어지기도 한다. 제3자가 자발적인 제출을 거부할 경우, 요청 당사자는 법원에 신청하여 증거문서의 제출(production) 또는 조사(inspection) 등을 명하는 증거문서제출명령(subpoena duces tecum)을 신청할 수도 있다.[201] 물론 이때에도 제3자가 요청받은 문서를 실제로 점유하지 않는 경우에는 제출이나 조사를 강제할 수 없다. 또한 문서제출명령의 내용이 불합리하거나 억압적인 경우에는 그 제3자가 해당 명령에 대한 취소를 신청할 수도 있다. 이러한 절차는 연방과 주법원에서 비슷하다.[202]

---

198) Fed. R. Civ. P. 37(a)(3).

199) 예컨대, 법원은 문서제출요청을 한 당사자의 사실주장을 인정하거나, 불이행 당사자가 관련 쟁점을 입증하는 것을 금지하는 제재명령을 내릴 수도 있다. 뿐만 아니라 불이행 당사자의 변론 내용 일부 또는 전부를 배척하거나, 문서제출 거부로 인하여 발생한 추가 비용 등을 배상하라는 명령을 내릴 수도 있다(Fed. R. Civ. P. 37(b)(2) 참조). 물론 법원은 제재명령을 내리기 앞서 제재 대상자에게 반드시 적절한 통지와 함께 헌법상 보장된 진술기회를 제공해야 한다(*Broadway Express, Inc., v. Piper*, 447 U.S. 752 (1980) 참조). 한편, 앨러배마, 알래스카, 플로리다, 일리노이, 인디애나, 루이지애나, 몬태나, 뉴저지, 뉴멕시코, 오하이오 주 및 워싱턴 D.C. 등에서는 문서제출 명령 불이행에 따른 입증방해가 민사적 불법행위(tort)로 인정되어 이에 따른 손해배상 책임이 발생하기도 한다.

200) N.Y. Civ. Prac. L. & R. § 3126; Wash. Ct. R. 37.

201) Fed. R. Civ. P. 45(a)(1)(D); N.Y. Civ. Prac. L. & R. § 3120; Wash. Ct. R. 45(a)(1).

202) Fed. R. Civ. P. 45(d)(2)(B); N.Y. Civ. Prac. L. & R. § 3122; Wash. Ct. R. (c)(3).

## 3. 녹취증언(deposition)[203]

녹취증언(deposition)이란 변론기일(trial) 전에 증인(deponent, 즉 '피신문자')
을 신문하여 이를 속기록(transcript)의 형태로 남기는 절차를 말한다. 녹취증언
대상은 소송 당사자 외에 제3자(non-parties)도 포함될 수 있다.[204] 제3자가 자
발적으로 신문에 응하지 않을 경우, 신문 요청자는 이를 강제하기 위해 법원
에 구인장(*subpoena ad testificandum*) 발부를 신청하기도 한다.[205]

녹취증언은 양측 대리인 출석으로 인한 대리인 보수뿐만 아니라 기타 부
대비용(비디오 촬영, 속기 비용, 신문장소 대여 등)도 많이 발생한다.[206] 그러나 신
문을 통해 사실관계를 상세하게 파악할 수 있고, 이를 통해 신문대상자들 중
추후 변론기일에 출석할 증인(trial witness)을 선별하는 분석도 함께 할 수 있
다.[207]

---

203) "녹취증언(Deposition)"과 동일한 법개념이 한국 사법체계에는 존재하지 않으므로, 이를
번역하는 경우 "선서증언" 내지 "기일전신문" 등의 용어가 사용되기도 하고(증인이 선
서를 한 후 그 증언 내용을 모두 녹취하는 것이 녹취증언절차의 목적이므로 그러한 번
역이 이루어지는 것으로 보임), 또는 변론기일(trial) 전에 증인신문이 이루어진다는 점
에서 "기일전신문"이라는 표현도 사용한다. 여기서는 "녹취증언"이라 칭한다.

204) Fed. R. Civ. P. 30; N.Y. Civ. Prac. L. & R. § 3113; Wash. Ct. R. 30. (녹취증언에서 증언
을 하는 증인은, 기업 당사자의 경우 크게 (1) 해당 회사를 대표하여 증언을 하는 사람
(2) 개인자격으로 자신이 아는 부분에 한정해서 증언을 하는 사람 (3) 전문가 증인과 같
이 세 종류로 분류될 수 있다. 이때 회사를 대표하여 증언을 하는 사람은 그 회사와 관
련된 일정한 주제(topic)에 대해서만 증언을 하게 된다(Fed. R. Civ. P. 30(b)(6) 참조).
녹취증언을 신청하는 측에서는 특정 주제를 열거하는 통지(notice)를 보내면서 이들 주
제에 대하여 증언을 할 수 있는 증인을 요구하고, 상대방은 그러한 주제의 범위에 대하
여 검토한 후 관련 증인들의 명단을 보내게 된다. 이때 주제가 지나치게 광범위하거나
소송과 관련성이 없는 경우, 통지를 받은 상대방은 이에 대한 이의를 제기할 수 있다.

205) Fed. R. Civ. P. 45(a)(1)(A)-(B); N.Y. Civ. Prac. L. & R. § 2301; Wash. Ct. R. 30. 45
참조. 적법한 통보를 받고서도 녹취증언에 불응하는 경우 또는 기타 적절하지 않은 이유
로 신문을 거부하는 등의 경우에는, 신문요청 당사자가 이러한 불응에 대한 제재를 내려
달라고 법원에 요청할 수 있다(Fed. R. Civ. P. 37(b)(2)(B), 37(b)(2)(A)(i)-(vi) 참조).

206) 녹취증언은 상당한 시간과 노력이 투여되는 절차이므로, 이에 참여하는 변호사의 보수
와 비용(출장비, 체재비 등)도 당연히 많이 발생한다. 최근에는 녹취증언을 화상으로 진
행하는 경우도 많은데, 이 때에도 증인이 있는 현장에는 대체로 신문 변호사의 동료나
증인측 대리인이 동석하기 때문에 비용 부담은 여전하다.

녹취증언은 변론기일에 출석할 증인의 증언을 미리 기록하여 둠으로써, 해당 증인이 법정에서 위증하는 것을 방지하는데 이용되기도 한다. 따라서 신문 내용을 정확히 기록하는 것이 중요하므로, 공인속기사가 배석하여 추후 법정에서 증거로 제출할 수 있는 형태의 속기록을 만든다. 신문에서 나온 증언들이 모두 증거기록으로 남기 때문에, 증인은 변호사의 질문에 매번 신중히 답변하여야 한다. 따라서 실무상 녹취증언에 앞서 변호사와의 사전 준비가 선행되는 경우가 많다. 아래는 녹취증언을 통해 작성된 속기록의 예시이다.

---

207) 녹취증언은 법정진술이 아닌 사적으로 이루어지는 절차이기 때문에, 양측 대리인들이 충분한 시간을 가지고 많은 질문을 할 수 있다. 따라서 양측 주장의 강점과 약점이 무엇인지를 파악할 수 있는 좋은 기회가 되고, 증언내용이 모두 기록으로 남기 때문에 법정진술 내용과 차이가 있을 경우 이를 근거로 증인진술의 신빙성을 탄핵할 수도 있다.

Case 09-████-mkn   Doc 107-██████ 08/09/11 07:43:04   Page 2 of 6   **5/25/2011**

---

IN THE UNITED STATES DISTRICT COURT
DISTRICT OF NEVADA

IN RE:        Chapter 11
████ INCORPORATED,
            No. BK-S-08-████-MKN
    Debtor.

████████,
as Liquidating Trustee,

    Plaintiff,

vs.                    Adversary Case No. 09-████-MKN
████ ██ et al.,

    Defendants.

_____

DEPOSITION OF ████ ████
Las Vegas, Nevada
Wednesday, May 25, 2011

Reported by:
Maria C. Wooley
CCR No. 488
Job No. 161844B

Page 1

---

1  APPEARANCES:
2
3  For ████████, as Liquidating Trustee
   for the Estate of ████ Incorporated:
4
5  LAW OFFICE OF ████████ █. ████ ████
   BY: ████ █. ████ ████, ESQ.
6  ████ ████ ████
   Bloomington, Illinois 61701-5001
7  ████████
   email: ████████
8  For the Defendants:
9  GORDON & SILVER
   BY: ████████ ████, ESQ.
10 ████ █. ████████, ESQ.
   ████ ████████
11 ████ ████████
12 Las Vegas, Nevada 89169
   ████ ████
13 email: ████████
14 Also Present: ████████
15
16
17
18
19
20
21
22
23
24
25

Page 3

---

1  IN THE UNITED STATES DISTRICT COURT
2       DISTRICT OF NEVADA
3
4  IN RE:        Chapter 11
5  ████████ INCORPORATED,
6       No. BK-S-08-████-MKN
       Debtor.
7  ████████,
   as Liquidating Trustee,
8
       Plaintiff,
9
   vs.
10           Adversary Case No. 09-████-MKN
   ████ ████ et al.,
11
       Defendants.
12
13
14
15
16       Deposition of ████ ████, taken on behalf of
17  ████████ as Liquidating Trustee for the Estate of
18  ████ Incorporated, at ████████ ████
19  ████ ████ ████ Las Vegas, Nevada, beginning
20  at 3:13 p.m. and ending at 5:17 p.m. on Wednesday,
21  May 25, 2011, before Maria C. Wooley, Certified Court
22  Reporter No. 488.
23
24
25

Page 2

---

1           INDEX
2  WITNESS              EXAMINATION
3
4  ████████                6
5                          67
6
7        PREVIOUSLY MARKED EXHIBITS
8  DEPOSITION              PAGE
9  Exhibit 63  E-mail from ████████ with   14
       attachment
10
   Exhibit 64  E-mail string          15
11
   Exhibit 66  E-mail from ████████ dated  16
12       June 18, 2007
13 Exhibit 71  E-mail string          16
14 Exhibit 111 E-mail string          23
15 Exhibit 143A E-mail string         49
16 Exhibit 165 E-mail dated October 3, 2007  50
17 Exhibit 174 E-mail from ████████     53
       dated October 7, 2007
18
   Exhibit 232 November 14, 2007 letter   61
19
   Exhibit 354 E-mail from ████ ████ dated  64
20       September 12, 2007
21 Exhibit 365 Exchange of e-mails with ████  25
22
   Exhibit 380 E-mail dated September 4, 2007  18
23
   Exhibit 484 E-mail string          51
24
25

Page 4

---

**Page 25**

1  Q   Take a look at Exhibit 365 and let me know
2  if you recognize this as an exchange of e-mails with
3  ▓▓▓ and also with ▓▓▓ a preliminary
4  summary of proposed terms for an engagement.
5  A   Yeah, this looks familiar.
6  Q   And this is dated August 21st, 2007, the
7  first e-mail on this?
8  A   Yes. ▓▓▓ when did that
9  close?
10  Q   October 4th, 2007.
11  A   Okay. Got it.
12  Q   So I get back to the question.
13  Why was the decision made not to move
14  forward with someone in this case if you were
15  impressed with ▓▓▓ and with ▓▓▓ to
16  try to secure that additional financing that you knew
17  you were going to need before you closed the ▓▓▓
18  financing rather than waiting until after you closed
19  the ▓▓▓ financing?
20  A   So I just want to make sure I understand
21  your question.
22  You're saying why did we sort of postpone
23  the decision-making on this until after ▓▓▓ was
24  closed? Why not sort of say -- why not make that
25  decision who was going to be our banker, so to speak,

**Page 26**

1  while we were doing the ▓▓▓ loan?
2  Q   Well, why not get started at least then?
3  A   I mean my recollection is there was a pretty
4  long-standing relationship with ▓▓▓. They had
5  been, you know, kind of in the pack as well. They had
6  been -- I think ▓▓▓ had been introduced to the
7  company back when ▓▓▓ was trying to raise
8  financing.
9  That was my first recollection of a meeting
10  with ▓▓▓ And there was a banker there who covered
11  the beverage base who I think ▓▓▓ and I had gotten to
12  know. And ▓▓▓ also had a preexisting relationship
13  with ▓▓▓ as a firm from maybe his ▓▓▓ days or
14  something else. I had a relationship with Lazard
15  through another transaction I had done earlier in my
16  career.
17  So I think we kind of liked the ▓▓▓ guys
18  and they had done a lot of work for us early on. You
19  know, we felt like they were a better pedigree name
20  than ▓▓▓
21  And I think my recollection was that ▓▓
22  ▓▓▓ was really pushing for ▓▓▓. So, you
23  know, I think it was just a decision of which was the
24  right firm for us.
25  And I think probably ▓▓▓ and I felt we had

**Page 27**

1  a better relationship with the ▓▓▓ guys and, you
2  know, it's hard for me remember the exact state of
3  mind, but as I think about it now, you know, I think
4  we were probably pretty focused on getting that
5  ▓▓▓ deal done, getting that milestone done and
6  then kind of moving onto the next mark.
7  Q   And I appreciate that answer, the difficulty
8  between ▓▓▓
9  The point of my question was a little
10  different, so I want to make sure I get an answer to
11  it.
12  You didn't retain ▓▓▓ for that purpose
13  prior to the -- that is, for the purpose of seeking to
14  raise additional funds prior to the closing of the
15  ▓▓▓ facility either, did you?
16  A   We didn't, and this may help sort of make
17  sense of it.
18  We didn't retain ▓▓▓ because ▓▓▓ was
19  sort of hanging around there sort of willing to help,
20  there was no official relationship there, but I think
21  they kind of -- our belief was that they were waiting
22  around willing to help but certain things had to be
23  cleaned up first. So, you know, again ▓▓▓
24  ▓▓▓ issue, that was a major thing, like no -- you
25  know, our experience had been that no institutional

**Page 28**

1  quality financing partner really wanted to get too
2  close to this thing until ▓▓▓ was, you know,
3  isolated from it and couldn't cause situations like he
4  was causing.
5  Q   But ▓▓▓ was ready in August, at
6  least they so indicated?
7  A   It certainly seemed that way, yes.
8  Q   And you did understand that if you went
9  forward and closed the ▓▓▓ financing and then you
10  didn't raise additional, at least $7 million plus,
11  that was going to be the debt of the company? You
12  understood that; right?
13  A   Yeah, yeah.
14  Q   Let me show you a document that's been
15  previously marked as Exhibit 506 and ask you, have you
16  ever seen a copy of this e-mail until last night when
17  I sent it to you at like 2:00 in the morning?
18  A   I read it this morning with the packet of
19  other materials you sent me.
20  Q   Do you know why -- well, were you aware that
21  ▓▓▓ was talking on or about October 4th, 2007 about
22  purchasing ▓▓▓ for somewhere in the neighborhood
23  of $150 million?
24  A   Yeah. I mean it's funny because I read this
25  this morning and it didn't strike me as something that

예시 6   Deposition Transcript

녹취증언은 당사자들이 합의한 장소에서 증인을 신문하여[208] 속기록 형식으로 답변 내용을 기록하는 구술녹취증언(oral deposition)방식과, 서면 질의를 통해 그에 대한 답변을 조서에 기재하도록 하는 서면녹취증언(written deposition)방식이 있다. 서면녹취증언방식은 당사자 간 다툼의 여지가 없는 사실에 한하여 주로 이용되기 때문에,[209] 실무에서 자주 이용되지는 않는다. 따라서 미국소송에서 말하는 녹취증언(deposition)이란 구술녹취증언을 가리키는 경우가 대부분이다. 녹취증언의 구체적인 절차를 연방민사소송법상의 규정을 중심으로 요약하면 아래와 같다.

녹취증언은 이를 요청하는 당사자가 피신문자(deponent)에게 신문 시간, 장소 등을 통지하는 것으로 시작된다.[210] 당사자들이 달리 합의하지 않는 이상, 신문절차의 감독을 위해 관련 연방법 또는 주법에 의하여 공인되거나 법원이 선임한 감독관(officer)이 배석한 가운데 구술신문이 진행된다.[211] 신문 시간은 별도의 합의가 없는 한 1일 최대 7시간이다.[212] 구술신문 현장에서 감독관의 배제, 증인 이외 당사자의 배제, 신문 시간 조정 등을 하기 위해서는 당사자간 합의가 선행되어야 한다. 예컨대, 증인이 상대방 당사자의 현장 배석을 원치 아니하는 경우도 있는데, 증인에 대한 위협과 같이 합당한 사유가 아니라면 현장에서 당사자를 배제하기 어려울 수도 있다.[213] 신

---

208) 녹취증언 과정은 법원의 개입 없이 양 당사자 사이에서 자체적으로 진행되므로, 신문장소도 당사자가 합의하여 자유롭게 지정할 수 있다. 보통 일방 당사자의 변호사 사무실에서 진행되는 것이 일반적이며, 신문을 하는 변호사와 상대방 변호사(defending attorney), 속기사, 비디오 기사, 통역 등이 참석하며, 경우에 따라서는 증인 측 법률고문이나 회사의 대표자 등이 동석하기도 한다. 기술적 쟁점과 같이 복잡한 내용에 대한 신문이 이루어지는 경우에는 전문가(expert)가 동석하여 증언 내용을 청취하며 변호사를 보조하기도 한다.

209) '서면질의(interrogatory)'와 '서면에 의한 녹취증언(written deposition)'은 (1) 후자가 제3자에 대하여도 질의가 가능한 반면 전자는 당사자에 대하여만 가능하다는 점, (2) 후자와 달리 전자는 사안의 기본적인 정보를 파악하는 데에 이용되며, 제한적 숫자의 질의만을 할 수 있다는 점 등에서 서로 구분된다. 본래 written deposition은 지리적으로 멀리 떨어져 있는 증인의 진술을 받는 데에 유용하였지만, 무선통신이 발달한 오늘날에는 원격 화상회의 시스템을 통한 구술신문이 가능하므로 좀처럼 잘 활용되지는 않는다.

210) Fed. R. Civ. P. 30(b)(1).

211) Fed. R. Civ. P. 30(b)(5)(A) & 28(a)(1). 그러나 실무상 이러한 감독관이 실제로 배석하는 경우는 드물다.

212) Fed. R. Civ. P. 30(d)(1).

문 내용은 당연히 진실에 입각할 것을 전제로 하므로, 증인의 위증이 드러날 경우 해당 증인 또는 특정 당사자에게 소의 전부 또는 일부 기각(dismissal)을 비롯한 여러 형태의 제재(sanction)가 가해질 수 있으므로 유의해야 한다.214)

녹취증언 중에는 법정신문과 마찬가지로 주신문(direct examination), 반대신문(cross examination)이 교차로 진행된다. 각 당사자의 대리인은 신문 도중 언제라도 법적으로 허용되지 않는 질문이 나올 때마다 현장에서 곧바로 이의(objection)를 제기할 수 있다.215) 즉시 이의하지 않을 경우 이의권의 자발적 포기(waive)로 간주될 수 있으므로, 실무에서는 구술신문 내내 여러 형태의 이의제기가 아주 빈번하게 이루어진다. 법정진술의 경우 각 이의마다 판사가 인용 여부(sustainability)를 즉시 판단하지만, 녹취증언에서는 이의가 제기되었다는 사실만 기록되고216) 이에 관한 당사자간 다툼은 추후 법원이 결정한다. 녹취증언의 전반적인 절차는 연방법이나 주법이 대동소이하다.217)

---

213) Roger S. Hydock, et al., DISCOVERY PRACTICE (8th Ed., 2021 – 1 Supp.), § 16.02[B] (Persons Present at the Deposition) ("The parties (individual parties and officers of corporate parties) to an action have a right to sit in during all depositions. Rule 30(b)(1) requires that a deposition notice be provided to each party, implying that all parties have a right to be there. The prevailing view is that parties have an absolute right to be present during a deposition.").

214) Fed. R. Civ. P. 37(b).

215) 부적법한 신문으로서 이의의 대상이 되는 신문은 유도신문(leading question), 불명확한 신문(vague and ambiguous), 광범위한 신문(question excessively broad), 긴 설명을 요구하는 신문(question calls for a free narrative), 복합신문(compound question), 근거가 부족한 진술을 요구하는 신문(question lacks proper foundation), 전문진술요구(calls for hearsay), 추측이나 의견, 법률적 결론의 요구(calls for speculation/opinion/ legal conclusion), 비밀보호특권 대상정보의 요구(calls for attorney – work – product), 관련성이 없는 진술 요구(question calls for irrelevant answer), 논쟁적 신문(argumentative question), 반복적인 신문(repetitious question), 증거로 인정되지 않는 사실을 가정한 신문(assuming facts not in evidence), 위협적이거나 모욕적인 신문(harassing question), 반대신문의 범위를 넘어선 신문(beyond the scope of question), 질문이 아닌 신문(lacks a question) 등이 있다.

216) Fed. R. Civ. P. 30(C)(1),(2).

217) 예컨대 연방법상으로는 녹취증언 통보 시한이 구체적으로 특정되어 있지 않는 반면, 워싱턴주법상으로는 해당 증인이 녹취증언 5일 전에는 신문에 대하여 통보를 받아야 한다. Wash. Ct. R. 30(b)(1); Wash. Ct. R. 30(b)(8)(비디오테이핑이 수반될 경우에는 20일 전에 이를 통보). 서면에 의한 신문(written deposition)도 가능한데, 이 경우에는 서면으

## 4. 자인요구(request for admission)

미국소송 증거개시절차에서 활용되는 자인요구(request for admission)란 상대방 당사자에게 특정 사실관계나 이에 관한 법률적 적용(application of law to fact) 또는 견해(opinion) 등을 항목별로 제시하면서 이에 관하여 인정(admission)하는지 질문하는 절차를 말한다. 미국 연방민사소송규칙 제36조에 자인요구 절차에 관한 규정이 있으며, 대부분의 주 민사소송규칙도 거의 동일한 자인요구 절차를 가지고 있다.[218]

자인요구에 포함되는 질의는 여러 개의 사안이 하나의 질의에 섞여 있으면 안되고, 각 질의마다 한 개의 사안이 포함되도록 구성되어야 한다.[219] 만약 특정 문서의 진정성(authenticity)에 관한 질문일 경우에는 질의의 대상이 되는 문서를 반드시 첨부하거나 상대방에게 별도로 제공해야 한다.[220]

자인요구에 대한 답변은 원칙상 자인요구서를 교부 받은 후 30일 내에 이루어져야 하며, 명시적인 답변 없이 30일이 경과되면 해당 질문들을 인정(admit)한 것으로 간주되므로 유의해야 한다.[221] 자인요구에 대한 답변은 특정

---

로 주신문사항(direct questions)이 전달된 때로부터 15일 이내에 반대신문사항(cross questions)을 전달하여야 하고, 반대신문사항을 받은 때로부터 10일 이내에 재주신문사항(redirect)을 전달하여야 한다. 한편, 뉴욕주법은 신문을 하기 20일 전까지 통보해야 하고, 당사자 이외의 증인에 대한 신문은 최소 20일 전에는 구인장(subpoena)이 발부되어야 한다(N.Y. Civ. Prac. L. & R. § 3106). 서면에 의한 신문의 경우, 서면으로 주신문사항을 보낸 때로부터 15일 이내에 반대신문사항을 전달하여야 하고, 반대신문사항을 받은 때로부터 7일 이내에 재주신문사항을, 재주신문사항을 받은 때로부터 5일 이내에 재반대신문 사항을 전달하여야 한다(N.Y. Civ. Prac. L. & R. § 3109). 따라서 서면녹취증언만 놓고 보면 뉴욕주법의 경우 연방법 및 워싱턴주법과 비교하여 볼 때 신문사항을 작성하여 전달 하는 기간이 비교적 촉박하게 규정되어 있음을 알 수 있다.

218) Roger S. Hydock, et al., DISCOVERY PRACTICE (8th Ed., 2021－1 Supp.), § 30.01 ("In federal cases, Rule 36 governs requests for and responses to admissions and their uses. State procedural rules governing admissions are identical to, very similar to, or based on the federal rule. Many states have also adopted the same number (36) to refer to the admission rule, making numerologists happy.").

219) Fed. R. Civ. P. 36(a)(2).

220) Fed. R. Civ. P. 36(a)(2).

221) Fed. R. Civ. P. 36(a)(3).

질의 사항의 부분 또는 전체를 인정(admit)하거나 부인(deny)하는 방식으로 간략히 이루어진다. 이렇게 간략히 인정·부인할 수 없는 경우에는 그 이유에 대해서 구체적인 설명을 하는 방식으로 답변을 할 수도 있다. 예컨대, 답변을 위해 합리적인 자문(inquiry)을 하고 정보 수집을 하였음에도 불구하고 간단히 인정·부인할 수 있는 정도로 충분하지 못했다는 설명도 가능하다.[222] 답변을 적극적으로 거부(objection)하는 경우에도 그 이유를 구체적으로 밝혀야 한다. 그러나 답변 거부를 하는 경우에는 단순히 재판(trial)을 통해서 진위 여부가 가려져야 한다는 식의 유보적인 태도가 답변거부사유가 될 수는 없다.[223] 만약 답변이 부당하게 거부되는 경우에는 상대방으로 하여금 답변을 강제하도록 법원에 신청할 수 있다.[224] 답변이 제대로 이루어지지 않은 경우(즉, 민사소송규칙을 준수하지 않은 경우)에는 상대방으로 하여금 수정 답변을 제출하도록 법원에 신청하는 것도 가능하다.[225]

아래는 자인요구와 답변의 예시이다.

---

222) Fed. R. Civ. P. 36(a)(4).
223) Fed. R. Civ. P. 36(a)(5).
224) Fed. R. Civ. P. 36(a)(6).
225) Fed. R. Civ. P. 36(a)(6).

UNITED STATES OF AMERICA
CONSUMER PRODUCT SAFETY COMMISSION

|  |  |
|---|---|
| In the Matter of<br><br>██████ █████ ██████, INC.<br><br><br><br>Respondent. | )<br>)<br>)<br>)<br>)      ████ ██████ NO.: 18-1<br>)<br>)<br>)<br>)<br>)<br>) |

### COMPLAINT COUNSEL'S
### FIRST SET OF REQUESTS FOR ADMISSION TO RESPONDENT

Pursuant to 16 C.F.R. § 1025.34, Complaint Counsel hereby requests that

Respondent ██████ █████ ██████, Inc., serve upon Complaint Counsel, within thirty (30)

days, written answers to each of the Requests for Admissions set forth below.

### DEFINITIONS

1.      "You," "your," "Respondent," and "Britax," means the Respondent to

whom these discovery requests are directed (including if previously known under

different names), including all past and present officers, directors, representatives, agents,

and employees of the Respondent, all other past and present persons acting or purporting

to act on Respondent's behalf (including, but not limited to, all past or present agents and

employees exercising discretion, discharging duties, making policy, or making decisions

with respect to Respondent), and all past and present parents, subsidiaries, divisions, or

branches of Respondent, including without limitation, ████ ██████, Inc.

2.      "████." means ████ ██████, Inc. (including if previously known

under different names), including all past and present officers, directors, representatives, from Complaint Counsel. A Respondent who has responded to a discovery request with a response that was complete when made is under a duty to supplement that response to include information later obtained.

**REQUESTS FOR ADMISSIONS**

**REQUEST NO. 1**

       Admit that the document attached hereto as Attachment A is authentic within the meaning of Federal Rule of Evidence 901.

**REQUEST NO. 2**

       Admit that the document attached hereto as Attachment A is self-authenticated within the meaning of Federal Rule of Evidence 902.

**REQUEST NO. 3**

       Admit that all of ▓.▓.▓.'s liabilities and assets of every nature became those of ▓▓▓ when ▓.▓.▓. was merged into ▓▓▓ in December 2011.

**REQUEST NO. 4**

       Admit that ▓▓ ▓▓▓▓▓ were distributed in commerce by ▓.▓.▓. from approximately 1997 until December 2011, as the term "distribution in commerce" is defined in the Consumer Product Safety Act, 15 U.S.C. § 2052(a)(8).

**REQUEST NO. 5**

       Admit that ▓.▓.▓. was a "manufacturer" of ▓▓ ▓▓▓▓▓ as that term is defined in the Consumer Product Safety Act, 15 U.S.C. § 2052(a)(11).

**REQUEST NO. 6**

       Admit that ▓▓ ▓▓▓▓▓ were distributed in commerce by ▓▓▓ from approximately December 2011 until at least September 2015, as the term "distribution in standard.

**REQUEST NO. 49**

Admit that prior to and including September 2015, ███ was a participant in the

███ ████ ████████ ███ ████████ standards group.

**REQUEST NO. 50**

Admit that prior to and including September 2015, ████ did not provide all of

the incident or injury information in its possession regarding front wheel detachments

involving the ████████ ██ ███ ████ ████████ for the F833 ████████ ███ ████████

standard.

**REQUEST NO. 51**

Admit that, prior to May 2016, ██.██.██. did not provide reports of incidents or

injuries regarding front wheel detachments involving ███ ████████ to the ████.

**REQUEST NO. 52**

Admit that, prior to May 2016, ████ did not provide reports of incidents or

injuries regarding front wheel detachments involving ███ ████████ to the ████.

**REQUEST NO. 53**

Admit that ███ ████████ were sold for between $400 and $650.

**REQUEST NO. 54**

Admit that ████████ are exchanged between consumers through used or second

hand markets.

**REQUEST NO. 55**

Admit that ████████ bought or sold via second-hand markets may not be

accompanied by the user guide or the warning hang tag provided with ███ ████████ at the time of first sale.

Mary B. Murphy, Assistant General Counsel
Phillip Z. Brown, Trial Attorney
Gregory M. Reyes, Trial Attorney
Division of Compliance
Office of the General Counsel
U.S. Consumer Product Safety Commission
Bethesda, MD 20814
Tel: (301) 504-7809

Complaint Counsel for
U.S. Consumer Product Safety Commission
Bethesda, MD 20814

예시 7    Request for Admission

자인요구를 통해 인정된 사안(matter)은 해당 사건에서 입증(established)된 것으로 간주되므로 추가적인 심리를 요하지 않는다. 단, 그러한 인정이 철회되는 경우는 그렇지 않은데, 법원은 본안 판단 절차에 도움이 되고 자인요구를 한 당사자에게 불리하지 않는 경우에만 철회를 허락해준다.[226]

# Ⅱ. 이디스커버리(E-Discovery)

각종 전자 문서 및 전자 정보에 대한 증거개시절차를 통칭하여 전자적 증거개시절차(electronic discovery) 또는 이디스커버리(E-Discovery)라고 부른다. 이디스커버리가 미국소송에서 본격적으로 부각되기 시작한 것은 2006년 미국 연방민사소송규칙(Fed. R. Civ. P.)이 개정되어 증거개시 대상이 되는 문서(document)의 정의에 "전자적 저장 정보(electronically stored information)"(또는 "ESI")가 포함되면서부터이다.[227] 과거 증거개시절차에서 제출되는 문서는 대부분 종이문서였으나, 일상적인 사무에 전자 문서들이 폭넓게 사용되면서 이들 문서의 개시에 관한 입법이 불가피해진 것이다. 전자문서의 범위에 문서의 초안 및 수정본뿐만 아니라 파일의 메타데이터(meta data)까지[228] 포함되었으므로, 증거개시절차에서 제출 대상이 되는 문서 범위가 무척 방대해졌다.

이후 이디스커버리 관련 법원 판례가 축적되기 시작하였고, 그 과정에서 지적된 여러 문제점을 보완하여 2015년 증거개시절차에 관한 연방민사소송규칙상의 규정들이 재차 개정되었다.[229] 현재 이루어지고 있는 연방법원 내지

---

226) Fed. R. Civ. P. 36(b).

227) Fed. R. Civ. P. 34(a)(1)(A) ("any designated documents or electronically stored information—including writings, drawings, graphs, charts, photographs, sound recordings, images, and other data or data compilations—stored in any medium from which information can be obtained either directly or, if necessary, after translation by the responding party into a reasonably usable form.").

228) 이를테면, 문서 작성자, 작성일, 최종 수정일자 및 저장 장소 등과 같은 해당 문서에 저장된 시각화된 문서들뿐만 아니라, 해당 문서 자체의 속성에 관한 정보들이 메타데이터에 해당한다.

229) 제2차 개정안은 2015. 12. 1. 발효되었다.

주법원의 이디스커버리 절차에는 2015년 개정된 연방민사소송규칙 또는 그와 유사한 규정이 적용되고 있다고 보면 크게 무리가 없다. 여러 주들이 이미 현행 연방법과 유사한 이디스커버리 관련 규정을 제정하여 증거개시절차에 적용하고 있고,230) 이디스커버리 관련 민사소송규칙을 제정하지 않은 주들도 법원규칙 개정이나 판례 등을 통해 연방법과 유사한 이디스커버리 실무를 요구하는 경우가 많은 것으로 보인다.

이디스커버리는 일반적으로 식별(identification), 보존(preservation), 수집(collection), 처리(processing), 검토(review), 분석(analysis), 제출(production) 등의 단계를 거친다.231) (1) '식별'이란 증거개시절차의 대상이 되는 모든 자료를 검색하여 확인하는 과정을 말하고, (2) '보존'은 자료 수집에 선행하여 전자문서의 훼손을 방지하기 위한 모든 조치를 취하는 단계, (3) '수집'은 보존된 원본의 무결성을 유지하면서 데이터를 추출하는 과정을 가리킨다. (4) '처리'는 수집이 완료된 전자문서를 분석·검토하기에 용이한 형식으로 가공하는 절차를 의미한다. 그 과정에서 수집된 전자문서의 임의 변조를 막기 위한 전문 기술이 요구되기도 한다. (5) '검토'는 적절히 가공된 전자문서를 검토(review)하여 분쟁과의 관련성(relevance) 등을 살펴보는 과정인데, 이는 법률대리인이나 그에 준하는 전문성을 가진 인력이 진행하는 것이 일반적이다. (6) '분석'은 검토 단계에서 한 걸음 더 나아가 법률 전문가가 각 문서가 가지는 증명력이나 증거배제 가능성 등을 분석하여 대응책을 세우는 단계를 말한다. (7) '제작'은 이디스커버리 대상으로 결정된 데이터를 당사자간에 합의된 형태와 매개체를 통하여 특정 당사자나 기관 등에 제출하기 위한 형태로 취합·가공하는 과정을 말한다. 마지막으로 (8) '제출'은 사건의 실제 증언이나 심리, 변론기일 등 절차를 위해 법원이나 상대방에게 제출·공유하는 절차를 말한다.

---

230) Wash. Ct. R. 34. 상기 주 196 참조.

231) 이러한 단계별 구분 방식은 소위 EDRM 절차(Electornic Discovery Reference Model)라고 불리는데, 이는 이디스커버리 컨설턴트인 George Socha와 Tom Gelbmann이 2005. 5. 법률전문가 및 관련 컨설턴트, 이디스커버리 업체간 원활하고 일관된 의사소통을 위해서 개발한 모델이다. 이렇게 식별에서 제출로 이어지는 EDRM절차는 지금까지도 일관되게 적용되는 전형적인 이디스커버리 절차이다.

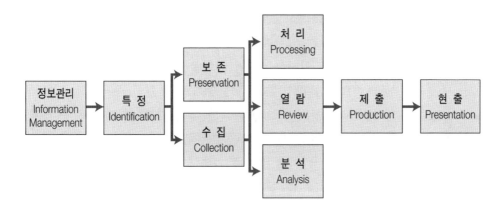

[그림 4] 이디스커버리 순서 도식 - Electronic Discovery Reference Model

최근에는 미국소송에서 제출되는 문서들이나 각종 증거자료들이 대부분 전자증거들인 관계로, 증거개시절차에 관한 다툼은 사실상 전자문서의 제출에 관한 이디스커버리 쟁점과 관련하여 발생하는 것이 대부분이다.

아래에서는 이디스커버리 절차를 중심으로 미국 증거개시절차에서 발생하는 주요 쟁점들에 관하여 자세히 살펴본다.

## Ⅲ. 증거자료 파악 및 보존

### 1. 증거보존 의무(duty to preserve)

미국소송 절차에서 증거개시절차는 당사자 간에 사적으로 진행되는데, 광범위한 증거제출이 이루어지므로 가지고 있는 증거들이 잘 보존되도록 필요한 조치를 취해야 한다. 미국소송에서는 각 당사자가 분쟁에 관하여 가지고 있는 증거자료들을 스스로 잘 보존할 의무, 즉 증거보존 의무(duty to preserve)가 엄격하게 적용된다. 이러한 증거보존 의무는 법령에 명시적으로 규정되어 있지는 않지만 오랜 판례를 통해 확립된 법리이다.232)

증거보존 의무는 소송이 개시될 것이 합리적으로 예견되는 시점(when litigation is reasonably anticipated)에 발생한다.[233] 소송이 예견되는 시점이 언제인지에 관하여 다툼이 있을 수 있는데, 판례에 따르면 '소송이 예견된다'는 개념은 소송의 개시가 확실히 임박하였다는 것만을 의미하는 것은 아니다.[234] 일방 당사자가 '합리적으로 윤곽이 드러나는 장래의 소송(a reasonably-defined future litigation)'을 인지하는 동시에 그에 관련된 문서들도 인지하면 해당 문서들에 대한 보존의무가 발생한다.[235] 이처럼 증거보존 의무 발생에 관한 시적 범위는 비교적 넓은 편이다. 하지만 소송에 관한 단순한 가능성(possibility), 소문(rumor), 막연한 위협(indefinite threat of litigation) 만으로 소송개시를 합리적으로 예견할 수 있었다고 단정하기는 어렵다.[236] 따라서 실질적인 보존의무 발생 시점은 각 사건의 배경을 구체적으로 검토하여 개별적으로 판단해야 한다.

---

232) Fed. R. Civ. P. 37, Advisory Committee Note (2015 Amendment, Subdivision (e)) ("Many court decisions hold that potential litigants have a duty to preserve relevant information when litigation is reasonably foreseeable. Rule 37(e) is based on this common-law duty; it does not attempt to create a new duty to preserve. The rule does not apply when information is lost before a duty to preserve arises.").

233) *Pension Comm. of the Univ. of Montreal Pension Plan v. Banc of Am. Sec., LLC*, 685 F. Supp. 2d 456, 466 (S.D.N.Y. 2010), abrogated in part on other grounds by *Chin v. Port Auth. of N.Y. & N.J.*, 685 F.3d 135 (2d Cir. 2012).

234) *Hynix Semiconductor Inc. v. Rambus, Inc.*, 645 F.3d 1336, 1346 (Fed. Cir. 2011); *Micron Tech., Inc. v. Rambus Inc.*, 645 F.3d 1311, 1320 (Fed. Cir. 2011)('합리적인 예견' 기준은 반드시 "imminent or probable without significant contingencies"를 요구하지 않는다는 판시).

235) *Zbylski v. Douglas Co. Sch. Dist.*, 154 F. Supp. 3d 1146, 1164 (D. Colo. Dec. 31, 2015)("a party's duty to preserve arises when it has notice that the documents might be relevant to a reasonably-defined future litigation.").

236) *Cache La Poudre Feeds, LLC v. Land O' Lakes, Inc.*, 244 F.R.D. 614, 621 (D. Colo. 2007) ("in most cases, the duty to preserve evidence is triggered by the filing of a lawsuit. However, the obligation to preserve evidence may arise even earlier if a party has notice that future litigation is likely. The undeniable reality is that litigation is "an ever-present possibility" in our society. While a party should not be permitted to destroy potential evidence after receiving unequivocal notice of impending litigation, the duty to preserve relevant documents should require more than a mere possibility of litigation. Ultimately, the court's decision must be guided by the facts of each case.").

이해를 돕기 위하여 소송이 개시될 것이 합리적으로 인지될 수 있었던 경우로 인정된 사례를 살펴보면 다음과 같다. (1) 상대방이 소송을 명시적으로 예고하면서[237] 증거보존 요청서(pre-litigation preservation letter) 등을 발송하는 경우, (2) 소장이 송달(served)되거나 또는 송달 이전이라도 상대방이 법원에 소장을 접수(filing)하였음을 알리는 경우,[238] (3) 법원·검찰과 같은 사법기구나 증권거래위원회(SEC) 등과 같은 행정기관이 각종 조사 통지를 보낸 경우[239] 등이다. 또한, (1) 일방 당사자의 대리인이 소송 개시를 예정하는 서신을 보낸 경우,[240] (2) 여러 차례의 민원이나 이의제기가 이루어져서 소송 가능성이 비교적 명확해진 경우,[241] (3) 협상이나 조정이 실패하여 소송 개시가 불가피해진 경우,[242] (4) 상해 및 사망 사고가 발생하여 자연스럽게 소송 개시가 예견된 경우,[243] (5) 관련 업계에 이미 잘 알려진 분쟁이 존재하거나, 언론의 상당한 관심을 받는 사건의 경우[244] 등도 소송개시가 합리적으로 예견된 상황으로 인정된 바 있다.

증거보존 의무가 발생하는 시점은 위와 같은 판례상의 기준에 따라 상황을 종합적으로 검토하여 개별적으로 판단해야 한다. 따라서 한국 기업은 미국 당사자와 분쟁가능성이 있을 때, 증거보존 의무 발생 여부를 신중하게 검토하

---

237) *Surowiec v. Capital Title Agency, Inc.*, 790 F. Supp. 2d 997, 1005-06 (D. Ariz. 2011); Goodman v. Praxair Servs., Inc., 632 F. Supp. 2d 494, 510-11 (D. Md. 2009).

238) *Concord Boat Corp. v. Brunswick Corp.*, 1997 WL 33352759, at *4 (E.D. Ark. Aug. 29, 1997).

239) *United States v. Quattrone*, 441 F.3d 153, 162, 189-90 (2d Cir. 2006); *In re Delta/AirTran Baggage Fee Antitrust Litig.*, 770 F. Supp. 2d 1299, 1308 (N.D. Ga. Feb. 22, 2011).

240) *Barsoum v. NYC Hous. Auth.*, 202 F.R.D. 396, 400 (S.D.N.Y. 2001).

241) *Lewy v. Remington Arms Co.*, 836 F.2d 1104, 1111-12 (8th Cir. 1988); *Denny v. Ford Motor Co.*, 1993 WL 219759, at *5 (N.D.N.Y. June 15, 1993).

242) *Comput. Assocs. Int'l, Inc. v. Am. Fundware, Inc.*, 133 F.R.D. 166, 168-69 (D. Colo. 1990).

243) *Stevenson v. Union Pacific R. Co.*, 354 F.3d 739, 748; *Blinzler v. Marriott Int'l, Inc.*, 81 F.3d 1148, 1159 (1st Cir. 1996).

244) *Phillip M. Adams & Assocs., L.L.C. v. Dell, Inc.*, 621 F. Supp. 2d 1173, 1191 (D. Utah 2009).

고 관련 자료를 적절히 보존할 필요가 있다. 특히 사내변호사나 외부 대리인을 지정하여, 증거보존 의무를 고려한 자료 관리 체계를 갖춤으로써 잠재적인 미국소송에 미리 대비하는 것이 중요하다.

증거보존 의무는 사건이 종료되는 시점까지 유지된다.[245] 사건 종료 후에는 당사자의 대리인이 추가적인 증거보존 의무가 발생하지는 않는지 면밀히 검토하여(예컨대, 향후 유사사건의 개시 가능성 등)[246] 더 이상의 보존 필요성이 없을 경우 의뢰인 내지 상대방에게 증거보존요청(legal hold)의 철회를 알리는 통지를 하는 것이 일반적이다.[247]

## 2. 증거보존 대상

증거보존 대상의 범위는 증거개시절차 대상과 대체로 일치하거나 더 넓은 편이다.[248] 특히 증거문서제출자가 직접 점유(possession)하고 있는 문서 이외에도, 물리적으로 보관(custody) 내지 통제(control)하고 있는 문서도 증거개시절차 대상에 포함되기 때문에[249] 보존 대상이 되는 문서의 범위 또한 실제로 보유하고 있는 문서들보다 더 포괄적이다.[250] 그리고 이러한 보존 범위에

---

245) 소송이 판결, 화해, 기각 등의 결과로 완전히 종료되는 경우에는 증거보존 의무 역시 해소되는 것이 일반적이지만, 소송이 종료된 이후에도 다른 원고들이 종료된 사건과 관련하여 추가적인 소를 제기할 것이 합리적으로 예견되는 경우에는 증거보존 의무 역시 지속되는 것으로 해석될 수 있다(*Thomas v. Cricket Wireless, LLC*, 2021 WL 1017114 (N.D. Cal. Mar 16, 2021) 참조).

246) *Liberman v. FedEx Ground Package Sys., Inc.*, 2011 WL 145474, at *3 (E.D.N.Y. Jan. 18, 2011) (피고에 대한 청구가 기각되자 피고는 곧바로 관련 증거자료들을 모두 파기하였는데, 법원은 향후에 이어질 소송과 여전히 관련성이 있으므로 피고의 행위는 spoliation에 해당한다고 보았음).

247) *Philips Elec. N. Am. Corp. v. BC Tech.*, 2011 WL 677462, at *7 (D. Utah Feb. 16, 2011); *Hickson v. U.S. Postal Serv.*, 2010 WL 5863378, at *1 (E.D. Tex. Nov. 10, 2010).

248) 증거개시 대상이 되는 정보의 범위에 대해서는 Fed. R. Civ. P. 26(b)(1) 참조.

249) Fed. R. Civ. P. 34(a).

250) *In re NTL*, 244 F.R.D. at 195; *Arteria Prop. PTY Ltd. v. Universal Funding V.T.O., Inc.*, 2008 WL 4513696, at *5 (D.N.J. Oct. 1, 2008).

는 전자증거자료들도 당연히 포함되므로,[251] 아웃룩이나 웹메일에 저장되어 있는 이메일, PC에 저장되어 있는 문서 및 데이터, 모바일 매체 등을 통해서 생성하거나 주고 받는 일체의 메시지와 게시물, 서버나 웹사이트 및 클라우드 등에 생성 · 저장되어 존재하는 모든 문서들이 보존 대상이 된다. 특히 당사자의 전자증거자료를 보관하고 있는 외부 서버업체나 클라우드 서비스 업체의 자료들 또한 일반적으로 당사자의 "통제" 범위 내에 있으므로, 해당 업체들의 자료들 또한 증거개시절차 및 보존의무 범위에 해당된다.[252] 그 밖에도 컴퓨터시스템 관리자,[253] 통신서비스 제공자,[254] 또는 경우에 따라서는 전직 직원도[255] 그러한 제3자에 해당될 수 있다.

이처럼 소송의 당사자들(parties)은 증거보존 의무가 발생하는 즉시 해당 사건과 관련(relevant)하여 그들이 소유(possession), 보관(custody), 통제(control)하고 있는 모든 종이 문서 및 전자증거자료들을 보존하기 시작하여[256] 사건의 종결과 함께 보존의무가 사라질 때까지 보존을 유지해야만 한다.[257]

---

251) Fed. R. Civ. P. 34, Advisory Committee Note (2006 Amendment, Subdivision (a) ("Rule 34(a)(1) is expansive and includes any type of information that is stored electronically. A common example often sought in discovery is electronic communications, such as e－mail. The rule covers －－ either as documents or as electronically stored information －－ information "stored in any medium," to encompass future developments in computer technology. Rule 34(a)(1) is intended to be broad enough to cover all current types of computer－based information, and flexible enough to encompass future changes and developments.").

252) S.E.C. v. Estate of Saviano, 2014 WL 5090787, at *6 (E.D. Mich. Oct. 9, 2014).

253) Columbia Pictures, Inc. v. Bunnell, 245 F.R.D. 443, 453 (C.D. Cal. 2007) (피고의 웹사이트상 정보가 제3의 서버를 통해서 우회적으로 접근되는 경우에도 해당 정보는 피고의 소유, 보관, 통제 범위 내에 있다고 본 판례).

254) Flagg v. City of Detroit, 252 F.R.D. 346, 353 (E.D. Mich. 2008); S.E.C. v. Strauss, 2009 WL 3459204, at *8 (S.D.N.Y. Oct. 28, 2009).

255) Pension Comm. of the Univ. of Montreal Pension Plan v. Banc of Am. Sec., LLC, 685 F. Supp. 2d 456, at 465, 482 n.125(다만, 이 판례에서 법원은 당사자가 전직 직원의 자료를 수집할 수 있는 "practical ability"가 있다는 것을 가정(assuming)하고 있다는 점에서, 이러한 가정이 적용되지 않는 사례와는 구분되어야 할 것이다).

256) Zubulake v. UBS Warburg LLC, 220 F.R.D. at 217－18; In re NTL, Inc. Sec. Litig., 244 F.R.D. 179, 195 (S.D.N.Y. 2007).

한편, 백업데이터와 같이 소유·보관·통제하에 있기는 하나 일상적인 접근이 불가능한(inaccessible) 데이터는 증거개시 의무에서 면제되는 것이 일반적이다. 그러나 증거보존 의무까지 면제되는 것은 아니기 때문에, 당사자간 달리 합의하거나 법원의 허락이 있지 않는 한 백업데이터도 일단 보존되어야 한다는 것이 통설이다.[258] 특히, 접근이 어려운 백업데이터 외에 동일한 자료가 존재하지 않을 경우에는 해당 백업데이터에 대한 엄격한 보존의무가 발생한다.[259] 따라서 사건에 관한 이메일이나 전자증거자료가 제3자가 운영하는 외부 서버나 웹사이트 등에 백업파일 형식 등으로 보관되어 있어 임의로 반출입이 어려운 경우에도, 그 자료가 적절히 보관될 수 있도록 업체에 요청하는 등 합리적인 노력을 기울일 필요가 있다. 반면, 백업데이터가 일상적으로 접근이 가능한 전자증거자료와 중복되는 경우에는 백업데이터에 대해서 엄격한 증거보존 의무가 적용되지는 않는다는 판례들이 있다.[260]

---

257) *Cache La Poudre Feeds, LLC v. Land O' Lakes, Inc.,* 244 F.R.D. 614, 629 (D. Colo. 2007).

258) Fed. R. Civ. P. 26, Advisory Committee Note (2006 Amendment, Subdivision (b)(2))("A party's identification of sources of electronically stored information as not reasonably accessible does not relieve the party of its common−law or statutory duties to preserve evidence. Whether a responding party is required to preserve unsearched sources of potentially responsive information that it believes are not reasonably accessible depends on the circumstances of each case. It is often useful for the parties to discuss this issue early in discovery.").

259) *Zubulake v. UBS Warburg LLC,* 220 F.R.D. at 218 ("If a company can identify where particular employee documents are stored on backup tapes, then the tapes storing the documents of 'key players' to the existing or threatened litigation should be preserved if the information contained on those tapes is not otherwise available. This exception applies to all backup tapes.").

260) *Gaalla v. Citizens Med. Ctr.,* 2011 WL 2115670, at *1−2 (S.D. Tex. May 27, 2011) (관련 이메일 계정의 'snapshot'을 미리 떠놓은 경우라면 백업저장매체를 삭제하여 계속 재활용해도 문제 없다는 취지의 판례); *MRT, Inc. v. Vounckx,* 299 S.W.3d 500, 510−11 (Tex. Ct. App. − Dallas 2009).

## 3. 증거보존 의무의 제한

연방민사소송규칙은 문서제출자가 소유·보관·통제하고 있는 모든 관련 문서에 대하여 증거개시절차 의무를 부과하고 있으므로,[261] 증거보존 의무 또한 이를 반영하여 폭넓게 정의되어 있다. 대부분의 주법원들도 거의 동일한 의무를 부과하고 있는 것으로 보인다. 이렇게 폭넓은 증거개시절차 의무를 부과하고 있는 연방민사소송규칙조차도 "해당사건의 필요성에 비례하는" 정도로[262] 또는 "쟁점의 중요성과 계쟁금액, 관련 정보에 대한 각 당사자들의 상대적 접근성" 등에 따라서 증거개시절차 의무의 범위를 축소할 수 있는 여지를 남겨놓고 있다.[263] 따라서 증거보존 의무의 범위 또한 이를 반영하여 합리적으로 축소될 가능성이 있다. 예컨대, 연방민사소송규칙 제37조 제e항은 일방 당사자가 전자증거자료를 보존하기 위해 합리적인 조치(reasonable steps)를 취할 것을 요구하고 있으므로, 이는 증거보존 의무 또한 비례성(proportionality)의 원칙에 따라 일정 부분 축소될 수 있음을 시사한다.[264]

정리하자면 증거보존 의무는 문서제출자가 소유·보관·통제하고 있는 모든 문서에 관하여 폭넓게 적용되지만, 당해 사건의 계쟁금액, 관련 증거자료 보존 비용 및 부담 등에 비례하여 제한될 수 있다는 것이 미국 법원의 전반적인 태도이다.[265]

---

261) Fed. R. Civ. P. 26.

262) Fed. R. Civ. P. 26("… proportional to the needs of the case.").

263) Fed. R. Civ. P. 26 ("considering the importance of the issues at stake in the action, the amount in controversy, the parties' relative access to relevant information, the parties' resources, the importance of the discovery in resolving the issues, and whether the burden or expense of the proposed discovery outweighs its likely benefit.").

264) *Rimkus Consulting Grp., Inc. v. Cammarata*, 688 F. Supp. 2d 598, 613 (S.D. Tex. 2010) ("Whether preservation or discovery conduct is acceptable in a case depends on what is reasonable, and that in turn depends on whether what was done—or not done—was proportional to that case and consistent with clearly established applicable standards.").

265) *Victor Stanley Inc. v. Creative Pipe, Inc.* 269 F.R.D. 497, 522; *Rimkus*, 688 F. Supp. 2d at 613 n.8.

## 4. 증거보존 방법 - 증거보존통지를 중심으로

증거보존 의무가 부과되는 정보를 파악하고 나면, 당사자(특히 기업)는 해당 정보를 가지고 있는 담당자들에게 정보 보존을 요청해야 하는데, 이러한 요청을 일컬어 증거보존통지(legal hold 또는 preservation hold notice)라고 한다.

증거보존통지 의무는 당사자의 보존의무에 근거하고 있기는 하지만, 실제로는 당사자가 아니라 당사자의 대리인에게 먼저 부과되는 의무이다.[266] 따라서 소송의 개시가 합리적으로 예견되어 증거보존 의무가 발생한 상황에서, 대리인이 선임되면 대리인은 증거보존 의무를 인지한 즉시 증거보존을 안내하여야 한다.[267] 그렇게 대리인으로부터 증거보존통지에 관한 안내를 받은 당사자는 보존통지문을 사내에 있는 담당자들(당해 사건과 관련된 모든 임직원)에게 회람하여 증거보존을 위한 합리적인 노력을 기울여야만 한다.[268] 아래는 증거보존통지의 예시이다.

---

266) *Passlogix, Inc. v. 2FA Tech., LLC*, 708 F. Supp. 2d 378, 410 (S.D.N.Y. 2010) ("The preservation obligation runs first to counsel, who has 'a duty to advise his client of the type of information potentially relevant to the lawsuit and of the necessity of preventing its destruction"); *Zubulake V. UBS Warburg LLC*, 229 F.R.D. 422, 439 (S.D.N.Y. 2004) ("Counsel must oversee compliance with the litigation hold, monitoring the party's efforts to retain and produce the relevant documents.").

267) *Zubulake V. UBS Warburg LLC*, 229 F.R.D. 422 at 439.

268) *Passlogix, Inc. v. 2FA Tech., LLC*, 708 F. Supp. 2d at 410; *Zubulake V. UBS Warburg LLC*, 229 F.R.D. at 439.

---

## Litigation Hold Notice

To:    Employees of Company A Who May Have Relevant Information

From:  In-house Counsel

Re:    **Litigation Hold**
        Preservation of Relevant Information:
        Paper Documents and Electronically Stored Information

Date:  May 31, 2011

We are currently involved in a dispute involving John Doe and Jane Smith, both former clients of Company A. Mr. Doe and Ms. Smith allege, among other things, that Company A violated the Washington Debt Adjusting Act and the Washington Consumer Protection Act. This is a putative class action that we intend to vigorously defend.

During the course of litigation, it is important that Company A is able to make its paper files and electronically stored information available to our own lawyers and, if discovery requests are issued to us, available to the lawyers representing the other parties in the case. *It is crucial that you take affirmative steps to preserve both paper documents and electronically stored information that are relevant to this dispute and that are in your custody or control.* The failure to preserve these materials could be detrimental to our position in the litigation. We request that you preserve paper records and electronically stored information, including email, electronic calendars, financial spreadsheets, Word documents, and other information created and/or stored on your computer, relating to clients in Washington State. The above list is intended to give examples of the types of records you should retain. It is not an exhaustive list.

The time period at issue in this case is 2007 to the present. Although this time period might be adjusted as the litigation proceeds, this date span is a good starting point to assess the materials you should preserve.

Please note that our Company has in place a records retention schedule. During the time this records hold is in place, you are requested to suspend compliance with the records retention schedule (which might otherwise dictate that you discard records) for those documents and electronically stored information that you determine are relevant. *Do not discard documents or electronically stored information that is relevant. Do not delete, overwrite, alter, or destroy such materials.*

Our IT staff has been notified of this Litigation Hold. IT will be working with our legal staff to ensure we implement the Litigation Hold. We will follow up with more information as the litigation proceeds, including advising you when the Litigation Hold is lifted. In the meantime, if you have questions, please contact me.

---

예시 8    증거보존통지

증거보존통지에는 관련 담당자들로 하여금 통지문 수령 당시 존재하는 관련 증거자료들을 삭제하지 않도록 하는 명확한 지침이 포함되어야 하며, 여기에는 자동 삭제 프로그램의 운영 중단[269] 등을 비롯하여 관련 자료의 수집과 보존 방법이 구체적으로 설명되어야 한다. 그리고 보존이 필요한 증거자료의 범위와 해당 자료의 보관자(custodian)도 최대한 명시해야 하고, 전자증거자료들을 비롯하여 보존이 필요한 문서의 형식과 매개체에 대한 정의와 설명도 제공해야 한다. 이에 더해서 보존의무의 존재와 이를 위반하는 경우 부과되는 법적 불이익, 보존의무 및 보존통지와 관련하여 누구와 어떻게 논의해야 하는지도 포함하는 것이 일반적이다.

대리인은 증거보존통지에 따른 증거보존 현황을 주기적으로 모니터링하여야 하며, 필요에 따라서는 증거보존통지를 거듭 회람할 필요도 있다. 예컨대, 대상 문서의 보관자가 새롭게 발견되거나, 대상 문서의 범위가 다시 지정되어야 하는 경우가 그러한 예에 해당한다.[270]

증거보존통지는 상대방에게도 제출할 수 있는데, 이는 특히 원고로서 소송을 계획하는 경우 상대방으로 하여금 보존해야 하는 자료의 종류, 범위, 형식 등에 관한 설명과 함께, 해당 자료의 보존을 요청하는 내용이 포함된다. 이를 증거보존요청서신(preservation demand letter)이라고 한다.[271]

증거보존 의무가 발생하여 증거보존통지가 발송된 경우, 당사자의 대리인이나 사내변호사는 먼저 보존 대상이 되는 자료의 위치와 보관자들을 면밀히 파악해야 한다. 그리고 사내 IT 담당자와 인터뷰 등을 통해 전자증거자료의 보관 방법, 경로, 위치, 수집 방법도 파악해야 한다. 증거자료 현황을 파악한 후 이들 자료가 본래 위치에서 온전히 보전되기 어려운 경우에는, 이를 별도로 수집하여 제3자에게 또는 제3의 공간에 보관하도록 하는

---

269) *Pension Comm. of the Univ. of Montreal Pension Plan v. Banc of Am. Sec., LLC*, 685 F. Supp. 2d at 473, n. 67 (보존통지는 예컨대 "immediately suspend the destruction of any responsive paper or electronic documents or data" 등과 같은 표현이 포함해야 한다고 설시한 판례).

270) *Chen v. LW Rest., Inc.*, 2011 WL 3420433, at *10 (E.D.N.Y. Aug. 3, 2011) (원고가 플래시 드라이브 제출을 요청하고 법원 또한 해당 물건의 제출을 요청하였을 때, 피고는 반드시 해당 플래시 드라이브에 대한 보존통지를 했어야 한다는 취지의 판례).

271) *KCH Servs., Inc. v. Vanaire, Inc.*, 2009 WL 2216601, at*1 (W.D. Ky. July 22, 2009).

방법이 있다. 이때에는 메타데이터를 포함한 모든 데이터가 변형되거나 손상되지 않도록 세심한 주의가 필요하며, 데이터 전문가와 사전에 상의하는 것이 좋다.

## 5. 증거보존 의무 위반시 제재

증거보존 의무가 발생하였음에도 불구하고 당사자가 이를 제대로 이행하지 않은 경우 법원은 사안의 경중을 살펴 재량에 따라 제재(sanction)을 가할 수 있다. 예컨대, 연방민사소송규칙 제37조 제e항은 연방소송에서 증거보존 의무를 위반하여 해당 증거들이 삭제된 경우, 판사는 그에 따라 발생한 불이익을 치유하는데 필요한 만큼의 조치를 취하거나, 불리한 추정이나, 무변론판결(default judgment) 등을 내릴 수 있다고 규정하고 있다. 다시 말해, (1) 일방 당사자가 증거보존 의무를 위반하여 해당 증거자료들을 보존하기 위한 합리적인 조치를 취하지 아니하고, (2) 그 결과로 해당 자료들이 달리 복구되거나 수집될 수 없도록 멸실되어, (3) 상대방에게 불리한 결과가 초래되었다면, 법원은 이러한 상황을 치유하는데 필요한 각종 제재를 가할 수 있다. 실제로는 모든 증거보존 의무 위반에 대하여 무거운 제재가 부과되는 것은 아니고, 증거자료들의 멸실이 고의로(intentionally) 이루어진 경우에 한하여 불리한 추정이나 무변론판결과 같은 엄격한 제재가 내려지는 것으로 보인다.[272] 구체적인 제재의 종류와 요건에 대해서는 아래 [Ⅶ. 증거삭제와 제재 2. 제재의 종류와 부과 요건]에서 자세히 살펴본다.

---

272) Fed. R. Civ. P. 37 advisory committee's note (2015).

## IV. 증거자료 제출 요청

### 1. 초기 당사자 논의(meet and confer) 및 1차 증거개시(initial disclosure)

미국소송(특히, 연방소송) 당사자들은 사건 초기에 법원이 사건 진행을 위한 기일명령(scheduling order)을 내리기 최소 3주 전에,[273] 해당 사건의 전반적인 쟁점과 증거개시절차 계획, 일정 등을 논의하기 위한 사전회의를 개최한다.[274] 이 회의에서 당사자들은 구체적인 증거개시절차에 필요한 대부분의 사안, 예컨대 법적·사실적 쟁점이나 토픽,[275] 관련 자료를 보관하고 있는 개인들의 명단, 증거개시절차일정,[276] 전자증거자료들을 검색하기 위한 키워드(검색어) 리스트,[277] 증거개시절차 대상이 되는 정보의 보관위치(sources),[278] 향후 증거보존방법,[279] 증거 제출 방식[280] 등을 논의한다.

사전회의(즉, Fed. R. Civ. P. 26(f)회의) 이후 확정된 증거개시절차 일정에 따라 '1차 증거개시(initial disclosure)'가 이루어지게 된다. 이러한 1차 증거개시절차는 각 당사자가 자신의 주장을 초반에 뒷받침하기 위하여 전략적으로 행한다는 성격이 강하다. 따라서 증거자료와 관련 증인들을 사전에 파악한 후,

---

273) Fed. R. Civ. P. 16(b).

274) Fed. R. Civ. P. 26(f).

275) Fed. R. Civ. P. 26(f)(3)(B).

276) *Edelen v. Campbell Soup Co.*, 265 F.R.D. 676, 691 (N.D. Ga. 2010).

277) *In re Seroquel*, 244 F.R.D. at 662; *Dunkin' Donuts Franchised Rest. LLC v. Grand Cent. Donuts, Inc.*, 2009 WL 1750348, at *4 (S.D.N.Y. June 19, 2009); *In re Facebook*, 2011 WL 1324516, at *2.

278) *In re Seroquel*, 244 F.R.D. at 655.

279) Fed. R. Civ. P. 26, Advisory Committee Note (2006 Amendment, Subdivision (b)(2)) ("Whether a responding party is required to preserve unsearched sources of potentially responsive information that it believes are not reasonably accessible depends on the circumstances of each case. It is often useful for parties to discuss this issue early in discovery.").

280) Fed. R. Civ. P. 26(f)(3)(C)("any issues about disclosure, discovery, or preservation of electronically stored information, including the form or forms in which it should be produced.").

이들 정보를 사건 초반부에 어느 정도 공개할지에 관한 전략적인 판단이 요구된다.

## 2. 증거개시절차 요청(discovery requests) 및 답변(response)

당사자는 소송의 쟁점과 관련이 있는 증거자료를 필요한 범위 내에서 상대방에게 요청하여, 이들 자료들을 받아 검토할 수 있다.[281] 이러한 증거개시절차 요청은 앞서 살펴본 증거문서제출(document production) 요청, 서면질의(interrogatory), 발송, 녹취증언(deposition) 수행 등을 통해서 이루어질 수 있다. 개시 대상이 되는 증거자료에는 당연히 전자증거자료들도 포함될 수 있으며, 자료 요청시에는 조사하고자 하는 항목 또는 범주를 합리적으로 특정하여 기술해야 한다.[282] 특히, 전자증거자료는 요청이 구체적이지 않으면, 자칫 지나치게 방대한 자료나 설명을 요구하게 될 수 있으므로, 요청 자료를 특정하는 것이 중요하다.

물론 제출요청을 받는 당사자는 자료·정보 요청이 지나치게 광범위할 경우 해당 요청이 문서제출자에게 과중한 부담(unduly burdensome)을 부과한다는 이유로 거부할 수도 있다.

증거자료를 구체적으로 특정하기 위해서는 해당 자료의 시간적 범위(date range),[283] 보관자(custodian),[284] 주요 쟁점(key issues)[285] 등을 기술하는 것이 필요하다. 경우에 따라서는 개시 대상이 되는 구체적인 문서명이나 정보의 형식(예컨대, 파일 형식 등)을 특정할 필요도 있다. 특히 전자증거자료의 경우 정보의 형식이 다양하기 때문에 파일의 형식 등을 특정하기 위해서 앞서 살펴본

---

281) Fed. R. Civ. P. 26(b)(1).

282) Fed. R. Civ. P. 34(b)(1)(A)("···must describe with reasonable particularity each item or category of items to be inspected.").

283) *Edelen v. Campbell Soup Co.*, 265 F.R.D. 676, 691.

284) *Starbucks Corp. v. ADT Sec. Servs., Inc.*, 2009 WL 4730798, at *9 (W.D. Wash. Apr. 30, 2009).

285) *Edelen v. Campbell Soup Co*, 265 F.R.D. 676, 691.

Fed. R. Civ. P. 26(f) 사전 회의(meet and confer)에서 그에 대한 논의가 이루어지기도 한다. 그 밖에 증거자료의 특정 항목 내지 구체적인 검색어 및 검색식 등을 통해 전자적인 검색(search)을 해야 하는 경우도 있다. 이 때에는 증거개시절차 요청서(예컨대, document request)에 구체적인 검색대상(네트워크 시스템, 클라우드, 개인 PC, 이메일 등)을 특정하기도 한다. 이 과정에서 검색요청자는 구체적인 검색어, 검색식, 검색대상 등을 특정하기 위해 상대방의 전산시스템 구조나 문서 관리 정책(document retention policy)에 관한 설명을 부가적으로 요청하기도 한다.[286] 이러한 설명 요청은 사건 초반 당사자간 회의(meet and confer) 또는 1차 증거개시(initial disclosure) 등을 통해서 전달되는 것이 보통이나, 증거개시절차가 진행된 이후 서면질의(interrogatory),[287] 자인요구(request for admission),[288] 녹취증언(deposition) 등을[289] 통해서 전달되기도 한다.

한편, 증거보존대상이 되는 ESI증거자료들의 삭제(spoliation)가 강하게 의심되는 경우나[290] 상대방이 증거개시절차 요청에 전혀 협조하지 아니하는 경우, 요청 당사자는 상대방의 IT 시스템을 직접 살펴보기 위한 조사(inspection) 요청을 하는 경우도 있다.[291]

---

286) *Newman v. Borders, Inc.*, 257 F.R.D. 1, 3 (D.D.C. 2009).

287) Fed. R. Civ. P. 33; *Treppel v. Biovail Corp.*, 233 F.R.D. 363, 373－74 (S.D.N.Y. 2006).

288) *Lorraine v. Markel Am. Ins. Co.*, 241 F.R.D. 534, 574 (D. Md. 2007)("during pretrial discovery counsel should determine whether opposing counsel will object to admissibility of critical documents. This can be done by requesting a stipulation, or by propounding requests for admission of fact and genuineness of records under Fed. R. Civ. P. 36.").

289) 이 경우에는 일반적인 어느 개인 증인에 대한 신문이 아니라, 특정 법인 당사자를 대표하는 개인에 대한 신문－－소위 "30(b)(6)" 기일신문－－을 통해서 정보를 확보하는 것이 보통이다. *Garcia v. Tyson Foods, Inc.*, 2010 WL 5392660, at *5 (D. Kan. Dec. 21, 2010); *In re Carbon Dioxide Indus. Antitrust Litig.*, 155 F.R.D. 209, 214 (M.D. Fla. 1993).

290) *Preferred Care Partners Holding Corp. v. Humana, Inc.*, 2009 WL 982460, at *15 (S.D. Fla. Apr. 9, 2009); *Vennet v. Am. Intercont'l Univ. Online*, 2007 WL 4442321, at *2 (N.D. Ill. Dec. 13, 2007); *Ball v. Versar, Inc.*, 2005 WL 4881102, at *5 (S.D. Ind. Sept. 23, 2005).

291) *Jacobson v. Starbucks Coffee Co.*, 2006 WL 3146349, at *6－7 (D. Kan. Oct. 31, 2006); *Bank of Mongolia v. M&P Global Financial Services, Inc.*, 258 F.R.D. 514, 521;

일방 당사자가 문서제출요청, 질의서, 녹취증언, 자인요구 등과 같은 증거개시절차 요청을 송부하면, 이를 받은 상대방은 일단 답변서를 작성하여 회신해야 한다는 것은 앞서 [I.1. 구체적인 증거개시방법]에서 살펴본 바와 같다. 그러나 답변서 제출에 앞서, 제출 요청을 받은 당사자는 해당 자료를 소유·보관·통제하고 있는지 여부, 쟁점과의 관련성, 제출 부담의 정도 등을 살펴서 제출 여부를 전략적으로 결정해야 한다. 이러한 결정에 근거하여 답변서에 (1) (문서제출을 거부하는 경우) 구체적인 제출 거부 의사 및 사유 (2) (요청 문서를 제출하는 경우) 요청된 ESI가 언제 제출되며, 제출시에는 사본을 제출하는 것인지, 아니면 원본을 열람할 수 있도록 허락할 것인지 등에 대한 설명 등이 포함되어야 한다.[292] 특히, 전자증거자료의 원본을 열람해야 하는 경우에는 원본성 확인을 위해 메타데이터도 열람 대상에 포함될 가능성이 있다. 따라서 원본 전자증거자료 요청의 구체적인 내용이 메타데이터 내지 원본문서 형식까지 보존할 것을 요구하는지도 검토해야 한다.[293] 기술적으로 원본의 데이터 형식이나 보존 형태의 조사가 필요한 사건(예컨대, 특정 데이터의 진위성이 쟁점이 되는 사건)이 아니라면 당사자와의 사전 협의를 통해 사본만을 제출할 수도 있기 때문이다.

---

*Kickapoo Tribe v. Nemaha Brown Watershed Joint Dist. No. 7*, 294 F.R.D. 610 (D. Kan. 2013).

292) Fed. R. Civ. P. 34.

293) *Wyeth v. Impax Labs. Inc.*, 248 F.R.D. 169, 171 (D. Del. 2006).

## V. 증거자료의 수집과 처리

### 1. 증거보존 의무와 증거 수집

증거개시(initial disclosure) 요청을 통해서 특정 범주의 증거자료들을 제출할 것을 요청할 경우, 이를 받은 상대방은 그에 상응하는 문서들을 수집·처리하여 분석해야 한다. 문서를 수집·처리하는 데에 적용되는 기준 역시 일반적인 증거보존 의무(duty to preserve)에 근거를 두고 있다. 문서 수집 방법은 크게 (1) 증거자료들을 일단 수집하여 별도로 보관하는 방법, (2) 해당 자료들을 본래 존재하던 곳에 그대로 보존하면서 수집하는 방법으로 나누어진다. 전자의 경우 자료의 지속적인 보존을 담보할 수 없는 상황(예를 들어, 의도적인 삭제 가능성이 있거나 자동 삭제 시스템이 운용되는 경우)에서 많이 사용되고, 후자의 경우에는 증거보존 통지에 따른 문서 보존이 철저하게 이루어질 수 있는 경우에 한하여 주로 사용된다.[294]

### 2. 전자증거문서 수집과 메타데이터

전자증거문서를 직접 수집할 때에는 해당 문서들을 복사(copy)하는 방식으로 이루어지기도 하지만(소위 "active file collection"방식), 특정 저장매체를 포렌식 이미징(forensic imaging) 기술로 복제(cloning)하여 해당 매체에 들어있는 모든 기록들을 있는 그대로 보존하는 방식이 사용되기도 한다. 포렌식 이미징 방식은 문서보존의무 이행 여부가 첨예하게 다투어질 때 수집 데이터의 완결성을 담보하기 위한 방법으로 자주 사용된다. 특히 전자증거자료들은 각 데이터 파일들의 세부 정보(날짜, 경로, 종류, 수정 여부 등)를 기록하고 있는 메타데이터(metadata)를 포함하고 있는데, 메타데이터의 보존필요성에 따라 수집 방식이 달라질 수 있다. 더욱이 최근에는 전자증거자료 조작(alteration)에 따른 진정성립(authenticity)[295] 문제가 자주 다투어지는데(예컨대, 각종 문서, 멀티미디어 파

---

294) Morgan Lewis, Edata Deskbook (3rd), pp. 83-84.
295) See FRE 901(a) & (b).

일 등의 위변조 문제) 진정성립 입증을 위해서는 메타데이터가 많이 사용된다. 따라서 최근 행해지고 있는 이디스커버리 절차에서는 대체로 메타데이터의 보존을 문서보존 의무 이행의 가장 기본적인 절차로 취급하는 경우가 많다.

전자증거문서들을 보존하여 이를 본격적으로 수집하기 위해서는 구체적인 검색어나 검색식이 제공되지 아니하는 경우에도, 문서를 찾아내기 위해 문서보관자의 기억에만 의존하기보다는, 전자적인 검색(search)기능을 활용하는 경우가 점차 많아지고 있다. 검색을 위해서는 여러 가지 기술들이 복합적으로 활용되는데, 여러 조건절을 수식화하여 적용하는 '키워드 검색(keyword search)' 방식이 가장 대표적이다. 최근에는 인공지능(AI) 기술이 적용되어 조건절의 기계적인 조합에 의존하는 것을 넘어서, AI 플랫폼을 훈련시켜 사람이 문서를 수집하는 것과 유사한 수집 방식이 적용되기도 한다. 그리고 최근에는 이러한 고도화된 플랫폼을 바탕으로 여러 이디스커버리 전문가들이 문서 수집·처리 서비스를 제공하기도 한다.

## VI. 증거자료의 분석과 제출

### 1. 분 석

증거자료의 보존·수집·처리 절차가 일정 부분 완료되면 이를 검토(review)하고 분석(analysis)하는 절차가 이어진다. 상대방에게 해당 문서들을 제출하기 이전에는 문서를 제출하는 당사자가 자신의 문서를 먼저 검토·분석하게 되는데, 이는 수집된 문서들의 관련성(relevance)을 평가하거나, 제외대상 문서들(예컨대, privilege 대상이 되는 문서들)을 선별하거나, 추후 쟁점이 될만한 중요한 문서들을 미리 파악하기 위한 작업이다. 이러한 사전 분석은 당사자의 대리인이나 사내변호사와 같은 법률전문가가 투입되어 이루어진다. 최근에는 인공지능기술이 발달하여 수집문서들의 관련성(relevance) 여부를 이디스커버리 플랫폼을 통해 자동으로 파악하는 경우도 많다. 이러한 방식은 방대한 전자증거자료들의 관련성 여부를 파악함에 있어 시간과 비용을 절약하는 장점이 있지만, 인공지능 플랫폼을 훈련(training)시키는 과정에서 사람의 검토가 여전히 필요하고, 일부 세밀한 정보는 인공지능 기술이 파악하지 못할 수도 있다는 단점도 있다.

증거자료의 분석 과정에서 가장 중요한 절차는 소위 특권(privilege)으로 보호되는 자료를 제출대상에서 제외하는 작업이다. 이 작업에는 인공지능에 기반한 이디스커버리 플랫폼 보다는 법률전문가가 직접 투입되는 경우가 더 많다. 이러한 특권 자료에 관한 절차적 특징에 관해서는 아래 [Ⅷ. 증거개시절차의 제한 -보호명령 및 면책규정을 중심으로]에서 자세히 살펴본다.

## 2. 제 출

수집된 문서는 해당 문서들이 평소에 저장되고 운용되는 형식 그대로 제출하는 것이 원칙이다.296) 그러나 이러한 제출 형식은 소송 초기에 당사자들이 디스커버리 관련 논의를 하면서 달리 정하기도 한다.297) 예컨대, 전자증거문서를 제출하는 경우 당사자들은 전자증거파일의 원본(native file)을 제출할 것인지, 아니면 이를 pdf파일로 변환하여 제출할 것인지 등을 논의하여 결정할 수 있다.298)

---

296) Fed. R. Civ. P. 34(b(2) ("[u]nless otherwise stipulated or ordered by the court, these procedures apply to producing documents or electronically stored information [(ESI)]: . . . (ii) [i]f a request does not specify a form for producing [ESI], a party must produce it in a form or forms in which it is ordinarily maintained or in a reasonably usable form or forms.1").

297) 예컨대, 증거개시절차 형식에 관한 논의는 연방민사소송규칙 제26조 제f항에 의한 회의(meet and confer)를 통해 이루어지는 경우가 많다.

298) 파일의 원본성 유지가 필수적인 경우(특히, 증거의 위변조 우려가 있는 경우 등)에는 원본 파일 제출이 선호되나, 여기서 더 나아가 해당 파일들의 메타데이터 보존 까지도 요구될 수 있다. 메타데이터가 온전히 보존되도록 문서를 수집·제출하기 위해서는 이디스커버리 전문가의 도움이 필요할 수 있다.

# Ⅶ. 자료삭제(spoliation)와 제재

미국소송의 디스커버리 절차가 주로 이디스커버리 형태로 이루어지게 되면서 전자적으로 존재하는 문서의 삭제와 그에 따른 제재가 문제가 되는 사례가 점점 많아지고 있다. 미국소송에서 자료삭제(spoliation)란 보존의무(duty to preserve)가 있는 전자적 형태 또는 종이 형태의 문서를 파기하는 행위를 말한다.[299]

이디스커버리가 보편화되기 전에는 미국소송 절차에서 제출되는 문서가 대체로 종이 문서였기 때문에, 이를 파기하기 위해서는 물리적이고 의도적인 파쇄절차를 수반하였다. 이처럼 번거로운 파기절차로 인해 자료삭제는 오늘날에 비해 상대적으로 드물었다.[300] 그러나 오늘날 대부분의 전자증거는 삭제가 용이하고, 회사의 자동삭제정책에 따라 주기적으로 이루어지기도 한다. 따라서 이디스커버리가 보편화된 오늘날의 미국소송에서는 자료삭제에 관한 다툼이 빈번해졌다. 미국소송의 당사자는 자료삭제에 따른 제재의 종류와 성격, 요건 등을 구체적으로 이해할 필요가 있다.

## 1. 제재의 법률적 근거

2015년에 개정된 미국민사소송규칙의 여러 조항들이 자료삭제에 관한 제재의 근거가 된다. 동 규칙 제26조 제g항은 증거개시절차 과정에서 제출되는 문서들에 대해서는 제출자가 이를 확인(certify)해야 한다고 규정하고 있는데,[301] 문서가 삭제 되면 기존에 확인한 내용에 반하는 결과가 초래되어 법원에 의한 제재를 받을 수 있다.[302] 동 규정 제37조 제b항은 증거개시절차 관련

---

299) *Orbit One Commc'ns, Inc. v. Numerex Corp.*, 271 F.R.D. 429, 435 (S.D.N.Y. 2010); *Troup v. Tri−Cty. Confinement Sys., Inc.*, 708 A.2d 825, 828 (Pa. Super. Ct. 1998).

300) Morgan Lewis, Edata Deskbook (3rd), p. 171.

301) Fed. R. Civ. P. 26(g)(1) ("···By signing, an attorney or party certifies that to the best of the person's knowledge, information, and belief formed after a reasonable inquiry.").

302) Fed. R. Civ. P. 26(g)(3) ("If a certification violates this rule without substantial

법원 명령을 준수하지 않는 당사자에 대해서는, 법원이 제재를 가할 수 있다고 규정하고 있다.[303] 이러한 제재에는 불리한 추정(즉, 해당 증거를 통해 증거요청자가 입증하고자 했던 주장에 대한 입증 추정),[304] 위반자의 주장을 입증하기 위한 증거 제출 금지,[305] 위반자의 주장 일부 또는 전체 기각,[306] 증거 제출시까지 심리 중단,[307] 무변론판결(default judgment)을 통한 위반자의 패소결정,[308] 위반자의 법정모독(contempt of court)에 따른 처벌[309] 등이 있다. 법원은 증거개시절차 명령 위반으로 인해 상대방에게 발생한 법률 비용(fees and costs)을 배상하라는 결정을 내릴 수도 있다.[310]

---

justification, the court, on motion or on its own, must impose an appropriate sanction on the signer, the party on whose behalf the signer was acting, or both. The sanction may include an order to pay the reasonable expenses, including attorney's fees, caused by the violation.").

303) Fed. R. Civ. P. 37(b) ("if a party or a party's officer, director, or managing agent—or a witness designated under Rule 30(b)(6) or 31(a)(4)—fails to obey an order to provide or permit discovery, including an order under Rule 26(f), 35, or 37(a), the court where the action is pending may issue further just orders").

304) Fed. R. Civ. P. 37(b)(2)(A)(i) ("directing that the matters embraced in the order or other designated facts be taken as established for purposes of the action, as the prevailing party claims").

305) Fed. R. Civ. P. 37(b)(2)(A)(ii) ("prohibiting the disobedient party from supporting or opposing designated claims or defenses, or from introducing designated matters in evidence").

306) Fed. R. Civ. P. 37(b)(2)(A)(iii) ("striking pleadings in whole or in part").

307) Fed. R. Civ. P. 37(b)(2)(A)(iv) ("staying further proceedings until the order is obeyed").

308) Fed. R. Civ. P. 37(b)(2)(A)(vi) ("rendering a default judgment against the disobedient party").

309) Fed. R. Civ. P. 37(b)(2)(A)(vii) ("treating as contempt of court the failure to obey any order except an order to submit to a physical or mental examination").

310) Fed. R. Civ. P. 37(b)(2)(C) ("Instead of or in addition to the orders above, the court must order the disobedient party, the attorney advising that party, or both to pay the reasonable expenses, including attorney's fees, caused by the failure, unless the failure was substantially justified or other circumstances make an award of expenses unjust."). 미국소송에서 발생한 법률 비용은 당사자가 각자 부담하는 것이 일반적인 원칙이라는 점에서, 이와 같이 법률 비용 배상을 요구하는 형식의 제재는 증거개시절차 명령 위반이 미국 법원에서 비교적 중대한 위반으로 인식되고 있음을 보여준다.

연방민사소송규정 제37조 제c항에 의하면, 요청받은 전자증거를 합리적인 이유 없이 제출하지 아니할 경우 해당 자료는 아예 활용할 수 없게 되거나, 그로 인해 상대방에게 발생한 법률 비용을 배상해야 할 수도 있다.[311] 그 밖에도 동 규정 제37조 제d항 및 제37조 제e항은 자료 삭제나 증거개시절차 비협조 등에 관한 여러 제재를 규정하고 있다. 특히 제37조 제e항은 2015년 연방민사소송규칙 개정으로 새롭게 추가된 조항인데, 연방 소송에서 자료삭제(spoliation)의 결과로 중대한 제재를 가하기 위해서는 위반자의 악의(bad faith)가 필요하다고 규정하고 있다.

## 2. 제재의 종류와 제재부과 요건

앞서 언급한 연방민사소송규칙 제37조 제e항은 전자자료삭제에 따라 제재부과를 요청하는 당사자가 요건들을 입증해야 한다고 규정하고 있다. 기본적인 제재 부과 요건으로서 (1) 삭제된 전자증거를 통제하고 있던 당사자에게 해당 자료에 대한 보존의무(obligation to preserve)가 있었고, (2) 해당 ESI를 보존하기 위한 합리적 조치를 취하지 아니한 결과로 증거가 멸실되어, (3) 멸실된 자료의 복구나 대체가 불가능하게 되었을 뿐만 아니라, (4) 이로 인해 해당 자료를 요청한 상대방이 불리해졌다(prejudiced)는 사실이 입증되어야 한다.[312]

---

311) Fed. R. Civ. P. 37(c)(1) ("If a party fails to provide information or identify a witness as required by Rule 26(a) or (e), the party is not allowed to use that information or witness to supply evidence on a motion, at a hearing, or at a trial, unless the failure was substantially justified or is harmless").

312) Fed. R. Civ. P. 37(e) ("If electronically stored information that should have been preserved in the anticipation or conduct of litigation is lost because a party failed to take reasonable steps to preserve it, and it cannot be restored or replaced through additional discovery, the court: (1) upon finding prejudice to another party from loss of the information, may order measures no greater than necessary to cure the prejudice; or (2) only upon finding that the party acted with the intent to deprive another party of the information's use in the litigation may: (A) presume that the lost information was unfavorable to the party; (B) instruct the jury that it may or must presume the information was unfavorable to the party; or (C) dismiss the action or enter a default judgment.").

제재의 종류에는 (1) 멸실된 자료의 복원 및 대체 등을 통한 추가적인 증거개시절차 요청과 이행, (2) 멸실된 증거들이 위반 당사자에게 불리한 것이었다는 추정, (3) 무변론재판을 통한 사건 종결 등이 있다.[313] 상대적으로 가벼운 제재에는 금전적 배상(예컨대, 위반자의 증거개시절차 비협조 행위로 인해 발생한 각종 법률 비용의 보전),[314] 증거 제출 금지(예컨대, 이메일 원본이 삭제된 상황에서 위반자로 하여금 그 사본을 제출하지 못하도록 명령하거나,[315] 컴퓨터 내 자동삭제 기능으로 인해 일부 문서들이 모두 삭제된 경우 다른 이메일이나 서신을 제출하지 못하게 한 경우도 있음[316]) 등이 있다.

제재의 종류는 증거보존 의무 위반의 경중에 따라 달라지는데, 법원은 (1) 삭제된 증거자료가 상대방에게 얼마나 불리한(prejudicial) 영향을 미쳤는지 (2) 이러한 불리함을 초래한 위반자의 의도(intent 또는 culpability)가 있었는지 여부 등을 주요하게 살펴본다.[317] 특히, 후자는 불법행위 이론에 따라 크게 과실(negligence), 중과실(gross negligence), 고의(willfulness), 악의(bad faith) 등으로 나누어지는데, 일반적으로 단순 실수나 부주의로 인한 문서의 멸실 보다는 고의나 악의에 의한 멸실에 관해서 심각한 제재조치가 취해진다. 불리한 추정이나, 무변론 재판에 따른 기각 등은 상대방을 불리하게 하기 위한 고의나 악의가 요구되는 경우가 대부분이고,[318] 단순 과실에 의한 증거 삭제는 상대적으로 가벼운 금전적인 배상이나 증거자료 제출 제한 등으로 이어진다.[319]

---

313) *Id.*

314) *Best Payphones, Inc. v. City of N.Y.*, 2016 WL 792396 (S.D.N.Y. 2016); *In re NTL, Inc. Sec. Litig.*, 244 F.R.D. 179, 201 (S.D.N.Y. 2007); *Treppel v. Biovail Corp.*, 249 F.R.D. 111 (S.D.N.Y. 2008).

315) *CAT3 LLC v. Black Lineage Inc.*, 164 F. Supp. 3d 488 (S.D.N.Y. 2016).

316) *Ericksen v. Kaplan Higher Education*, 2016 WL 695789 (D. Md. 2016).

317) Morgan Lewis, Edata Deskbook (3rd), p. 178.

318) *Morrison v. Veale*, 2017 WL 372980 (M.D. Ala. Jan. 25, 2017); *Rimkus Consulting Grp., Inc. v. Cammarata,* 688 F. Supp. 2d 598 (S.D. Tex. 2010); *Ashton v. Knight Transp., Inc.*, 772 F. Supp. 2d 772 (N.D. Tex. 2011); *Roadrunner Transp. Servs. v. Tarwater*, 642 F. App'x 759 (9th Cir. 2016).

319) *Iowa Pac. Holdings, LLC v. Nat'l R.R. Passenger Corp.*, 2011 WL 2292307 (D. Colo. 2011); *Best Payphones, Inc. v. City of N.Y.*, 2016 WL 792396 (S.D.N.Y. 2016).

# Ⅷ. 증거개시절차의 제한

증거개시절차 요청을 받은 당사자는 보호명령(protective order), 특권 및 면책 규정 등에 근거하여 증거 제출을 거부할 수도 있다.

## 1. 문서제출 요청에 대한 보호명령(protective order) 신청

문서 제출요구를 받은 소송 당사자나 제3자는 연방·주법에 의하여 당해 법원에 보호명령을 신청(motion for protective order)할 수 있다.[320] 보호명령은 증거개시절차에 따른 부담과 불편을 덜어주는 것을 그 목적으로 하는데, 신청서에는 보호명령을 신청하는 충분한 이유(good cause)를 기재하여야 한다. 증거개시절차요청을 받은 당사자 및 제3자는 자신을 보호하기 위하여 증거개시절차를 제한하는 보호명령을 내려줄 것을 법원에 신청할 수 있는데, 그러한 사유로는 괴로움(annoyance), 곤혹스러움(embarrassment), 억압(oppression), 또는 부당한 부담이나 비용(undue burden or expense) 등이 있다.[321] 보호명령 신청에 대하여 법원은 증거개시절차를 위한 과다한 부담 또는 비용의 발생가능성, 프라이버시에 속하는 은밀한 사실이 공개될 위험, 상대방을 괴롭히거나 위협할 목적으로 증거개시절차제도가 이용될 위험, 영업상 비밀정보의 보호 등을 고려하여 보호명령을 내릴 수 있다.

## 2. 특권 및 면책규정에 의한 증거개시절차 제한

### 가. 변호사-의뢰인 특권(Attorney-Client Privilege)

"변호사-의뢰인 특권(lawyer-client privilege 또는 attorney-client privilege)" 이란 의뢰인이 법적 자문을 구하였을 때 변호사와 의뢰인 간에 이루어진 비밀 대화 내용이 법원에서 진행되는 민사소송 절차에 의해 공개되는 것을 거부할

---

320) Fed. R. Civ. P. 26(c); N.Y. Civ. Prac. L. & R. 3103; Wash. Ct. R. 26(c).
321) Fed. R. Civ. P. 26(c)(1).

권리를 말한다. 이 특권은 변호사와 의뢰인 간의 자유롭고 솔직한 대화를 통하여 변호사가 의뢰인의 법적 보호를 다하도록 하는데 목적이 있으며, 연방법원 소송이나 주법원 소송 모두에서 일반적으로 인정된다.[322] 이러한 특권이 인정되면, 소송 중의 증거개시절차나 기타 법원의 명령에도 불구하고 특정한 대화(communication)의 내용을 공개하지 않을 수 있게 된다. 그러한 대화에는 구두로 나눈 대화뿐만 아니라, 서면으로 나눈 대화도 모두 포함된다. 따라서 의뢰인이 변호사에게 한 이야기나 변호사에게 제공한 사건 관련 문서들은 물론 변호사가 의뢰인에게 제공한 법률자문이나 이를 기재한 법률의견서 등이 모두 증거개시절차 대상에서 제외될 수 있다.

## (1) 변호사-의뢰인 특권의 성립 요건

미국소송에서 변호사-의뢰인 특권이 성립하기 위해서는 일반적으로 ① 변호사와 의뢰인 간에 대화가 이루어졌을 것, ② 이 대화가 공개적으로 이루어지지 않고 변호사와 그의 의뢰인 간에만 이루어졌을 것, ③ 그 대화가 주로 법적인 자문을 구하려는 목적일 것, ④ 의뢰인이 변호사-의뢰인 특권을 포기하지 않았을 것[323] 등의 요건이 충족되어야 한다. 만일 의뢰인이 특권이 인정되는 대화의 요지를 특권관계를 벗어난 제3자와 공유하였다면, 일반적으로 그 특권은 포기된 것으로 간주된다. 또한 변호사와 의뢰인 간에 대화가 있기 이전에 이미 비밀유지 의무가 없는 제3자에게 알려진 내용의 경우에도 변호사-의뢰인 특권이 인정되지 않는 경우가 대부분이다. 반면 소송 당사자가 기업일 경우 동일한 기업 내의 사람들간에 대화를 하였다고 하여 변호사-의뢰인 특권을 포기하였다고 보지 않는 것이 판례의 경향으로 보인다.[324]

증거개시절차에서 특권을 주장하는 당사자는 제출 요청의 대상이 되는 정보가 왜 특권으로 보호되어야 하는지 그 근거를 반드시 제시하여야 하는 반

---

322) 변호사-의뢰인 특권은 판례법으로 인정되는 권리로, 가장 자주 인용되는 판례는 *United States v. United Shoe Mach. Corp.*, 89 F.Supp. 357 (D. Mass. 1950)이다

323) *United States v. United Shoe Mach. Corp.*, 89 F.Supp. 357, 358-59 (D. Mass. 1950) 참조.

324) *Long v. Anderson University*, 204 F.R.D. 129, 134-35 (S.D. Ind. 2001) 참조.

면, 그 제출 요청의 대상이 되는 정보를 공개할 필요는 없다.[325]

### (2) 한국 변호사에 대한 미국법상 변호사-의뢰인 특권의 적용

미국 법원에서 진행중인 국내 회사에 대한 소송에서 해당 당사자와 한국 변호사 자격만을 소지하고 있는 변호사의 대화(communication)가 미국과의 관련성(touching base with the U.S.)을 가지는 경우 미국법상 변호사-의뢰인 특권이 인정될 여지가 있다.[326] 한국 변호사 자격은 엄밀히 말해서 미국법상 변호사-의뢰인 특권에서 말하는 '변호사'에 해당하지는 않을 수도 있으나, 그러한 경우에도 ① 미국 변호사의 대리인(agent)으로서 미국 현지로펌을 보조하거나 미국 변호사의 감독하에 또는 미국 변호사와 공동으로(under the direction of an American lawyer) 자문을 하는 경우, 또는 ② 의뢰인의 대리인으로서 미국 변호사와의 대화를 대신하는 경우에는 변호사-의뢰인 특권이 충분히 인정될 수 있다.[327]

예를 들어, 한국 변호사는 미국 변호사의 대리인으로서 미국 현지 로펌과 공동으로 혹은 감독 하에 미국소송에 개입할 수 있다. 이 때 한국 변호사와 의뢰인의 대화는 의뢰인에게 법률적 자문을 하기 위하여 이루어진 비밀대화라는 점에서 미국 변호사와 대화를 한 것과 실질적으로 차이가 없고, 한국 변호사는 미국소송의 직접적인 소송대리인은 아니지만 미국 변호사의 대리인 혹은 의뢰인의 대리인으로서 해당 소송과 관련하여 업무를 하고 있는 전문가의 일원에 해당하므로("Kovel 원칙"[328]), 의뢰인-변호사 특권이 확장될 가능성이

---

325) 연방민사소송규칙(Fed. R. Civ. P.)의 예를 들자면, 동 규칙 제26조 제b항 제5조에서 다음과 같이 규정하고 있다. "When a party withholds information otherwise discoverable under these rules by claiming that it is privileged or subject to protection as trial preparation material, the party shall make the claim expressly and shall describe the nature of the documents, communications, or things not produced or disclosed in a manner that, without revealing information itself privileged or protected, will enable other parties to assess the applicability of the privilege or protection.".

326) *Golden Trade, S.r.L. v. Lee Apparel Co.*, 143 F.R.D. 514, 521 (S.D.N.Y. 1992) 참조.

327) 이창훈, "미국 특허소송 중 증거개시절차의 면책규정 적용에 대한 고찰 – 국내 대리인의 법률 자문을 중심으로 –", 『지식재산연구』 제6권 제3호, 한국지식재산연구원, 2011. 9. 참조.

충분히 있다.

또한 한국 변호사가 의뢰인의 대리인으로 활동하며 미국 변호사와 소통을 할 수 있는데, 이와 같은 방식으로 미국소송을 관리하고 그에 대한 의견을 제공하는 경우에도 변호사−의뢰인 특권이 인정될 수 있다.

### 나. 소송준비자료 개시 면책특권(Work-Product Immunity)

소송 당사자나 변호사는 증거개시절차를 위해 제출을 요구받는 서류에 대해 당해 소송과 관련된 자료라는 이유로 제출을 거부할 수 있는데 이를 소송준비자료 개시 면책특권(Work−Product Immunity)이라고 하며, 거의 동일한 원칙이 연방법원 소송이나 주법원 소송 모두에 적용된다.[329] 문서의 제출을 요청받은 당사자가 해당 문서나 정보가 진행 중인 소송이나 앞으로 발생할 소송을 예상하고 변호사에 의해 준비된 것임을 입증하는 경우, 매우 예외적인 경우[330]를 제외하고 해당 문서를 제출할 필요가 없다.

소송준비자료 개시 면책특권을 통하여 보호하고자 하는 대상은, 변호사가 의뢰인을 위해 증인으로부터 획득한 정보, 소송과정에서 변호사가 작성한 메모나 의견서, 변호사가 특정 사안에 대하여 받은 견해를 기재한 문서 등을 포함한다. 변호사−의뢰인 특권이 변호사와 의뢰인 간에 배타적으로 이루어진 대화내용을 보호대상으로 삼는 것에 비하여, 이 제도는 소송을 준비하거나 소송을 예상해 변호사가 직접 작성하거나 변호사의 지시에 따라 작성된 자료를

---

328) "Kovel 원칙"이란 의뢰인−전문가 간의 면책특권이 의뢰인과 다른 전문가("agent under the direction of an attorney") 사이에까지 미칠 수 있다는 원칙으로, *United States v. Kovel*, 296 F.2d 918 (2d Cir. 1961) 판결에서 확립되었다.

329) 이와 같은 면책특권은 1947년 *Hickman v. Taylor*사건에서 연방대법원 판례로 인정된 이후, 연방민사소송법 제26조 제b항으로 명문화되었다(Fed. R. Civ. P. 26(b). 뉴욕주민사소송규칙 제3101조 제c항(N.Y. Civ. Prac. L. & R. 3101(c)), 워싱턴주 증거규칙(Rules of Evidence) 제502조 등에서도 유사한 규정이 있다.

330) 예를 들어, 연방민사소송규칙 제26조 제b항 제3호 제A목의 단서는 (i) 증거개시절차 상의 일반 규정에 의하여 얻을 수 있는 정보이거나, (ii) 정보에 대한 실질적 필요성이 있는데 해당 정보를 얻기 위하여는 지나친 어려움이 뒤따르는 경우에는 소송준비자료 개시 면책특권 적용의 예외에 해당한다고 규정하고 있다(Fed. R. Civ. P. 26(b)(3)(A)).

보호대상으로 하기 때문에 보호범위가 더 넓다.

연방민사소송규칙을 예로 들자면, 소송준비자료 개시 면책특권이 적용되기 위해서는, 해당 문건이 (1) 면책특권이 적용되지 않았더라면 증거개시절차의 대상이 되었을 문서 또는 유형물(tangible thing)이고, (2) 상대방 당사자나 그의 소송대리인에 의하여 준비된 것이고, (3) 당해 소송 또는 예상되는 소송을 위하여 준비한 것이어야 할 것 등의 요건을 만족해야 한다.331)

의뢰인의 비밀 정보가 반드시 포함되어 있어야 적용을 받는 변호사 – 의뢰인 특권과 달리, 소송준비자료 개시 면책특권의 경우 소송을 예상하고 준비한 변호사의 의견서의 경우 대부분 면책 대상이 되므로, 변호사가 작성하는 의견서나 감정서에는 반드시 '변호사 – 의뢰인 특권' 및 '소송준비자료 개시 면책특권'의 적용을 받는 문건임을 표시하는 것이 실무적으로 유리하다. 아래는 이러한 면책특권이 적용되는 문서에 그러한 특권 적용을 표시한 예시이다.

---

331) Fed. R. Civ. P. 26(b)(3).

DCN: 12401

Memorandum to ████ ████ ██ ████ ██████

From:     ████ ████, General Counsel

Re:       Litigation Update

1. ████ ██ ████. In December of 1992, a federal district court in Alabama issued a "final" order in this case enjoining DoD from carrying out a proposal it then had to consolidate tactical missile maintenance work at ████████ without first complying with the competitive bidding requirements of section 351(a) of the Authorization Act. The Commission was not a party to the case and, as the court made explicitly clear, it did not in any way involve the issue of ████████████████. Nonetheless, we just received a copy of a petition by which the former plaintiffs in this case (which has been over for almost a year) are asking the court (1) to add the Commission as a defendant (on the theory that the Commission is "by law" an "agent" of DoD); and (2) to modify its order to apply to the Commission and, I assume, to override the Commission's '93 recommendation (if and when it becomes law). DOJ wrote the plaintiffs a letter, pointing out the stupidity of their petition and suggesting they withdraw it voluntarily.[1] They have declined to do so and the court has set a briefing schedule. Plaintiffs will file a brief in support of their petition by August 27. Our opposition is due by September 3; plaintiffs will then have one week in which to file a reply. DOJ has promised a draft opposition by August 31. Copies of the petition and DOJ's letter are enclosed.

The real underlying issue -- whether the Commission had the authority to recommend the consolidation of tactical missile maintenance work at ████████ (the answer to which should be yes) -- is also being debated at DoD. As I understand it, lawyers at OSD, DOJ and Army JAG agree that the Commission had the authority to make the recommendation; while an ████████████ is taking the unfortunate position that DoD and the Commission need express permission from Congress before recommending a closure or

---

[1] The letter is largely correct, and based on information we supplied some time ago in a different context. Unfortunately, however (and uncharacteristically), DOJ did not give us an opportunity to review the letter before it went out, or even tell us that they were preparing or had prepared it. Indeed, we only know of the letter because ████████ obtained a copy from the Army yesterday (10 days after it was sent). I have asked DOJ to make sure that in the future we are provided an opportunity to review all such correspondence and filings.

예시 9  변호사–의뢰인 특권 및 소송준비자료 개시 면책특권 표시의 예시

한편, 변호사-의뢰인 특권과 마찬가지로 한국 변호사가 미국소송에 관여하여 미국 현지로펌과 협업 중 생산한 성과물에 대해서도 직무성과물에 관한 소송준비자료 개시 면책 특권이 적용될 수 있다는 것이 일반적으로 통용되는 견해이다.[332)]

여기서 특정 자료가 소송을 예상하고(anticipation of litigation) 변호사에 의하여 준비된 자료인지 여부를 판단함에 있어서 미국 법원들은 "소송의 예상" 요건을 저마다 다양하게 해석하고 있다.[333)] 예컨대, 어느 법원은 실제 특허소송이 개시되기 수 년 전에 피고가 특허침해에 관한 변호사의 의견서를 자문받은 경우에도 소송준비자료 개시 면책특권이 적용된다고 판시한 바 있다. 특정 사안에 관한 의견서는 관련소송이 제기되기 수년 전에 작성되는 경우도 있는데, 이러한 경우도 소송을 예상하고 준비된 것으로 보아 소송준비자료 개시 면책특권 규정을 적용하고 있는 것이다.[334)] 반면, 어떤 법원은 실제로 발생한 사건이나 이벤트로 인해 제기되었거나 제기될 가능성이 있는 소송과 관련하여 작성된 문건에 대해서만 소송을 예상하여 작성된 문서라는 요건을 인정하고 있다.[335)]

한편, 변호사-의뢰인 특권의 보호를 받는 대화가 제3자에게 공개된 경우

---

332) *Astra Aktiebolag v. Andrx Pharmaceuticals Inc.*, 208 F.R.D. 92 (S.D.N.Y. 2002) 참조.

333) 여기서 말하는 소송의 예상은 문서보존의무 발생시 요구되는 소송예견 요건과는 반드시 일치하지는 않는다. 소송준비자료에서 요구되는 소송예견은 합리적 수준의 '주관적 예견(subjective anticipation)'이라고 한다. 이는 반드시 소송이 개시될 것을 요구하지는 않지만, 그렇다고 단순히 이론적인 가능성(theoretical possibility of litigation)만으로는 부족하다는 것이 관련 판례들의 전반적인 태도이다(*Heriot v. Byrne*, 257 F.R.D. 645, 663 (N.D. Ill. 2009); *Complex Sys., Inc. v. ABN AMRO Bank N.V.*, 2011 WL 5126993, at *4 (S.D.N.Y. Oct. 26, 2011) 참조).

334) *Sylgab Steel & Wine Corp. v. Imoco-Gateway Corp.*, 62 F.R.D. 454, 457 (N.D. Ill 1974) ("While the documents in question were written a number of years ago, it is clear that they were written and prepared with an eye toward litigation. In fact the subject matter of the documents concerned the legal assessment by defendant's attorney of whether the plaintiff's patent was valid and, if valid, whether it was infringed … Thus the documents in question should be considered privileged.") 참조.

335) *Nat'l Union Fire Ins. Co. v. Murray Sheet Metal Co., Inc.*, 967 F.2d 980, 984 (4th Cir. 1992); *Hercules, Inc. v. Exxon Corp.*, 434 F. Supp. 136, 151 (D. Del. 1977) 참조.

에는 특권을 포기한 것으로 간주되는 것과는 달리, 소송준비자료 개시 면책특권의 대상이 되는 문서 또는 유체물은 제3자에게 공개되었다 하더라도 바로 면책특권이 포기된 것으로 간주되지 않는다. 변호사와 의뢰인간 특권은 대화의 비밀유지를 통해 자유롭고 솔직한 대화를 보장하기 위한 제도이지만, 소송준비자료 개시 면책특권은 변호사가 소송을 예상하거나 이에 대비하여 만든 문건을 소송의 상대방으로부터 보호하기 위함이므로, 소송의 상대방이 아닌 제3자에게 공개된다고 하여 면책특권을 포기한 것으로 볼 여지가 없는 것이다.

따라서 특권이 포기되었는지 여부는 제3자에게 소송준비자료가 공유되었는지 여부가 아니라, 변호사가 작성한 의견서 또는 감정서 등 기타 문건 등이 소송의 상대방에게 공개되지 않도록 비밀유지가 되었는지 여부에 따라 좌우될 가능성이 크다. 만일 소송이나 영업과 관련하여 공동의 이익을 가진 제3자에게 비밀유지 의무 하에 공개된 경우라면 특권이 포기된 것으로 보기는 어려울 것이다.[336]

---

336) 예컨대, *Blanchard v. EdgeMark Fin Corp.*, 192 F.R.D. 233 (N.D. Ill 2000) 사건에서 법원은 소송당사자가 변호사가 제공한 법률문서를 제3자에게 공개하였으나, 양자 간의 비밀유지 계약이 있었기에 소송준비자료 개시 면책특권이 포기되지 않은 것으로 보아야 한다고 판시하였다. 나아가 *ECDC Envtl., L.C. v. New York Marine & General Ins. Co.*, 1998 U.S. Dist. LEXIS 8808 (S.D.N.Y. June 4, 1998) 사건에서 법원은 설사 외부 계약직 전문가와 비밀유지 계약이 없더라도 수행한 업무가 해당 소송에 필요한 내용을 당사자를 대신하여 수행한 것이라면 소송준비자료 개시 면책특권이 포기된 것으로 볼 수 없고, 면책특권이 확장된 것으로 볼 수 있다고 판시하였다.

# IX. 한국 기업의 증거개시절차 대응

한국에 위치해 있는 미국소송의 당사자 내지 소외당사자에게 증거개시절차 요청이 들어올 경우에는 어떻게 해야 할까? 이미 자발적으로 미국소송에 참여하고 있는 당사자는 미국식 증거개시절차 요청에 적극 대응하면서 문서 제출과 증인 신문 등에 참여하는 것이 보통이다. 그러나 미국소송의 일방 당사자가 소송 당사자가 아닌 제3자에게, 그것도 한국에 있는 개인이나 단체에게 증거개시절차 요청을 할 경우에는 미국소송에서의 증거개시절차와 요건이 그대로 적용되는지가 문제될 수 있다. 이러한 경우에는 국제법을 통해 정립된 규칙과 관행을 따르는 것이 일반적이다.

실제로 한국과 미국은 국제적 증거조사 시 체약국 간에 사법공조를 위한 협력체계를 구축하기 위한 협약인 『민사 또는 상사에 있어서의 해외에서의 증거조사에 관한 협약(Hague Convention on the taking of evidence abroad in civil or commercial matters, 이하 "증거조사협약")』의 가입국으로서, 양 국의 민사소송 당사자들은 원칙상 동 협약에서 정한 바에 따라 섭외사건의 증거조사 절차를 진행해야 한다. 특히 한국과 같이 증거조사가 법원에 의하여 행해지는 대륙법계 국가들은 외국의 사법기관이 자국의 영토 내에서 증거조사활동을 하는 것을 주권침해행위로 보기 때문에 해외증거조사 시 증거조사협약과 같은 사법공조에 관한 국제적인 규범이 필요하다. 한국은 2009. 12. 14. 증거조사협약에 가입하였고, 이는 2010. 2. 12.부터 한국에서 발효되었다. 그리고 법률 제11690호로 2013. 3. 23.부터 시행된 '국제민사사법공조법'이 증거조사협약의 세부적인 이행사항을 규정하고 있다. 따라서 미국으로부터 증거조사 촉탁이 있는 경우 이는 증거조사협약 및 국제민사사법공조법에 따라 처리된다. 이에 관해서는 이하 [제1장 제4절 Ⅱ. 증거조사와 사법공조]에서 자세히 살펴본다.

# 미국소송과 사법공조

## Ⅰ. 한국 당사자에 대한 미국소송의 송달 절차

　　미국 법원이 재판권을 행사하기 위해서는 필수적으로 소장 및 기타 소송 서류를 상대방에게 송달하여야 한다. 미국 내에서의 송달 절차에 대해서는 이미 앞에서[337] 살펴보았다. 그런데 미국 법원에서 개시된 소송의 피고가 외국에 거주하고 있는 개인 또는 외국에서 설립된 외국 법인일 경우에는 어떻게 송달이 이루어져야 할 것인지 문제가 될 수 있다. 미국 연방법과 대부분의 주법에서는 외국송달에 대한 규정을 별도로 두고 있다. 그러나 다른 사법체계에 소속되어 있는 외국의 소송 당사자에게 송달을 하는 것은 여러 가지 절차적인 문제를 발생시킬 수 있다. 따라서 이러한 절차적인 문제를 극복하기 위하여, 한국과 미국을 포함한 여러 국가들이 국제조약에 가입하여 원활한 국제송달을 위하여 협조하고 있는데, 소위 "헤이그 송달협약"이라고 불리는 민사 또는 상사[338]의 재판상 및 재판외 문서의 해외송달에 관한 협약(The Convention on the Service Abroad of Judicial and Extrajudicial Documents in Civil or Commercial Matters, 이하 "헤이그 송달협약")이 대표적인 예이다.

---

337) 제1장 제2절 Ⅳ. 2. "송달절차와 요건" 참조.

338) 헤이그 송달협약의 적용범위에 관하여 1989년 헤이그국제사법회의 특별위원회는 '민사 또는 상사'의 개념을 가능한 넓게 해석하여야 한다는 견해를 채택하였고, 그에 따라 동 협약의 해석상으로는 '가사'도 여기에 포함되는 것으로 해석된다(석광현, 『국제 민사소송법 : 국제사법(절차편)』, 박영사, 2012, 223면).

한국과 미국은 모두 헤이그 송달협약의 가입국이므로, 한국 당사자가 미국소송에 참여하게 되는 경우 미국 내 연방·주법 상 규정되어 있는 외국송달 방식이 아닌, 헤이그 송달협약의 적용을 받게 된다.[339] 헤이그 송달협약에 따르면 원칙적으로 소장의 송달은 각 체약 당사국의 "중앙당국(central authority)"을 통해 이루어져야 한다. 협약 가입 당시, 미국은 미법무부(U.S. Department of Justice)를, 한국은 법원행정처를 각각 중앙당국으로 지정하였다. 따라서 한국 피고를 상대로 미국 법원(연방법원 및 주법원)에서 진행되는 민사소송의 소장은 모두 미법무부와 한국 법원행정처를 통해서 외국송달이 이루어져야 한다.

헤이그 송달협약상 외국송달을 하고자 하는 법원의 재판장은 동 협약에 첨부된 양식을 이용하여 피촉탁국의 중앙당국에 촉탁을 해야 한다. 헤이그 송달협약의 양식은 촉탁서(request), 증명서(certificate), 문서의 요지(summary of document to be served) 등 세 부분으로 이루어져 있다.

보다 구체적으로 살펴보자면, 미국 법원이 한국에 소재하고 있는 피고에 대하여 소장 등 재판상 문서를 헤이그 송달협약에 따라 송달하는 경우, 미국 수소법원(the court which has accepted the lawsuit)이 문서를 중앙당국인 미법무부(U.S. Department of Justice)로 송부하면, 미법무부가 이를 한국 중앙당국인 법원행정처로 송부하고, 법원행정처가 다시 한국의 관할법원으로 송부하여, 최종적으로 관할법원이 촉탁서 중 '문서의 요지' 부분 및 그 첨부문서를 한국 내에 있는 피고에게 송달하게 된다. 미국 법원이 한국에 송달 촉탁을 하는 경우 송달에 소요되는 시간은 일률적으로 가늠하기 어려우나, 실무상 통상 1-3개월이 소요된다.

헤이그 송달협약에 따라 문서를 송달하는 경우 송달에 소요되는 비용은 피촉탁국이 부담하는 것이 원칙이다. 따라서 특별한 사정이 없는 한, 미국 법원이 한국 법원에 송달을 촉탁하는 경우 그 비용은 한국 법원이 부담하며, 원고나 피고 등 소송당사자가 부담하지 않는다.

미국의 경우 외국에서도 자국의 국내법이 규정하는 절차에 따라 송달과

---

[339] 물론, 미국소송의 피고 소재국이 헤이그 송달협약 가입국이 아닐 경우에는, 기존 연방·주법 상 규정되어 있는 외국송달 방식에 따르게 된다.

증거조사를 실시하려는 경향이 있다. 간혹, 미국소송에서의 원고가 우리나라 관할법원 등에 촉탁하지 않고 임의로 우리나라 국민에게 직접 미국 법원의 소송서류를 교부 송달하는 경우가 있는데, 이는 허용되지 않는 것이 원칙이다. 즉, 헤이그 송달협약은 중앙당국을 통한 송달 외에도 (1) 외교관 또는 영사관원에 의한 직접 송달(제8조), (2) 우편에 의한 직접 송달(제10조 a호), (3) 사법공무원 등 권한 있는 자를 통한 직접 송달(제10조 b호), (4) 이해관계인이 사법공무원 등 권한 있는 자를 통하여 하는 직접 송달(제10조 c호) 등의 방식을 인정하고 있지만, 한국은 동 협약 가입 시 위 제8조 및 제10조에 대하여 유보선언을 하였으므로, 위 제8조 및 제10조에 기하여 영사관, 우편 등에 의한 직접 송달을 함은 허용되지 않는다. 또한 헤이그 송달협약 제9조에 의하면, 각 체약국은 영사관의 경로를 이용하여 다른 체약국이 지정하는 당국에 재판상 문서를 전달할 수 있도록 되어 있으나, 한국은 제9조에 따른 송달을 하기 위하여 필요한 당국도 지정하지 않았으므로, 영사관 경로를 통한 미국에서 한국으로의 간접적인 송달도 허용되지 않는다. 따라서 미국 법원에서 개시된 민사소송 사건의 소장은 반드시 양국의 중앙당국을 통해서만 송달이 가능하다.

만약 촉탁서가 헤이그 송달협약 규정에 부합하지 않는 등 그 요건을 갖추지 못한 경우(예를 들어 첨부문서에 대한 번역문을 누락한 경우, 피고가 자신을 변호할 수 있는 충분한 시간을 두고 촉탁이 이루어지지 않은 경우 등)에는 법원행정처는 이의 사유를 명시하여 촉탁국에 촉탁서를 반송하거나 수정조치를 요청한다. 즉 미국이 부적법한 송달 촉탁을 할 경우 한국 법원행정처는 이를 반송하거나 수정을 요청함으로서 피고를 보호하게 된다.

이와 관련하여, 한국 법원행정처는 미국의 촉탁이 한국의 주권 또는 안보를 침해할 것이라고 판단되는 경우에는 헤이그 송달협약 제13조 제1항에 따라 그 송달을 거부할 수 있다. 이러한 거부사유에 해당되는지 여부가 문제되는 경우로는 징벌적 손해배상을 구하는 소송, 한국에서의 소 제기를 금지하는 소송금지명령(anti-suit injunction), 집단소송(class action) 등을 위한 소송 서류의 송달이 있다.340) 따라서 이러한 유형의 소송 서류 송달이 임박한 경우에는 미

---

340) 참고로, 독일 뒤셀도르프고등법원(OLG Düsseldorf)은 독일 당사자에 대하여 독일법원

리 법원행정처에 그와 같은 미국의 송달 촉탁을 거부해 달라는 신청서를 제출해 두는 것도 한 방편이 될 수 있다.

또한 헤이그 송달협약 제15조 전단[341])에 따르면, 피고가 충분한 시간을 두고 송달을 받음으로써 자신을 방어할 수 있었던 경우에만 촉탁국의 법원은 피고에 대한 재판을 할 수 있다. 그렇지 않은 경우 촉탁국의 법원은 다시 송달을 시도하거나 피고에 대한 소송을 중지해야 한다. 그러나 동 협약은 동조 후단에서 동조 전단에 대한 예외로써, (각 체약국의 선택에 따라) 일정한 요건이 충족되는 경우 판결을 내릴 수 있도록 규정하고 있다. 즉 ① 문서가 동 협약에 규정된 방식 중 하나로 송부되었을 것, ② 문서의 송부일로부터 최소한 6월 이상으로서 구체적 사안에 따라 판사가 적절하다고 보는 기간이 경과하였을 것, ③ 피촉탁국의 권한 있는 당국을 통하여 어떤 종류의 증명이라도 취득하려고 상당한 노력을 했음에도 불구하고 이를 얻지 못했을 것, ④ 그리고 체약국이 위와 같은 요건이 충족되는 경우 판결을 내릴 수 있다고 선언하였을 것 등의 요건이 충족되면 촉탁법원은 전단에 규정된 요건에도 불구하고 피고에 대하여 판결을 내릴 수 있다(한국과 미국 모두 위 요건 충족 시 판결을 내릴 수 있다고 선언하였다).

한편, 헤이그 송달협약은 제16조에서[342]) 피고가 출석하지(또는 응소하지)

---

에서의 소송을 금지하는 영국법원의 소송금지명령을 송달하는 것이 헤이그 송달협약 제13조 제1항에 따른 독일의 주권을 침해하는 것이라고 보아 독일 중앙당국은 그 송달을 거부할 수 있다고 판시한 바 있다(OLG Düsseldorf, ZZP, 109 (1996), 221). 한편, 징벌적 손해배상에 관해서는 과거 독일 법원이나 헌법재판소에서 이를 헌법 위반 또는 공서 위반으로 판시한 사례도 있었으나, 최근 독일 연방헌법재판소는 징벌적 손해배상을 청구하는 미국소송의 소장 송달을 유효한 것으로 판시하였다(BVerfG, RIW 2007, 211).

341) 헤이그 송달협약 제15조 전단 ("소환장 또는 이에 상응하는 문서가 이 협약의 규정에 의해 송달할 목적으로 해외에 송부되었으나 피고가 출석하지 아니한 경우, 다음 각호의 사항이 확정되기 전까지는 판결을 해서는 아니 된다. 1. 그 문서가 국내소송에서의 문서 송달을 위해 피촉탁국의 국내법에 규정된 방식으로 동국의 영역 안에 소재하는 자에게 송달되었을 것. 2. 그 문서가 이 협약에 규정된 다른 방식에 의해 피고 또는 그의 거주지에 실제 교부되었을 것 또한 상기 각호의 경우에 있어서 송달 또는 교부는 피고가 자신을 변호할 수 있도록 충분한 시간을 두고 이루어졌을 것").

342) 헤이그 송달협약 제16조 ("소환장 또는 이에 상응하는 문서가 이 협약의 규정에 따라 송달목적으로 해외에 송부되었으나 출석하지 아니한 피고에 대해 판결이 내려진 경우,

아니한 상태에서 판결이 내려지게 될 경우, 일정한 경우에 한하여 피고의 상소권을 보장하고 있다. 즉 ① 피고가 자신의 귀책사유 없이 방어할 충분한 기간 내에 문서에 대한 인지가 없었거나 또는 항소하기에 충분한 기간 내에 판결에 대한 인지가 없었을 것, ② 피고가 반증이 없는 한 승소가 확실시될 만한 변론을 제시할 것의 요건을 만족하면 피고는 항소기간 만료 여부와 상관없이 판결을 인지한 후부터 합리적인 기간 내에 촉탁국 법원에 항소를 제기할 수 있다. 단, 미국의 경우는 협약 가입시, '그러한 무변론판결(또는 결석판결(default Judgment))이 내려진 법원에서 항소를 제기할 수 있는 기간' 또는 '1년' 중 더 긴 기간이 경과하게 되면 헤이그 송달협약에 따른 불복신청을 할 수 없다는 진술(declaration)을 하였으므로, 미국 법원에서의 결석재판이 나올 경우 이에 대한 항소기간 도과 여부에 주의를 기울여야 한다.

위에서 살펴본 바와 같이 미국 법원에서 진행되는 소송에서 한국에 있는 피고가 소장을 송달받게 되면, 해당 송달이 헤이그 송달협약에 따라 양국의 중앙당국을 통해 이루어졌는지를 살펴보아야 한다. 만약 한국에 있는 피고가 헤이그 송달협약에 따른 송달방식에 대한 별도의 포기(waiver)의사를 밝히지 않았음에도 불구하고 중앙당국을 통하지 않고 직접 소장이 송달되었다면, 이는 미국 법원의 관점에서 보더라도 위 헤이그 송달협약 위반에 해당되어 하자 있는 송달로 간주될 수 있다. 이에 따라 피고는 송달의 하자를 이유로 소각하(dismiss)를 주장하거나, 송달무효에 따른 소송절차 유보 결정(quash service but retain the case)을 신청할 수 있다.[343] 연방법원의 경우, 만약 첫 송달이 효력이

---

판사는 다음 각호의 제조건이 충족되는 경우에 한해 항소기간의 만료로부터 피고를 구제할 수 있다. 1. 피고가 자신의 귀책사유 없이 방어할 충분한 기간 내에 문서에 대한 인지가 없었거나 또는 항소하기에 충분한 기간 내에 판결에 대한 인지가 없었을 것. 2. 피고가 반증이 없는 한 승소가 확실시될 만한 변론을 제시할 것"). 구제신청은 피고가 판결을 인지한 후부터 합리적인 기간 내에 접수되어야 한다. 각 체약국은 선언에 명시한 기일의 만료 후에 접수된 신청은 수리되지 아니한다고 선언할 수 있으나, 그 기간은 어떠한 경우에도 재판일부터 1년 이상이어야 한다. 이 조는 자연인의 지위 또는 행위능력에 관한 재판에는 적용되지 아니한다.

343) 예를 들어, *Haley v. Simmons*, 529 F.2d 78, 79 (8th Cir. 1976) ("Nor is dismissal invariably required where service is ineffective: under such circumstances, the court has discretion to either dismiss the action, or quash service but retain the case.") 참조.

없다면 소각하판결을 내리기보다는, 일반적으로 송달이 무효임을 확인한 후 유효한 송달이 이루어질 때까지 해당 사건의 진행을 유보하는 경우가 많다.[344] 만약 효력 없는 송달이 이루어졌음에도 불구하고, 피고가 적절히 응소하지 않았다는 이유로 무변론판결(default judgment)에 따른 원고 승소판결이 내려지게 되는 경우, 해당 판결은 무효(void)가 된다.[345] 또한 이와 같이 하자 있는 송달에 기하여 내려진 미국 판결은 후에 한국에서 승인 및 집행이 거부된다(민사소송법 제217조 제1항 제2호, 민사집행법 제27조 제2항 제2호).

한 가지 주의할 점은, 미국이 헤이그 송달협약 체약국이라 하더라도 동 협약이 적용되는 '해외로 송달할 경우'(헤이그 송달협약 제1조)에 해당되는지 여부는 법정지법, 즉 미국법에 따라 결정되는데, 미국 연방대법원의 *Volkswagenwerk Aktiengesellschaft v. Schlunk* 판결에 따르면, 일정한 요건이 구비되는 경우 미국 법원이 한국에 소재하는 한국 기업 본사에 헤이그 송달협약에 따라 송달하는 대신 한국 기업의 미국 소재 자회사를 한국 기업의 비자발적인 대리인(involuntary agent)으로 보아 여기에 국내송달 방식으로 송달하는 것이 허용된다는 점이다.[346] 최근에는 미국 법원에서 이러한 국내송달 방식으로 외국 당사자에 대하여 송달한 것을 적법하다고 인정하는 경향이 더 강해지는 것으로 보이는데, 예컨대 최근 선고된 *In Re ONEPLUS TECHNOLOGY (SHENZHEN) CO., LTD., No. 2021–165 (Fed. Cir. 2021)* 사건에서도, 미국 법원이 중국회사에 대하여 헤이그 송달협약에 따른 송달을 먼저 시도하지 않고 연방민사소

---

344) 예를 들어, *Vorhees v. Fischer & Krecke*, 697 F.2d 574, 576 (4th Cir. 1983) ("Without reaching the question of the consequences of failure to conform to the treaty, we find that the action should not have been dismissed until the plaintiffs were given a reasonable opportunity to attempt to effect valid service of process on the defendant in a manner complying with the Hague Convention.") 참조.

345) 예를 들어, *Miner v. Punch*, 838 F.2d 1407, 1410 (5th Cir. 1988) ("There being no valid service of process, the default judgment against Proprietors is an absolute nullity and must be vacated"), citing *Aetna Business Credit v. Universal Decor*, 635 F.2d 434 (5th Cir. 1981) ("In the absence of valid service of process, proceedings against a party are void.") 참조.

346) *Volkswagenwerk Aktiengesellschaft v. Schlunk*, 486 U.S. 694, 699 (1988). 석광현, 『국제 민사소송법 : 국제사법(절차편)』, 박영사, 2012, 234면 참조.

송규칙(Federal Rules of Civil Procedure) 4(f)(3)항에 따라서 미국에 소재한 중국 회사의 송달대리인(authorized agent for service)에게 송달한 것이 적법하다고 판단하였다. 이런 경향에 따르면, 미국 내에 자회사나 영업소를 두고 있지 않더라도 대리인(agent)를 등록해 둔 것만으로도 헤이그 송달협약에 따른 송달이 아니라 미국 국내송달 방식에 따른 송달을 받을 여지가 생기게 됨을 주의할 필요가 있다. 더 나아가 경우에 따라서는 회사 임원 등 관계자가 미국 내에서 단기 체류 또는 경유하게 될 경우에 미국 국내송달 방식에 따른 송달이 이루어질 가능성도 있으므로 이러한 현지 송달을 받지 않도록 유의할 필요가 있고, 가급적이면 미국소송이 임박한 때에는 미국 내의 체류를 피할 필요가 있다.

## II. 증거조사와 사법공조

### 1. 증거조사협약

민사 또는 상사[347])에 있어서 해외에서의 증거조사에 관한 협약(Hague Convention on the taking of evidence abroad in civil or commercial matters, 이하 "증거조사협약")은 국제적 증거조사 시 체약국 간에 사법공조를 위한 협력체계를 구축하기 위한 협약이다. 특히 한국과 같이 증거조사가 법원에 의하여 행해지는 대륙법계 국가들은 외국의 사법기관이 자국의 영토 내에서 증거조사활동을 하는 것을 주권침해행위로 보기 때문에 해외증거조사 시 증거조사협약과 같은 사법공조에 관한 국제적인 규범이 필요하다. 한국은 2009. 12. 14. 증거조사협약에 가입하였고, 이는 2010. 2. 12.부터 한국에서 발효되었다. 그리고 법률 제11690호로 2013. 3. 23.부터 시행된 '국제민사사법공조법'이 증거조사협약의 세부적인 이행사항을 규정하고 있다. 따라서 미국으로부터 증거조사 촉

---

347) '민사 또는 상사'의 범위에 관해서는 앞의 헤이그 송달협약 부분 내용과 유사하게 취급한다.

탁이 있는 경우 이는 증거조사협약 및 국제민사사법공조법에 따라 처리된다. 중앙당국을 통한 증거조사 촉탁의 기본적인 흐름과 절차는 앞서 본 헤이그 송달협약의 그것과 유사하다. 미국소송과 관련하여 주로 문제되는 증거조사협약의 내용들은 아래와 같다.

## 2. 기일 전 증거개시절차(Pre-trial discovery of documents)에 관한 증거조사협약 제23조

증거조사협약 제23조는 "체약국은 서명, 비준 또는 가입 시에 보통법 국가에서 통용되는 기일 전 서류개시절차의 목적으로 작성된 촉탁서를 집행하지 아니할 것임을 선언할 수 있다"고 규정하고 있다. 이에, 한국은 위 규정에 따라 기일 전 증거개시절차(pre-trial discovery of documents)를 위한 촉탁(letters of request)을 집행하지 않을 것임을 선언하였다.[348] 따라서 미국 법원이 서류개시를 위한 촉탁을 하더라도 한국 법원은 위 선언을 근거로 그 집행을 거절할 수 있다. 여기서 '서류개시'에는 문서만 포함되는지, 증인신문 기타 증거방법도 포함되는지에 관해 논란이 있다. 전설을 취하면 유보선언을 이유로 미국의 증인신문 촉탁을 거부할 수 없게 되나, 후설을 취하면 증인신문 촉탁까지 거부할 수 있게 된다. 독일은 전설을 취하였고, 영국은 후설을 취한 것으로 보인다. 한국에서는 제23조의 유보선언을 함에 있어 영국식 유보선언을 하였으므로 후설을 따른 것이라고 보는 유력한 견해가 있다.[349]

그러나 한국이 제23조의 유보선언을 한 결과 법원행정처가 미국의 증거개시절차 촉탁을 집행하지 않는다고 하여, 미국 현지의 연방법원 및 주법원이 진행하고 있는 증거개시절차(디스커버리 절차)에 한국 당사자가 협력하지 않아도 된다는 것은 아니다.

---

348) Hague Conference on Private International Law, www.hcch.net ("In accordance with Article 23, the Government of the Republic of Korea declares that it will not execute Letters of Request issued for the purpose of obtaining pre-trial discovery of documents.") (참조.

349) 석광현, 『국제 민사소송법 : 국제사법(절차편)』, 박영사, 2012, 280-281면.

먼저, 미국 내에서 이루어지는 서류개시명령 또는 증인신문의 경우 증거조사가 미국 내에서 이루어지므로 당연히 미국의 관련 민사소송법이 적용되는 것이고 한국 당사자도 그에 따라야 한다. 이와 관련하여 한국 기업의 모회사 또는 자회사가 미국에 소재하는 경우 미국소송과 관련하여 한국에 소재하는 회사에 대해 서류개시명령이 내려지는 경우가 있을 수 있고, 미국소송에 관하여 녹취증언(deposition)이 한국에서 이루어지는 경우가 있을 수도 있는데, 이는 뒤에서 따로 살펴본다.

나아가, 미국 법원이 한국에 있는 증거 수집을 위해 반드시 위 증거조사협약에서 정한 사법공조 절차에 따라야만 하는 것은 아니고, 미국의 국내 소송절차에 따라 한국에 있는 증거조사를 하는 것도 허용된다. 즉, 증거조사협약이 국내법과의 관계에 있어서 강행적(배타적)으로 적용되는 것은 아니라는 것이다. 종래 대륙법계 국가들은 동 협약을 강행적(배타적)인 것으로 보았으나, 미국 연방대법원은 Société Nationale Industrielle Aérospatiale 판결[350]에서 증거조사협약이 배타적으로 적용되는 것은 아니라고 판시하였다. 그에 따라 미국의 하급심 판결은 증거조사협약에 따르는 것보다 신속하고 광범위한 미국법상의 증거개시절차가 더 우선한다고 판시하였고, 실제로 미국 법원들은 증거조사협약을 잘 사용하지 않는 경향이 있으며, 현재 미국 법원이 증거조사협약을 사용하는 것은 미국 법원이 대인관할권을 가지지 않는 증인(즉 소송당사자 이외의 자)에 대한 증거조사의 경우라고 한다.[351]

## 3. 미국 영사에 의한 강제력 없는 증거조사 가능성

증거조사협약 제16조에 의하면 미국의 외교관이나 영사관원을 통해 한국에서 강제력 없이 증거조사를 할 수 있도록 규정하고 있으나, 한국은 위 제16조의 적용을 전면 유보하였다. 그러나 증거조사협약 체약국들은 양자조약에

---

350) *Société Nationale Industrielle Aérospatiale et al. v. U.S. Dist. Ct. for the S.D. Iowa*, 482 U.S. 522; 107 S. Ct. 2542 (1987).

351) 석광현, 『국제 민사소송법 : 국제사법(절차편)』, 박영사, 2012, 286면.

의하여 증거조사에 관한 사항을 협약과 달리 정할 수 있는데(협약 제28조 제7호), 한국과 미국 사이에는 1963년에 체결한 한미영사협약이 있다. 이에 따르면, 대한민국 영사 내지는 미국 영사는 본국의 법원을 대리하여 주재국 내에서 자국민은 물론 주재국의 국민이나 제3국의 국민에 대하여 "강제력 없는" 증인신문을 할 수 있다.[352] 따라서 주한 미국영사는 우리나라 국민은 물론, 미국인이나 제3의 국민에 대해서도 강제력을 수반하지 아니한 증인신문을 할 수 있다.[353] 이 때에 미국 영사는 자국법인 미국법 또는 우리나라 법에 따라 신문을 실시할 수 있는데, 통상 우리나라 주재 미국영사는 원칙적으로 자국의 소송법을 적용한다.[354]

이와 달리, 증거협약 제17조에서 인정하는 수임인에 의한 증거조사 방식은 한국이 유보선언을 하였으므로, 이러한 수임인에 의한 증거조사는 허용되지 않는다.

## 4. 한국에서의 녹취증언(deposition) 실시 가능성

실무상 미국소송에 관하여 한국 내에서 녹취증언이 이루어지는 경우가 종종 있다. 미국에서 기일 전 증거개시절차의 일환으로 이루어지는 녹취증언은 사적 증거조사의 성격을 가지므로 엄밀히 보면 증거조사협약의 규율 대상은 아니고, 실제로 동 협약은 사적 증거조사를 언급하지도 않는다.[355] 또한 증거조사협약 적용 여부와 관계없이 미국 법원들은 앞서 본 Société Nationale Industrielle Aérospatiale 판결에 따라 증거조사협약이 아닌 자국의 소송절차에 의한 외국에서의 녹취증언을 허용하고 있다.

이와 같이 실무상으로는 이루어지고 있는 한국에서의 녹취증언은 적법한

---

352) 한미영사협약 제4조 [공증업무 및 기타] 영사관은 그의 영사구역 내에서 다음의 직무를 행하도록 허용된다. … (다) 파견국의 법원을 대리하여 접수국내에서 어떠한 자가 자발적으로 행한 증언을 조사하고 또한 전기 자들에 대하여 선서를 하게 하는 것.

353) 22 U.S.C.A. §§ 1195, 1203.

354) 22 C.F.R. § 92.4(a) cl. 3 [1983].

355) 석광현, 『국제 민사소송법 : 국제사법(절차편)』, 박영사, 2012, 287면.

것인가? 외국의 주권 침해에 해당하거나 국제민사사법공조법에 반하는 위법한 것이 아닌가? 이에 관해서는 논란이 많고, 아직까지 국내에서도 확립된 유권적 해석이 나오지는 않은 것으로 보인다. 프랑스, 영국, 캐나다 등 일부 국가에서는 미국법상의 녹취증언을 자국 내에서 금지시키고 위반 시에는 형사적 제재 등을 가하는 소위 봉쇄입법 내지는 저지입법(blocking statute)을 가지고 있다.356) 한국에서도 이러한 녹취증언은 국제민사사법공조법의 규정, 헤이그 송달협약 가입 시 선언내용, 주권 침해 등에 비추어 볼 때 허용되지 않는다고 보는 견해가 많다.357)

　　그러나 미국 법원은 이를 적법하다고 보고 실제로도 시행되고 있는 이상, 위와 같은 논란에도 불구하고 실무상으로는 미국법상의 녹취증언 절차에 따를 수밖에 없어 보인다. 위 적법성 논의의 보다 중요한 실익은, 한국에서 한 녹취증언에 기하여 미국 법원이 판결을 선고한 경우 한국에서 위 사유를 이유로(예컨대, '공서위반' 등의 사유로) 승인집행을 거부할 가능성이 있는지의 문제이다. 이에 관해서는 아직 국내에서도 본격적인 논의가 없는 것으로 보이고, 독일의 다수설은 이것이 일반적으로 공서에 반하는 것은 아니고 사안에 따라 독일의 주권 침해나 인격권 침해로 인정되는 경우 공서에 반한다고 본다고 한다.358)

　　따라서 현재로서는 미국소송과 관련하여 한국에서 한국 증인에 대한 녹취증언 절차가 실시될 수 있다고 보고 그에 대응할 필요가 있다. 실무상으로도 녹취증언 사전 통보를 받기 전 또는 받은 즉시 변호사와 충분한 논의를 거친 후 녹취증언 절차에 임하는 경우가 많다. 그러나 한국의 증인이 미국 법원에 출석하지 않거나, 녹취증언을 거부하는 경우라고 하더라도 미국의 연방법원이 연방민사소송규칙 제37조(Fed. R. Civ. P. 37)의 강제수단을 동원할 수는 없다. 다만, 예컨대 국내 모회사가 미국 영토 내에 자회사를 소유하고 있는 경

---

356) 법원행정처, 『법원실무제요 민사소송[III]』(개정판), 법원행정처, 2017, 2003면.

357) 법원행정처, 『법원실무제요 민사소송[III]』(개정판), 법원행정처, 2017, 2003면; 석광현, 『국제 민사소송법 : 국제사법(절차편)』, 박영사, 2012, 287-289면; 유영일, "국제민사사법공조에 관한 연구", 서울대학교 대학원 박사학위논문, 1995, 161면.

358) 석광현, 『국제 민사소송법 : 국제사법(절차편)』, 박영사, 2012, 290면.

우 모회사가 이 자회사를 매개로 미국소송 절차에 연루될 수 있기 때문에 이러한 경우에는 전략을 달리 할 필요도 있을 것이다. 이는 이하에서 살펴본다.

## 5. 한국 기업의 모회사 또는 자회사가 미국에 소재하는 경우

미국소송에 휘말리게 된 한국 기업의 모회사 또는 자회사가 미국에 소재하는 경우(미국에서 사업을 크게 하는 기업이라면 이와 같은 경우가 다수 있을 것으로 예상된다)에는 증거조사협약과 무관하게 연방민사소송규칙 또는 해당 주법에 따라 증거개시절차의 적용대상이 될 가능성이 많다. 즉, 미국에 소재하고 있는 한국 기업의 자회사가 미국소송의 당사자가 된 경우, 한국에 소재하고 있는 모기업이 가지고 있는 정보 또는 증거에 대해서도 개시의무를 부담할 여지가 많다. 연방민사소송규칙 제34조 제a항에 따르면 문서의 "지배(control)"란 개념은 "~에게 요청하여 문서를 입수할 수 있는 권리, 권한 또는 가능성"으로 해석된다.[359] 이와 같이 '문서를 입수할 수 있는 가능성'만으로도 위 "지배"의 개념이 충족되기 때문에 소송당사자는 자신과 결부되어 있는 회사가 당해 소송의 당사자가 아니라고 하더라도 그 회사의 문서를 인도하여야 할 의무를 지게된다.[360] 이는 미국에 소재한 미국소송의 당사자에게 부과되는 의무이므로, 한국이 증거조사협약 제23조의 유보선언을 함에 따라 거부되는 한국에서의 개시절차와는 구별되는 문제이다.

이 같은 맥락에서 미국 법원의 부적법한 증거조사에 대해서는 여러 대응방안을 고려해볼 수 있다. 예컨대, 증거조사협약의 적용범위는 '민사 및 상사' 사건으로 제한되어 있으므로, 만일 한국의 경제정책입법과도 밀접하게 관련되어 있는 독점규제 및 공정거래에 관한 법률 또는 조세 등과 관련된 문제일 경우에는 증거조사협약에 따라 한국의 사법공조를 구해서는 안 된다는 항변을

---

359) Fed. R. Civ. P. 34(a) ("A party may serve on any other party a request within the scope of Rule 26(b) … to produce and permit the requesting party or its representative to inspect, copy, test, or sample the following items in the responding party's possession, custody, or control…").

360) *In re Folding Carton Antitrust Litigation*, 76 F.R.D, 423 (D. III. 1977) 참조.

할 수 있다.[361] 또한 위에서 살펴본 바와 같이, 한국이 증거조사협약 제23조의 유보선언을 함에 따라, 미국 법원이 기일 전 서류개시 촉탁을 하였더라도 이는 허용되지 않는다고 항변할 수 있다[362]

또한, 증거조사의 대상과 범위를 포괄적으로 규정한 증거조사 촉탁은 허용되지 않는다. 따라서 증거조사의 대상이 되는 문서가 정확히 특정되고, 문서의 소지자, 요증사실, 문서와 요증사실과의 관계 등이 밝혀진 경우에만 증거조사가 실시되어야 한다. 실제로 미국 뉴저지주 지방법원에서 온 서류에 대한 증거조사촉탁이 …에 관련된 모든 서류라는 식으로 대상을 구체적으로 특정하지 아니하였다는 이유로 법원행정처에서 반송한 예가 있다.[363]

한편, 미국소송에서 한국에 있는 제3자를 상대로 문서를 제출하거나 증언을 하도록 요구 받았을 경우, 만일 미국소송의 당사자인 한국 피고가 이러한 제3자의 자료 제출 등을 저지하고자 한다면 미국 법원에 증거개시절차 금지명령(이를 미국에서는 'anti-discovery injunction'이라고 한다)을 신청해 볼 수 있다.

---

361) 앞서 본 바와 같이 가사는 민사에 포함된다고 본다.

362) 아울러, 증거조사협약 제12조 제1항에 따라 주권 또는 안보 침해를 이유로 집행을 거부해야 한다는 항변도 해 볼 수 있을 것이다("In the execution of a Letter of Request the person concerned may refuse to give evidence in so far as he has a privilege or duty to refuse to give the evidence − a) under the law of the State of execution; or b) under the law of the State of origin, and the privilege or duty has been specified in the Letter, or, at the instance of the requested authority, has been otherwise confirmed to that authority by the requesting authority.").

363) 법원행정처, 『법원실무제요 민사소송[III]』(개정판), 법원행정처, 2017, 2013면.

# Ⅲ. 1782 디스커버리 절차를 통한 미국 법원의 사법 공조

　　미국 외 국가에서 사법절차에 참여하는 당사자들이 유용하게 활용할 만한 미국소송 절차로 연방법률집 제28편 제1782조("미국 연방법[364] 제1782조")에 근거한 디스커버리 절차 혹은 증거개시절차가 있다. 구체적으로 미국 연방법 제1782조에 따라 미국 연방법원은 미국 외에서 이루어지는 사법절차에서 사용하기 위한 목적으로 미국소송과 버금가는 정도의 증거개시절차를 허용하고 있다("1782 디스커버리 절차").

　　1782 디스커버리 절차의 주요 목적은 (1) 미국 외의 국가에서 또는 국제적으로 사법절차에 참가하는 당사자들에게 미국 법원의 효율적인 디스커버리 절차를 제공하고, (2) 미국 외 국가들로 하여금 그 국가에서도 미국 법원을 위하여 유사한 수준의 사법공조를 제공하도록 독려하기 위한 것이다.[365] 실무적인 관점에서 보자면, 외국 또는 국제재판소에서는 디스커버리 제도가 없어 광범위한 증거조사가 불가능한 경우라 하더라도, 미국 내에 존재하는 증거에 대하여는 1782 디스커버리 절차에 따라 광범위한 증거조사/디스커버리를 강제할 수 있다는 점에 그 의의가 있다.

　　1782 디스커버리 절차를 통해 획득할 수 있는 증거는 서증뿐만 아니라 증언도 포함된다. 만약 미국 내에 외국 소송절차와 관련한 정보를 가진 개인(증거조사의 상대방은 외국에서의 절차상 당사자로 제한되지 아니함)이 거주하고, 기타 1782 디스커버리 절차의 요건을 충족한다면, 미국 외 소송의 당사자는 미국 연방법원에 1782 디스커버리 절차를 신청하여 해당 개인으로 하여금 녹화 형식의 녹취증언(deposition)에 응하도록 할 수 있다.

　　이처럼 1782 디스커버리 절차는 미국 외 국가에서 소송을 하는 당사자가 미국 내에 존재하는 증거를 확보할 수 있다는 점에서 유용한 도구이지만, 증거조사의 대상이 되는 개인 또는 법인의 입장에서는 해외 사법절차에 더하여 미국 연방법원에서의 증거개시명령까지 방어하여야 하는 부담도 떠안게 된다

---

364) 28 U.S.C. § 1782.

365) *Lancaster Factoring Co. Ltd. v. Mangone*, 90 F.3d 38, 41 (2d. Cir. 1997).

는 단점이 있다.

## 1. 1782 디스커버리 절차의 기본요건

미국 연방법원은 1782 디스커버리 절차 요청이 연방법상 요건을 충족한 경우라 하더라도, 해당 요청의 인용 여부에 있어 광범위한 재량을 가진다.366) 이하에서는 우선 1782 디스커버리 절차의 기본 요건을 살피기로 한다.

1782 디스커버리 절차에 따라 미국 내 증거조사를 요청하기 위하여 신청인이 충족하여야 하는 선결요건은 다음과 같다: (1) 증거조사의 상대방이 관련 요청 및 신청이 접수된 법원의 관할 내에 거주하거나 존재하여야 하며("Resides or is Found"), (2) 요청 대상인 증거가 외국 또는 국제 재판소에서의 절차에 사용될 것이어야 하고("For Use in a Proceeding in a Foreign or International Tribunal"), (3) 해당 요청 또는 신청은 외국/국제 재판부 또는 기타 이해관계인이 제기한 것이어야 한다("Any Interested Person").

### 가. 거주 내지 존재(Resides or Is Found)

미국 연방법원은 1782 디스커버리 절차 신청이 접수된 해당 미국 연방법원의 관할 내에 '증거조사의 대상인 자연인 또는 법인이 거주하고 있거나 존재하는 경우'에 한하여 그에게 증언을 명하거나 관련 문서를 제출하도록 할 수 있다.367) 법원이 증언을 명령함에 있어서는 증거조사의 상대방이 관할 내에 단순히 물리적으로 존재하기만 하면 본 요건을 충족하며, 비록 일시적으로만 존재한다고 하더라도 요건이 충족된 것으로 본다.368)

따라서 미국 비거주자로서 미국 외에서 거주하고 업무를 수행하는 개인이나 법인의 경우에도, 만약 미국을 방문하는 도중 관련 명령을 적법하게 송

---

366) *In re Application for an Order Pursuant to 28 U.S.C. §1782 to Conduct Discovery for Use in a Foreign Proceeding*, 2017 WL 3708028 (D.D.C. Aug: 18, 2017).

367) 28 U.S.C. § 1782 (a).

368) *In re Edelman*, 295 F.3d 171, 178 (2d Cir. 2002).

달받은 경우라면 1782 디스커버리 절차에 따라 증언을 제공할 의무를 지게 된다.[369] 증거조사의 상대방인 개인이나 법인이 반드시 해당 사법절차(미국 외 사법절차)의 당사자여야만 하는 것도 아니어서,[370] 1782 디스커버리 절차로 인해 증거조사의 대상이 될 수 있는 상대방은 상당히 넓게 인정된다. 따라서 어떤 회사가 비록 미국에 본사를 두고 있지는 않다고 하더라도, 미국에 사무실을 운영하고 미국 내에서 지속적·체계적으로 영업을 영위하여 존재가 인정되는 경우, 미국 연방법원은 그 회사에 대한 증거조사를 명할 수 있다. 한편 그 증거조사의 상대방이 미국 내에 존재하면 족한 것이므로, 미국 연방법원이 증거조사의 대상인 법인의 런던 지사 내에서 관리하고 있던 문서를 제출할 것을 1782 디스커버리 절차를 통해 명하였다는 점 또한 실무적으로 고려할 가치가 있다.[371]

미국 연방법원이 미국 외에서의 사법절차에 사용하기 위한 목적의 미국 내 증거조사요청이 미국 연방법 제1782조상 요건을 충족하였다고 판단한 경우라 하더라도, 해당 요청에는 여전히 연방민사소송규칙의 한계가 적용된다. 이에 따라 미국 연방법원이 그 관할 내에 존재하는 법인으로 하여금 (미국이 아닌) 해외에 존재하는 문서를 제출하도록 명령하는 경우, (연방민사소송규칙에 따라) 그 명령의 강제력은 해당 법인이 '소유, 점유 내지 통제'할 수 있는 범위의 문서에 한하여 인정된다.

### 나. 외국 내지 국제 재판소 절차에서 사용하기 위한 목적(For Use in a Proceeding in a Foreign or International Tribunal)

신청인은 1782 디스커버리 절차를 통해 요청한 증거조사결과가 외국 사법절차의 특정 단계에서 사용될 것이라는 점을 소명하여야 하며,[372] 1782 디

---

369) *Edelman*, 295 F. 3d at 180.

370) *Intel Corp. v. advanced Micro Devices, Inc.*, 542 U.S. 241 (2004), at 264.

371) *In re Rep. of Kazakhstan for an Order Directing Discovery from Clyde & Co. LLP Pursuant to 28 U.S.C. Sec. 1782*, 119 F. Supp. 3d 512, 514−15 (S.D.N.Y. 2003).

372) *Mees v. Buiter*, 2015 WL 4385296, at 5 (2d Cir. Jul. 17, 2015).

스커버리 절차가 허용되는 외국의 "절차(Proceeding)"란 판결로 이어지는 절차 (소송)에 한정되지 아니한다. 이는 미국 연방법 제1782조에 규정된 "절차"란 추후 법원에 회부될 수 있는 처분적인 명령이 내려질 수 있는 외국의 "사법절 차"이면 족하다는 것이 미국 판례의 입장이기 때문이다.[373]

다툼의 여지가 있기는 하나, 형사수사 내지 조사절차[374]에서 사용할 목적 으로도 1782 디스커버리 절차를 활용할 수 있다는 점 또한 실무상 큰 의미가 있다. 한편 국제중재절차에서 사용할 목적으로 1782 디스커버리 절차를 활용 하여 증거조사를 할 수 있을지에 관하여서는, 당초 미 연방항소법원들의 입장 이 확립되어 있지 않아 실무상 상당한 혼란이 있었다.[375] 그런데 최근 미국연 방대법원은 사적인 중재절차에서 사용할 목적으로는 1782 디스커버리절차를 활용할 수 없다는 점을 명확히 하였다.[376] 구체적으로 미국 연방대법원은 미 국 연방법 제1782조에 규정된 "외국 내지 국제 재판소(Foreign or International Tribunal)"에는 "정부의(governmental) 또는 (2개 이상의) 정부 간(intergovernmental)" 사법기관만이 포함된다고 판시하면서, 상사중재절차 및 임의투자중재절차(ad

---

373) *Intel Corp. v. advanced Micro Devices, Inc.*, 542 U.S. 241 at 259; *Consorcio Ecuatoriano de Telecomunicatciones S.A. v. JAS Forwarding (USA), Inc.*, 747 F. 3d 1262, 1267 (11th Cir. 2014).

374) *In re Clerici*, 481 F. 3d 1324, 1333 (11th Cir. 2007); *But see, In re Letters of* Request *to Examine Witnesses from Court of Queen's Bech for Manitoba, Canada*, 488 F.2d 511 (9th Cir. 1973) (denying the production of discovery for proceedings that were purely investigative and non−adjudicative in nature).

375) 제2연방항소법원, 제5연방항소법원 및 제7연방항소법원은 이를 허용하지 않았던 반면, 제4연방항소법원 및 제6연방항소법원은 허용하여야 한다는 입장이었다. *Intel Corp. v. advanced Micro Devices*, Inc., 542 U.S. 241 at 259; see, *In re Roz Trading Ltd.*, 469 F. Supp. 2d 1221, 1224−25 (N.D. Ga. 2006); *El Paso Corp. v. La Comisión Ejecutiva Hidroeléctrica Del Río Lempa*, 341 Fed. Appx. 31, 34 (5th Cir. 2009); *See also, Servotronics, Inc. v. Rolls−Royce* PLC, 2020 WL 5640466 at 4 (7th Cir. Sept. 22, 2020); *In re Guo*, 965 F. 3d 96, 109 (2d. Cir. 2020); But see, *Abdul Latif Jameel Transp. Co. v. FedEx Corp.*, No. 19−5315, 2019 U.S. App. LEXIS 28348 (6th Cir. Sept. 19, 2019); see also, *Servotronics, Inc. v. The Boeing Co.*, 954 F. 3d 209, 216 (4th Cir. 2020).

376) *ZF Automotive v. Luxshare, Ltd.,/ Alix Partners, LLP v. Fund for Protection of Investors' Rights in Foreign States.* 596 U.S. _____ (2022) (Consolidated).

hoc investor−state dispute)에서 사용할 목적으로는 1782 디스커버리 절차를 활용할 수 없다고 보았다.[377]

### 다. 이해관계인(Any Interested Person)

미국 연방법 제1782조에 근거한 증거개시명령은 외국 법원의 요청 또는 "이해관계인"의 신청에 따른 것이어야 한다. 미국 연방대법원은 1782 디스커버리의 요건을 충족하는 "이해관계인"이 소송당사자에만 한정되지 않고 해당 외국 내지 국제 공무원은 물론 사법공조를 요구할 "합리적인 이해관계"를 가진 자를 모두 포함하는 개념이라고 판시하여 "이해관계인"을 넓게 보고 있다.[378] 이에 외국 소송의 당사자에 대하여 정부조사를 촉발한 고소인 또한 이해관계인에 포함될 수 있다.

## 2. 1782 디스커버리 절차와 연방법원의 재량권 행사

지금까지 1782 디스커버리 절차가 인용되기 위한 선결요건을 살펴보았다. 통상 미국 연방법원은 1782 디스커버리 절차의 기본요건 충족여부를 판단함에 있어 상당히 관용적인 입장에서 이해관계인의 신청을 검토하는 것으로 보인다.

그러나 1782 조항의 기본적인 요건을 충족하였다고 하여, 미국 연방법원이 해당 1782 디스커버리 절차를 반드시 허용하는 것은 아니다. 즉 1782 디스커버리 절차를 인용할 것인지 여부는 물론이고, 1782 디스커버리 절차에 따른 명령의 구체적인 내용을 어떻게 정할 것인지도 결국 해당 신청/요청을 접수한 미 연방법원의 광범위한 재량에 달려 있다.

미국 연방법원이 1782 디스커버리 절차신청과 관련하여 내린 결정은 필연적으로 해당 법원이 재량권을 행사한 결과이다. 그리고 상소심 법원은 연방법원의 재량권 남용 여부를 심사할 수 있다.[379] 이하에서는 법원이 1782 디스

---

377) *Ibid.*
378) *Intel Corp. v. advanced Micro Devices, Inc.*, 542 U.S. 241 at 256−57.

커버리 절차 관련 신청을 판단함에 있어 고려하는 네 가지 요소를 간단히 살펴보기로 한다.380)

## 가. 외국/국제 재판부의 해당 증거에 대한 관할

미국 연방지방법원은 증거조사의 대상이 되는 문서 또는 증언에 미국 외법원의 관할이 미치는지 여부 및 1782 디스커버리 절차를 통한 사법공조 없이도 해당 증거에 접근이 가능한지 여부를 살펴 1782 디스커버리 절차 인용 여부를 결정할 수 있다. 만약 증거조사의 상대방이 해당 외국 사법절차에 참가하고 있는 경우라면, 해당 법원에서 직접 증거조사를 할 수 있으므로 미국 연방법원은 1782 디스커버리 절차를 인용할 필요성이 그리 강하지 않다고 판단할 가능성이 있다.

## 나. 외국 재판부의 사법공조에 대한 수용

증거조사결과를 수령할 외국/국제 재판부의 특성, 해당 절차의 본질 및 외국 정부·재판부에서 미국 연방법원의 사법공조를 수용할 것인지 여부 또한 재량권 행사와 관련하여 고려하는 요소 중 하나이다. 미국 외 국가에서 해당 증거조사결과를 수용하겠다는 명시적인 입장을 표명하여야만 하는 것은 아니지만, 만약 1782 디스커버리 절차를 통해 획득하게 될 증거가 궁극적으로 사용될 외국 법원/국제 재판소 또는 외국 정부가 그 증거조사결과 활용 여부에 대해 명시적으로 이의를 표시한 경우라면, 그러한 1782 디스커버리 절차 신청은 기각하여야 한다는 것이 미국 연방법원의 입장이다.381) 참고로 연방법원은 대한민국 법원이 일반적으로 1782 디스커버리 절차를 통해 확보된 증거를 수용한다고 판단하고 있는 것으로 보인다.382)

---

379) *Euromepa S.A. v. R. Esmerian, Inc.*, 51 F.3d 1095 at 1097.

380) *Intel Corp. v. advanced Micro Devices, Inc.*, 542 U.S. 241 at 264−65.

381) *In re Microsoft Corp.*, 428 F. Supp. 2d 188, 194 (S.D.N.Y. 2006); *Schmitz v. Bernstein Liebhard & Lifshitz, LLP*, 376 F. 3d 79, 84 (2d Cir. 2004).

382) *In re Proceedings before Korean Dist. Ct. in the Rep. of Korea*, Case No. C02−2097R

## 다. 증거수집에 대한 제한을 우회하려는 목적인지 여부

신청인이 1782 디스커버리 절차에 앞서 해당 사법절차가 계류 중인 외국 법원에 관련 증거조사를 요청하여야 한다거나, 미국 연방법원에 1782 디스커버리 신청을 하기에 앞서 다른 구제절차를 먼저 거쳐야 하는 등의 제한은 없다.[383] 그러나 만약 1782 디스커버리 절차로 인해 실행하게 될 증거조사가 미국 또는 외국의 증거수집 관련 제한, 규제 및 절차 등을 우회하거나 회피하기 위한 것으로 밝혀지는 경우라면, 해당 1782 디스커버리 신청은 기각될 가능성이 높다.[384]

## 라. 과도한 부담/침해를 유발하는지 여부

미국 연방법원은 만약 1782 디스커버리 절차 신청이 증거조사의 대상이 될 자의 권리를 지나치게 침해한다거나 과도한 부담을 주는 경우 그 신청을 기각하거나 명령의 내용을 수정할 수 있다. 따라서 신청인의 증거개시요청은 해당 증거가 궁극적으로 사용될 개별 소송에 비추어 그 관련성이 충분히 인정되어야 한다. 한편 연방법원은 1782 디스커버리 신청이 과도하게 광범위한 종류의 문서 제출을 요구하는 것이어서 특정이 되지 않았다거나,[385] 변호사-고객 면책특권(attorney-client privilege)이 적용되는 문서 등에 대한 증거개시신청이라고 판단할 경우 해당 자료에 대한 증거개시 신청을 기각할 수 있다.[386] 다만, 문제되는 증거조사의 범위가 과도하게 광범위하다거나, 해당 신청이 증거조사의 상대방에게 과도한 부담이라거나 침해적이라는 등의 문제는, 적절한 비밀유지약정(confidentiality agreement) 또는 보호명령(protective order)을 통해 극복될 수 있다고 보아 제한적으로 허용될 가능성도 있다.[387]

---

(W.D. Wash. Nov. 1, 2002).

383) *In re Imanagement Servs.*, 2005 WL 1959702, at 3; *Euromepa S.A.*, 51 F. 3d at 1098.
384) *In re Microsoft Corp.*, 2006 WL 1344091, at 3.
385) *In re Degitechnic*, 2007 WL 1367697, at 5.
386) *Intel Corp. v. advanced Micro Devices, Inc.*, 542 U.S. 241 at 265; 28 U.S.C. § 1782(a).
387) *In re Imanagement Servs.*, 2005 WL 1959702 at 6.

## 3. 1782 디스커버리 절차의 활용가치 및 리스크

1782 디스커버리 절차는 한국소송제도 내에서는 허용되지 아니하는 광범위한 증거개시(문서제출의무 부과 및 녹취증언 방식의 증언 확보)를 가능하게 한다. 따라서 만약 증거조사의 상대방이 미국에 있는 경우라면, 이해관계인의 입장에서는 1782 디스커버리를 활용하는 것이 효과적인 전략이 될 수 있다. 특히 이는 미국 외 국가에서 사법절차가 진행 중인데 관계자가 미국 내에 관련 자금을 은닉하고 있다거나, 미국 내에 주요 증인이 있으나 자발적으로 협조하지 않고 있는 경우에 실질적인 강제력을 가질 수 있다는 점에서 큰 의의가 있다.

그러나 1782 디스커버리 절차가 신청인에게 광범위한 증거조사를 가능하게 하는 이점만 있는 것은 아니다. 1782 디스커버리 절차의 경우 신청의 인용 여부와 더불어 해당 증거개시명령의 내용을 어떻게 구성할 것인지 또한 미국 연방법원의 재량에 맡겨져 있다. 따라서 1782 디스커버리 절차에 따른 증거개시명령은, 신청인에게 부담을 지우는 내용을 포함할 수도 있다는 점을 유의하여야 한다. 예를 들어, 미국 연방법원은 신청인이 상호적으로 동등한 수준의 증거개시를 하는 것을 조건으로 하여 증거개시명령을 내릴 수도 있고, 증거조사의 상대방이 해당 명령(subpoena)을 따르는 과정에서 소요된 비용을 신청인에게 구상할 수 있도록 하는 방안 등을 강구할 수도 있다. 따라서 1782 디스커버리 절차를 활용할 것인지 여부를 선택함에 있어, 이러한 가능성 등을 염두에 둘 필요가 있다.

# IV. 승인 및 집행

## 1. 외국재판의 승인과 집행 개관

법원의 재판은 그 나라의 주권의 범위가 미치는 범위에서만 효력을 가지는 것이 원칙이고, 다른 나라에서 효력을 당연히 가지지는 않는다. 그런데 국제 관계에 있어서 한 나라의 재판이 다른 나라에서는 효력이 없다면 분쟁이 있을 때마다 재판의 집행이 필요한 모든 국가의 법원에서 각각 재판을 진행하여야 하는 문제가 생긴다. 그렇게 되면 소송절차가 중복되어 시간 및 인력의 낭비가 생길 뿐 아니라 각 나라의 법원에서 다른 재판 결과가 나올 수 있으므로 통일적이고 안정적인 분쟁해결이 어렵게 된다.

이러한 문제점을 해결하기 위하여 현재 대부분의 국가들은 외국 법원의 재판이 일정 요건(승인요건)을 충족하는 경우 자국 내에서도 그 효력을 인정한다(외국재판의 승인). 외국재판이 특정 국가에서 승인되면 그 외국재판을 집행권원으로 하여 해당 국가에서 강제집행을 신청할 수 있다(외국재판의 집행).[388]

외국재판의 효력을 인정할 때 일정한 승인요건을 두는 것은, 외국에서 진행된 재판을 무조건 인정하는 경우 그 절차나 내용이 자국의 법질서와 맞지 않아 혼란을 일으킬 수 있기 때문이다. 그런데 그렇다고 하여 해당 외국재판을 실질적으로 심리하여 승인의 여부를 결정한다면 절차적 중복을 방지하여 경제성, 통일성을 추구하는 외국재판 승인 제도의 취지에 부합하지 않는다. 이러한 점을 고려하여 대부분의 국가들에서는 외국재판의 승인하는 과정에 있어서 실질적인 심리까지 진행하지는 않고, 다만 일정한 승인요건을 두어 이를 충족하는 경우 집행을 허용하는 방식을 택하고 있다. 이러한 요건은 각 나라가 체결한 조약 및 해당 국가의 법률에 따라 정해진다.[389]

우리나라의 경우 외국재판의 승인 및 집행에 관하여 가입 또는 체결한 조약은 없다. 민소송법에서 정한 승인요건[390]에 따라 외국재판의 승인 여부를

---

388) 석광현, 『국제 민사소송법 : 국제사법(절차편)』, 박영사, 2012, 343면.
389) 김효정/장지용/김성화/서용성, "외국재판의 승인과 집행에 관한 연구", 『사법정책연구원 연구총서』 2019-16, 사법정책연구원, 2020, 13면.

결정하고, 그 집행에 관한 사항은 민사집행법에서 정하고 있다.

참고로 외국재판의 승인 및 집행에 관한 조약으로는 2005년 헤이그국제 사법회의(Hague Conference On Private International Law)에서 채택된 "관할합의에 관한 협약(Convention on Choice of Court Agreements)" 및 2019년에 채택된 "민사 또는 상사에 관한 외국재판의 승인과 집행에 관한 협약(Convention on the Recognition and Enforcement of Foreign Judgments in Civil and Commercial Matters)" 이 있으며, 유럽연합 회원국들 사이에는 소위 Brussels I bis 규정[391] 및 루가 노협약[392] 등이 적용된다.[393]

## 2. 외국재판의 승인 요건

### 가. 승인의 대상이 되는 외국재판

민사소송법은 '외국법원의 확정판결' 또는 '이와 동일한 효력이 인정되는 재판'이 승인의 대상이 된다고 규정하고 있다.[394] 즉 외국법원에서 확정된 '판결'뿐 아니라 '결정' 등의 재판도 승인의 대상이 된다. 민사집행법도 마찬가지로 '외국법원의 확정판결' 또는 '이와 동일한 효력이 인정되는 재판'이 집행판결이 됨을 명시하고 있다.[395]

구체적으로 소각하판결(소송판결), 재판상 화해조서, 청구의 포기 · 인낙조서 및 조정조서, 공정증서, 비송사건, 보전처분, 외국도산절차 중의 재판(면책

---

390) 민사소송법 제217조 제1항.

391) Council Regulation No 1215/2021 of 12 December 2012 on Jurisdiction and the Recognition and Enforcement of Judgments in Civil and Commercial Matters (민사 및 상사사건의 재판관할과 재판의 승인 및 집행에 관한 유럽연합 이사회규정).

392) Convention of 21 December 2007 on Jurisdiction and the Recognition and Enforcement of Judgments in Civil and Commercial Matters (민사 및 상사사건의 재판 관할과 재판의 승인 및 집행에 관한 협약).

393) 김효정/장지용/김성화/서용성, "외국재판의 승인과 집행에 관한 연구", 『사법정책연구원 연구총서』 2019–16, 사법정책연구원, 2020, 14면.

394) 민사소송법 제217조 제1항.

395) 민사집행법 제26조 제1항.

재판), 중간판결(interlocutory judgment), 채무승인판결(confession judgment), 무변론판결(default judgment) 등에 외국법원의 확정판결과 동일한 효력을 인정할 수 있는지 여부가 문제될 수 있다. 이와 관련하여 모든 경우 명확한 판례 또는 일치된 학계의 견해가 존재하는 것은 아니나, 대략의 내용을 개별적으로 살펴보면 아래와 같다.[396)

**소각하판결:** 일반적으로 승인의 대상이 되는 재판은 본안에 관한 재판을 의미한다. 따라서 소송요건의 부존재를 원인으로 한 소각하판결은 승인의 대상이 되지 않는다고 보는 견해가 우세하다.[397)

**재판상 화해조서 등:** 재판상 화해조서, 청구의 포기·인낙조서 및 조정조서, 공정증서의 경우 해당 재판이 이루어진 국가의 법에 따라 확정판결과 동일한 효력이 부여되는 이상 승인의 대상이 될 수 있다는 견해가 일반적이다.[398) 하급심 판례 중 일본 법원의 화해조서에 대하여 일본 민사소송법상 확정판결과 동일한 효력을 가지고 있으므로 승인 및 집행이 된다고 본 사례가 있다.[399)

**공정증서:** 외국의 공증인이 작성한 공정증서의 경우 소송절차를 거치지 않으므로 승인의 대상이 되는 재판으로 보지 않는 견해가 상대적으로 우세하다.[400)

**비송사건:** 비송사건은 법원의 업무 중 엄격한 의미에서 재판절차에는 속하지 않지만, 법원이 개인의 사적 권리의 발생·변경·소멸에 관하여 후견적 입장에서 관여하는 사건을 의미한다. 가령, 이혼시 재산분할, 자의 친권자 지정, 유산의 분할방법 등에 관한 사건이 이에 해당한다. 비송사건의 경우 소송절차와 같이 대심구조를 취하여 변론기일이 진행되는 것은 아니므로, 비송사

---

396) 김효정/장지용/김성화/서용성, "외국재판의 승인과 집행에 관한 연구", 『사법정책연구원 연구총서』 2019−16, 사법정책연구원, 2020, 33−50면 참고.
397) 석광현, 『국제 민사소송법 : 국제사법(절차편)』, 박영사, 2012, 352면.
398) 석광현, 『국제 민사소송법 : 국제사법(절차편)』, 박영사, 2012, 353면.
399) 제주지방법원 2007. 9. 6. 선고 2006가합1486 판결.
400) 김효정/장지용/김성화/서용성, "외국재판의 승인과 집행에 관한 연구", 『사법정책연구원 연구총서』 2019−16, 사법정책연구원, 2020, 36면.

건의 재판이 승인대상이 되는 외국재판에 해당하는지 여부에 대해서 견해가 대립한다.[401]

보전처분: 가압류, 가처분 등 소송의 확정 또는 집행 전까지 법원이 명하는 잠정적인 처분인 보전처분은 기판력 등 확정재판의 요건을 충족하기 어려우므로 승인대상이 되는 외국재판이 아니라고 보는 견해가 우세하다.[402]

외국도산절차 중의 재판: 외국도산절차의 경우 채무자회생 및 파산에 관한 법률에 의거하여 승인되는 경우 우리나라에서 효력을 가질 수 있다. 외국에서의 도산절차 중의 면책재판에 관한 효력을 국내에서 인정하기 위하여 민사소송법에 따른 외국법원의 확정재판에 대한 승인이 필요한지, 채무자회생법에 따른 외국도산절차의 승인에 의할 것인지는 견해가 나뉜다. 판례는 미국 파산법원의 회생계획인가결정에 따른 면책적 효력을 국내에서 인정할 수 있는지 문제가 된 사안에서, 민사소송법상 요건을 기준으로 해당 결정의 면책적 효력을 국내에서 인정하는 것은 국내 채권자의 권리를 현저히 부당하게 침해하게 되어 우리나라의 선량한 풍속이나 그 밖의 사회질서에 어긋나는 경우에 해당하므로 승인될 수 없다고 보았다.[403]

중간판결(interlocutory judgment): 중간판결은 종국판결 이전에 해당 종국판결의 전제가 되는 개별 쟁점 사항을 미리 정리 및 판단하여 종국판단을 준비하는 판결이다. 중간판결은 종국적 재판이 아니므로 승인대상이 될 수 없다고 보는 것이 일반적 견해이다.

채무승인판결(confession judgment): 미국 캘리포니아 주의 경우 소송 전에 채무자가 소송을 받을 권리를 포기하여 자신에게 불리한 판결을 승인한다는 승인서를 작성하고 채권자가 이를 판결로 등록할 것을 법원에 신청하여 판결과 동일한 집행력이 인정될 수 있도록 하는 채무승인판결제도가 있다. 우리나라 법원은 캘리포니아주의 채무승인판결은 당사자 상호간의 심문이 보

---

401) 김효정/장지용/김성화/서용성, "외국재판의 승인과 집행에 관한 연구", 『사법정책연구원 연구총서』 2019 – 16, 사법정책연구원, 2020, 36면.

402) 김효정/장지용/김성화/서용성, "외국재판의 승인과 집행에 관한 연구", 『사법정책연구원 연구총서』 2019 – 16, 사법정책연구원, 2020, 39면.

403) 대법원 2010. 3. 25.자 2009마1600 결정.

장된 사법절차에서 종국적으로 한 재판이라고 볼 수 없으므로 승인대상이 아니라고 본다.[404]

**무변론판결(default judgment):** 무변론판결 또는 결석판결은 피고가 정해진 기간 내에 송달수령통지 또는 답변서를 제출하지 않는 경우 내려지는 원고 승소의 판결이다. 결석판결이 승인 대상이 되는 외국판결인지 여부를 판단하기 위해서는 해당 결석판결 제도의 구체적인 내용을 고려할 필요가 있다. 대법원은 현행 민사소송법 제217조 제2항이 신설되기 이전 미네소타주 민사소송법에 따른 결석판결이 문제된 사안에서 해당 결석판결이 법관이 아닌 법원 행정관(court administrator)에 의하여 선고되었음에도 불구하고 이를 승인한 사례가 있다.[405]

### 나. 외국재판 승인의 요건

우리 민사소송법은 외국재판승인을 위하여 4가지 요건이 충족될 것을 요구한다. 구체적으로 (i) 대한민국의 법령 또는 조약에 따른 국제재판관할의 원칙상 그 외국법원의 국제재판관할권이 인정되어야 하고(국제재판관할), (ii) 패소한 피고가 소장 또는 이에 준하는 서면 및 기일통지서나 명령을 적법한 방식에 따라 방어에 필요한 시간여유를 두고 송달받았거나 송달받지 아니하였더라도 소송에 응하였어야 하며(송달요건), (iii) 해당 승인이 대한민국의 선량한 풍속이나 그 밖의 사회질서에 어긋나지 않아야 하고(공서요건), (iv) 판결의 집행에 관하여 해당 국가와 우리나라간 서로 같은 정도로 상대방 국가에서 내려진 판결을 승인한다는 상호보증이 있거나 해당 국가의 외국재판 승인요건이 우리나라의 요건과 비교하여 현저히 균형을 상실하지 아니하고 중요한 점에서 실질적으로 차이가 없을 것(상호보증요건)이 요구된다.[406]

---

404) 대법원 2010. 4. 29. 선고 2009다68910 판결.
405) 대법원 1997. 9. 9. 선고 96다47517 판결.
406) 민사소송법 제217조 제1항.

### (1) 국제재판관할의 존재

외국재판이 승인되기 위해서는 재판이 이루어진 외국법원에 해당 분쟁을 판단할 수 있는 자격 내지 권한, 즉 국제재판관할이 인정되어야 한다. 이와 같은 외국재판을 자국에서 승인하기 위한 요건으로서의 국제재판관할권을 간접관할이라고 하며, 반대로 자국 법원의 국제재판관할권을 직접관할이라고 한다.[407)]

외국법원이 국제재판관할을 가지는지 여부, 곧 간접관할 요건의 충족 여부는 우리나라 법령 또는 조약에 따른 국제재판관할의 원칙을 기준으로 판단한다. 즉, 민사소송법상 외국재판의 승인요건으로서의 국제재판관할 요건은 우리 법원이 해당 사안에 대한 재판을 한다면 적용할 직접관할의 원칙에 준하여 판단하여야 한다.[408)]

이와 관련하여 우리나라 국제사법은 법원은 "당사자 또는 분쟁이 된 사안이 대한민국과 실질적 관련이 있는 경우"에 국제재판관할권을 가진다고 규정한다(국제사법 제2조 제1항 제1문). 따라서 외국법원이 국제재판관할을 가지는지 여부를 판단하려면 당사자 또는 분쟁 사안이 해당 외국법원이 속한 국가와 실질적 관련이 있는지 여부를 검토하여야 한다.

여기에서 실질적 관련은 해당 법원이 재판관할권을 행사하는 것을 정당화할 수 있을 정도로 당사자 또는 분쟁대상이 해당 국가와 관련성을 갖는 것을 의미한다. 해당 국가와 관련성이 있는지 여부를 판단함에 있어서는 "국제재판관할 배분의 이념에 부합하는 합리적인 원칙"에 따를 것이 요구된다(국제사법 제2조 제1항 제2문).

우리나라 법원은 국제재판관할 결정에 관하여 "먼저 당사자 간의 공평, 재판의 적정, 신속 및 경제를 기한다는 기본이념에 따라야 하고, 구체적으로는 소송당사자들의 공평, 편의 그리고 예측가능성과 같은 개인적인 이익 뿐만 아니라 재판의 적정, 신속, 효율 및 판결의 실효성 등과 같은 법원 내지 국가의 이익도 함께 고려하여야 할 것이며, 이러한 다양한 이익 중 어떠한 이익을 보호할 필요가 있을지 여부는 개별 사건에서 법정지와 당사자와의 실질적 관

---

407) 석광현, 『국제 민사소송법 : 국제사법(절차편)』, 박영사, 2012, 356면.
408) 석광현, 『국제 민사소송법 : 국제사법(절차편)』, 박영사, 2012, 357면.

련성 및 법정지와 분쟁이 된 사안과의 실질적 관련성을 객관적인 기준으로 삼아 합리적으로 판단해야 한다"고 판시하고 있다.[409]

한편, 국제재판관할권의 유무를 판단할 때 법원은 국내법의 관할 규정을 참작하되 국제재판관할의 특수성을 충분히 고려하여야 한다(국제사법 제2조 제2항).

국내법의 관할 규정 참작과 관련하여 법원은 "민사소송법의 관할 규정은 국제재판관할권을 판단하는 데 가장 중요한 판단 기준으로 작용"하지만, "이러한 관할 규정은 국내적 관점에서 마련된 재판적에 관한 규정이므로 국제재판관할권을 판단할 때에는 국제재판관할의 특수성을 고려하여 국제재판관할 배분의 이념에 부합하도록 수정하여 적용해야 하는 경우도 있다"는 입장이다.[410]

국내법의 관할 규정에 따르면 재판관할 여부를 판단할 때 피고주소지, 영업소 소재지, 계약상 의무이행지, 재산소재지 등을 고려하게 되는데, 국제재판관할을 판단함에 있어서도 원칙적으로 같은 사항이 고려된다. 이를 개략적으로 살펴보면 아래와 같다.

**피고주소지**: 원고는 피고주소지 법원에 소를 제기하여야 하는 것이 원칙이며(민사소송법 제2조), 국제재판관할의 판단에 있어서도 마찬가지로 적용된다.

**영업소 소재지**: 민사소송법상 외국법인의 보통재판적은 대한민국에 있는 이들의 사무소·영업소 또는 업무담당자의 주소에 따라 정한다(민사소송법 제5조 제2항). 한편, 사무소 또는 영업소가 있는 사람에 대하여 "그 사무소 또는 영업소의 업무와 관련이 있는 소를 제기하는 경우"에는 그 사무소 또는 영업소가 있는 곳의 법원에 제기할 수 있다(민사소송법 제12조). 이와 관련하여 한국에

---

409) 대법원 2005. 1. 27. 선고 2002다59788 판결.

410) 대법원 2019. 6. 13. 선고 2016다33752 판결. 甲은 중국 국적으로 중국에서 사채업에 종사하다가 대한민국에서 영업을 하려고 입국한 사람이고, 乙 등은 중국 국적의 부부로 중국에서 부동산개발사업을 영위하다가 대한민국에 거주지를 마련한 사람들인데, 甲이 과거 중국에서 乙 등에게 빌려준 대여금의 반환을 구하는 소를 대한민국 법원에 제기한 사안에서, 제반 사정에 비추어 위 소는 대한민국과 실질적 관련성이 있으므로 대한민국 법원이 국제재판관할권을 가진다고 본 원심판단이 정당하다고 한 사례이다. 사안에서 법원은 지리, 언어, 통신의 편의 측면에서 다른 나라 법원이 대한민국 법원보다 더 편리하다는 것만으로 대한민국 법원의 재판관할권을 쉽게 부정할 수는 없다고 판시하였다.

사무소 또는 영업소를 가지고 있는 외국법인을 상대로 그 사무소 또는 영업소의 업무와 관련이 없는 소를 제기할 수 있는지에 대하여 견해 대립이 있다. 판례는 증거수집의 용이성이나 소송수행의 부담 정도 등 구체적인 제반사정을 고려하여 그 응소를 강제하는 것이 민사소송의 이념에 비추어 보아 심히 부당한 결과에 이르게 되는 특별한 사정이 없는 한, 원칙적으로 그 분쟁이 외국법인의 대한민국 지점의 영업에 관한 것이 아니라 하더라도 우리 법원의 관할권을 인정하여, 가능하다는 입장이다.[411]

**의무이행지**: 재산권에 관한 소는 거소지 또는 의무이행지의 법원에 제기할 수 있다(민사소송법 제8조). 이 또한 국제재판관할 판단의 원칙적인 기준이다.

**재산소재지**: 대한민국에 주소가 없는 사람 또는 주소를 알 수 없는 사람에 대하여 재산권에 관한 소를 제기하는 경우에는 청구의 목적 또는 담보의 목적이나 압류할 수 있는 피고의 재산이 있는 곳의 법원에 제기할 수 있다(민사소송법 제11조). 이는 국제재판관할 유무를 판단할 때도 적용되는 기준이다. 다만, 우리 법원은 원칙적으로 피고의 재산이 대한민국에 있다면 당사자의 권리구제나 판결의 실효성 측면에서 대한민국 법원의 국제재판관할권을 인정할 수 있으나, 그 재산이 우연히 대한민국에 있는 경우까지 무조건 국제재판관할권을 인정하는 것은 피고에게 현저한 불이익이 발생할 수 있으므로, 원고의 청구가 피고의 재산과 직접적인 관련이 없는 경우에는 그 재산이 대한민국에 있게 된 경위, 재산의 가액, 원고의 권리구제 필요성과 판결의 실효성 등을 고려하여 국제재판관할권을 판단해야 한다고 판시하고 있다.[412]

**불법행위지**: 불법행위에 관한 소를 제기하는 경우에는 행위지의 법원에 제기할 수 있으며(민사소송법 제18조), 국제재판관할 판단에도 마찬가지로 적용된다. 불법행위지 요건은 특히 제조물책임소송에서 문제될 수 있다. 물품이 다른 나라로 수출되어 사용되다가 손해를 발생시킨 경우 가해자가 예측하지 못한 곳에서 소송이 제기되어 가해자가 응소하는데 어려움이 있을 수 있기 때문이다. 우리 법원은 제조물책임소송을 손해발생지 법원에 제소할 수 있는지

---

411) 대법원 2000. 6. 9. 선고 98다35037 판결.
412) 대법원 2019. 6. 13. 선고 2016다33752 판결.

여부와 관련하여 "당해 손해발생지의 시장을 위한 제품의 디자인, 그지역에서의 상품광고, 그 지역 고객들을 위한 정기적인 구매상담, 그 지역 내에서의 판매대리점 개설 등과 같이 당해 손해발생지 내에서의 거래에 따른 이익을 향유하려는 제조자의 의도적인 행위가 있었는지 여부"가 고려되어야 한다고 판시하여 실질적 관련성의 유무를 고려하여야 한다는 입장으로 보인다.[413]

**소비자계약의 관할:** 국제사법은 일정 경우 국제재판관할 특칙을 두고 있는데, 소비자는 그의 상거소가 있는 국가에서도 상대방에 대하여 소를 제기할 수 있다(국제사법 제27조 제4항). 반면, 소비자의 상대방이 소비자에 대하여 제기하는 소는 소비자의 상거소가 있는 국가에서만 제기할 수 있다(국제사법 제27조 제5항). 한편, 소비자와 상대방 사이의 국제재판관할 역시 항상 인정되는 것은 아니고 분쟁이 이미 발생한 경우에 이루어진 합의만 효력이 인정된다(국제사법 제27조 제6항 제2호). 이는 모두 소비자보호를 위한 것이다.

**근로계약의 관할:** 국제사법은 국제재판관할에 관하여 근로자를 위한 특칙도 규정하고 있다. 근로계약의 경우 근로자는 자신이 일상적으로 노무를 제공하거나 또는 최후로 일상적 노무를 제공하였던 국가에서도 사용자에 대하여 소를 제기할 수 있으며, 자신이 일상적으로 어느 한 국가 안에서 노무를 제공하지 아니하거나 아니하였던 경우에는 사용자가 그를 고용한 영업소가 있거나 있었던 국가에서도 사용자에 대하여 소를 제기할 수 있다(국제사법 제28조 제3항). 한편, 사용자가 근로자에 대하여 제기하는 소는 근로자의 상거소가 있는 국가 또는 근로자가 일상적으로 노무를 제공하는 국가에서만 제기할 수 있다(국제사법 제28조 제4항).

**합의관할**[414]: 민사소송법상 당사자는 합의로 관할법원을 정할 수 있으며(민사소송법 제29조), 이는 국제재판관할의 합의에도 마찬가지로 적용된다. 국제거래의 경우 어느 나라 법원에 관할이 있는지 다툼이 있을 가능성이 높으므로 사전에 구체적인 관할법원에 관한 합의 또는 중재 합의를 하는 것이 바람직하다.

합의관할에는 특정국가의 법원에만 재판관할이 있다고 정하는 방식과(전

---

413) 대법원 1995. 11. 21. 선고 93다39607 판결.

414) 석광현, 『국제 민사소송법 : 국제사법(절차편)』, 박영사, 2012, 116 – 125면 참고.

속적 재판관할합의), 특정국가의 법원이 재판관할을 가짐을 명시적으로 합의하되 다른 법원의 관할도 배제하지 않는 방식이 있다(부가적 재판관할합의).

이중 전속적 재판관할합의의 경우 만약 이러한 합의가 없었더라면 재판관할을 가질 수 있는 다른 나라 법원의 관할을 배제하게 되는 효과를 가져오게 되므로, 언제나 유효하게 인정되는 것은 아니다. 우리나라 법원은 전속적 관할합의가 유효하기 위한 요건으로 (i) 해당 사건이 한국법원의 전속관할에 속하지 않을 것, (ii) 지정된 외국법원이 그 외국법상 해당사건에 관할권을 가질 것, (iii) 해당 사건이 그 외국법원에 대하여 합리적인 관련성을 가질 것, (iv) 전속적 관할합의가 현저하게 불합리하고 불공정하지 않을 것을 설시하고 있다.[415]

전속적 재판관할합의에 합리적인 관련성을 요구하는 이유는 양 당사자가 합의한 법원이 사건과 합리적 관련성이 없는 경우 심리의 적정성이나 소송경제에 반할 수 있기 때문인데, 이와 관련하여 문제될 수 있는 것은 해당 분야에서 국제적으로 많이 통용되는 준거법과 함께 준거법 소속국의 법원을 관할법원으로 합의하는 경우이다. 가령, 국제건설, 해상운송, 보험계약 등에 있어 해당 분야에 축적된 판례가 많은 영국법을 준거법으로 하고, 영국법원을 전속관할법원으로 하는 합의가 있을 수 있는데, 실제 프로젝트 수행 국가나 운송지, 당사자들은 영국법원과 아무런 관련이 없을 수도 있다. 이와 관련하여 우리나라 법원의 판례는 보이지 않는데, 유력한 견해는 이와 같은 경우에도 합리적 관련성이 인정되어야 한다고 본다.[416]

위와 같은 요건은 외국법원을 관할법원으로 합의한 사건에서 설시된 것인데, 반대로 한국 법원을 관할법원으로 합의한 경우에도 마찬가지로 적용될 것으로 예상된다.[417]

**변론관할(응소관할):** 민사소송법은 피고가 관할위반이라고 항변하지 않고 본안에 대하여 변론하거나 변론준비기일에서 진술하면 그 법원의 관할권을

---

415) 대법원 1997. 9. 9. 선고 96다20093 판결.
416) 석광현, 『국제 민사소송법 : 국제사법(절차편)』, 박영사, 2012, 121면.
417) 석광현, 『국제 민사소송법 : 국제사법(절차편)』, 박영사, 2012, 120면.

인정한다(민사소송법 제30조). 이는 국제재판관할에서도 인정된다.

실무에 있어서 이는 매우 중요한데, 가령 상대방이 관할위반 여지가 있는 법원에 소를 제기하거나 중재 합의가 있음에도 불구하고 특정 법원에 소를 제기하는 경우에 문제된다. 가령 해외에서 소장을 받게 되면 관할에 관한 검토 없이 무조건 현지 변호사를 선임하여 해당 법원에서 응소하는 경우가 종종 있는데, 이 경우 변론관할이 생기게 되고 그렇게 되면 해당 법원에서의 재판 결과가 적어도 그 국가에서는 집행이 가능하게 된다. 해당 판결을 우리나라에서 집행하려고 할 때, 우리나라 법원 역시 변론관할이 발생하였다고 볼 것이므로 적어도 관할위반의 항변은 할 수 없게 되므로 유의하여야 한다.

한편, 국제재판관할을 다투기 위해서 출석을 하는 경우도 있는데, 가령 중재 합의가 있음에도 불구하고 외국 법원에 소가 제기되었을 때 중재 합의가 있다는 관할 항변을 위하여 해당 국가 법원에 출석하는 경우이다. 이러한 경우는 '특별응소(special appearance)'라고 보아 '예비적'으로 본안에 관한 변론을 하더라도 변론관할이 발생하지 않는다고 볼 여지가 없지는 않다.[418] 그러나 국가마다 차이가 있을 수 있으므로 설령 관할 항변을 위한 출석을 하는 경우에도 사전에 면밀한 법률 검토를 하여야 한다.

### (2) 송달요건

외국판결이 효력을 가지기 위해서는 그 판결 절차에서 적법한 송달이 이루어졌어야 한다. 이와 관련하여 민사소송법은 패소한 피고가 공시송달 또는 이와 비슷한 송달에 의하지 않고 소장 또는 기일통지서나 명령을 적법한 방식에 따라 송달받았을 것을 요구한다(민사소송법 제217조 제1항 제2호).

외국재판의 승인에 있어서 송달요건은 실무상 큰 중요성을 가진다. 가령, 일방 당사자가 관련 법령에 따른 적법한 송달이 이루어지지 않았음에도 불구하고, 당장 응소를 하지 않으면 불이익이 있을 것으로 오판하여 송달에 관한 사전 검토 없이 현지 소송대리인을 선임한 후 응소를 하여 송달의 하자를 더

---

418) 석광현, 『국제 민사소송법 : 국제사법(절차편)』, 박영사, 2012, 129면.

이상 다툴 수 없게 되는 사례가 종종 있다.

실제 사례를 보면, 미국 켄터키주에 거주하는 미국 국적의 원고가 한국에 주소를 둔 피고를 상대로 경주마의 매매 계약과 관련한 채무불이행으로 인한 손해배상을 구한 사안에서 피고는 소장 및 소환장이 적법하게 송달되지 않았음에도 불구하고 소송대리인을 선임하여 실제 재판에 응하였다. 미국순회 법원에서 심리가 이루어진 끝에 결국 피고가 패소하였고, 원고가 한국에서 미국 법원에서의 판결을 기초로 집행을 시도하자 피고는 송달이 부적법하였다고 항변하였으나, 우리나라 법원은 피고가 자발적으로 응소를 하여 실제로 자신의 이익을 방어할 기회를 가졌다는 이유로 항변을 받아들이지 않았다.[419]

사안에 따라 송달의 하자를 다투는 것이 별다른 실익이 없는 경우도 있지만, 전략적으로 송달의 하자를 다투어 소송 준비를 위한 추가적인 시간을 확보하거나 특정 국가 법원에서의 소송을 위한 송달을 어렵게 만들어, 상대방으로 하여금 관할을 변경하도록 하는 결과를 얻을 수도 있다. 따라서 소장을 입수하였다고 하여 당연히 송달이 적법하게 이루어졌다고 전제하고 소송에 대응하여서는 안 되고, 송달에 하자는 없는지, 송달에 하자가 있는 경우 이를 다툴 실익이 있는지, 실익이 있다면 이를 어떻게 활용하는 것이 전략적으로 가장 유리할지를 고려할 필요가 있다.

송달의 적법성 여부는 재판이 이루어지는 국가의 법을 기준으로 판단하며,[420] 송달이 적시에 이루어졌는지 여부는 법에 정해진 송달기간이 준수되었는지 여부를 1차적인 판단 기준으로 하되, 번역 소요 시간, 외국 변호사 선임에 필요한 시간 등을 종합적으로 보아 적절한 소송 준비가 이루어질 수 있는 시간이 주어졌는지도 고려되어야 한다.[421]

한국 당사자에 대한 미국소송의 송달 절차에 관해서는 제4절 I 단락에서 설명하였으므로, 송달 방식에 관한 추가적인 설명은 생략한다.

---

419) 대법원 2016. 1. 28 선고 2015다207747 판결.
420) 대법원 2010. 7. 22. 선고 2008다31089 판결.
421) 석광현, 『국제 민사소송법 : 국제사법(절차편)』, 박영사, 2012, 363면.

### (3) 공서요건

외국재판이 우리나라에서 승인되기 위해서는 확정재판 등의 내용 및 소송절차에 비추어 그 확정재판 등의 승인이 대한민국의 선량한 풍속이나 그 밖의 사회질서에 어긋나지 않아야 하는데(민사소송법 제217조 제1항 제3호), 이를 공서요건이라고 한다.

다만, 해당 외국재판에 적용된 외국법의 내용이 우리나라의 법과 다르다고 하여 외국재판을 승인할 수 없다는 것은 아니다.[422) 공서요건은 해당 외국재판의 내용이나 그 재판 절차가 우리나라의 근본적인 가치관념이나 정의관념에 반하는 경우, 국내법질서를 보존하기 위하여 이를 승인하는 것이 적절하지 않다고 판단될 때에 문제된다. 이러한 공서요건은 미국을 포함한 많은 국가에서 외국재판을 승인하는 기준으로 사용된다. 즉, 우리나라 법원의 판결이 미국에서 승인되기 위해서는 우리나라 법원의 판결이 미국 해당 주의 공서(public policy)에 반하지 않아야 한다.

공서요건은 실체적 공서요건과 절차적 공서요건으로 나뉘는데, 실체적 공서요건은 해당 외국재판의 내용에 대하여 적용되고 절차적 공서요건은 재판의 성립과정에 대하여 적용된다.[423)

실체적 공서위반이 문제되는 구체적인 사례 중 대표적인 것은 징벌적 손해배상 또는 지나치게 과도한 손해배상을 명한 외국재판의 경우이다.

우리나라의 손해배상제도는 당사자가 실제로 입은 손해를 배상 받도록 하여 손해발생 전의 상태로 회복시키는데 목적이 있다. 이를 전보적 손해배상(compensatory damages)이라고 한다. 그런데 미국을 포함한 보통법 국가의 경우 가해자에게 특히 고의 등의 주관적 사정이 있는 경우 보상적 손해배상에 더하여 징벌적 손해배상과 같은 비전보적 손해배상(non-compensatory) 책임을 부과하기도 한다.

이와 같이 우리 법 체계에서 인정하지 않는 비전보적 손해배상이 우리 공

---

422) 대법원 2009. 6. 25. 선고 2009다22952 판결.

423) 김효정/장지용/김성화/서용성, "외국재판의 승인과 집행에 관한 연구",『사법정책연구원 연구총서』2019-16, 사법정책연구원, 2020, 83면.

서에 부합하는지가 문제된다. 민사소송법은 외국 법원의 손해배상 판결과 관련하여 "법원은 손해배상에 관한 확정재판 등이 대한민국의 법률 또는 대한민국이 체결한 국제조약의 기본질서에 현저히 반하는 결과를 초래할 경우에는 해당 확정재판 등의 전부 또는 일부를 승인할 수 없다"고 하여(민사소송법 제217조의2 제1항), 일반적인 공서요건 외에 구체적인 규정을 두고 있다.

위 조항에서는 전보적 손해배상이 아닌 징벌적 손해배상을 일률적으로 승인하여서는 안 된다고 명시적으로 규정하는 것은 아니므로, 미국의 3배 배상(triple punitive damages) 판결등이 "대한민국의 법률 또는 대한민국이 체결한 국제조약의 기본질서에 현저히 반하는 결과를 초래할 경우"에 해당하여 승인이 될 수 없는지 문제가 될 수 있다. 특히 우리나라에도 하도급거래 공정화에 관한 법률,[424] 제조물책임법[425] 등에서 3배 배상제도를 도입하고 있으므로 더욱 그렇다.[426]

이에 관하여 아직 확립된 견해가 있는 것은 아니나, 우리나라 법원 판결 중 미국 하와이주 법에 따라 하와이주 법원에서 내려진 독점계약 파기에 따른 3배 손해 배상 판결에 대하여, "우리나라의 일부 개별 법률에서 징벌적 손해배상을 인정하는 규정을 두고 있다고 하더라도 이는 개별 법률이 규율하는 구체적인 위법행위의 유형들에 대하여 (⋯) 특별히 인정한 것"이라고 하면서, 이러한 개별 법률이 있다고 하여 "손해발생 전의 상태로의 회복에 목적이 있는 우리 손해배상 체계에서 위법행위의 유형에 불문하고 징벌적 손해배상을 인정한 것이라고 해석하기는 어렵다"고 한 사례가 있다. 해당 판결에서는 우리나라에서 해당 하와이 법원 판결이 인정한 유형의 불법행위로 인한 손해에 대해 3배 배상을 인정하는 개별 법령이 없고, 따라서 이에 대한 집행을 허가하는 것은 공서양속에 위배된다고 보았다.[427]

---

424) 하도급거래 공정화에 관한 법률 제35조 제2항.

425) 제조물책임법 제3조 제2항.

426) 김효정/장지용/김성화/서용성, "외국재판의 승인과 집행에 관한 연구", 『사법정책연구원 연구총서』 2019 – 16, 사법정책연구원, 2020, 89면.

427) 서울고등법원 2018. 3. 23. 선고 2017나2057753 판결; 윤성근, "2018년 국제거래법 분야 중요판결 소개", 『국제거래법연구』 제27권 제2호, 국제거래법학회, 2018. 12., 262면.

한편, 그 목적의 측면에서 징벌적 손해배상은 아니나 손해배상 금액이 과도한 경우 우리 공서에 위반되지 않는지가 문제될 수 있다.

우리나라 법원의 판결 몇 가지를 살펴보면, (i) 한국인 피고의 성폭행 등을 이유로 50만불의 손해배상 지급을 명한 미국 미네소타주 법원 판결에 대하여, "우리 손해배상법의 기준에 비추어 한국에서 인정될 만한 상당한 금액을 현저히 초과하는 부분에 한하여는 공서양속에 반한다"고 보아 50%만 인정한 사례,[428] (ii) 우리나라 회사인 피고가 미국 회사 원고의 디자인 저작권을 침해하였음을 근거로 약 44만불의 지급을 명한 미국 뉴욕주 남부지방법원 판결에 대하여 공서양속 위반을 이유로 50%만 인정한 사례,[429] (iii) 피고 회사가 제작한 사출성형기로 작업 도중 사고를 당하여 사망한 작업자의 유족들에게 약 5백만불의 손해배상을 인정한 캘리포니아주 법원 판결에 대하여 한국에서 인정될만한 상당한 금액을 현저히 초과하는 부분에 한하여는 공서위반으로 보아 약 92만불만 인정한 사례[430] 등이 있다.

절차적 공서위반이 문제될 수 있는 사례로는 사기에 의하여 취득한 외국재판, 외국법원의 증거조사절차가 우리의 주권을 침해하는 방법에 의하여 행하여진 경우 등이 있다.

영미법계에서 인정되는 사기(fraud)는 재판 후에 알게 된 사기(외재적 사기)와 재판과정에서 이미 알고 있었고 이를 주장하였으나 받아들여지지 않았던 사기(내재적 사기)로 구분되는데, 공서요건에서 문제되는 사기는 외재적 사기에 한정되는 것으로 본다. 우리나라 대법원은 "위조·변조 내지는 폐기된 서류를 사용하였다거나 위증을 이용하는 것과 같은 사기적인 방법으로 외국판결을 얻었다는 사유는 원칙적으로 승인 및 집행을 거부할 사유가 될 수 없고" 다만 예외적으로 피고가 외국재판에서 사기적인 사유를 주장할 수 없었고 이러한

---

428) 서울지방법원 동부지원 1995. 2. 10. 선고 93가합19069 판결; 석광현, 『국제 민사소송법 : 국제사법(절차편)』, 박영사, 2012, 376면.

429) 서울지방법원 남부지원 2000. 10. 20. 선고 99가합14496 판결; 석광현, 『국제 민사소송법 : 국제사법(절차편)』, 박영사, 2012, 377면.

430) 부산고등법원 2009. 7. 23. 선고 2009나3067 판결; 석광현, 『국제 민사소송법 : 국제사법(절차편)』, 박영사, 2012, 377면.

"처벌받을 사기적인 행위에 대하여 유죄의 판결과 같은 고도의 증명이 있는 경우에 한하여" 공서위반으로 승인이 거부될 수 있다고 판시하였다.[431]

한편, 미국 법원의 증거조사와 관련하여 (i) 미국 법원이 사법공조의 방법에 의하여 우리 법원에 증거조사를 촉탁하지 않고 미국의 변호사가 한국에 와서 증인들을 선서시키고 녹취증언(deposition)에 의하여 증거조사를 실시하거나, (ii) 기일 전 증거개시절차(pre-trial discovery), 즉 디스커버리 절차와 같이 우리나라에서 금지하고 있는 모색적인 방식의 증명에 근거한 외국재판이 대한민국의 절차적 공서에 반하지 않는지가 문제될 수 있다. 이와 관련해서는 공서위반이 문제될 여지가 있으나,[432] 아직 우리나라 법원에서 구체적으로 문제된 사례는 보이지 않는다.

### (4) 상호보증 요건

민사소송법 제217조 제1항 제4호는 "상호보증이 있거나 대한민국과 그 외국법원이 속하는 국가에 있어 확정재판 등의 승인요건이 현저히 균형을 상실하지 아니하고 중요한 점에서 실질적으로 차이가 없을 것"을 외국재판의 승인 요건으로 두고 있다.

상호보증은 우리나라 법원이 특정 국가의 외국재판을 승인 및 집행하는 것과 마찬가지로 그 특정 국가의 법원도 우리나라 법원의 판결을 승인 및 집행하는 상호주의 원칙을 의미한다. 이는 외국의 승인 및 집행 요건과 우리나라의 요건이 균형을 이루도록 하여 우리나라만 외국재판을 승인하여 입는 불이익을 방지하고 국제관계에서 형평을 도모하는데 취지가 있다.[433]

우리나라와의 사이에 상호보증이 존재하는지 여부는 각 국가별로 다른데, 한-미 간 상호보증 요건에 관하여는 아래 IV. 4.에서 별도로 다룬다.

---

431) 대법원 2004. 10. 28. 선고 2002다74213 판결; 석광현, 『국제 민사소송법 : 국제사법(절차편)』, 박영사, 2012, 391면.

432) 석광현, 『국제 민사소송법 : 국제사법(절차편)』, 박영사, 2012, 392면.

433) 김효정/장지용/김성화/서용성, "외국재판의 승인과 집행에 관한 연구", 『사법정책연구원 연구총서』 2019-16, 사법정책연구원, 2020, 98면.

## 3. 외국재판의 집행

외국재판은 일정 요건이 구비되면 한국에서 효력을 가지며, 이를 외국재판의 승인이라고 한다. 외국재판의 집행은 이와 별개로 한국 법원의 집행판결이 있어야 가능하다. 집행판결을 하기 위해서는 외국법원의 재판이 확정되어야 하고, 앞서 살펴본 민사소송법상 4가지 요건이 구비되어야 한다(민사집행법 제27조 제2항). 우리나라 법원에서 미국을 포함한 외국재판에 대한 집행판결의 절차는 아래와 같다.

### 가. 관할 및 당사자

집행판결 청구의 소는 채무자의 보통재판적이 있는 지방법원이 관할함이 원칙이고, 보통재판적이 없는 때에는 재산소재지의 법원이 관할한다(민사집행법 제26조 제2항). 이는 전속관할이다. 가령 집행판결의 대상이 되는 외국재판이 가사소송법에서 정한 가정법원의 관할에 속하는 사항에 관한 것이라고 하더라도 해당 외국재판에 대한 집행판결은 가정법원의 관할에 속하지 않는다.

원고는 외국재판에서 청구권이 있는 당사자로 표시된 자 또는 그 승계인이고, 피고는 그 상대방인 집행채무자 또는 그 승계인이다.

### 나. 심리대상

집행판결을 구하는 소송절차에서는 외국재판의 옳고 그름을 조사할 수 없다(민사집행법 제27조 제1항). 즉, 법원은 외국재판이 확정되었는지 및 민사소송법 제217조에 규정된 승인요건을 구비하였는지 여부만 심리하며, 이는 직권조사사항이다.[434]

### 다. 집행판결의 주문

외국재판의 승인요건이 구비되지 않는 경우 집행판결의 소는 각하된다(민

---

434) 석광현, 『국제 민사소송법 : 국제사법(절차편)』, 박영사, 2012, 420면

사집행법 제27조 제2항). 해당 요건이 구비된 경우 집행판결의 주문의 형식은 아래와 같다.

"원고와 피고 사이의 ○○국 ○○법원 ○○사건에 관하여 동 법원이 ○○○○년 ○○월 ○○일에 선고한 '···.'라는 내용의 판결에 기한 강제집행을 허가한다"[435]

외국재판의 주문이 긴 경우에는 별지에 외국재판의 주문을 기재하기도 한다.[436]

외화채권의 경우 내국통화로 환산하지 않으며, 환산은 집행 시의 환율에 의한다(민법 제378조). 금전지급을 명하는 외국재판의 경우 가집행선고를 해서는 안 될 상당한 이유가 없는 한 가집행선고가 붙게 된다.[437]

### 라. 청구이의의 소와의 관계

변론종결 후 발생한 항변사유가 있는 때에는 이를 기초로 집행판결에 대한 청구이의의 소를 제기할 수 있다.[438]

### 마. 집행절차

집행판결에 기한 집행절차의 경우 일반적인 강제집행에 관한 원칙이 적용된다. 가령, 집행판결에 기하여 강제집행을 하는 경우 집행문의 부여가 필요하다.[439]

---

435) 서울중앙지방법원 2019. 11. 21. 선고 2019가합509170 판결 참고; 김효정/장지용/김성화/서용성, "외국재판의 승인과 집행에 관한 연구", 『사법정책연구원 연구총서』 2019 – 16, 사법정책연구원, 2020, 149면.

436) 서울중앙지방법원 2019. 10. 23. 선고 2019가합503660 판결 참고; 김효정/장지용/김성화/서용성, "외국재판의 승인과 집행에 관한 연구", 『사법정책연구원 연구총서』 2019 – 16, 사법정책연구원, 2020, 149면.

437) 석광현, 『국제 민사소송법 : 국제사법(절차편)』, 박영사, 2012, 421면.

438) 김효정/장지용/김성화/서용성, "외국재판의 승인과 집행에 관한 연구", 『사법정책연구원 연구총서』 2019 – 16, 사법정책연구원, 2020, 421면.

439) 김효정/장지용/김성화/서용성, "외국재판의 승인과 집행에 관한 연구", 『사법정책연구원 연구총서』 2019 – 16, 사법정책연구원, 2020, 422면.

## 4. 미국에서의 외국재판의 승인 및 집행

이하에서는 미국에서의 외국재판의 승인 및 집행의 근거가 되는 법률을 살펴보고, 특히 대한민국과의 사이에서 상호보증 유무에 관하여 정리한다.

### 가. 외국재판의 승인 및 집행을 규율하는 법률

미국의 경우 외국재판의 승인 및 집행을 규율하는 연방법(federal law)은 존재하지 않는다. 한편, 미국이 외국재판의 승인 및 집행에 관하여 체결한 양자조약 또는 다자조약도 존재하지 않는다. 따라서 외국재판의 승인 및 집행에 관하여는 각 주법이 적용된다.[440]

미국에서의 금전지급을 명하는 외국재판의 승인 및 집행에 관한 판단기준으로 두 가지의 모델법(model acts)이 존재하는데, 하나는 1962년 제정된 통일외국금전재판승인법(Uniform Foreign Money Judgments Recognition Act, "UFMJRA")이고, 다른 하나는 이를 개정 및 보완하는 성격의 통일외국국가금전재판승인법(Uniform Foreign Country Money Judgments Recognition Act, "UFCMJRA")이다. 그 밖에 이러한 모델법을 채택하지 않고 보통법(common law)의 원칙을 적용하는 주들도 있는데, 주로 외국관계법 제3차 리스테이트먼트(Restatement 3rd of Foreign Relations Law) 및 국제사법 제2차 리스테이트먼트(Restatement 2nd of Conflict of Laws)를 기준으로 삼는다.[441]

이중 UFMJRA 및 UFCMJRA의 내용을 간단히 살펴보면 아래와 같다.[442]

**통일외국금전재판승인법(UFMJRA):**

UFMJRA는 외국법원에서 내려진 금전적 청구를 인용 또는 기각하는 재판

---

440) 김효정, "외국재판의 승인·집행에서의 상호보증 요건에 관한 미국법의 입장 및 시사점", 『국제사법연구』 제26권 제1호, 한국국제사법학회, 2020. 6., 53면.

441) 김효정, "외국재판의 승인·집행에서의 상호보증 요건에 관한 미국법의 입장 및 시사점", 『국제사법연구』 제26권 제1호, 한국국제사법학회, 2020. 6., 53–54면.

442) 미국 각 주 별로 외국재판의 승인 및 집행의 근거가 되는 규정, 상호보증 요건 부과 여부, 우리나라 법원에서 해당 주의 판결에 대하여 상호보증을 인정한 사례가 있는지 여부는 별도 표로 정리하였다.

에 적용되나, 조세, 벌금, 혼인 및 가사 사건과 관련된 재판의 경우에는 금전적 청구가 있더라도 제외된다(UFMJRA Section 1 (2)).[443]

UFMJRA는 종국적이고(final), 확정적이며(conclusive), 집행가능한 외국재판에 적용되며(UFMJRA Section 2),[444] 이러한 외국재판은 UFMJRA에서 정하는 승인거부사유가 없는 한 미국 다른 주의 재판과 동일한 방식으로 승인 및 집행된다(UFMJRA Section 3).[445]

UFMJRA에서 정하는 승인거부사유는 아래와 같이 의무적 승인거부사유(UFMJRA Section 4(a))와 재량적 승인거부사유((UFMJRA Section 4(b))로 나뉜다.

의무적 승인거부사유:

( i ) 해당 재판이 공정한 법원이나 적법절차의 요건을 충족하는 절차를 제공하는 사법제도에 의하여 선고되지 않은 경우

( ii ) 외국법원이 피고에 대하여 대인관할을 가지고 있지 않은 경우

( iii ) 외국법원이 본안에 관한 관할을 가지고 있지 않은 경우[446]

재량적 승인거부사유:

( i ) 외국법원의 절차에서 피고가 방어에 필요한 시간적 여유를 두고 통

---

443) UFMJRA SECTION 1. [Definitions.] (2) "foreign judgment" means any judgment of a foreign state granting or denying recovery of a sum of money, other than a judgment for taxes, a fine or other penalty, or a judgment for support in matrimonial or family matters.

444) UFMJRA SECTION 2. [Applicability.] This Act applies to any foreign judgment that is final and conclusive and enforceable where rendered even though an appeal therefrom is pending or it is subject to appeal.

445) UFMJRA SECTION 3. [Recognition and Enforcement.] Except as provided in section 4, a foreign judgment meeting the requirements of section 2 is conclusive between the parties to the extent that it grants or denies recovery of a sum of money. The foreign judgment is enforceable in the same manner as the judgment of a sister state which is entitled to full faith and credit.

446) UFMJRA SECTION 4. [Grounds for Non-Recognition.] (a) A foreign judgment is not conclusive if (1) the judgment was rendered under a system which does not provide impartial tribunals or procedures compatible with the requirements of due process of law; (2) the foreign court did not have personal jurisdiction over the defendant; or (3) the foreign court did not have jurisdiction over the subject matter.

지를 받지 못한 경우

( ii ) 재판이 사기에 의하여 편취된 경우

(iii) 청구원인 또는 구제청구가 해당 주의 공서에 반하는 경우

(iv) 재판이 다른 종국적이고 확정적인 재판과 충돌하는 경우

( v ) 외국법원의 절차가 문제된 분쟁에 관하여 그 법원에서의 절차가 아닌 다른 방법에 의하여 해결하기로 한 당사자 사이의 합의에 반하는 경우

(vi) 외국법원의 관할이 교부송달(personal service)에만 근거를 두고 있는 때에 외국법원이 소송진행에 있어 현저히 불편한 법정(inconvenient forum)인 경우447)

이러한 요건은 우리나라와 차이가 있는데 가령 우리나라 민사소송법에서는 외국재판 승인을 위하여 통지요건 및 공서요건 충족이 필수인 반면, UFMJRA에는 이러한 위반을 일률적인 승인거부사유로 두지 않고 있어 사안에 따라 법원의 재량 행사가 가능하다. 또한 UMFJRA에는 상호보증요건이 포함되어 있지 않다.

그런데, UFMJRA를 채택한 주들 중 일부는 해당 외국 법원과 미국 법원 간의 상호보증의 부존재를 재량적 승인거부사유로 추가하였고, 조지아주의 경우 이를 의무적 승인거부사유로 추가하였다. 메사추세츠주의 경우 상호보증의 존재가 승인의 적극적 요건으로 추가되어 있다.448)

---

447) UFMJRA SECTION 4. (b) A foreign judgment need not be recognized if (1) the defendant in the proceedings in the foreign court did not receive notice of the proceedings in sufficient time to enable him to defend; (2) the judgment was obtained by fraud; (3) the [cause of action] [claim for relief] on which the judgment is based is repugnant to the public policy of this state; (4) the judgment conflicts with another final and conclusive judgment; (5) the proceeding in the foreign court was contrary to an agreement between the parties under which the dispute in question was to be settled otherwise than by proceedings in that court; or (6) in the case of jurisdiction based only on personal service, the foreign court was a seriously inconvenient forum for the trial of the action.

448) 김효정, "외국재판의 승인·집행에서의 상호보증 요건에 관한 미국법의 입장 및 시사점", 『국제사법연구』 제26권 제1호, 한국국제사법학회, 2020. 6., 56면.

통일외국국가금전재판승인법(UFCMJRA):

UFCMJRA는 2005년 미국 통일법개정위원회(Uniform Law Commission)가 UFMJRA를 개정하여 만든 법이다.449)

2005년 UFCMJRA는 1962년 UFMJRA와 몇 가지 차이가 있는데, 먼저 UFCMJRA에서는 UFMJRA와 달리 외국재판에 대한 승인을 받기 위해서는 승인의 소(recognition action)를 제기해야 한다고 규정한다(UFCMJRA Section 6).450) 이는 이전의 1962년 UFMJRA에서 외국재판도 미국 내 다른 주의 재판과 동일한 방식으로 승인 및 집행될 수 있다고 규정하는 것과 차이가 있다.451)

또한 UFCMJRA에서는 UFMJRA와 달리 승인요건의 존재에 대한 입증책임이 채권자에게 있음을 명시하면서(UFCMJRA Section 3(c)),452) 승인거부사유의 존재에 대한 입증책임은 채무자에게 있다고 규정한다(UFCMJRA Section 4(d)).453)

승인거부사유에도 차이가 있는데, UFCMJRA에는 종래 UFMJRA에서의 6가지 재량적 승인거부사유에 아래 2가지 사유를 추가하였다(UFCMJRA Section 4(c)(7), (8)).454)

（ⅰ） 재판국 법원이 해당 재판과 관련하여 그 무흠결성(integrity)에 중대한

---

449) 김효정, "외국재판의 승인·집행에서의 상호보증 요건에 관한 미국법의 입장 및 시사점", 『국제사법연구』 제26권 제1호, 한국국제사법학회, 2020. 6., 56면.

450) UFMJRA SECTION 6. PROCEDURE FOR RECOGNITION OF FOREIGN—COUNTRY JUDGMENT. (a) If recognition of a foreign—country judgment is sought as an original matter, the issue of recognition shall be raised by filing an action seeking recognition of the foreign—country judgment. (b) If recognition of a foreign—country judgment is sought in a pending action, the issue of recognition may be raised by counterclaim, cross—claim, or affirmative defense.

451) UFMJRA SECTION 3. (⋯) The foreign judgment is enforceable in the same manner as the judgment of a sister state which is entitled to full faith and credit.

452) UFMJRA SECTION 3. APPLICABILITY. (⋯) (c) A party seeking recognition of a foreign—country judgment has the burden of establishing that this [act] applies to the foreign—country judgment.

453) UFMJRA SECTION 4. (⋯) (d) A party resisting recognition of a foreign—country judgment has the burden of establishing that a ground for nonrecognition stated in subsection (b) or (c) exists.

454) 김효정, "외국재판의 승인·집행에서의 상호보증 요건에 관한 미국법의 입장 및 시사점", 『국제사법연구』 제26권 제1호, 한국국제사법학회, 2020. 6., 57면.

의심이 제기되는 상황에서 재판이 내려진 경우

(ⅱ) 외국법원의 특정 재판절차가 적법절차 요건에 위반되는 경우[455]

UFCMJRA은 외국재판에 대한 승인의 소를 제기할 수 있는 제척기간에도 제한을 두는데, 제척기간은 외국재판이 재판국에서 효력을 가지는 기간 또는 외국재판이 재판국에서 효력을 가지게 된 날부터 15년 이내의 기간 중 먼저 만료되는 기한으로 제한된다(UFCMJRA Section 9).[456]

미국 각 주 별로 외국재판을 승인·집행하는 근거 및 상호보증 요건을 성문법상 명시적으로 두고 있는지 여부를 정리하면 아래와 같다.[457]

| 주 명 | 승인/집행 근거 | 상호보증 | 주 명 | 승인/집행 근거 | 상호보증 |
|---|---|---|---|---|---|
| Alaska | UFMJRA | | Montana | UFCMJRA | |
| Arizona | UFCMJRA | | Nebraska | Common Law | |
| Arkansas | Common Law | | Nevada | UFCMJRA | |
| California | UFCMJRA | | New Hampshire | Common Law | |
| Colorado | UFCMJRA | | New Jersey | UFMJRA | |
| Connecticut | UFMJRA | | New Mexico | UFCMJRA | |
| Delaware | UFCMJRA | | New York | UFMJRA | |
| Washington D.C. | UFCMJRA | | North Carolina | UFCMJRA | O |
| Florida | UFMJRA | O | North Dakota | UFCMJRA | |
| Georgia | UFCMJRA | O | Ohio | UFMJRA | O |

---

455) UFMJRA SECTION 4. STANDARDS FOR RECOGNITION OF FOREIGN−COUNTRY JUDGMENT. (…) (c) A court of this state need not recognize a foreign−country judgment if: (…) (7) the judgment was rendered in circumstances that raise substantial doubt about the integrity of the rendering court with respect to the judgment; or (8) the specific proceeding in the foreign court leading to the judgment was not compatible with the requirements of due process of law.

456) UFMJRA SECTION 9. STATUTE OF LIMITATIONS. An action to recognize a foreign−country judgment must be commenced within the earlier of the time during which the foreign−country judgment is effective in the foreign country or 15 years from the date that the foreign−country judgment became effective in the foreign country.

457) 김효정, "외국재판의 승인·집행에서의 상호보증 요건에 관한 미국법의 입장 및 시사점", 『국제사법연구』 제26권 제1호, 한국국제사법학회, 2020. 6., 61−64면에서 인용.

| | | | | | |
|---|---|---|---|---|---|
| Hawaii | UFCMJRA | | Oklahoma | UFCMJRA | |
| Idaho | UFCMJRA | O | Oregon | UFCMJRA | |
| Illinois | UFCMJRA | | Pennsylvania | UFMJRA | |
| Indiana | UFCMJRA | | Rhode Island | Common Law | |
| Iowa | UFCMJRA | | South Carolina | Common Law | |
| Kansas | Common Law | | South Dakota | Common Law | |
| Kentucky | Common Law | | Tennessee | UFCMJRA | |
| Louisiana | Common Law | | Texas | UFCMJRA | O |
| Maine | UFMJRA | O | Utah | UFCMJRA | |
| Maryland | UFMJRA | | Vermont | Common Law | |
| Massachusetts | UFMJRA | O | Virginia | UFCMJRA | |
| Michigan | UFCMJRA | | Washington | UFCMJRA | |
| Minnesota | UFCMJRA | | West Virginia | Common Law | |
| Mississippi | Common Law | | Wisconsin | Common Law | |
| Missouri | UFMJRA | | Wyoming | Common Law | |

## 나. 미국의 각 주와 우리나라 사이의 상호보증 유무에 관한 검토

미국의 각 주와 우리나라 사이의 상호보증 여부를 판단하기 위해서는 미국의 해당 각 주에서 채택하고 있는 외국재판의 승인 및 집행에 관한 규정과 우리나라 민사소송법상 외국재판의 승인 및 집행에 관한 규정을 비교하여 그 내용이 실질적인 관점에서 차이가 없는지를 살펴야 한다.

금전지급을 명하는 외국재판의 경우를 중심으로 보면, UFMJRA, UFCMJRA 또는 외국관계법 제3차 리스테이트먼트를 적용하는 미국의 각 주와 대한민국 사이에는 상호보증이 인정된다고 보는 견해가 일반적이다.[458]

실제 우리나라 법원이 미국 법원 판결에 대하여 상호보증을 인정한 사례를 살펴보면 아래와 같다.[459]

---

458) 김효정, "외국재판의 승인·집행에서의 상호보증 요건에 관한 미국법의 입장 및 시사점", 『국제사법연구』 제26권 제1호, 한국국제사법학회, 2020. 6., 71면.

459) 김효정, "외국재판의 승인·집행에서의 상호보증 요건에 관한 미국법의 입장 및 시사점", 『국제사법연구』 제26권 제1호, 한국국제사법학회, 2020. 6., 72-77면 참고.

| 주 명 | 상호 보증 인정 판례 |
|---|---|
| California | 서울고등법원 2007. 5. 17. 선고2006나52442 판결; 서울중앙지방법원 2017. 2. 10. 선고 2015가합572309 판결; 서울남부지방법원 2018. 6. 29. 선고 2018가합101605 판결; 서울남부지방법원 2017. 12. 8. 선고 2017가합100049 판결 등. |
| Hawaii | 서울중앙지방법원 2014. 10. 31. 선고 2013가합19095 판결. |
| Illinois | 광주지방법원 2010. 9. 2. 선고 2009가합11923 판결. |
| Kansas | 인천지방법원 부천지원 2014. 12. 30. 선고 2014가단38717 판결. |
| Kentucky | 대법원 2016. 1. 28. 선고 2015다207747 판결. |
| Maryland | 수원지방법원 여주지원 2017. 1. 11. 선고 2015가단24296 판결. |
| Massachusetts | 서울민사지방법원 1984. 9. 12. 선고 84가합344 판결. |
| Minnesota | 서울지방법원 동부지원 1995. 2. 10. 선고 93가합19069 판결. |
| Missouri | 서울중앙지방법원 2013. 5. 14. 선고 2012가단233170 판결. |
| Nevada | 대법원 1971. 10. 22. 선고 71다1393 판결; 대전지방법원 서산지원 2012. 4. 4. 선고 2011가단2410 판결. |
| New Jersey | 춘천지방법원 속초지원 2014. 2. 12. 선고 2013가단50482 판결. |
| New York | 서울중앙지방법원 2020. 1. 22. 선고 2019가단5104146 판결; 서울중앙지방법원 2012. 6. 22. 선고 2012가합11773 판결; 서울남부지법 2000. 10. 20. 선고 99가합14496 판결; 서울동부지방법원 2003. 5. 15. 선고 2002가합4137; 대법원 1989. 3. 14. 선고 88므184, 191 판결 등. |
| Oregon | 서울북부지방법원 2013. 5. 29. 선고 2012가합20745 판결; 대법원 2012. 2. 15. 선고 2012므66 판결; 서울고등법원 2011. 12. 7. 선고 2011르689 판결; 부산지방법원 2015. 11. 18. 선고 2014가합13207 판결 등. |
| Texas | 서울고등법원 2014. 12. 11. 선고 2014나1463 판결; 서울중앙지방법원 2000. 11. 2. 선고 2000가합48048 판결; 서울중앙지방법원 2005. 5. 18. 선고 2005가합16381 판결; 서울남부지방법원 2001. 7. 6. 선고 2000가합18630 판결 등. |

한편, 우리나라 법원의 판결 역시 미국에서 승인 및 집행된 사례들이 있는데, 이중 뉴욕주 및 캘리포니아주에서 한국 법원 판결이 승인된 사례는 아래와 같다.

Sung Hwan Co. Ltd. v. Rite Aid Corporation[460]

---

460) *Sung Hwan Co. v. Rite Aid Corp.*, 7 N.Y.3d 78, 850 N.E.2d 647 (2006).

우리나라에서 시판 중이던 미국산 Thrifty 아이스크림에서 식중독균이 검출되자, 이를 수입하여 판매하던 원고가 해당 아이스크림 제조사를 인수한 미국기업을 상대로 우리나라 법원에서 불법행위에 기한 손해배상 판결을 받아 뉴욕주에서 집행에 성공한 사례로, 하급심에서 인적관할을 이유로 승인이 거부되었으나 상급심에서 인적관할이 인정되어 승인 및 집행이 가능하였다.

Hyundai Securities Co. v. Lee[461]

현대증권이 이 전 회장을 상대로 주가조작 등에 따른 손해배상 판결을 받아, 캘리포니아주에서 집행에 성공한 사례로, 캘리포니아주 법상 판결 후 지연이자의 상한은 10%로 제한되어 있으나, 한국법상 지연이자인 20%를 적용하는 것이 공서위반이 아니라고 판단하였다.

---

461) *Hyundai Sec. Co. v. Lee*, 232 Cal. App. 4th 1379, 182 Cal. Rptr. 3d 264 (2015).

# 제 2 장
# 분야별 미국소송 실무

# Ⅰ. 특허침해 구제를 위한 사법시스템 개관

## 1. 특허 분쟁 관할

미국연방헌법 제1조 제8항은 연방의회로 하여금 특허 분쟁 관련 연방법을 제정하도록 규정하고 있으므로, 연방의회가 제정한 연방법에 따라 오직 연방법원만이 특허 분쟁에 대한 관할을 가지게 된다. 이에 따라 연방지방법원에서 제1심을, 연방순회항소법원에서 항소심을 담당하며, 이러한 연방순회항소법원의 결과에 대한 상고 사건을 다루는 연방대법원이 특허 분쟁에 있어 최고 사법기관으로 존재한다.

실무상 특허 분쟁에 대한 제1심 법원으로 텍사스 동부 연방지방법원(E.D. Tex.), 델라웨어 연방지방법원(D. Del.), 캘리포니아 중부 연방지방법원(C.D. Cal.), 캘리포니아 북부 연방지방법원(N.D. Cal.), 뉴저지 연방지방법원(D.N.J.), 이상 5개의 법원에서 다수의 특허사건이 진행되며, 최근 텍사스 서부 연방지방법원(W.D. Tex.)이 새로운 주요 관할 법원으로 주목받고 있다.[1]

---

[1] 2020년에는 텍사스 서부 연방지방법원에 857건의 특허사건이 접수되며 가장 많은 특허사건이 접수된 법원으로 등극하였고, 텍사스 서부 연방지방법원 Waco 지원(支院)의 Albright 판사는 미국 전체 특허사건의 19.5%에 달하는 사건 심리를 진행한 것으로 조사되기도 하였다(https://lexmachina.com/resources/infographic-patent-report-2021/, https://www.patentprogress.org/2021/03/15/one-case-all-the-problems-vlsi-v-intel-exemplifies-current-issues-in-patent-litigation/).

## 2. 특허소송 절차 개요

미국 특허법에는 형사처벌에 대한 규정이 없어 특허소송은 연방법원에서 민사소송으로만 진행되기 때문에 소송 절차는 [제1장 제2절 미국소송 절차]에서 기술한 연방법원의 민사소송 절차를 따른다. 또한 특허소송의 특수성을 고려하여 미국 연방지방법원 중 다수가 특허사건을 위한 별도의 특허사건관리규정(Patent Local Rule)을 마련하여 시행하고 있다.

특허사건관리규정은 특허사건을 주로 다루는 법원 중 캘리포니아 중부 연방지방법원(C.D. Cal.) 및 텍사스 서부 연방지방법원(W.D. Tex.)[2]을 제외한 대부분의 법원에서 채택하고 있고, 일반적으로 침해제품 특정과 청구항 해석 관련 기한 및 요구 사항이 포함된다. 예를 들어 침해주장 특허의 청구항과 침해제품을 특정하여야 하는 기간이나 각종 주장에 대한 답변 마감일을 설정하는 경우가 있으며, 이를 위반한 경우 주장이 기각되는 등의 불이익을 당할 수 있다.

또한 특허사건 고유의 쟁점을 심리하기 위하여 "마크맨 히어링(Markman hearing)"이라는 심리기일이 진행되거나 침해주장(infringement contentions) 또는 무효주장(invalidity contentions)에 관한 공방이 진행되기도 하는데, 이러한 특허사건에서의 구체적인 절차 진행에 관하여는 이하에서 자세히 설명한다.

---

2) 텍사스 서부 연방지방법원은 공식적인 특허사건관리규정을 채택하지 않았지만 최근 2020년 초 Alan Albright판사가 따로 특허사건에 적용되는 규정을 법원심리규칙(standing order)으로 발행한 바 있다.

## Ⅱ. 미국 특허소송의 개시와 초기 대응

### 1. 소송의 개시

#### 가. 소장(Complaint)

#### (1) 특허침해소송 소장의 구성

특허소송의 경우 소제기일 기준 6년 전까지의 침해행위에 대한 손해배상을 청구할 수 있으므로[3] 침해행위의 발생일로부터 6년 이내에 소를 제기할 필요가 있다. 소장은 먼저 법원에 접수(filing)되어야 하므로 원고는 어느 지역에 위치한 법원에서 소송을 개시할 것인지에 대해서도 면밀히 검토해보아야 한다. 아래는 연방법원에서 특허침해소송을 개시하기 위하여 작성된 소장의 예시이다.

---

3) 35 U.S.C. § 286 ("Except as otherwise provided by law, no recovery shall be had for any infringement committed more than six years prior to the filing of the complaint or counterclaim for infringement in the action.").

**IN THE UNITED STATES DISTRICT COURT**
**FOR THE WESTERN DISTRICT OF TEXAS**
**WACO DIVISION**

| | | |
|---|---|---|
| ▨▨▨▨▨▨▨▨▨▨▨▨ | § | |
| | § | |
| Plaintiff, | § | Case No: ▨▨▨▨▨ |
| | § | |
| vs. | § | PATENT CASE |
| | § | |
| ▨▨▨▨▨▨▨▨▨▨▨▨ | § | |
| | § | |
| Defendant. | § | |
| | § | |

## COMPLAINT

Plaintiff ▨▨▨▨▨▨▨▨▨▨ ("Plaintiff" or "▨▨▨") files this Complaint against ▨▨▨▨▨▨▨▨▨ ("Defendant" or "▨▨▨") for infringement of United States Patent No. 9,300,723 (the " '723 Patent").

## PARTIES AND JURISDICTION

1. This is an action for patent infringement under Title 35 of the United States Code. Plaintiff is seeking injunctive relief as well as damages.

2. Jurisdiction is proper in this Court pursuant to 28 U.S.C. §§ 1331 (▨▨▨▨ Question) and 1338(a) (Patents) because this is a civil action for patent infringement arising under the United States patent statutes.

3. Plaintiff is a Texas limited liability company with a place of business at 1 East ▨▨▨▨▨▨▨▨▨▨▨▨▨▨▨▨▨.

4. On information and belief, Defendant is a California corporation with a principal place of business ▨▨▨▨▨▨▨▨▨▨▨▨▨. On information and belief, Defendant may be served through its registered agent, ▨▨▨▨▨▨▨▨▨▨▨▨▨

▨▨▨▨▨▨▨▨▨▨▨▨▨▨▨▨▨▨▨▨▨▨▨▨▨▨▨▨▨▨▨▨▨ | 1

▨▨▨▨▨▨▨▨▨▨▨▨▨▨▨

5.      This Court has personal jurisdiction over Defendant because Defendant has committed, and continues to commit, acts of infringement in this District, has conducted business in this District, and/or has engaged in continuous and systematic activities in this District.

6.      Upon information and belief, Defendant's instrumentalities that are alleged herein to infringe were and continue to be used, imported, offered for sale, and/or sold in this District.

## VENUE

7.      On information and belief, venue is proper in this District under 28 U.S.C. § 1400(b) because acts of infringement are occurring in this District and Defendant has a regular and established place of business in this District at, for example, ▨▨▨▨▨▨▨▨▨▨▨▨ ▨▨▨.

## COUNT I
## (INFRINGEMENT OF UNITED STATES PATENT NO. ▨▨▨▨▨)

8.      Plaintiff incorporates paragraphs 1 through 7 herein by reference.

9.      This cause of action arises under the patent laws of the United States and, in particular, under 35 U.S.C. §§ 271, *et seq*.

10.     Plaintiff is the owner by assignment of the ''▨▨▨▨▨with sole rights to enforce

### PRAYER FOR RELIEF

WHEREFORE, Plaintiff asks the Court to:

(a)　　Enter judgment for Plaintiff on this Complaint on all causes of action asserted herein;

(b)　　Enter an Order enjoining Defendant, its agents, officers, servants, employees, attorneys, and all persons in active concert or participation with Defendant who receive notice of the order from further infringement of United States Patent ███ ███████ (or, in the alternative, awarding Plaintiff running royalties from the time of judgment going forward);

(c)　　Award Plaintiff damages resulting from Defendant's infringement in accordance with 35 U.S.C. § 284;

(d)　　Award Plaintiff pre-judgment and post-judgment interest and costs; and

(e)　　Award Plaintiff such further relief to which the Court finds Plaintiff entitled under law or equity.

**예시 1**　연방법원 특허사건 소장 예시4)

---

4)　http://litigationtools.maxval-ip.com/UnifiedPatentViewDocument/home/index?caseid= 111935.

### (2) 사실관계(Factual Background)

사실관계와 관련하여 특허소송의 소장은 특허사건관리규정에 따라 강화된 기준이 적용될 수 있다. 예전에는 특허권자가 특허침해소송을 제기하기 위해 간단한 내용만 기재하여도 되었으나 최근 개정된 연방민사소송규칙 및 판례에 따라 법원에서 원고에게 제소 특허의 청구항 별로 피고의 침해행위를 특정할 것을 요구하는 등 소장에 적시해야 하는 사실관계에 관한 요건이 더욱 강화되고 있다.[5]

### (3) 청구원인(cause of action)

일반적으로 원고는 소장에 청구원인을 여러 개 포함시킨다. 이는 여러 개의 청구원인을 통해 승소율을 올리려는 전략적 선택일 수도 있고, 또는 특정 청구원인들이 증액배상(enhanced damage), 소송비용(litigation cost 또는 attorney fees) 배상과 같은 특수한 청구취지의 근거가 되기 때문이기도 하다.

특허사건에서는 통상 직접 침해(direct infringement), 간접 침해(indirect infringement) 및 고의 침해(willful infringement)를 기재한다.

### (4) 청구취지(Prayer for Relief)

청구취지란 원고가 해당 소송을 통해 받고자 하는 구제수단이다. 특허사건에서의 구제수단에는 크게 손해배상(damages)과 영구적 금지명령(permanent injunction) 등이 있다.

### (가) 손해배상(Damages)

손해배상청구는 대체로 소장에 정확한 금액을 제시하기보다는 추후 증명

---

5) 2015년 법 개정 후 캘리포니아 북부 연방지방법원은 *Atlas IP LLC v. Pac. Gas & Elec. Co.*, No. 15-cv-05469-EDL, 2016 WL 1719545 (N.D. Cal. Mar. 9, 2016)에서 청구항 별로 특허 직접침해행위(direct infringement)를 특정해야 한다는 기준을 적용하여 이 사건에서는 특허의 직접침해주장 요건이 충족되지 않는다고 판단하였다. 참고로 *Uniloc USA, Inc. v. Avaya, Inc.*, No. 6:15-cv-1168-JRG, Dkt. 48, at *5 (E.D. Tex. May 13, 2016)에서 텍사스 동부 연방지방법원은 기술의 복잡도(complexity)가 그 침해주장의 특정 정도(specificity)에 반영되어야 한다고 판단한 바 있다.

을 통해 구체적인 숫자를 신청할 뜻을 밝히는 것으로 대신한다. 특허침해로 인한 손해배상은 일반적으로 일실이익(lost profit) 또는 합리적 실시료로 구분되는데, 디자인 특허침해에 대하여는 침해자의 이익을 손해배상액으로 인정하기도 한다.[6]

(나) 증액배상(enhanced damages)

특허침해소송의 손해배상과 관련하여 한국법과 가장 크게 구별되는 것 중 하나가 바로 '증액배상(enhanced damages)'이었는데 2019년부터 한국 특허법에도 이와 유사한 3배 배상 제도가 도입되었다.[7] 미국 특허법(연방법률집 제35장)은 판결에서 침해를 인정하는 경우 손해배상액의 총액을 배심원이 인정한 손해액의 3배까지 증액할 수 있도록 하고 있다.[8] 증액배상은 통상 피고가 고의적 또는 악의적으로 특허를 침해하였을 경우(willful infringement)에 그 침해 행위가 일반적인 침해 이상으로 심각하다면(egregious conduct) 법원의 재량에 따라 증액 판결할 수 있게 하고 있다. 고의 침해 여부는 1차적으로는 배심원 평결에 의하여 결정되는데 연방대법원이 *Halo Elec., Inc. v. Pulse Elec., Inc.* 사건을[9] 통해 그 동안 엄격하게 적용되던 고의 침해의 판단기준을 완화하였

---

6) 35 U.S.C. § 284. Upon finding for the claimant the court shall award the claimant damages adequate to compensate for the infringement, but in no event less than a reasonable royalty for the use made of the invention by the infringer, together with interest and costs as fixed by the court. 35 U.S.C. § 289. Whoever during the term of a patent for a design, without license of the owner, (1) applies the patented design, or any colorable imitation thereof, to any article of manufacture for the purpose of sale, or (2) sells or exposes for sale any article of manufacture to which such design or colorable imitation has been applied shall be liable to the owner to the extent of his total profit, but not less than $250, recoverable in any United States district court having jurisdiction of the parties (디자인 특허침해에 관한 특별규정).

7) 대한민국 특허법 제128조 제8항: 법원은 타인의 특허권 또는 전용실시권을 침해한 행위가 고의적인 것으로 인정되는 경우에는 제1항에도 불구하고 제2항부터 제7항까지의 규정에 따라 손해로 인정된 금액의 3배를 넘지 아니하는 범위에서 배상액을 정할 수 있다.

8) 35 U.S.C. § 284 ("In either event the court may increase the damages up to three times the amount found or assessed.").

9) *Halo Elec., Inc. v. Pulse Elec., Inc.*, 136 S.Ct. 1923 (2016).

으므로 미국소송에 익숙하지 않은 한국 기업은 이러한 3배 배상의 위험성에 더 유의할 필요가 있다. 한편, 연방대법원은 Halo 판결에서 고의 침해가 항상 증액배상으로 이어지는 것은 아니며, 단순히 특허의 존재에 대해 알고 있었고 피고의 행위가 침해일 가능성 혹은 침해임을 인지하고 있어 고의 침해가 인정되었다고 하더라도 증액배상을 부여하기 위하여 무모하고 악의적이며 부정직하고 의도적인 침해로 설명되는 심각한 침해행위(egregious conduct)를 인정하는 것은 별개라고 판시하였고, 그런 심각한 행위에 대한 판단 요건은 연방지방법원의 재량에 맡겼다. 최근 연방순회항소법원의 *SRI Int'l, Inc. v. Cisco Systems, Inc.* 판결에서도 Halo 판결에 따라 고의 침해가 있다는 사실만으로 증액배상 요건이 충족되지는 않고, 고의 침해 판단과 손해배상 증액 판단은 별개의 사안임을 분명히 하였다.10)

### (다) 기타 구제수단

기타 구제수단 중 하나인 형평법상의 구제(equitable relief)란, 법원이 원고의 권리를 보호하기 위하여 내리는 금전적 배상 이외의 구제수단들을 일컫는다. 법원이 피고로 하여금 특정 특허침해제품을 영구적으로 생산·판매하지 못하도록 하는 영구적 금지명령(permanent injunction)이 이러한 범주에 속한다.11)

### (라) 소송비용

일반적으로 소송으로 인해 발생한 소송비용은 양 당사자가 각각 부담하게 되고, 패소 시 일방당사자에게 모든 비용을 부담할 것을 강제하지는 못한다. 그러나 미국 특허법 제285조는 예외적으로 합리적인 변호사 비용을 일방 당사자가 상환할 것을 강제할 수 있도록 규정하고 있다.12) 연방대법원이

---

10) *SRI Int'l, Inc. v. Cisco Systems, Inc.*, No. 20-1685, 2021 WL 4434231 (Fed. Cir. Sep. 28, 2021).

11) 또한 선언적 구제(declaratory relief)란 특허 분쟁이 예상될 경우 문제가 될 법한 기술에 대하여 아무런 특허침해 문제가 없다는 확인을 받는 것을 의미한다. 나아가 분쟁이 예상되는 기술 외에도 특허의 소유권, 분쟁이 예상되거나 분쟁 대상이 되는 사실관계에 대하여도 요청될 수 있고 이를 확인하는 확인 판결(declaratory judgment)이 내려질 수 있다.

12) 35 U.S.C. § 285 ("The court in exceptional cases may award reasonable attorney fees

2014년에 *Octane Fitness, LLC v. ICON Health & Fitness, Inc.* 사건과 *Highmark Inc. v. Allcare Health Mgmt. Sys., Inc.* 사건을 통해 그 동안 엄격하게 적용되던 예외적인 법리를 좀 더 완화시키면서, 전체상황(totality of the circumstances)을 종합적으로 고려하여 ① 소송 주장의 실질적인 설득력 부재(lack of substantive strength of litigating position), ② 비합리적인 행동(unreasonable conduct), 혹은 ③ 주관적인 악의(subjective bad faith) 중 하나라도 적용되면 소송비용을 패소한 측에게 부담시킬 수 있도록 하였다.[13]

한편, 소송비용 중 변호사 비용 외에 법원 인지대(filing cost)와 같은 소송비용(litigation cost)[14]은 일반적으로 모두 패소한 측에게 청구할 수 있다.[15] 이러한 소송비용에 대한 상환신청은 거의 대부분 청구취지에 포함시키게 된다.

## 나. 법원의 선택

원고는 소송을 준비함에 있어, 해당 소송을 어느 법원에서 제소할 것인지를 결정하여야 한다. 특허법은 연방법(연방법률집 제35장)으로 규정되어 있으므로 특허침해소송은 원칙적으로 연방법원에서 관할(물적관할)하도록 되어 있다. 이 점을 감안하면 제소법원의 선택 시에는 다음과 같은 여러 가지 요소들이 고려되어야 한다.

### (1) 법원의 지리적 위치

미국에서 특허소송을 제기할 경우에는 피고에 대한 인적·물적관할 등을 고려하고, 재판적이 있는 곳을 관할하는 연방법원 가운데 원고에게 가장 유리한 법원을 골라, 소를 제기하게 된다.[16]

---

to the prevailing party.").

13) *Octane Fitness, LLC v. ICON Health & Fitness, Inc.*, 134 S. Ct. 1749, 1756-57 (2014).

14) 소송 비용에는 인지대 이외에도, 전문가 증언을 위한 전문가 선임 비용(expert witness fees), 심리나 녹취증언의 기록(transcript)을 위한 속기사 비용(court reporter cost) 등이 포함된다.

15) Fed. R. Civ. P. 54(d)(1).

16) 인적관할("personal jurisdiction")과 재판적("venue")의 개념이 간혹 혼동될 수 있다. 두

특허소송에 있어 재판적(venue)이 어느 연방법원에 있는지를 결정하는 기준은 연방법률집(United States Code) 제28장 제1400조 제b항 '사법과 사법절차법(Judiciary and Judicial Procedure)'라는 제하에 별도로 규정되어 있다.[17] 피고가 법인인 경우 연방대법원은 2017. 5. 22. *TC Heartland LLC v. Kraft Foods Group Brands LLC* 사건에서 연방법률집 제28장 제1400조 제b항에 규정된 '피고 법인의 거소(where the defendant reside)'는 법인이 등록된 주를 의미한다고 판결하였다.[18] 이로써 그 동안 "법인의 거소"를 넓게 해석하여 피고에 대한 인적관할권을 행사할 수 있는 모든 주에 특허소송의 재판적(venue)을 광범위하게 인정하여 원고가[19] 자신에게 유리한 재판적을 고를 수 있도록 하는 소위 "법원 쇼핑"(forum shopping)을 허용하던 폐해를 방지하게 되었다. 하지만 연방대법원은 *TC Heartland* 판결에서 외국 회사를 피고로 하는 특허소송에도 위 법조항이 적용되는지는 명시하지 않아, 외국 회사에 대해서는 여전히 기존의 연방민사소송규칙에 따른 해석이 적용된다. 그 결과 외국 회사가 피고인 경우, 각 연방지방법원이 위치해 있는 지역(district) 중 원고가 청구하는 내용을 구성하는 사실관계의 상당 부분이 발생한 지역 혹은 피고에 대해서 인적관할을 가지는 지방법원에서 소송을 제기할 수 있다.[20]

## (2) 기타 고려할 사항

인적·물적관할(jurisdiction) 및 재판적(venue) 등의 문제로 인해 원고가 소

---

가지 개념의 차이점을 간단히 요약하자면, 관할(jurisdiction)은 해당 법원이 특정 사건에 대해서 판결을 내릴 권한에 대한 것인 반면, 재판적은 사건 당사자들의 편의 및 관할권이 행사될 수 있는 '지리적 위치'에 관한 것이다. [제1장 제2절 Ⅲ. 2. 관할(jurisdiction)과 재판적(venue) 참조.]

17) 28 U.S.C. § 1400(b) ("Any civil action for patent infringement may be brought in the judicial district where the defendant resides, or where the defendant has committed acts of infringement and has a regular and established place of business.").

18) *TC Heartland LLC v. Kraft Foods Group Brands LLC*, 137 S. Ct. 1514, 1521 (2017).

19) 특허, 특허비실시자(NPE; Non-Practicing Entities) 혹은 특허괴물(Patent Troll).

20) 28 U.S.C. § 1391(b); *Brunette Machine Works, Ltd. v. Kockum Industries, Inc.*, 406 U. S. 706 (1972). 특허권자들이 한국 기업 등 외국 기업에 대하여 특허권자에게 유리한 지방법원에 소제기를 하는 경향은 최근까지도 이어지고 있다.

를 제기할 수 있는 곳이 한 군데로 제한될 수도 있지만, 경우에 따라서는 여러 법원이 될 수도 있다. 여러 법원에 인적·물적관할 및 재판적이 존재할 경우, 법원 선택을 위해 그 밖에 다른 요소들이 고려될 수도 있다.

예컨대, 각 법원들이 어떤 소송절차(court procedure)를 채택하고 있는지가 검토의 대상이 될 수도 있다. 소송의 신속한 진행이 필요할 경우, 특정 신청 (motion)에 대한 결정이나 변론기일(hearing) 확정 등이 신속히 진행되는 법원 이 선호될 수도 있다. 소송절차의 많은 부분이 담당 판사의 재량에 의하여 결 정되는 경우가 많으므로, 해당 법원 판사들의 전반적인 실무경향은 소송의 신 속한 진행에 영향을 주는 주요 요소가 된다. 이 밖에도 소송절차규정의 특성 이나 업무의 적체 정도 등도 소송진행에 많은 영향을 미친다.

관련 통계자료에 따르면, 특허소송 제소 건수는 2015년 이후 계속 감소하 는 추세였으나 2020년에는 4,060건이 제소되면서 5년만에 다시 증가세로 바뀌 었다.[21] 소장의 접수(filing)부터 재판기일(trial)까지 걸린 평균 시간은 점점 늘 어나는 추세이며 2년 6개월에 육박하고 있다고 한다.[22] 1997년에서 2016년까 지 특허소송 데이터를 분석한 결과, 델라웨어 연방지방법원은 소송의 제소일 로부터 재판기일까지 걸린 평균 시간이 2.1년, 캘리포니아 북부 연방지방법원 은 평균 2.6년, 텍사스 동부 연방지방법원은 2.2년, 일리노이 북부 연방지방법 원은 3.7년이 걸리고, 이에 반해, 소위 "Rocket Docket"이라 알려진 버지니아 동부 연방지방법원과 위스콘신 서부 연방지방법원은 재판기일까지 각 1년, 1.2년이 걸리는 등 재판적마다 각기 다른 양상을 보이고 있다.[23]

판사들의 성향이나 배심재판 시 소집되는 배심원단의 구성 또한 법원 선 택 시 살펴보아야 할 중요한 고려요소이다. 특정 산업분야에 대한 배경지식이 나 관련 쟁점들에 대하여 익숙하고 경험 많은 판사들이 있는 법원에서는, 해 당 산업분야와 연관된 소송이 보다 원활하게 진행될 수 있고 판결이나 평결의

---

21) Lex Machina 2021 Patent Litigation Report at https://lexmachina.com/media/press/ lex-machina-releases-2021-patent-litigation-report/.

22) PwC, 2017 Patent Litigation Study, May 2017, p.7.

23) PwC, 2017 Patent Litigation Study, May 2017, p.22.

방향 또한 어느 정도 예측 가능하다. 예컨대, 원고에게 가장 우호적이라는 평을 받고, 약식판결을 지양하는 것으로 알려진 텍사스 동부 연방지방법원은 특허관리회사(NPE)들이 가장 선호하는 재판적으로 알려져 있었는데, 최근 텍사스 서부 연방지방법원은 델라웨어 연방지방법원에 이어 두 번째로 많은 사건이 접수되는 등 텍사스 동부 연방지방법원을 넘어서는 사건이 접수되고 있는 상황이다.24) 또한 실리콘밸리 등 많은 IT회사들이 자리하고 있는 캘리포니아 중부 및 북부 연방지방법원은 상대적으로 배심원들이 테크놀로지에 대해 익숙하고 합리적이라는 평이 많아 피고 회사들이 선호하는 재판적으로 알려져 있다. *TC Heartland* 판결 이후에는 많은 회사들이 등록되어 있는 지역인 델라웨어 연방지방법원에 특허소송이 몰리는 추세도 보인 바 있다. 영구적 금지명령(permanent injunction)을 비롯한 각종 금지명령(injunction) 발령에 우호적인지 여부도 법원 선택에서 중요한 고려 요소가 될 수 있다. 이처럼 원고는 법원의 선택에 있어서, 판사와 배심원들의 이러한 성향을 유심히 관찰하고 전략적으로 이용할 필요가 있다.25)

한편, 배심재판과 관련하여, 특허소송에서는 대체로 6명 이상으로 구성된26) 배심원단의 평결이 만장일치로 이루어져야 한다. 배심원들 간의 의견 불

---

24) 2021. 3. 2. 위 법원의 배심원들이 *VLSI Technology LLC v. Intel Corporation* 사건에서 NPE인 원고(특허권자)에게 21억 7천 5백만 불(한화 2조 4천억원 상당)의 손해배상액을 인정함에 따라 이러한 경향은 더 증가될 것으로 예상된다(https://www.patentprogress.org/2021/03/15/one−case−all−the−problems−vlsi−v−intel−exemplifies−current−issues−in−patent−litigation/).

25) 이러한 경향은 미국이 아닌 유럽법원을 법정지로 선택하는 경우에도 비슷한데, 예컨대 미국회사인 애플은 2011. 8. 4. 독일 뒤셀도르프 지방법원에 삼성전자 독일법인과 삼성전자를 상대로 갤럭시 탭 등 제품의 판매금지를 구하는 가처분을 신청하였는데, 이는 독일법원이 특허권 규정을 엄격히 적용해 특허권자에 유리한 판결을 낼 뿐 아니라 특허침해소송의 본안판결이 날 때까지 길게는 수년간 특허를 침해한 제품판매를 아예 금지하는 등 특허보호를 위해 적극적인 조치를 취하고 있기 때문이고, 특히 뒤셀도르프 법원은 가처분 신청을 다른 지역보다 빠르게 처리해주고, 2009년 기준 특허권자 승소율이 62%나 되는데 이는 세계 평균 35%와 비교하면 두 배 수준이기 때문이라고 한다(정선주, "민사소송법적 관점에서 본 삼성−애플의 독일 특허쟁송", 『민사소송』 제17권 제1호, 한국민사소송법학회, 2013, 287면 주2).

26) Fed. R. Civ. P. 48(a) (사건의 성격에 따라 6명 보다 많을 수도 있으나 12명 이내로 구

일치로 평결이 이루어지지 못하면 소위 불일치 배심(hung jury)이라는 결과로 이어지는데, 이때에는 심리무효(mistrial)가 선언되어 청구가 기각(dismiss)되거나 배심원 선택 절차부터 시작하여 재판 절차를 초기부터 다시 진행해야 하므로, 상당한 추가 비용이 발생하게 된다.

지리적 조건을 비롯하여 이 같은 다양한 요건들에 기반하여 현재 특허 분쟁이 가장 빈번하게 제기되는 제1심 법원은 텍사스 동부 연방지방법원(E.D. Tex.), 텍사스 서부 연방지방법원(W.D. Tex.), 델라웨어 연방지방법원(D. Del.), 캘리포니아 중부 연방지방법원(C.D. Cal.), 캘리포니아 북부 연방지방법원(N.D. Cal.), 뉴저지 연방지방법원(D.N.J.) 등으로 알려져 있다.

## 2. 응소절차(Appearance)

### 가. 답변서 제출(Answer)

[제1장 제2절 Ⅶ. 답변서(answer) 및 반소(counterclaim) 제출]에서 살펴본 바와 같이 특허소송의 경우에도 피고가 답변서를 제출하는 경우, 피고의 답변 방식에는 크게 (1) 소장 내용의 인정 또는 부인(admit or deny), (2) 적극적 항변(affirmative defense), (3) 반소(counterclaim) 등이 있다.

피고는 소장에서의 원고의 청구를 부인하는 소극적인 방식으로 항변(defense)할 수 있고,[27] 이에 더하여 새로운 사실을 적극적으로 기재하여 원고의 청구가 배척되어야 함을 주장할 수 있는데, 이를 피고의 공격적인 방어수단인 '적극적 항변'(affirmative defense)이라 한다. 답변서를 제출할 때 적극적 항변을 명시하지 않은 경우에는 이를 포기(waive)한 것으로 보아 추후 답변서에 언급되지 않은 항변을 뒷받침할 증거가 나타나더라도 이를 재판(trial)에서 주장할 수 없다.[28] 특허소송에서 통상적으로 주장되는 적극적 항변은 특허 비침해(noninfringement), 특허무효(invalidity), 특허실시권 보유(license), 금반언 원

---

성된다).

27) 소극적 항변(negative defense)이라고 불리기도 한다.

28) Fed. R. Civ. P. 8(c).

칙(equitable estoppel), 특허등록 절차에서의 신의성실 원칙에 반하는 행위 혹은 부당행위(inequitable conduct), 계약의무위반, 손해배상의무 부존재 등이 있다.

권리행사 해태 혹은 태만(laches)은 형평법에 따라 원고가 침해사실을 알고도 침해소송을 불합리하게 그리고 용납할 수 없게 뒤늦게 제기한 경우에 대한 적극적 항변으로 인정이 되었었으나,[29] 2017년 3월 연방대법원에서는 *SCA Hygiene Prods. Aktiebolag v. First Quality Baby Prods., LLC*, 137 S. Ct. 954 (2017) 사건을 통해 실질적으로 laches는 더 이상 특허침해에 대한 항변이 될 수 없다고 판시하였다. 또한 유의할 점은 아래 논의될 기각 또는 각하 신청의 사유와 동일하게 연방민사소송규칙 제12조 제b항 제2호 내지 제5호에 해당하는 사유를 기재하지 않을 경우, 그 사유를 근거로 한 항변을 포기한 것으로 간주되기 때문에 조금이라도 적용 가능성이 있다면 해당 사유에 대한 이의 제기를 답변서에 명확히 포함시켜 제출해야 한다.

## 나. 반소(Counterclaim) 제기

피고는 답변서 제출 시 원고를 상대로 "반소(counterclaim)"를 제기할 수 있는데 반소는 다시 "강제반소(compulsory counterclaim)"와 "임의반소(permissive counterclaim)"로 구분된다. 특허소송에서 강제반소의 예로는 특허 비침해(non-infringement), 특허무효(invalidity), 특허실효(unenforceability) 등의 선언적 구제(declaratory judgment)가 있는데, 이는 원고의 청구 배경이 되는 동일한 거래관계 또는 사실관계(same transaction or occurrence)에서 기인하는 청구로서 답변서에서 제기하지 않으면 추후 주장이 불가능하다. 한편, 임의반소는 원고의 청구 배경이 되는 사실관계에서 기인하지 않는 청구로서 그 예로 피고의 특허권에 대한 원고의 침해, 부정경쟁 행위, 영업비밀침해 등 피고가 해당 소송과 별도로 제소를 함으로써 진행될 수 있는 반소이다. 피고는 반소를 통해 원고에게 부담을 주는 한편, 협상을 통한 소송 조기 종결을 기대할 수 있다.

---

29) 권리행사 태만이 인정되는 시적 기준은 통상 6년이라고 보는 것이 일반적인 견해였다.

## 다. 답변서 제출 전 신청(Pre-Answer Motion)

피고는 답변서 제출기한 내에 답변서를 제출하지 않은 상태에서 법원에 대한 각종 신청을 고려할 수 있다.

통상 특허소송에서는 연방민사소송규칙 제12조 제b항 제6호상의 청구원인기재불충분(failure to state a claim upon which relief can be granted)을 사유로 한 "각하신청(motion to dismiss)"이[30] 자주 이용되는데, 이는 소장에 적시되어 있는 사실관계가 사실이라고 가정하더라도 이를 바탕으로 한 적절한 법적 주장이 소장상에 결여되어 있는 경우와 소장상의 청구원인을 뒷받침하는 사실관계가 최소한의 구체성마저 결여하고 있는 경우에 이용될 수 있으며 실제로 특허소송에서는 침해를 주장하는 사실관계의 부실을 근거로 보편적으로 활용되고 있다. 이 밖에도 일반 민사소송절차에서 보편적으로 활용되는 '구석명신청(motion for a more definite statement)' 또는 '삭제신청(motions to strike)' 절차도 특허소송에서 활용된다.[31]

한편, 피고는 답변 전 신청에 대한 법원의 결정 후 14일 이내에 답변서를 제출해야 한다.[32]

---

30) Fed. R. Civ. P. 12(b)(6).
31) 구석명신청 및 삭제신청에 대한 설명은 위 [제1장 제2절 IX. 1. 소각하 신청]을 참고할 것.
32) Fed. R. Civ. P. 12(a)(4).

# Ⅲ. 소송진행계획의 수립과 증거개시절차(Discovery)

## 1. 소송진행계획 수립 단계

대체로 소장이 접수되면, 향후 소송의 진행 일정 및 초기에 논의되어야 하는 여러 쟁점(예컨대, 증거개시절차 관련 쟁점이나 주로 논의되어야 하는 기타 쟁점) 등이 먼저 정리되고, 이어서 구체적인 소송 진행 방향 및 일정이 결정된다. 구체적인 절차는 특허사건관리규정의 채택 여부 등에 따라 법원마다 약간의 차이가 있으나 그 전체적인 모습은 거의 비슷하다. 따라서 일반 민사소송에서와 마찬가지로 법원의 '1차 기일명령(initial scheduling order)' 또는 '사건관리지침(case-management guideline)' 등이 사건 초반에 내려지고, 이어서 연방민사소송규칙 제26조 제f항에 기한 '절차진행회의(meet and confer conference)',[33] 제16조에 따른 '사건관리기일(CMC 절차)'[34] 등이 진행된다.[35]

---

33) Fed. R. Civ. P. 26(f).

34) Fed. R. Civ. P. 16.

35) 이들 절차에 관한 보다 자세한 사항은 위 [제1장 제2절 Ⅵ. 소송 진행 계획 수립]을 참고할 것.

IN THE UNITED STATES DISTRICT COURT
FOR THE EASTERN DISTRICT OF TEXAS
MARSHALL DIVISION

| | | |
|---|---|---|
| (████ ████████ LLC | § | |
| | § | Case No. 2:16-CV-(████ ██-RSP |
| v. | § | LEAD CASE |
| | § | |
| ████ ████ ████████ | § | |

### ORDER

This case is set for a scheduling conference in Marshall, Texas on June 30, 2016 at 1:30 p.m. before the Honorable Rodney Gilstrap.  The purpose of the scheduling conference will be to assign a claim construction hearing date and a trial setting.  The parties shall be prepared to inform the Court whether they will consent to trial before the Magistrate Judge.

The parties shall prepare and submit a proposed docket control order, a proposed discovery order and a proposed protective order, within the time periods contained in the schedule set forth hereinafter.[1]  These orders shall be guided by the sample docket control, discovery, and protective orders for patent cases, which can be found on the Court's website. The sample orders include provisions that require input from the parties.  If the parties are unable to reach agreement on these provisions, then the parties shall submit to the Court their competing proposals along with a summary of their disagreements in a single joint submission.

The sample orders include provisions that are mandatory and are not subject to change without showing good cause.  Good cause shall not be considered to be met simply by an indication of the parties' agreement.  Should either party believe good cause can be shown to alter an otherwise mandatory provision, then such party shall file a separate motion to alter the

---

[1] Timely submission of the parties' proposed docket control order, proposed discovery order and proposed protective order will be viewed by the Court as complying with the conference requirement of Rule 26(f).

Case 2:16-cv-██████-RSP    Document 10    Filed 06/06/16    Page 2 of 2 PageID #: 32

provision after the parties have filed the proposed docket control and discovery orders with the mandatory provisions intact as previously required above.

Furthermore, it is hereby ORDERED that the following schedule of deadlines is in effect until further order of this Court:

| | |
|---|---|
| 6 Weeks After Scheduling Conference | Comply with P.R. 3-3 & 3-4 (Invalidity Contentions) |
| 3 Weeks After Scheduling Conference | *File Proposed Protective Order and Comply with Paragraphs 1 & 3 of the Discovery Order (Initial and Additional Disclosures)<br><br>The Proposed Protective Order shall be filed as a separate motion with the caption indicating whether or not the proposed order is opposed in any part. |
| 2 Weeks After Scheduling Conference | *File Proposed Docket Control Order and Proposed Discovery Order<br><br>The Proposed Docket Control Order and Proposed Discovery Order shall be filed as separate motions with the caption indicating whether or not the proposed order is opposed in any part. |
| 1 Week After Scheduling Conference | Join Additional Parties |
| 3 Days After Scheduling Conference | *File Notice of Mediator |
| 2 Weeks Before Scheduling Conference | Comply with P.R. 3-1 & 3-2 (Infringement Contentions) |

**SIGNED this 6th day of June, 2016.**

UNITED STATES MAGISTRATE JUDGE

예시 2    Initial scheduling order의 예시

특히 특허소송에서 법원은 소송대리인들과의 CMC 회의를 통해 향후 일정을 확정하고, 이에 대한 기일명령(scheduling order)을 내리게 되는데,[36] 이때 특허사건관리규정을 채택한 법원의 경우 해당 규정에 따라 특허청구항 해석을 위한 마크맨 히어링(Markman hearing), 침해주장(infringement contentions), 무효주장(invalidity contentions) 기일 등을 기일명령에 포함하기도 한다.

## 2. 증거개시절차(discovery) 중 전문가 의견

미국 특허소송에서는 사실관계의 증거개시 외에 배심원들에게 특허의 기능, 가치, 침해여부, 손해액 등에 대한 전문적인 의견을 증언할 수 있는 전문가의 활용이 거의 필수적이다. 전문가 증인의 법정 증언은 당사자의 신청만으로 가능한 것이 아니고, 해당 분야와 증언의 관련성(relevancy)과 신뢰성(reliability)을 판사가 고려하고 허용을 해야만 가능하며, 이때 판사가 전문가 증인의 증언을 허용할지 여부를 판단하는 기준으로 도버트(Daubert) 기준이 있다.

도버트(Daubert) 기준은 1993년 연방대법원의 *Daubert v. Merrell Dow Pharmaceuticals* 판결을 토대로 마련되었다.[37] 증거의 관련성 여부는 사실발견자(trier of fact), 즉 배심원들이 쟁점과 관련된 사실 또는 증거를 이해하는 데 도움이 되는지를 판단하여 결정되고, 증거의 신뢰성은 대체적으로, (1) 해당 이론이나 기술의 검증(tested) 여부, (2) 학계의 동료 학자들에 의한 심사(peer review) 및 출판(publication) 여부, (3) 알려져 있는 또는 잠재적인 오차비율(error rate), (4) 해당 기술의 운용(operation)을 통제하는 기준의 존재와 유지(maintenance) 여부, (5) 관련 업계(relevant scientific community)에서 일반적으로 인정(widespread acceptance)되어 왔는지 여부의 5가지 요건을 고려하여 판단된다. 이 외에도 실제 사건마다 조금씩 다른 요소들이 고려되는 경우도 있다.

---

36) 비교적 간단하거나 전형적인 사건의 경우 기존에 제출된 Fed. R. Civ. P. 26(f) 보고서의 내용에 기반하여 CMC 회의 없이 곧바로 판사의 재량으로 기일명령이 내려지기도 한다.

37) *Daubert v. Merrell Dow Pharms.*, 509 U.S. 579 (1993).

배심원 재판기일(trial)에서 증언할 전문가들은 소송 초기에 선임되고 상대방 당사자에게도 명단이 통지되는데 증거개시가 진행되는 동안 전문가들은 수집된 증거를 통해 전문가로서의 의견을 서면으로 작성하여 상대방에게 전달해서 반박할 기회를 주고, 그 전문가 의견서에 포함된 내용 한도 내에서 변론기일(trial)에 법정에서 배심원들 앞에서 증언할 수 있다.

소송 당사자는 법정 증언 이전에 해당 전문가의 전문성, 의견의 신뢰도 및 관련성을 검증하기 위해 해당 전문가에 대한 녹취증언을 통한 반박, 해당 전문가의 의견을 반박하는 다른 전문가의 의견서 제출 등 다양한 증거개시의 방법을 활용한다.

## 3. 마크맨 히어링(Markman Hearing)

마크맨 히어링은 제소 특허의 청구항 해석(claim construction)을 통하여 특허의 권리범위를 확정하는, 미국 민사소송 중에는 특허소송에만 있는 특이한 제도로서, 연방대법원의 *Markman v. Westview Instruments* 판결[38]에 터잡아 특허소송의 절차로 실무상 확립 되었다. 마크맨 히어링은 배심 재판기일 이전에 특허청구항을 해석하는 주체가 되는 통상의 기술자(Person of Ordinary Skill In The Art, POSITA)를 확정한 다음 내적 증거(intrinsic evidence)와 외적 증거(extrinsic evidence)에 근거하여 특허청구항의 개별 용어 등을 해석한다. 내적 증거란, 특허청구항, 특허명세서(patent specification), 출원심사경과기록(prosecution history) 등의 특허출원 및 등록 관련 서류들을 말하며, 이 중 특허명세서와 청구항에서의 해당 용어의 설명 및 사용태양 등이 가장 중요한 자료가 된다. 외적 증거는 내적 증거 외의 전문가 증언, 발명자의 증언, 관련 저명논문, 사전, 특허출원 시 인용되지 않은 선행기술(prior art) 등의 증거를 말하며, 내적 증거로 해당 청구항의 해석이 가능하다면 외적 증거는 활용되지 않는 경우가 대부분이다.

마크맨 히어링은 제1심 법원인 연방지방법원 판사의 결정에 의해 진행되

---

38) *Markman v. Westview Instruments, Inc.*, 517 U.S. 370 (1996).

는데, 법령에 규정된 절차가 아니므로 담당 판사에 따라 실시 여부 및 절차 진행방식에 차이가 있다. 마크맨 히어링에서 해석될 청구항 및 용어의 수는 통상 특허사건관리규정에 따라 지정되거나 판사의 지시에 따라 제한될 수도 있다. 청구항 해석 결과에 따라 침해 또는 무효가 확정되어 소송의 조기종결이 가능한 경우에는 소송 당사자의 신청에 의해 증거개시 절차 이전의 소송 초기에 진행될 수도 있다.

마크맨 히어링의 결과는 법적 판단으로서 담당 판사의 결정으로 확정된다. 대체적으로 마크맨 히어링이 실시된 후 담당 판사들은 특허청구항 해석 명령(claim construction order)을 내리고 있다. 청구항 해석에 따라 특허의 권리범위가 결정되기 때문에 마크맨 히어링의 결과는 특허침해 및 무효판단에 지대한 영향을 미친다. 원칙적으로 특허청구항 해석 명령에 대한 항고(interlocutory appeal)가 허용되지 않기 때문에 특허청구항 해석 명령에 대하여는 1심 소송에서 해당 명령에 의한 특허청구범위 해석을 기초로 배심재판을 거치고 최종판결이 내려진 후에 그 판결에 대한 항소를 하면서 다툴 수밖에 없다.

# IV. 변론기일(trial) 전 각종 신청(motion) 제도

## 1. 예비적 금지명령(preliminary injunction)

　　미국 특허소송의 원고는 일반적인 민사소송에서와 마찬가지로, 소송 진행 중 피고가 침해행위를 계속하여 원고가 승소하더라도 판결의 효력이 무력화되는 것을 방지하기 위해 잠정적 구제조치(provisional remedy)의 하나인 예비적 금지명령(preliminary injunction)을 신청할 수 있다.[39] 우리나라에서 본안소송과 별도로 신청하는 것과 달리, 미국에서는 본안소송의 일부로서 신청이 가능하며, 소장에서 영구적 금지명령(permanent injunction)을 청구한 경우에만 가능하다. 예비적 금지명령은 연방민사소송규칙 제65조에 근거하여 이루어지며, 신청인은 (1) 본안에서의 승소가능성(likelihood of success on the merits), (2) 회복하기 어려운 손해(irreparable injury), (3) 금지명령이 발령되었을 경우 피신청인이 입게 되는 불이익과 금지명령이 기각되었을 경우 신청인이 입게 되는 불이익 간의 비교형량(balance of equities), (4) 공공의 이익(public interest) 등의 요건에 비추어 볼 때 예비적 금지명령이 필수적이라는 점을 입증해야 한다.[40] 예비적 금지명령은 대체로 소장의 접수와 송달이 이루어지는 즉시 원고가 신청하지만, 법원은 서면 제출과 구술변론의 절차를 모두 거치고 나서 인용 여부의 결정을 한다. 급박한 경우에는 예비적 금지명령 이전 단계에서 잠정적 금지명령(temporary restraining order)을 신청할 수도 있는데, 이 경우에는 상대방에 대한 통지 및 구술변론 없이 일방적인 절차(*ex parte*)로 진행된다.[41]

---

39) Fed. R. Civ. P. 65 (a).

40) *Winter v. Natural Resources Defense Council, Inc.*, 129 S.Ct. 365 (2008). ("A plaintiff seeking a preliminary injunction must establish that he is likely to succeed on the merits, that he is likely to suffer irreparable harm in the absence of preliminary relief, that the balance of equities tips in his favor, and that an injunction is in the public interest."); *Metalcraft of Mayville, Inc. v. The Toro Co.*, 848 F. 3d 1358 (Fed. Cir. 2017).

41) 잠정적 금지명령(temporary restraining order)에 대한 상세한 내용은 제1장 제2절 IX. 2. 참조.

한편 영구적 금지명령(permanent injunction)은 재판에서 침해가 결정된 이후 법원이 구제수단의 일환으로 선고하는 최종 결정의 하나로 보는 것이 일반적이며 예비적 금지명령이 내려진 사건에서 원고가 승소하는 경우 이미 내려진 예비적 금지명령이 영구적 금지명령이 되는 경우가 많다.

## 2. 약식판결(Summary judgment)

특허침해소송에 자주 활용되는 약식판결 신청 사유로는 특허무효, 특허침해/비침해가 대표적이다. 특허무효가 인정되면 원고의 청구가 기각되고, 만일 특허침해가 약식판결로 인정되면 배심재판은 손해배상청구만 심리하게 되며, 이 경우 이미 침해가 인정되었다는 사실은 손해액 산정에서 침해자에게 불리하게 작용할 수 있다. 구체적인 약식판결 절차와 법리는 일반 민사소송 절차와 같으며, 이에 관해서는 위 [제1장 제2절 IX. 3. 약식판결 신청]에서 살펴보았다.

# V. 배심재판(jury trial) 절차

## 1. 배심원의 선정과 역할

배심원은 자신들에게 제출되는 모든 증거를 바탕으로 사실관계에 대한 판단을 하는 '합리적인 사실 발견자(reasonable trier of fact)'의 역할을 하는데, 특허소송에서는 특허침해 여부, 특허 무효 여부, 손해배상액의 액수, 고의 침해 여부 등을 결정한다.

수천억 원에서 수조 원에 이르는 손해배상액이 인정되곤 하는 특허침해소송에서도 배심원은 아래 예시와 같이 특허침해 여부, 특허 무효 여부의 결론과 최종적인 손해배상 액수만 배심원 설시문(jury instruction)에 따른 평결(verdict)에 표기할 뿐 그러한 금액에 이르게 된 과정은 전혀 개시하지 않는다.

What is the amount of damages you find ▓▓▓ has proven by a preponderance of the evidence for Intel's past infringement of the '▓▓▓ Patent?

$ _____1,500,000,000_____.

**Question No. 7:** Answer the following question if there is at least one claim of the '▓▓▓ Patent for which you answered "Yes" in either Question 2 or Question 3, and "No" in Question 4.

What is the amount of damages you find ▓▓▓ has proven by a preponderance of the evidence for ▓▓▓ past infringement of the '▓▓▓ Patent?

$ _____675,000,000_____.

예시 3 배심원 평결의 예[42]

배심원 평결은 일반적인 민사소송에서와 마찬가지로 만장일치(unanimous)에 의한 평결이 요구되며, 만장일치가 되지 않는 경우 새롭게 재판을 진행하여야 한다.[43] 그 밖에 특허소송에서의 구체적인 배심재판 절차는 일반적인 민사소송에서 이루어지는 절차와 동일하며, 이에 관해서는 위 [제1장 제2절 X. 배심재판 절차]에서 살펴보았다.

---

42) 텍사스 서부 연방지방법원의 *VLSI Technology LLC v. Intel Corporation* 사건의 2021. 3. 2. 자 배심원 평결 중 일부(손해배상액이 한화 2조 4천억 원 상당임).

43) Fed. R. Civ. P. 48 (b).

## Ⅵ. 손해배상 청구

### 1. 개 요

미국 특허법상 손해액 산정과 관련된 조항인 특허법 제284조 전단에는 다음과 같이 규정되어 있다.

> 청구인의 청구를 인용할 경우 법원은 침해에 대한 적절한 손해배상을 명하여야 하고, 그 손해액은 침해자가 사용한 특허발명에 대한 합리적인 실시료 상당액과 법원이 정한 비용 및 이자의 합보다 적어서는 안 된다. 배심에 의하여 손해액을 산정하지 않을 경우에는 법원이 이를 산정하여야 한다. 어느 경우든 법원은 배심이 인정한 손해액 또는 법원이 평가한 손해액의 3배까지 증액할 수 있다.[44]

### 2. 일실이익

위 조문에 따라 특허법상 청구할 수 있는 손해액은 일실이익(lost profit)과 합리적인 실시료 상당액으로 나눌 수 있다. 이 중 일실이익은 침해가 없었더라면 특허권자가 얻었을 이익을 산출하는 것이 기본이므로 인과관계(causation)의 증명이 필요하다. 인과관계를 증명하기 위해서는 여러 방법이 있지만 많은 법원은 *Panduit* test[45]로 불리는 4가지 요건을 고려한다. 요건은 다음과 같다: (1) 특허 제품에 대한 현존하는 수요가 있을 것, (2) 수용할 수 있는 비침해 대체제품이 존재하지 않을 것, (3) 특허권자에게 침해자의 판매량을 생산할 수 있는 능력이 있을 것, (4) 침해로 인한 일실이익의 수량화가 가능할 것. 위

---

44) 35 U.S.C. § 284 ("Upon finding for the claimant the court shall award the claimant damages adequate to compensate for the infringement, but in no event less than a reasonable royalty for the use made of the invention by the infringer, together with interest and costs as fixed by the court. When the damages are not found by a jury, the court shall assess them. In either event the court may increase the damages up to three times the amount found or assessed.").

45) *Panduit Corp. v. Stahlin Bros. Fibre Works, Inc.*, 575 F.2d 1152, 1156 (6th Cir. 1978).

요건 중 하나라도 증명하지 못하면 일실이익은 인정되지 않고, 합리적인 실시료 상당액에 의한 손해배상만이 인정된다.

## 3. 합리적인 실시료 상당액 (조지아-퍼시픽 요소)

합리적인 실시료 상당액의 산정방법은 법에서 특정하지 않았기 때문에 이를 산정하기 위해서 뉴욕 남부 연방지방법원의 판결에서 제안한 조지아-퍼시픽(Georgia-Pacific) 요소[46]가 주로 사용되고 있다. 이는 침해가 개시된 시점을 기준으로 권리자와 침해자간에 라이선스를 교섭하였을 "가상의 협상"을 바탕으로 합리적인 로열티 손해배상액을 정할 때 고려하는 요소이고, 손해배상 전문가는 아래 15개의 요소에 대하여 구체적인 분석을 제시하여야 하며[47] 실시허락을 거절할 수 없는 표준특허의 실시료를 계산함에 있어서는 4, 5, 8, 9, 10의 요건은 배제하기도 한다.[48]

### 가. 기존 실시료

기존 실시료는 특허권자가 침해자가 아닌 다른 사람에게 특허발명의 실시를 허락하고 받았던 실시료를 뜻하며, 단순한 제안에 불과하거나, 소송을 피하기 위한 협상, 조정에서 제시한 의견은 이에 해당하지 않는다. 침해가 소송에서 확정된 이후 협상에서 체결된 실시계약은 증거로 사용 가능하다. 특허권자에게 확립된 실시료(율)와 확립된 실시프로그램이 흔히 있는 것은 아니어서 그 증명이 쉽지 않으나, 증명이 가능하면 합리적인 실시료 상당액 산정에 있어 가장 강력한 근거로 활용될 수 있다. 확립된 실시료는 손해배상액의 하한으로 작용할 수 있을 뿐이므로 특허권자가 다른 요건들을 적절히 증명하면

---

46) *Georgia-Pacific Corp. v. United States Plywood Corp.*, 318 F. Supp. 1116 (S.D.N.Y. 1970), mod. and aff'd, 446 F.2d 295 (2d Cir. 1971), cert. denied, 404 U.S. 870 (1971).

47) *Whitserve, LLC v. Computer Packages, Inc.*, 694 F. 3d 10, 31 (Fed. Cir. 2012).

48) *Ericsson, Inc. v. D-Link Systems, Inc.*, 773 F.3d at 1230; *Commonwealth Scientific and Indus. Research Organisation v. Cisco Systems, Inc.*, 809 F.3d 1295, 117 U.S.P.Q.2d 1527 (Fed. Cir. 2015), cert.denied,136 S. Ct. 2530 (2016).

실제 소송에서는 그보다 높은 액수의 손해배상액이 인정될 수도 있다. 비교대상이 되는 실시계약은 서로 유사한 형태여야 하므로 일시금 방식(lump sum)으로 계약한 실시계약을 경상실시료(running royalty) 산정과의 비교자료로 사용할 수는 없고, 기존 계약자의 회사 규모나 매출, 계약조건이 침해자와 심하게 차이가 날 경우에도 비교자료에서 제외될 수 있다.

### 나. 유사 실시료

소송대상이 된 특허와 비교할 수 있는 다른 특허의 실시대가로 실시권자가 지급한 실시료를 뜻한다. 제3자 사이에 체결된 실시계약에 관하여는 그 내용을 특허권자나 침해자가 가상의 실시협상 당시 알 수 없고, 그 계약에서 정한 실시료를 알 수 있다고 하더라도 구체적인 조건이나 계약에 포함된 특허의 내용까지는 모를 수 있으므로 유사 실시료 요건의 자료에서 배척될 수도 있다. 표준특허에 관한 최근 사건에서는 이 요건을 주로 사용하여 FRAND Royalty rate를 결정하기도 하였다.[49]

### 다. 기존 실시계약의 성격 및 범위

전용실시권인지 여부, 지역적 제한의 유무, 제조된 제품의 판매대상 등으로, 실제 계산에 미치는 효과는 크지 않은 요소이다.

### 라. 실시허락권자의 정책

타인에게 발명의 사용을 허락하지 않거나 또는 특별한 조건 아래서만 실시허락을 하여 특허독점을 유지하고자 하는 실시허락권자의 확립된 정책 및 프로그램을 말한다. 특허권자가 전체시장에 대하여 공급할 능력이 있고 특허를 통하여 경쟁자를 배제하는 정책을 채택하고 있다면, 합리적 실시료 상당액은 상당히 큰 액수가 될 수 있다. 표준특허의 경우는 FRAND 조건을 따라야

---

49) *Ericsson, Inc. v. D-Link Systems, Inc.*, 773 F.3d 1201 (Fed. Cir. 2014).

하므로, 특허권자가 이와 다른 실시정책을 주장할 수 없고, 배심원 설시문에
서도 이 요건은 배제해야 한다.[50]

## 마. 실시허락권자와 실시권자의 관계

경쟁관계의 존부 및 경쟁의 지역적 또는 분야별 범위 등이 고려요소이며,
경쟁관계에 있는 경우 특허권자에게 협상의 우위가 있어서 실시료율이 높을
수 있다. 경쟁제품이 시장에 나올 경우 특허권자의 제품가격의 인하요인이 되
고, 할인판매 등의 영업전략도 채용해야 하는 점 등을 고려한다.[51]

## 바. 비특허제품에의 영향

특허제품의 판매가 실시자의 다른 제품의 판매촉진에 미친 영향(실시자 측
면)을 고려하며, 실시허락권자의 비특허제품의 판매의 촉진제로서의 특허발명
의 존재가치 또는 그 파생적, 부수적 판매의 정도(특허권자 측면)를 고려한다.

## 사. 특허권의 존속기간 및 실시계약 기간

특허권의 가치와 관련한 부분이기는 하나, 실시료의 결정에 중대한 영향
을 미치는 요소로 보기는 어렵다. 존속기간이 짧게 남았다고 하더라도 오랜
기간 성공적인 특허제품시장이 형성되어 있는 경우는 실시료율이 높아질 수
있으므로, 기간 자체가 실시료율 결정의 중요요인은 되지 않는다.

## 아. 특허제품의 수익성, 상업적 성공도 및 현재의 인기도

가상적인 협상이 행하여졌을 것으로 보이는 시점에서의 예상과 실제 침
해를 통하여 얻은 성과를 모두 고려한다. 표준특허는 표준에 포함된 것 때문
에 가치가 높아지고 상업적인 성공을 거둔 것이기 때문에 이 요건은 표준특허

---

50) *Ericsson, Inc. v. D-Link Systems, Inc.*, 773 F.3d 1201, at 1230 (Fed. Cir. 2014).

51) *TWM Mfg. Co., Inc. v. Dura Corp.*, 789 F.2d 895, 898, 229 U.S.P.Q. 525 (Fed. Cir. 1986).

에 적용되지 않는다.

### 자. 특허제품의 유용성 및 이점

유사한 결과를 구현하기 위하여 사용되어온 기존 방식이나 제품과 대비할 때 특허권이 갖는 유용성 및 이점을 말한다. 이 요건도 표준특허에는 적용되지 않으며 비침해 대체제품의 존재는 실시료를 낮출 수 있으므로 이 요건 판단 시 고려해야 한다.

### 차. 특허발명의 성질

특허발명의 전반적인 상업화 관련 사항을 고려하는 요소로, 특허발명의 성질, 실시허락권자에 의하여 소유 또는 생산된 특허발명의 상업적으로 구체화된 성격, 특허발명을 사용해 온 자가 받은 편익을 말한다. 만일 발명이 제품의 일부에만 적용될 경우 그 발명의 가치에 대한 구체적인 증거를 제시해야 하며, 특허발명명의 성질 요건을 분석하면서 대상제품을 최소단위(smallest saleable unit)에 한정하지 않고 전체제품으로 한 경우는 잘못된 분석이므로 증거에서 배제되어야 한다.[52] 이 요건도 표준특허에는 적용되지 않는다.

### 카. 특허 침해자의 특허발명 사용 정도

침해 이후의 사정을 반영하는 유일한 요건으로, 침해된 특허발명의 실시 없이는 얻을 수 없는 이익을 고려한다. 판매, 이익, 부수적 판매, 주가상승 등 침해된 특허에 귀속될 수 있는 경제적 이익을 모두 포함하며 침해된 제품이 광범위하게 사용된 경우는 특허의 가치가 더 높은 것으로 평가된다.[53]

---

52) *VirnetX, Inc. v. Cisco Systems, Inc.*, 767 F.3d 1308, 1327-28, 113 U.S.P.Q.2d 1112 (Fed. Cir. 2014).

53) *Summit 6, LLC v. Samsung Electronics Co., Ltd.*, 802 F.3d 1283, 1298, 116 U.S.P.Q.2d 1637 (Fed. Cir. 2015).

## 타. 일반적 이익률

특정한 산업 분야 또는 비교 가능한 사업 분야에서 당해 발명 또는 유사한 발명의 사용에 의해 통상 생길 수 있는 이익을 고려한다. 특정한 발명 또는 비교 가능한 것에 대한 판매가 또는 이익률에 대한 통상적인 증거를 찾기 쉽지 않아서 이 요건은 일반적으로는 잘 고려되지 않고, 반도체 산업 또는 자동차 산업과 같이 실시료가 매우 낮은 산업에는 적용하기 어려운 요건이다. 이 요건을 입증하는데 사용되던 25% 법칙은 연방순회항소법원에서 배제되었다.[54] 수학적 이론에 기반을 둔 협상에서 양 당사자가 동일한 금전적 이익을 취한다는 "Nash Bargaining Solution"은 특허침해로 인한 실시료 계산에서 침해자 한계이익을 50/50으로 나누는 것을 출발점으로 삼았었는데, 이 또한 25% 법칙과 마찬가지로 여러 가지의 가정을 전제로 한 것이므로 실제 세계에서 그와 같은 가정적 전제에 해당하는 사실을 구체적으로 증명하지 않는 한 그대로 적용하기 어렵다.[55]

## 파. 특허의 기여이익

비특허요소 · 제조공정 · 사업상의 위험 · 침해자에 의하여 부가된 중요한 특징 또는 개선이 아니라 당해 발명 그 자체에 의하여 실현된 이익(당해 특허가 반영된 제품의 이익에 당해 특허가 기여한 정도)을 계산한다.

## 하. 전문가 증언

전문가에 의한 감정과 유사한 것으로 볼 수 있으며 판결에서 가장 자주 언급되는 항목으로 해당 산업 분야의 일반적인 실시료율을 증명하는 방법으로 자주 사용된다. 당사자가 반드시 전문가 증언을 제시해야 하는 것은 아니고, 전문가 증언은 배상액 산정에 고려될 수 있을 뿐이며 Daubert motion(전문

---

54) *Uniloc USA, Inc. v. Microsoft Corp.*, 632 F.3d 1292 (Fed. Cir. 2011).

55) *Virnetx, Inc. v. Cisco Systems, Inc.*, 767 F.3d 1308, 113 U.S.P.Q.2d 1112 (Fed. Cir. 2014).

가의 감정서/증언 배제신청), Motion in limine(증거배제신청)로 부적절한 증언을 사전에 배제할 수 있다.

### 거. 가상 실시료

특허권자와 침해자 간에 합리적이고, 자발적으로 실시허락계약을 체결한다고 가정하였을 경우에 합의했을 것으로 보이는 금액을 말하며, 이는 특허의 유효성이 확정된 상태에서의 가상적 협상에 따라 산정되므로 특허의 유효성 등의 위험을 배제할 수 없는 실제 협상에서의 실시료보다 높은 금액으로 산정될 가능성이 크다.

## 4. 고의 침해

미국 특허법 제284조에 명시되어 있는 바와 같이 고의 침해가 인정될 경우 법원은 평결 또는 결정에 의하여 확정된 금액의 3배까지 손해액을 증액할 수 있다.56) 앞서 설명한 바와 같이 연방대법원에서는 *Halo* 판결을 통하여 고의(willful)를 인정하는 요건을 완화하고 판사의 재량을 폭넓게 인정하였다.57) 특허 침해자의 고의성을 판단할 때 객관적 무모함(objective recklessness)을 요구했던 것을 주관적 인식(subjective knowledge)으로 완화하였고, 증명 정도에 관하여도 명백하고 설득력 있는 증거(clear and convincing evidence)에서 증거의 우월(preponderance of the evidence)로 완화하였으므로 고의 침해가 인정될 가능성이 높아졌다.58) 다만 고의 침해가 인정된다 하더라도 당연히 3배의 증액배상이 인정되는 것은 아니며 법원에 의해 심각한 침해행위(egregious conduct)가

---

56) 고의 침해에 관하여 그 해당 여부는 통상 배심원 평결로 결정하는데 평결 후 불복절차 (JMOL; Judgment as a Matter of Law)에서 판사가 이를 뒤집는 경우도 많이 있다.

57) *Halo Elec., Inc. v. Pulse Elec., Inc.*, 136 S. Ct. 1923, 1932, 195 L. Ed, 2d 278 (2016).

58) *Halo 판결* 이후 *Artic Cat Inc. v. Bombardier Rec. Prods.*사건에서 연방순회항소법원은 피고가 침해행위에 대해 **알았는지 혹은 알았어야 했었는지(knew or should have known)**를 기준으로 삼았고 이에 따라 연방지방법원의 고의 침해 판결을 인용한 바 있다(876 F.3d 1350 (Fed. Cir. 2017)).

인정되어야 한다.

# Ⅶ. 항소(Appeal) 절차

특허소송의 항소는 다른 일반적인 민사소송과 마찬가지로 연방순회항소
법원에서 진행된다.[59] 구체적인 절차도 크게 다르지 않으므로, 상세한 절차에
관해서는 [제1장 제2절 XI. 2. 항소]를 참고하면 된다.

---

59) 28 U.S.C. § 1295.

# 국제무역위원회(ITC)의 지식재산권 침해조사

## Ⅰ. 국제무역위원회 소개

### 1. 국제무역위원회의 구성

국제무역위원회는 미국의 준사법 독립 연방 기관으로서, 무역에 관련된 광범위한 조사 권한을 갖는다.[60] 국제무역위원회의 임무 중 하나는 지식재산권 침해 혐의가 있는 수입품에 대한 조사와 심판인데,[61] 이는 결과적으로 특허권, 상표권, 영업비밀 등을 보호하고 이를 침해하는 등의 불공정 행위에 대한 규제를 가하므로, 국제무역위원회는 국제 지식재산권 분쟁 해결을 위한 주요 기관 중 하나로 평가된다.

국제무역위원회는 통상법 제337조에 기한 조사 현황을 공개하고 있는데, 지난 10년간 제기된 유형별 조사 건수는 아래와 같다.[62]

---

[60] 19 U.S.C § 1337.

[61] 미국연방법률집 제19장[관세(Customs Duties)] 제1337조는 국제무역위원회에게 지식재산권 침해 여부를 조사할 수 있는 권한과, 침해 제품이 미국으로 수입되지 못하도록 배제명령(exclusion order)을 내리거나 미국 내 수입 및 판매를 금지하는 중지명령(cease and desist order)을 내릴 권한을 부여하고 있다.

[62] https://www.usitc.gov/intellectual_property/337_statistics_range_number_patents_asserted_new.htm.

| 회계년도 | 특허 침해 | 상표 침해 | 영업비밀 유용 | 나머지[63] | 총 |
|---|---|---|---|---|---|
| 2011 | 126 | 2 | – | 1 | 129 |
| 2012 | 119 | 3 | 1 | 6 | 129 |
| 2013 | 113 | 2 | 2 | 7 | 124 |
| 2014 | 93 | 1 | 1 | 5 | 100 |
| 2015 | 71 | 7 | 1 | 9 | 88 |
| 2016 | 97 | 3 | 3 | 14 | 117 |
| 2017 | 102 | 1 | 1 | 13 | 117 |
| 2018 | 119 | 0 | 2 | 9 | 130 |
| 2019 | 110 | 3 | 4 | 10 | 127 |
| 2020 | 103 | 4 | 5 | 8 | 120 |

국제무역위원회는 위원회(Commission)와 위원회를 지원하는 부서들로 이루어져 있다. 위원회는 위원장(Chairman)과 부위원장(Vice Chairman)을 포함하여 상원의 동의를 얻어 대통령이 임명한 임기 9년의 6명의 위원(Commissioner)으로 구성되어 있다. 위원회의 의결 정족수는 전체 위원의 과반수이고, 과반수 찬성에 의하여 의결하며, 가부동수의 경우 대통령의 결정에 따른다. 단, 예외적으로 조사개시여부 결정의 경우에만 가부동수의 경우 조사개시를 결정한 것으로 간주한다.

## 2. 행정법판사(ALJ)

국제무역위원회 소속 행정법판사(ALJ, Administrative Law Judge)는 조사개시가 결정된 사안에 대해서 조사를 진행하고 예비심결(Initial Determination, ID)을 내린다.

행정법판사는 행정부 소속 공무원이기는 하나, 연방지방법원 판사와 동일한 수준의 독립성이 인정된다. 행정법판사는 모든 당사자에게 참여 기회가 주

---

63) '특허, 상표, 또는 저작권 침해, 영업비밀 유용 및 이외 불공정행위'를 원인으로 한 조사와 '저작권 침해, 영업비밀 유용, 불공정경쟁, 부정광고 및 이외 불공정 행위'를 원인으로 한 조사를 포함.

어지지 않는 한 조사 또는 심리 절차에서 다른 사람과 상의할 수 없고, 소속 행정기관으로부터 어떠한 감독이나 지시도 받지 않는다.

행정법판사실(Office of the Administrative Law Judges)에는 통상 4~6명 사이의[64] 행정법판사가 소속되어 있는데, 이들은 변호사 자격과 7년 이상의 관련 분야 경력을 가지고 있는 자들로서, 국제무역위원회에 의하여 임명된다. 2022년 9월 기준으로 재직중인 행정법판사는 수석행정법판사 Clark S. Cheney[65]를 비롯한 Mary Joan McNamara[66], Cameron Elliot[67], Monica Bhattacharyya[68], Bryan F. Moore[69]이다.

## 3. 불공정수입조사과(OUII)

국제무역위원회 조사에서 불공정수입조사과에 속한 조사관(OUII, Office of Unfair Import Investigations)은[70]은 공익을 대변하는 당사자로서 통상법 제337조 조사에 참여하게 된다.[71] 조사신청서 제출에 앞서 조사관은 신청서를 1차적으로 검토한다. 이 과정에서 선임조사관은 신청인 대리인들이 작성한 신청서가 관련 규정을 준수하는지 미리 검토하고 신청인 대리인들과 협의하면서 미비한 부분을 수정할 기회를 부여한다. 조사관은 조사가 개시된 후 독립된 당사자로서 참여하여 공익을 대변하고, 조사에 따라 내려진 배제명령 등 구제책의 준수 및 위반 여부를 조사하기도 한다.[72]

---

64) 2022년 9월 기준 Bryan F. Moore가 추가되면서, 현재 5명의 행정법판사가 소속되어 있다.

65) https://www.usitc.gov/press_room/bios/cheney.htm_0.

66) https://www.usitc.gov/press_room/bios/mcnamara.htm.

67) https://www.usitc.gov/press_room/bios/elliot.htm.

68) https://www.usitc.gov/press_room/bios/bhattacharyya.htm.

69) https://www.usitc.gov/press_room/bios/moore.htm.

70) 조사관(Staff Attorney)은 보통 조사절차에서는 불공정수입조사과의 약자인 OUII로 불린다.

71) 19 C.F.R. § 210.3.

72) 실무상 조사 개시 이후 조사에 참여하는 조사관(OUII)은 신청서를 검토하는 조사관(OUII)과 다른 자이다. 최근에는 조사관(OUII)이 참여하지 않는 사건도 많아지는 추세이다.

## 4. 조사기간

### 가. 원 칙

신청인이 신청서를 제출하면 30일 이내에 조사개시 여부가 결정되고, 조사개시 이후 45일 이내에 조사완료 목표일이 설정된다.

행정법판사는 16개월을 초과하지 않는 범위 내에서 재량에 따라 조사완료 목표일을 설정할 수 있고, 16개월을 초과하는 경우 위원회의 심사를 받아야 하나, 16개월을 초과하여 조사완료 목표일이 설정되거나 조사기간이 연장되는 경우도 종종 있다.

이에 따라 일반적으로 1년에서 1년 6개월동안 조사가 이루어지는 경우가 많으나 조사완료 목표일이 16개월을 초과하여 설정되는 경우 이보다 오랜 기간이 소요되기도 한다.

또한 지식재산권 침해조사 결과 침해가 인정된다는 위원회의 최종심결이 있는 경우 대통령이 그에 대하여 60일 이내에 승인하여야 집행 단계로 나아갈 수 있다.

### 나. 100일 신속절차

조사개시 이후 100일 이내로 행정법판사가 조사를 종결지을 수 있는 쟁점(potentially dispositive issues, 잠재적 종료사유쟁점)에 대한 예비심결을 내림으로써 조기에 절차를 종결시키는 제도이다.

국제무역위원회는 2013년도에 불필요한 소송을 제한하며, 자원을 절약하기 위해 조사개시통지서(notice of investigation)에 기재되어 있는 특정 주요쟁점(dispositive issues)에 대한 조기 판결을 허용하는 100일 신속절차를 시범적으로 도입, 시행했는데 이 절차는 2018. 6. 7. 정식절차로 편입되었다.[73] 이 신속절차는 행정법판사가 국내산업의 존재 또는 부재와 같은 특정 쟁점에 국한한 신속한 사실조사 및 약식 청문회를 실시하고 그 쟁점에 대해 결정할 수 있도록

---

73) 19 C.F.R. §210.10(b)(3); § 210.42(a)(3).

한다. 재판 준비 시간을 늘리거나 배제명령 발령 시기를 늦추기 위해 소송 지연을 원하는 당사자들이 쉽게 100일 신속절차를 남용할 수 있다거나, 상당한 소송지연이 발생할 수도 있다는 비판도 있다. 반면, 100일 신속절차의 존재가 신청인들이 조사를 신청하기 이전에 더욱 신중하게 준비하도록 유도함으로써 국제무역위원회 조사의 효율성을 높일 수 있다는 의견도 있다.[74]

100일 신속절차는 특히 특허침해에 대한 사건 절차를 보다 신속하게 진행하기 위하여 도입한 시범 프로그램(pilot program)인데 많이 이용되지는 않고 있다. 더하여 국제무역위원회는 2021년 5월에 관세법 제337조 위반 조사 사건에서 일부 쟁점, 특히 특허침해 여부 및 국내산업 요건 쟁점에 대하여 행정법판사가 조기 예비심결(interim or early initial determination)을 내리도록 하는 새로운 시범 프로그램을 발표하였다. 조기 예비심결을 위해서 행정법판사는 조기 심리(early hearing)를 할 수 있고, 조기 예비심결은 조사 일정 중 증거 심리기일(evidentiary hearing) 시작 후 45일 이내에 내려져야 하며, 행정법판사는 조기 예비심결 절차 진행 중 다른 쟁점에 대한 증거개시절차를 중지할 수 있다. 국제무역위원회는 행정법판사의 조기 예비심결 이후 45일 이내 이를 검토할 것인지 결정하고, 그 이후 또 45일 내 위원회 검토 의견을 발표해야 한다. 해당 새 시범 프로그램은 2021년 5월 12일 이후 개시된 조사에 대하여 적용되고, 그 이전 조사에 대해서는 행정법판사의 재량에 의해 적용된다. 국제무역위원회는 이 프로그램을 2년간 운영한 뒤 법으로 규정할 것인지 결정하게 된다.

최근까지 단 2건의 사례만이 이 조기 예비심결 절차의 대상이 되었고, 해당 사례들도 Cheney행정법판사가 당사자들의 신청 없이 자발적(sua sponte)으로 진행한 사례들로 신청을 통해 채택된 경우는 아직 없다.

---

74) https://us.eversheds-sutherland.com/mobile/NewsCommentary/Legal-Alerts/212186/A-pilot-no-longerThe-100-day-provision-becomes-a-fixture-and-other-new-rules-from-the-US-International-Trade-Commission.

## 5. 다른 절차에 미치는 영향

국제무역위원회의 지식재산권 침해조사는 연방지방법원에서의 소송과 동시에 진행될 수 있다. 이러한 경우 연방지방법원 소송의 당사자 또는 국제무역위원회 지식재산권 침해조사의 피신청인은 연방지방법원에 해당 소송을 중지하도록 신청할 수 있으나,[75] 이러한 신청은 국제무역위원회 절차의 피신청인이 된 날로부터 30일 또는 연방지방법원에 소송이 접수된 날로부터 30일 이전에 제기되어야 한다.

위와 같은 당사자의 신청이 있는 경우, 연방지방법원은 국제무역위원회 절차에 연관된 동일한 쟁점에 관련된 청구에 한하여 소송 절차를 중지하여야 하는데,[76] 이러한 중지는 국제무역위원회의 절차가 종료[77]되면 해소된다. 이후, 국제무역위원회의 사건 파일은 연방지방법원에 이송되며, 소송 절차에서 당사자들은 해당 사건 파일을 증거로 이용할 수 있다.

국제무역위원회의 최종심결이 있는 경우에도 특허침해 사안에 대한 민사소송에 대한 제1심 전속관할권은 연방지방법원에 있기 때문에 국제무역위원회의 최종심결은 연방지방법원을 기속하지 않는다. 반면 특허침해에 관한 심결과 달리 영업비밀 침해에 관한 국제무역위원회의 최종심결은 연방지방법원을 기속한다.[78] 또한, 연방지방법원의 종국적인 판결은 국제무역위원회에 대하여 기판력(preclusive effect)[79]이 있어 그를 기속한다. 그러나 연방지방법원은

---

75) 28 U.S.C. § 1659(a).

76) 원칙적으로 연방지방법원은 국제무역위원회 절차에서 문제되는 쟁점에 대하여만 소송 절차를 중지해야 하나[28 U.S.C. § 1659(a)], 연방지방법원의 소송에서 더 많은 수의 특허가 문제되거나 더 많은 쟁점이 문제되는 경우에도 복잡한 쟁점을 정리하고 중복된 증거개시절차를 피하기 위하여 전체 절차를 중지하는 경우도 있다. 이와 관련하여 *FormFactor, Inc v. Micronics Japan Co., Ltd.*, 2008 U.S. Dist. LEXIS 13114, 2008 WL 361128 (N.D. Cal. 2008); *ILJIN U.S.A. v. NTN Corp.*, 2006 U.S. Dist. LEXIS 15389, 2006 WL 568351 (E.D. Mich. 2006); *Alloc, Inc. v. Unilin Deocr, N.V.*, 2003 U.S. Dist. LEXIS 11917, 2003 WL 21640372 (D. Del. 2003) 등 참조.

77) 국제무역위원회 심결에 대한 항소가 될 경우 항소절차까지 종료되어야 한다.

78) *Manitowoc Cranes LLC v. Sany America Inc.*, Case Nos. 13−cv−677 & 15−cv−647 (E.D. Wisc. Dec. 11, 2017).

국제무역위원회의 판단을 고려할 수 있으며, 실제로 실무상 연방지방법원은 국제무역위원회의 절차 및 최종심결을 존중한다고 알려져 있다. 한편 국제무역위원회에서의 비침해, 무효 등 방어방법(affirmative defense)에 대한 판단에 대하여는 연방지방법원 사건에서 기판력(preclusive effect)이 인정된다.

## Ⅱ. 지식재산권 침해조사 요건

국제무역위원회가 지식재산권 특허침해조사를 하기 위해서는 ① 미국 내 수입(importation) 및 ② 미국 내 산업(domestic industry) 요건을 충족하여야 하고, 그 구체적인 내용은 다음과 같다.

### 1. 미국 내 수입

우선 국제무역위원회의 지식재산권 특허침해조사 대상이 되기 위해서는 '유효하고 권리 행사가 가능한 등록된 미국 특허' 등의 지식재산권이 존재하여야 하고, 그러한 '지식재산권을 침해한 제품의 미국 내 수입'이 존재하여야 한다. 이는 연방법률집 제19장[관세(Customs Duties)] 제1337조 제a항 제1호 제B목에[80] 아래와 같이 상세하게 규정되어 있다.

---

79) 'Preclusive effect'는 문맥에 따라서 '배제효, 기판력, 기속력 등으로 번역될 수 있다. 여기에서는 연방지방법원의 판결이 국제무역위원회에 대하여 가지는 효력에 관하여 논하고 있으므로 '기판력'으로 번역하였다.

80) 19 U.S.C § 1337 (a)(1)(B) ("The importation into the United States, the sale for importation, or the sale within the United States after importation by the owner, importer, or consignee, of articles that (i) infringe a valid and enforceable United States patent or a valid and enforceable United States copyright registered under title 17; or (ii) are made, produced, processed, or mined under, or by means of, a process covered by the claims of a valid and enforceable United States patent").

다음과 같은 제품을 미국으로 수입, 수입을 위한 판매, 또는 미국으로 수입한 후 소유자, 수입자, 위탁판매자가 판매하는 행위
( i ) 연방법률집 제17장에 의해 등록된, 유효하고 권리 행사가 가능한 미국 특허권 및 저작권을 침해한 제품
( ii ) 유효하고 권리 행사가 가능한 미국 특허청구항에서 다루고 있는 공정에 따라 제조, 생산, 가공, 채굴된 제품

이는 미국 내 행사 가능한 지식재산권이 존재하여야 한다는 점에 있어서는 연방지방법원에서의 소송과 크게 다르지 않으나, 미국 내에서 직접 생산되어 판매되는 제품처럼 미국으로 수입된 제품이 없거나 수입을 위한 판매 행위가 없는 경우에는 연방지방법원에서의 소송의 대상은 되지만 국제무역위원회에 지식재산권 침해조사를 신청할 수 없다는 점에 있어서 차이가 있다.

또한 국제무역위원회의 영업비밀침해를 비롯한 불공정경쟁 및 불공정 행위에 속하는 위반행위에 대하여서는 연방법률집 제19장[관세(Customs Duties)] 제1337조 제a조 제1항 제A호[81])에 아래와 같이 규정되어 있다.

불공정경쟁 또는 불공정 행위를 통해 제품을 미국 내 수입, 판매하여 다음과 같은 영향을 미치는 행위
( i ) 미국 내 산업을 파괴하거나 상당한 해를 입히는 행위;
( ii ) 그러한 산업의 확립을 방해하는 행위;
( iii ) 미국 내 통상 무역을 억제하거나 독점화하는 행위

---

81) 19 U.S.C § 1337 (a)(1)(A) ("Unfair methods of competition and unfair acts in the importation of articles (other than articles provided for in subparagraphs (B), (C), (D), and (E)) into the United States, or in the sale of such articles by the owner, importer, or consignee, the threat or effect of which is—(i) to destroy or substantially injure an industry in the United States; (ii)to prevent the establishment of such an industry; or (iii)to restrain or monopolize trade and commerce in the United States").

## 2. 미국 내 산업

연방법률집 제19장[관세(Customs Duties)] 제1337조 제a항 제2호는 국제무역위원회에 지식재산권 침해조사를 신청하기 위한 요건으로 '미국 내 산업이 존재할 것'을 요구하고 있다. 이러한 '미국 내 산업' 요건은 경제적 요소와 기술적 요소로 나누어 살펴볼 수 있다.[82]

국제무역위원회는 아래와 같은 미국 내 산업 관련 두 가지 요건을 점점 더 엄격하게 심사하는 추세에 있는 것으로 알려져 있고, 이에 따라 국제무역위원회 사건의 피신청인 입장에서는 미국 내 산업 요건에 관한 주장을 적극적으로 펼칠 필요가 있다.

### 가. 경제적 요소

특허침해조사에서 '미국 내 산업'이 존재한다고 하기 위해서는 다음의 경제적 행위 중 하나가 존재하여야 한다.[83]

- 공장과 설비에 대한 상당한 투자
- 상당한 고용 또는 자본
- 기술이용, 연구개발 또는 라이선싱을 위한 실질적 투자

즉, 단순히 특허권을 소유하고 있다는 사정만으로 '미국 내 산업' 요건이 충족되지는 않고, 미국 내 산업에 대한 투자를 필요로 한다는 것을 의미한다.

단, 실무상 실제 특허를 실시하지 아니하는 당사자(NPE)가 지식재산권 침해조사를 신청하는 경우에도 미국에서 해당 특허에 대한 라이선스 사업을 영위 중이라면 경제적 요소 요건이 충족되었다고 보기도 한다.

한편, 영업비밀침해에 의한 조사에서는 미국 내 산업의 입증이 상대적으로 쉽고 심지어 아직 존재하지 않아도 되며 단지 침해행위로 인해 해당 산업

---

82) 특허나 상표와 같이 19 U.S.C. § 1337(a)(2) 이하에 기재된 등록된 지식재산권 침해 조사와 달리, 영업비밀 침해 조사 사건에서는 기술적 요소가 요구되지 아니한다.

83) 19 U.S.C § 1337 (a)(3).

이 소실(destroy)되거나, 상당한 손해를 입거나(substantially injured) 혹은 그 산업의 형성이 미연에 방지(prevented from forming)될 가능성이 있으면 되는 반면, 특허침해와 수입에 대해서만 입증하면 승소하는 특허침해 조사와 달리 미국 내 사업에 대한 구체적인 손해(혹은 그런 손해의 위협)를 추가적으로 입증해야 한다.[84]

## 나. 기술적 요소

'미국 내 산업' 요건이 충족되기 위해서는 해당 지식재산권이 위에서 설명한 경제적 요소와 관련하여 실시 또는 이용되고 있어야 한다. 즉, 위에서 설명한 경제적 요소 중 공장과 설비에 대한 상당한 투자 또는 상당한 고용 또는 자본을 통해 적어도 하나 이상의 특허 청구항을 실시하고 있거나, 기술이용, 연구개발 또는 라이선싱을 위한 실질적 투자와 관련하여 해당 특허가 이용 또는 실시되고 있어야[85] '미국 내 산업' 요건이 충족될 수 있다.

---

84) 19 U.S.C § 1337 (a)(1)(A).

85) 이와 관련하여 국제무역위원회는 라이선싱의 경우에도 해당 특허를 실시하고 있음을 증명해야 한다는 입장을 밝힌 바 있다(*Certain Computer Peripheral Devices*, Inv. No. 337-TA-841, Comm'n Op. (Jan. 9, 2014), 32).

# Ⅲ. 지식재산권 침해조사에 따른 구제조치

## 1. 제한적 배제명령(Limited Exclusion Order)과 일반적 배제명령(General Exclusion Order)

지식재산권 침해조사에서 침해가 인정되는 경우 소송에서의 금지 청구가 인용된 경우와 유사하게 '배제명령'이 내려질 수 있다. 배제명령은 제한적 배제명령(Limited Exclusion Order)과 일반적 배제명령(General Exclusion Order)으로 구분된다.

일반적 배제명령은 불공정 무역행위로 판단된 피신청인의 제품뿐만 아니라 불특정 제3자가 생산하는 위반 제품을 포함한 전부에 대해 포괄적인 수입을 배제시키는 것을 의미한다. 이는 제한적 배제명령을 우회하여 지속적인 불공정 무역 행위가 발생하는 것을 방지하기 위한 경우 또는 해당 제품의 생산지를 밝혀내는 것이 어려운 경우에 내려진다. 일반적으로는 '해당 제품에 한하여' 수입을 배제하는 '제한적 배제명령'이 내려지고, 일반적 배제명령은 특별한 경우에만 내려진다.[86]

배제명령이 내려지면 미국 세관 및 국경보호청(CBP, Customs and Border Protection)은 대상 제품에 대한 통관을 불허하여 미국으로의 수입을 배제하는 조치를 취한다.

단, 국제무역위원회는 위반 행위가 존재하더라도 공중보건 및 후생, 미국 경제 내의 경쟁 조건, 미국 내 동종 또는 직접 경쟁 제품의 생산 및 미국 소비자에 미치는 영향을 고려하여 당해 물품의 반입을 배제하지 말아야 한다고 결정할 수 있고, 이 경우 배제명령을 내리지 않는다.[87]

---

86) 19 U.S.C. § 1337(d)(2).
87) 19 U.S.C. § 1337(d)(1).

## 2. 중지명령(Cease and Desist Order, CDO)

연방법률집 제19장[관세(Customs Duties)] 제1337조는 미국 내 수입 및 판매를 금지하는 중지명령(cease and desist order)을 내릴 권한을 부여하고 있다. 앞서 설명한 배제명령이 향후 미국 내로 수입되는 물품에 관한 것이라면 중지명령은 이미 미국 내에 수입된 물품에 관한 것으로, 미국으로의 수입뿐만 아니라, 유통, 판매, 양도, 광고 및 이를 돕는 일체의 행위를 금지하는 명령을 내릴 수 있다.

## 3. 대통령 승인기간 중 보증금 예치를 통한 수입 허용

피신청인은 배제명령이 내려진 이후에도 대통령 승인이 있을 때까지는 보증금을 예치하고 해당 제품의 수입을 계속할 수 있다.

보증금의 액수는 신청인이 주장하는 금액과 해당 제품의 가액을 고려하여 위원회가 결정하고[88], 향후 대통령 승인이 있는 경우 신청인은 해당 제품 수입으로 인하여 실제로 입은 손해액을 증명한 후 보증금을 지급 받을 수 있으며, 대통령이 거부권을 행사하는 경우 피신청인은 해당 보증금을 반환 받을 수 있다.

---

88) 위 기간 동안 수입되는 제품가액의 100%로 보증금이 결정되는 경우도 상당히 많다.

## Ⅳ. 침해조사의 절차

### 1. 신청인의 신청서 제출

　　미국으로 수입되는 특정 제품이 자신의 지식재산권을 침해하는 경우, 해당 지식재산권자는 국제무역위원회에 해당 제품의 수입 및 반입을 금지하는 조치를 내리기 위한 조사를 신청할 수 있다.[89] 이러한 신청의 요건으로는, ① 불공정 경쟁이나 불공정 행위의 존재, ② 침해 제품의 '미국 내 수입'이나 수입을 위한 판매, ③ 침해 제품과 연관된 '미국 내 산업'의 존재(특허권, 상표권 또는 저작권 등의 지식재산권의 경우 공장과 설비에 대한 상당한 투자, 상당한 고용 또는 자본, 기술이용, 연구개발 또는 라이선싱을 이용하기 위한 실질적 투자 등), ④ 불공정으로 추정되는 행위로 인한 구체적인 손해(특허권, 상표권 또는 저작권 등의 지식재산권의 경우 수입 제품의 지식재산권 침해만을 증명해도 손해가 추정됨)의 발생, ⑤ 수입을 금지하는 것이 '공공의 이익'에 반하지 않을 것이 있으며, 이러한 내용은 신청서(complaint)에 포함되어야 한다.[90]

　　실무상 연방지방법원에서 진행되는 소송의 소장과 달리 침해에 대한 소명이 어느 정도 이루어져야 하기 때문에, 국제무역위원회 지식재산권 침해 조사 신청서는 통상적으로 매우 길게 작성되고 함께 제출되는 증거의 양도 방대하며, 제출 이전에 조사관과 미리 협의하여 신청서상 부족한 부분이 있는지에 대한 확인을 받는 절차를 거친다.

### 2. 조사개시 결정

　　국제무역위원회는 접수일로부터 30일 이내에 조사개시 여부를 결정하여야 한다. 다만, 아래의 예외적인 경우에는 30일 이내에 조사개시 여부를 결정

---

89) 단, 국제무역위원회는 신청인의 신청 없이 직권으로도 조사를 개시할 수 있다.

90) 국제무역위원회는 홈페이지를 통하여 신청서에 포함되어야 하는 사항 및 서류별로 제출하여야 하는 사본의 수를 자세히 안내하고 있다.
(https://www.usitc.gov/docket_services/documents/Updated337ComplaintGuidance.pdf).

하지 않을 수 있는데, 그러한 경우에도 가능한 한 빠른 시간 내에 조사개시 여부에 관한 결정을 내려야 한다.[91]

> 예외적 상황으로 인하여 30일 기한 준수가 어려운 경우
> 조사신청인의 잠정적 구제조치 신청으로 추가 시간이 필요한 경우
> 조사신청인이 조사개시 여부 결정을 연기해줄 것을 신청한 경우
> 조사신청인이 조사신청을 취하한 경우

국제무역위원회 불공정수입조사과의 선임조사관은 조사신청서에 대한 1차적인 검토 이후 위원회에 조사개시 결정에 대한 권고안을 제출한다. 이후 위원회는 조사신청서의 충분성(sufficiency) 및 관련 규정과의 합치성(compliance)을[92] 검토한 후 조사개시 결정을 내리고, 이러한 결정 사실은 연방관보(Federal Register)에 등재되어 공개된다.[93]

조사개시 결정을 내리는 경우 위원회는 필요에 따라 불공정수입조사과의 조사관(staff attorney)을[94] 공익을 대변하는 당사자로 배정할 것인지 여부를 결정한다. 조사관이 공익을 대변하는 당사자로 배정되는 경우 이후 증거개시, 요청서, 심리기일 등 모든 조사 과정에 참여하게 된다. 한편 조사개시 결정 이후 해당 조사는 수석 행정법판사(Chief ALJ)가 지정한 행정법판사에게 이관된다.

조사신청인은 일반적으로 오랜 기간 조사신청 준비를 거쳐 조사신청에 이르게 되나, 피신청인은 갑작스러운 조사신청에 대응할 충분한 준비가 되어

---

91) 19 C.F.R. § 210.10(a)(1).
92) 19 C.F.R. § 210.9(a).
93) 19 C.F.R. § 210.9(b), 2000년에서 2012년까지 사실상 거의 모든 조사신청이 받아들여져 개시되었는바(99%), 조사신청 단계에서 기각될 가능성은 매우 낮다.
94) 조사관은 국제무역위원회 불공정수입조사과에 고용된 자로서, 조사 과정에 참여하면서 수행하는 주된 기능은 독립된 당사자로서 모든 쟁점이 충분히 심리되고 완전한 사실관계와 법률적 검토가 이루어졌는지를 확인하여 공공의 이익을 보호하는 것이다. '공익을 대변하는 당사자'의 조사 참여 방식에는 세 가지가 있는데, 첫째로 증거개시절차를 포함한 거의 대부분의 과정에 참여하는 방식이 있고, 둘째로 특허침해조사의 특수한 절차 진행에 있어서 공공의 이익과 관련된 특정 쟁점에 관련된 조사 과정에 한하여 참여하는 방식이 있으며, 마지막으로 전혀 참여하지 않는 방식이 있다 [국제무역위원회 홈페이지 질의응답(http://www.itctla.org/resources/faqs#role)].

있지 않은 경우가 대부분이다. 이에 따라 실무상 피신청인은 조사개시 여부에 대한 위원회 결정을 기다리는 동안 향후 집중적이고도 빠르게 진행될 증거조사 절차에 대비하여야 한다.

## 3. 답변서 제출

피신청인은 조사신청서와 조사개시 통지서를 수령한 날로부터 20일 이내에 답변서를 제출하여야 한다. 또한 조사신청인이 잠정적 구제조치(temporary relief)를 신청한 경우에는 해당 신청서 수령일로부터 10일 이내에 그에 대한 답변서를 제출하여야 한다.[95] 만약 피신청인이 주어진 기간 내에 답변서를 제출하지 못하였거나 답변서를 제출하지 못한 정당한 이유를 제시하지 못한 경우, 조사절차의 남용(abuse of process) 또는 증거개시절차 비협조(failure to make or cooperate in discovery)로 인한 조사불이행(default)으로 간주된다.[96] 이러한 경우 행정법판사는 조사신청인이 조사신청서에서 주장한 사실관계를 진실한 것으로 추정하여 그를 기초로 하여 피신청인에게 불리한 예비심결(initial determination)을 내릴 수 있다.[97]

피신청인은 답변서에 자신이 수입했거나 수입 후 판매한 제품이 조사신청인이 주장하는 지식재산권의 대상이 아니라는 점 또는 조사신청인의 지식재산권을 이용하여 생산된 제품이 아니라는 점을 밝혀야 한다. 또한 연방지방법원의 소송 사건과 마찬가지로 무효(invalidity) 또는 실효(unenforceability)의 항변을 주장할 수 있다.

이외에도 피신청인은 지식재산권 침해조사 요건인 '미국 내 수입' 및 '미국 내 산업'을 다툴 수 있으며, 연방규정집 제19장 제210.4조 제c항, 제210.12조 제a항 제1호, 제210.16조 제b항 제2호를 근거로 절차 남용(abuse of process) 및 위원회에 대한 성실, 정직의무 위반(breach of the duty of candor owed to the Commission)의 항변을 할 수 있다.[98]

---

95) 19 C.F.R. § 210.13(a).
96) 19 C.F.R. § 210.16(a).
97) 19 C.F.R. § 210.16(b).
98) 19 C.F.R. § 210.4(c), 210.12(a)(1), 210.16(b)(2).

# V. 행정법판사(ALJ) 주관하의 조사[99]

## 1. 기본 규칙

행정법판사들은 위원회 규칙(연방법률집 제19편 제210조)에 명시되지 않은 증거조사 및 심리를 위한 세부적인 사항을 명시한 기본규칙(Ground Rules)을 국제무역위원회 홈페이지에 개별적으로 공개하고 있고,[100] 조사개시 후 당사자에게 기본규칙과 절차 진행일정을 고지한다. 당사자 및 대리인은 담당 행정법판사가 공개, 고지한 기본규칙을 숙지하고 조사절차에 임해야 한다.

기본규칙의 세부내용은 행정법판사 별로 차이가 있으나, 주로 전반적인 조사절차의 진행 순서 및 기한 설정, 심리기일 진행 순서 및 증인신문방식, 조사신청인 및 피신청인이 제출할 문서의 형식과 내용, 녹취증언의 통지 시기 및 기록 방법, 소환장 및 심리요지서 작성 예시 등이 포함되어 있다. 아래의 예시를 보면 행정법판사의 특정 조사에 있어서의 조사절차의 진행 순서 및 기한을 볼 수 있는데, 조사 개시 이후 약 1년 6개월 이후 조사 완료를 목표로 설정하고 있으며, 각종 주장에 대한 심리기일 및 구체적인 서류 제출 기한 등이 상세하게 정해져 있음을 알 수 있다.

---

99) 위원회의 조사개시 결정이 내려지면 해당 조사는 행정법판사 1인에게 이관되고 조사가 진행된다. 조사를 주관하는 행정법판사는 증거조사를 거쳐 그 결과에 따라 예비심결과 구제조치에 대한 권고결정(recommended determination)을 내린다. 행정법판사가 내린 예비심결과 권고결정은 위원회의 심사를 받게 된다.

100) 국제무역위원회 변호사 협회에서는 해당 규칙을 제공하고 있다(http://www.itctla.org/resources/alj‒groundrules/term/summary).

## APPENDIX A

| Event | Deadline |
|---|---|
| File identification of expert witnesses, including their expertise and curriculum vitae | March 31, 2021 |
| Initial deadline for responses to contention interrogatories on issues for which the responding party bears the burden of proof | April 16, 2021 |
| Initial deadline for responses to contention interrogatories on issues for which the responding party does not bear the burden of proof | April 30, 2021 |
| Cut-off date for supplements to contention interrogatories on issues for which the responding party bears the burden of proof, and on public interest issues (if applicable) | May 28, 2021 |
| File notice of prior art | June 1, 2021 |
| Deadlines for motions to compel fact discovery | June 1, 2021 |
| Cut-off date for supplements to contention interrogatories on issues for which the responding party does not bear the burden of proof | June 4, 2021 |
| Fact discovery cut-off and completion | June 11, 2021 |
| Exchange of initial expert reports (identify tests/surveys/data) | June 18, 2021 |
| File tentative lists of witnesses a party will call to testify at the hearing, with an identification of each witness' relationship to the party | June 18, 2021 |
| Exchange of rebuttal expert reports | July 9, 2021 |
| Expert discovery cut-off and completion | July 28, 2021 |
| Deadline for filing motions for summary determination | August 5, 2021 |
| Exchange of exhibit lists among the parties | August 9, 2021 |
| Submit and serve direct exhibits, with physical exhibits available | August 13, 2021 |

| Event | Deadline |
|---|---|
| - Complainant(s) and Respondent(s) | |
| Submit and serve direct exhibits, with physical exhibits available - Staff | August 18, 2021 |
| Submit and serve rebuttal exhibits, with rebuttal physical exhibits available – all parties | August 18, 2021 |
| File pre-trial statements and briefs – Complainant(s) and Respondent(s) | August 31, 2021 |
| File pre-trial statement and brief – Staff | September 8, 2021 |
| Deadline to file motions *in limine* | September 10, 2021 |
| File responses to motions *in limine* | September 17, 2021 |
| Pre-trial conference | October 4, 2021 |
| Hearing | October 4-8, 2021 |
| File initial post-trial briefs and final exhibit lists | October 20, 2021 |
| File reply post-trial briefs | October 29, 2021 |
| Initial Determination | January 12, 2022 |
| Target date for completion of investigation | May 12, 2022 |

※ Inv. No. 337－TA－1246의 Order No. 12: procedural schedule[101] 발췌

예시 4　조사절차의 진행순서 및 기한

---

101) https://edis.usitc.gov/external/attachment/736645－1615639.pdf.

## 2. 조사 완료 목표일

행정법판사는 조사개시 이후 45일 이내에 조사완료 목표일 설정 명령 (order setting a target date for completion of the investigation)을 내려야 한다. 조사 완료 목표일이 조사개시 이후 16개월을 초과하지 않는 경우 위와 같은 목표일 설정을 위한 행정법판사의 명령은 최종적인 것으로 중간 심사(interlocutory review) 대상이 되지 않으나, 조사완료 목표일이 조사개시 이후 16개월을 초과하는 경우 또는 16개월을 초과하도록 연장하는 경우에는 위원회에 사법 청구 (judicial request to the Commission)를 구하여 중간 심사의 대상이 되고, 정당한 사유(good cause)에 의해 뒷받침되는지 여부가 심사된다. 이에 따라 조사기간 은 대부분 1년에서 1년 6개월로 이루어지나, 다양한 사유로 조사기간연장이 허용되기도 한다.

## 3. 심리준비기일

행정법판사는 심리(hearing) 절차 전에 당사자 또는 대리인과 1회 이상의 심리준비기일(Pre-hearing Conferences)을 가질 수 있다. 심리준비기일의 빈도 와 시기는 행정법판사가 결정하는데, 일반적으로 조사가 행정법판사에게 이관 된 후 15~30일 사이에 1차 심리준비기일이 개최되고, 심리기일 직전에 2차 심리준비기일이 개최된다. 심리준비기일에서 다루어지는 내용은 행정법판사 의 재량에 따라 속기 또는 공개될 수 있다.[102]

심리준비기일에서는 ① 쟁점 정리, ② 협상(negotiation), 절충(compromise) 또는 합의(settlement), ③ 심리의 범위 확정, ④ 신청서 수정에 관한 사항, ⑤ 사실 또는 문서의 내용과 진정성에 대한 합의(stipulation)와 자백(admission), ⑥ 전문가·경제·기술 증인 수의 제한 등 증거개시와 증거제출의 신속한 진행 에 필요한 사항, ⑦ 증인 이름의 공개와 심리 중 증거로 제시될 문서 또는 기 타 물적 증거물의 교환을 포함한 조사를 체계적이고 신속하게 처리할 수 있게

---

102) 19 C.F.R. § 210.35(c).

하는 기타 사안 등이 논의된다.[103]

## 4. 증거개시절차(Discovery)

### 가. 범 위

국제무역위원회는 연방민사소송규칙이나 그 해석에 관계 없이 위원회 규칙(Commission Rule)에 따라 증거개시절차를 진행하기 때문에 연방지방법원에서는 증거능력이 인정되지 않는 전문증거라도 국제무역위원회 소송에서는 해당 전문증거가 사안과 관련성 및 신뢰성이 있고 실질적인 것이라고 평가되면 증거로 받아들여질 수 있다.[104] 당사자간 소송의 진행일자(schedule)를 협의 후 증거개시절차가 시작되는 연방지방법원 소송과는 달리 국제무역위원회 소송에서는 진행일자 협의 전 증거개시절차가 이미 시작된다. 연방지방법원소송에서 요구되는 30일의 답변기간도 국제무역위원회소송에서는 10일로 더 짧아 그 진행이 매우 빠르다.

국제무역위원회의 증거개시절차 범위에는 ① 당사자의 청구 또는 항변, ② 증거개시가 가능한 사안에 대한 지식을 가지고 있는 자의 신원 및 소재지, ③ 불공정무역행위에 대한 적절한 구제조치 ④ 위원회가 발부한 구제 명령에 대한 대통령의 심사기간 동안 피신청인이 담보로 제공할 공탁금(bond)과 관련된 사안들이 포함된다. 단, 비밀유지권 및 변호사 작업물 보호에 관한 증거개시는 제외된다.

조사관도 공익을 대변하는 당사자로서 위원회 결정의 기초가 될 수 있는 완벽한 기록을 확보하기 위하여 자발적으로 당사자들을 대상으로 증거자료의 공개를 요구할 수 있다.

---

103) 19 C.F.R. § 210.35.

104) 이외에도 외국인 당사자(foreign party)를 대상으로 하는 증거개시절차가 더욱 신속하게 이루어지고, 제3자를 대상으로 하는 증거개시절차와 관련하여 국가적 소환 권한(national subpoena power)이 있으며, 집중된 기간(compressed time period) 내에 이루어져 비용이 적게 드는 등 국제무역위원회의 증거개시절차는 연방지방법원에서의 특허침해소송 과정에서 이루어지는 증거개시절차보다 특허권자에게 유리한 면이 있다.

### 나. 증거개시절차 방법105)

증거개시절차는 행정법판사가 정한 증거개시절차 기한(discovery deadline) 내에 이루어져야 하는데,106) 조사완료목표일까지의 기간이 12개월인 조사에 있어서 증거개시절차는 약 5개월, 조사완료 목표일까지의 기간이 18개월인 조사에 있어서 증거개시절차는 약 10개월 이내에 이루어진다.107)

지식재산권 침해조사의 증거개시절차 방법에는 아래에서 자세히 설명하는 바와 같이 구두신문이나 서면 질문을 통한 서면 녹취증언(deposition), 서면 질의(interrogatories), 자료제출 또는 조사나 기타 목적을 위한 토지나 건물의 출입 허가(production of documents or things or permission to enter upon land or other property for inspection or other purposes), 자인요구서(request for admission) 가 있다.108) 위 증거개시 방법은 연방지방법원 소송의 방법과 유사한데 다만 연방지방법원 소송에서보다 횟수와 시간 등 양적인 면에서 더 폭넓게 허용된다. 녹취증언은 연방지방법원 소송에서 허용하는 10회보다 2배인 20회가 허용되며 1일 7시간으로 제한되는 연방지방법원의 경우와 달리 시간제한을 두지도 않는다. 또한 서면질의도 25개가 허용되는 연방지방법원 소송과 달리 175개를 넘지 않는 한도 내에서 허용된다.

### (1) 녹취증언(deposition)109)

녹취증언은 조사개시 사실이 연방관보(Federal Register)에 게시된 날로부터

---

105) 구체적인 증거조사방법은 연방지방법원에서 일반적으로 행해지는 증거조사와 공통되는 내용이 많으므로, 위 [제1장 제2절 Ⅷ. '증거개시절차' 및 제1장 제3절 '디스커버리 실무] 참조.

106) 19. C.F.R. § 210.61.

107) 각 행정법판사의 기초규칙은 증거개시를 요청할 수 있는 마지막 날인 증거개시절차 요청마감일과 증거개시가 완료되는 완료일을 설정하는 경우가 많다. 증거개시 진술서를 통해 증거개시에 관한 각 당사자의 입장, 일정 및 당사자 간 합의한 녹취증언 장소 등 증거개시의 절차에 관련된 당사자의 제안을 제출하도록 하고 있으며, 특허청구항 개수의 한정 등 당사자의 제안이나 조정의 적절한 시기 등도 증거개시 진술서에 포함하여 제출하도록 하고 있다.

108) 19 C.F.R. § 210.27(a).

109) 녹취증언에 관한 자세한 설명에 관하여는 녹취증언에 관하여 구체적으로 설명한 [제1장 제3절I. 3. '녹취증언] 참조.

행정법판사가 정한 일자와 기한에 따라 가능하다. 별도의 합의가 없는 이상 신청인은 각 피신청인당 5회 혹은 모든 피신청인에 대한 20회의 녹취증언을 할 수 있고, 피신청인은 최대 20회의 사실 녹취증언을 할 수 있다. 조사관(Staff Attorney)은 당사자로서 최대 10회의 사실 녹취증언을 할 수 있는 동시에 모든 당사자들이 진행하는 녹취증언에 참여할 수 있다.[110]

녹취증언을 위해서는 녹취증언 시간 및 장소, 대상자의 이름 및 주소를 포함하여 모든 당사자에게 서면으로 녹취증언을 통지하여야 한다.[111] 녹취증언을 할 때 각 증인은 적절한 절차에 따라 선서를 하고 상대방 당사자는 반대신문을 할 권리를 갖는다. 녹취증언을 한 당사자들은 녹취증언을 글로 옮긴 기록 부본을 조사관에게 제공하여야 하나, 곧바로 그 증거능력이 인정되지는 않고, 심리단계에서 증거능력이 인정된 녹취증언의 해당 부분만이 심결의 기초가 된다.[112] 녹취증언 대상 진술인이 미국 외 다른 나라에 위치한 경우 특별한 어려움이나 일반적이지 않은 상황을 증명하지 않는 한 그 진술인이 위치한 나라에 가서 녹취증언을 해야 한다.[113]

원칙적으로 미국의 준사법 독립 연방기관인 국제무역위원회의 지식재산권침해조사를 위한 녹취증언을 대한민국 영토 내에서 진행할 법률상의 근거는 존재하지 아니하나, 실무상 다수의 사건 진행을 위한 녹취증언이 국내에서 이루어지고 있으며, 최근에는 코로나19의 여파로 다수의 녹취증언이 영상회의 방식으로 국내에서 진행되기도 하였다.

## (2) 서면질의(Interrogatories)[114]

별도의 합의가 없는 경우 175개를 초과하지 않는 질문을 서면으로 제기

---

110) 19 C.F.R. § 210.28(a).

111) 19 C.F.R. § 210.28(c).

112) 19 C.F.R. § 210.28(d).

113) *Certain Sintered Rare Earth Magnets*, Inv. No. 337−TA−855, Order No. 50 at 5 (Jan. 25, 2013); *Certain Encapsulated Integrated Circuits*, Inv. No. 337−TA−501, Order No. 17 at 2 (Mar. 22, 2004).

114) 서면질의에 관한 자세한 설명(답변 방식, 실무상 전략 등)에 관하여는 서면질의에 관하여 구체적으로 설명한 [제1장 제3절 I. 1. '서면질의'] 참조.

할 수 있다.115) 조사개시 공지가 연방관보(Federal Register)에 게시된 날부터 서면질의서를 송달할 수 있고, 행정법판사가 별도로 정한 기한 또는 서면질의서 송달일로부터 10일 이내에 답변서를 송달하여야 한다. 상대방이 답변하지 않거나 이의제기를 하는 경우 강제 증거개시절차 명령을 신청(motion for order compelling discovery) 할 수 있다.116)

### (3) 문서제출요청(Request for Production)117)

당사자는 조사 절차에서 상대방 당사자 또는 그의 대리인이 언급한 모든 문서를 제출하거나 검사 및 복사를 허용하도록 요청할 수 있고, 해당 당사자의 소유, 관리, 지배하에 있는 유형물을 검사하고 복사, 시험, 표본 조사를 할 수 있도록 요청할 수 있다. 또한 증거개시 범위 안에서 검사, 측정, 점검, 사진 촬영, 시험, 표본 조사를 하기 위한 목적으로 당사자가 소유 또는 지배하는 지정된 지역에 출입할 수 있도록 허용해 달라는 요청을 할 수 있다. 요청서에는 검사 대상이 되는 개별 항목들을 카테고리 별로 제시하고, 각각의 항목과 카테고리를 합리적인 자세한 사항과 함께 설명하여야 하며, 조사 및 관련 행위를 수행할 합리적인 시간, 장소, 방법을 명시하여야 한다.118)

요청을 받은 당사자는 행정법판사가 지정한 시간 내에 또는 10일 이내에 답변서를 송달하여야 하고, 요청한 바에 따른 각 항목 또는 카테고리에 관한 검사 및 관련 행위의 허용 여부를 명시하여야 하며, 특정 항목 또는 카테고리의 일부에 대하여 이의제기가 있는 경우 그를 명시하여야 한다. 자료 제공 당사자는 이를 사업상 통상적으로 보관하던 대로 또는 요청된 방식으로 제공하여야 한다. 요청 받은 당사자가 이의제기 또는 기타 요청을 하는 경우 신청 요청 당사자는 불이행 등에 대해 강제 증거개시절차의 명령신청(motion for order compelling discovery)을 할 수 있다.119)

---

115) 19 C.F.R. § 210.29(a)행정법판사(ALJ)는 정당한 사유가 있는 경우 위 질문의 개수를 늘릴 수 있다.
116) 19 C.F.R. § 210.29(b).
117) 문서제출요청에 관한 자세한 설명은 [제1장 제3절 I. 2. '증거문서제출 요청'] 참조.
118) 19 C.F.R. § 210.30(a).

### (4) 자인요구서(Request for Admission)120)

당사자는 상대방에 대하여 해당 조사와 관련이 있는 사안(문서에 대한 진정성을 포함한 사실 및 법의 적용에 대한 진술 또는 의견)에 대하여 진실을 인정하도록 요구할 수 있다. 요청서는 달리 제공된 바 있거나 다른 당사자가 소유하고 있는 경우를 제외하고는 관련된 문서와 함께 송달되어야 한다. 자인요구서는 조사개시 공지 연방관보(Federal Register) 게시일부터 송달할 수 있고, 행정법판사는 당사자 간 자인요구서를 송달할 수 있는 기간을 정한다.121)

자인요구서를 받은 당사자는 행정법판사가 정한 기한 또는 10일 이내에 답변서 또는 이의제기서를 송달하여야 하며, 그렇지 않은 경우 이를 인정한 것으로 간주한다. 답변은 명확하게 사안에 대하여 부인하거나 사안을 진실하게 인정하거나 부인할 수 없는 이유를 구체적으로 제시하여야 하고, 이의제기 시에는 그에 대한 사유를 기재해야 한다.122)

인정을 요구한 당사자는 행정법판사에게 답변서 및 이의제기서의 요건충족 여부를 결정해 달라는 신청을 할 수 있고, 답변서가 연방법의 요건을 준수하지 않았다는 행정법판사의 결정이 내려지면, 행정법판사는 그 사안에 대해 인정한 것으로 인정하거나 수정된 답변서를 제출하도록 명령을 내릴 수 있으며, 행정법판사는 이러한 명령을 내리지 않고, 심리준비기일 또는 심리기일 전 지정된 시간에 요청서에 대한 최종처분을 결정할 수도 있다.123)

자인요구서를 통해 자백한 사안은 행정법판사가 철회 또는 수정을 허용하지 않는 한 종국적으로 증명된 것으로 본다.124)

### (5) 증거조사절차에서 유의사항

증거개시절차에서 자료를 제대로 보전, 개시하지 않거나, 행정법판사의

---

119) 19 C.F.R. § 210.31(a).
120) 자인요구서에 관한 자세한 설명에 관하여는 [제1장 제3절 I. 4. '자인요구'] 참조.
121) 19 C.F.R. § 210.31(a).
122) 19 C.F.R. § 210.31(b).
123) 19 C.F.R. § 210.31(c).
124) 19 C.F.R. § 210.31(d).

관련 명령에 협조하지 않는 경우 금전적, 비금전적 제재의 대상이 될 수 있는데, 이러한 제재에는 조기패소판결까지도 포함된다.

행정법판사는 당사자의 신청에 따라 증거개시절차의 강제명령(order to compel discovery)을 내릴 수 있는데, 이러한 행정법판사의 명령125)을 이행하지 않는 경우 행정법판사는 불필요한 지체 없이 관련 문제의 해결 및 조사의 처분을 위해 다음과 같은 비금전적 제재를 내릴 수 있다.126)

① 자백, 증언, 문서, 또는 기타 증거가 해당 당사자에게 불리할 수도 있다고 추론

② 조사 목적상 발행된 명령 또는 소환장에 관한 사항 또는 그 밖의 사항이 불응 당사자에게 불리한 것으로 간주

③ 불응 당사자가 조사 시 자신의 입장을 뒷받침하는 본인, 임원 또는 대리인의 증언, 문서 또는 기타 자료를 증거로 제출하지 않거나 달리 의존하지 않을 수 있다고 결정

④ 해당 당사자가 보류된 자백, 증언, 문서 또는 기타 증거가 증명할 수 있는 것을 보여주기 위한 2차적 증거의 채택 및 이용에 반대하기 위하여 심리를 받지 않을 수 있다고 결정

⑤ 교부된 명령 또는 소환장에 대한 해당 당사자의 신청 또는 기타 제출이 각하되어야 한다고 결정하거나, 조사 시의 결정이 해당 당사자에게 불리하게 이루어져야 함을 예비결정으로 고지, 또는 위 두 가지 모두 결정

⑥ 연방민사소송규칙 제37조 (b)항에 따라 부과할 수 있는 여하한 기타 비금전적 제재명령

⑦ 연방민사소송규칙 제37조 제b항에서는 증거개시명령 불이행의 경우 불이행 당사자를 대상으로 무변론판결(default judgment)을 하는 것을

---

125) 이러한 명령에는 주로 녹취증언명령(deposition), 문서제출명령(production of documents), 서면질의(interrogatories), 자인요구서(request for admissions)에 따라 내려진 명령 또는 소환장 준수명령을 포함되나, 기타 다른 종류의 증거개시 명령이 내려질 수도 있다.

126) 19 C.F.R. § 210.33.

허용하고 있으므로[127], 국제무역위원회에서 행정법판사의 증거개시명령에 불응하는 경우에도 조기패소판결까지 내려질 수 있다. 이러한 연방민사소송규칙 제37조 (b)항에 근거한 조치는 조사 과정에서 교부된 서면 또는 구두 명령에 의해서나 행정법판사의 예비결정에 포함되어 취해질 수 있다.[128]

금전적 제재의 경우 명령의 대상이 되는 당사자 또는 관련자들이 증거개시를 제공하거나 허용하라는 명령에 불응하는 경우 행정법판사 또는 위원회는 그러한 불응에 대한 정당한 제재를 내릴 수 있다. 이러한 금전적 제재는 행정법판사가 위 비금전적 제재를 대신하여 또는 그에 더해서 불응 당사자나 그 대리인에게 변호사 비용을 포함하여 불응으로 인해 발생한 합리적인 비용을 지불하라고 요구할 수 있다. 단, 이러한 금전적 제재는 미국이나 위원회 또는 위원회 조사관(Commission investigative attorney)을 대상으로 내려질 수는 없다.

## 5. 마크맨 히어링(Markman Hearing)[129]

국제무역위원회 특허침해조사 절차에서 마크맨 히어링 개최 여부는 전적으로 행정법판사의 재량에 속하고,[130] 국제무역위원회에서 특허청구항 해석을 위한 마크맨 히어링 진행이 증가하고 있기는 하나 모든 행정법판사들이 마크맨 히어링을 개최하는 것도 아니며, 각각의 행정법판사는 마크맨 히어링에 대한 선호도를 바탕으로 이에 관한 기본규칙(Ground Rules)을 개별적으로 제시하고 있다.

일반적으로 마크맨 히어링을 위한 요청은 당사자의 증거개시절차 진술서

---

127) Fed. R. Civ. P. 37(b)(2)(A)(vi).

128) 실제로 자료삭제(spoliation)나 증거개시명령 불이행을 이유로 조기패소의 예비심결이 내려진 사례가 다수 있다.

129) 지식재산권 침해조사 사건 중 특허침해조사 사건에서 진행되는 절차로서 미국 판례법상 확립된 것임은 특허침해소송 편에서 설명한 바와 같다.

130) 특허침해조사는 배심원이 아닌 행정법판사에 의해 사실발견이 이루어지기 때문에 특허청구항의 해석이 특정 지정일 이전에 이루어져야 할 이유가 없다.

(party's discovery statement) 또는 신청(motion)을 통해 이루어져야 한다. 마크맨 히어링을 신청하는 당사자는 자신의 입장을 밝히고, 신청내용에 마크맨 히어링을 위한 절차의 계획을 포함시켜야 한다.

## 6. 약식심결(Summary Determination)

당사자는 조사에서 결정되어야 하는 쟁점에 대하여 자신에게 유리한 약식심결을 위해 필요한 선서진술서(affidavit)를 제출할 수 있다. 일반적으로 신청인 측에서는 조사 신청서와 조사개시 통지서를 송달받은 날로부터 20일 후에 선서진술서를 제출할 수 있고, 기타 당사자나 피신청인은 조사개시에 대한 공지가 연방관보(Federal Register)에 게시된 날 이후면 언제든지 선서진술서를 제출할 수 있다. 단, 영구적 구제조치에 대한 약식심결 신청은 심리기일 60일 이전에 하여야 한다.

이렇게 제출된 선서진술서에 이의가 있는 자는 해당 신청이 송달된 날로부터 10일 이내에 이의제기서를 제출할 수 있고, 이의제기서를 통해 심리기일에 필요한 사실관계 쟁점이 존재한다는 것을 증명할 수 있는 특정 사실을 제시하지 못하는 경우에는 행정법판사에 의한 약식심결 명령이 내려지며, 이때 행정법판사가 내린 명령은 예비심결(initial determination)로 여겨진다.[131]

## 7. 기술설명회(Technology Tutorial)

당사자들은 행정법판사가 기술설명회를 개최하는 것이 필요하다고 여기는 경우 해당 조사와 관련된 과학 및 기술에 대한 배경지식을 제공하기 위하여 심리기일 전에 이를 진행할 수 있다. 기술설명회는 일반적으로 심리 시작 바로 직전에 개최되고,[132] 당사자들에게 각각 일정 시간이 지정된다. 이때 양당사자는 불필요한 반복을 방지하기 위하여 협력하여야 하고, 구체적인 진행

---

131) 19 C.F.R. § 210.18.

132) 마크맨 히어링(Markman Hearing)이 개최되는 경우 기술설명회는 함께 진행되는 것이 일반적이다.

형식은 당사자들이 결정한다. 기술설명은 대리인(변호사)에 의하여 행하여지는 경우가 많다.

## 8. 심리기일(Hearing)

국제무역위원회의 심리기일은 행정법판사의 주관하에 연방행정소송법 (Administrative Procedure Act)에 따라 진행된다. 단, 배심재판은 없고 모든 당사자는 적절한 통지를 받을 권리, 반대신문권, 증거 제출권, 이의 제기권, 각종 신청권 등 심리 진행 과정에서 필요한 권리를 가진다.

심리 과정에서는 행정법판사가 추후 내려야 할 불공정무역행위 여부에 대한 판단과 적절한 구제조치 및 피신청인이 담보로 제공할 공탁금의 산정에 대한 권고결정에 기초가 될 증거를 수집하고 당사자들의 주장을 들어보게 된다. 심리 절차는 행정법판사의 별도 명령이 없는 이상 공개되며 신속하게 진행하는 것을 원칙으로 한다.[133] 심리기일에서 상대방 등의 기밀정보(Confidential Business Information)가 다루어질 때에는 비공개로 진행되며 당사자 본인 및 보호명령(Protective Order)에 서명하지 않은 인원들은 법정에서 퇴정하여야 한다.

일반적으로 심리는 2주 이상 지속되지 않고, 심리 절차는 심리준비기일에 이루어진 변경 및 행정법판사의 재량에 따라 달라질 수 있으나, 대체로 다음과 같은 순서를 따라 진행된다.

① 간략한 모두진술(Brief Opening Statements): 행정법판사의 선호에 따라 진행 여부가 결정되며 보통 양 당사자 및 조사관이 각 1시간 이내로 진행
② 조사신청인의 입증[134]
③ 피신청인의 입증
④ 조사관의 입증
⑤ 조사신청인의 반박

---

133) 19 C.F.R. § 210.36.
134) 조사신청인은 통상 증인신문 및 관련 증거를 제시하여 입증을 하게 된다.

⑥ 피신청인의 반박: 행정법판사가 진행 여부를 결정하여 진행

⑦ 최종변론: 당사자들의 요청이 있는 경우 행정법판사의 재량에 따라 개최(일반적으로는 진행되지 않고, 대부분 행정법판사가 추가 질문을 하기 위한 목적으로 진행)

⑧ 기일 후 심리요지서(post-hearing brief) 제출[135]

통상 양 당사자에게 같은 시간을 할당해 주며 각자의 시간을 서로 기록하여 시간 내에 변론을 마치게 하는 것이 일반적이다.


## VI. 행정법판사의 예비심결(Initial Determination, ID)

행정법판사의 예비심결이 최종적이지는 않으나, 동일한 내용으로 위원회에 의해 확정되어 최종심결(final determination)이 되는 경우가 많으므로 실무적으로 중요한 결정으로 받아들여진다.

행정법판사가 내리는 결정에는 ① 불공정무역행위 여부에 대한 예비심결(initial determination on issues concerning violation of section 337)과 ② 위반행위를 규제하기 위한 구제조치에 관한 권고결정(recommended determination on issues concerning permanent relief, bonding, and the public interest)이 있다. 우선 행정법판사는 조사를 통해 미국의 지식재산권에 대한 침해 여부를 판단하여 불공정무역행위 여부에 관한 예비심결을 내린다. 예비심결은 조사완료 목표일 4개월 이전에 내려진다.

행정법판사에 의해 예비심결이 내려지면, 일반 대중에 공개되기 이전에[136] 우선적으로 당사자의 대리인에게만 송달되어 기밀로 다루어진다.[137] 예

---

135) 추가적으로 사실발견에 대한 제안서(proposed findings of fact) 제출도 가능하다.

136) 예비심결일에는 일반대중에 대하여는 예비심결의 결론을 포함한 간략한 내용만이 공개된다.

137) 이 경우 당사자들에게 송달된 예비심결문은 해당 심결문 전문이 아닌 상대방의 비밀정보가 제외된 일부 문서 형태이다. 이에 따라 대리인들은 우선 심결문 전문을 별도로 수령하여 검토 후, 제외되었던 비밀정보 처리에 관하여 상대방과 협의를 진행한 후, 협의

비심결을 송달받은 대리인들은 기밀 정보로 여겨지는 정보를 특정한 후 비공개처리(redact)하여 당사자 및 일반 대중에게 공개되기 적합한 공개용 예비심결안(public version)을 제출할 수 있는 기회를 가지고, 일반 대중에게 공개되는 예비심결 부본은 모든 당사자에게 다시 송달되며, 공개용 예비심결의 발령통지서(notice of issuance of the public version of the initial determination)가 연방관보(Federal Register)에 게시되고, 국제무역위원회의 홈페이지에 해당 결정문이 게재된다.

행정법판사는 불공정무역행위가 있다고 판단한 경우 예비심결을 내린 날로부터 14일 이내에 이를 규제하기 위한 구제조치에 대하여 권고결정(recommended determination)을 내려야 하는데, 대부분의 경우 행정법판사는 예비심결과 이에 대한 권고결정을 동시에 내리고, 이러한 권고결정 시에는 공익을 고려한다.[138]

행정법판사는 위원회에 지식재산권 침해조사에 따른 구제조치[관련 물품의 수입 배제명령(exclusion order), 불공정행위의 중지명령(cease and desist order) 등]를[139] 권고하거나, 위원회의 최종심결 및 이에 대한 대통령의 승인을 기다리는 동안 피신청인이 제공해야 할 보증금을 산정하여 권고할 수 있다. 단, 국제무역위원회는 손해배상과 같은 금전적 구제(monetary damages)는 명하지 않으므로 지식재산권 권리자는 별도의 연방민사소송절차를 통하여 손해배상을 받아야 한다.

---

내용에 따라 일부 내용만 제외한 형식의 심결문을 당사자에게 다시 제공하는 절차를 거친다.

138) 19 C.F.R. § 210.42(a).

139) 자세한 사항은 위 [제2장 제2절 Ⅲ. '지식재산권 침해조사에 따른 구제조치'] 참조.

# Ⅶ. 위원회의 최종심결

## 1. 예비심결의 심사여부 결정

국제무역위원회는 행정법판사의 예비심결에 대해 당사자의 신청 또는 위원회의 직권으로 심사를 할 수 있다.

위원회 심사를 신청하기 위해서는 통상적으로 예비심결 송달일로부터 12일 이내에 위원회에 심사 신청을 하여야 하고, 해당 신청에 대해 이의를 제기하고자 하는 경우에는 신청서를 송달받은 날로부터 8일 이내에 답변서를 제출하여야 한다.[140]

심사 신청을 받은 위원회는 예비심결 송달일로부터 60일 이내에 심사 여부를 결정하여야 하고, 최소 1인의 위원이 명백한 오류 혹은 절차상 남용이 존재한다고 판단하거나, 해당 신청이 행정법판사의 예비심결과 연관된 정책 문제(policy matter)를 제기하고 이를 위원회가 고려하는 것이 필요 또는 적절하다고 판단하는 경우에 심사를 허락한다.[141]

## 2. 예비심결의 심사여부 결정 통보

위원회가 예비심결에 대한 심사를 하기로 결정하면 이를 관계자나 관계기관에 통지하여야 하고, 통지서에는 심사 범위, 심사 대상이 되는 사안이 포함되어야 하며, 위원회는 적절한 범위 내에서 심리요지서 및 구술변론서의 제출을 위한 규정을 만들어야 한다.

위원회가 통지서를 통해 이해당사자로부터 적절한 구제조치의 유형, 공익, 공탁금에 대한 의견서를 제출하도록 요청하였다면, 이해당사자뿐만 아니라 보건인력개발부(U.S. Department of Health and Human Services), 법무부(U.S. Department of Justice), 공정거래위원회(Federal Trade Commission), 관세청(U.S. Customs Service), 기타 위원회가 적절하다고 판단한 부처나 기관에도 통지서를

---

140) 19 C.F.R. § 210.43(a)(1), 19 C.F.R. § 210.43(c).

141) 19 C.F.R. § 210.43(d)(2).

송달한다.[142]

## 3. 심사(Review of Initial Determinations)

행정법판사의 예비심결(ID)에 대한 심사는 심사통지서(notice of review)에 제시된 쟁점의 범위 내에서 이루어진다. 위원회는 조사절차에서 제출된 증거만을 기초로 심사하여야 하고 새로운 증거가 고려되어서는 안되며 행정법판사가 확인하여 위원회에 제출한 증거기록에만 기초하여 심사하여야 한다. 심사 신청서에서 제기되지 않은 쟁점은 포기한 것으로 간주되고, 추후 연방순회항소법원의 사법심사에서도 제외된다. 또한 위원회의 심사를 신청하지 않은 당사자가 있는 경우 해당 당사자는 자신에게 불리하게 결정된 모든 쟁점을 포기한 것으로 간주된다.[143]

위원회는 행정법판사의 예비심결의 전체 또는 일부에 대하여 인용, 파기, 수정, 취하, 환송할 수 있다. 또한 행정법판사의 예비심결 중 특정 쟁점이나 부분에 대해서는 조사절차 기록을 기초로 적당한 판단이나 결론을 내릴 수도 있으나, 아무런 입장을 취하지 않을 수도 있다.[144]

심사 결과 위원회가 조사 전체를 종결하기로 결정하면 이는 연방관보(Federal Register)에 게시된다.

## 4. 최종심결(Final Determination) 및 재심사(Reconsideration)

행정법판사의 예비심결(ID)은 위원회가 이에 대한 심사를 명령하지 않는 이상 예비심결 송달일로부터 60일 이후 자동적으로 위원회의 최종심결이 된다. 위원회가 예비심결의 일부에 대해서만 심사를 하는 경우 심사가 이루어지지 않은 부분은 심사가 이루어진 부분에 대한 종국적 결정과 함께 위원회의 최종심결이 된다. 단, 영구적 구제조치, 공탁금, 공익에 관한 행정법판사의 판

---

142) 19 C.F.R. § 210.43(d)(3).

143) 19 C.F.R. § 210.45(b).

144) 19 C.F.R. § 210.45(c).

단 및 권고에 대해서는 위원회의 고려를 거쳐 최종심결이 내려진다.[145]

　　위원회의 최종심결에 대해서는 그 송달 후 14일 이내에 해당 심결에 대한 재심사를 신청할 수 있다. 재심사 신청은 최종심결에서 새롭게 제기된 문제의 범위 내에서 할 수 있고, 재심사 신청인이 해당 주장을 제기할 기회가 없었던 부분에 대해서만 재심사 신청이 가능하다. 재심사 신청에 대한 이의는 재심사 신청서 송달일로부터 5일 이내에 답변서를 제출하는 방식으로 가능하고, 재심사 신청서의 제출에도 불구하고 최종심결의 집행은 중지되지 않으며, 위원회의 명령이 없는 한 해당 최종심결에 영향을 주는 법정기간 또한 중지되지 않는다.[146] 재심사를 통해 위원회는 최종심결을 인용, 취하, 수정할 수 있다. 그러나 실무적으로 재심사를 통해 최종심결이 달라지는 경우는 거의 없고 보통 대통령 승인 후 항소를 한다.

---

145) 19 C.F.R. § 210.42(h)(2).
146) 19 C.F.R. § 210.47.

# Ⅷ. 대통령의 승인

## 1. 일반론

국제무역위원회의 불공정무역행위에 대한 최종심결이 연방관보(Federal Register)에 게시되면, 그 결정은 대통령에게 제출되어 대통령의 검토를 받는다. 대통령은 국제무역위원회의 결정 제출 이후 60일 이내에 정책적 이유로 거부권을 행사할 수 있다. 대통령이 거부권을 행사하여 승인하지 않은 국제무역위원회의 최종심결 및 조치는 대통령의 거부권이 통지된 날에 효력을 상실하나, 대통령의 거부권 행사 없이 60일의 검토기간이 경과하면 국제무역위원회의 최종심결은 종국결정이 된다.[147]

## 2. 구체적 사례

2013년 국제무역위원회는 자국 기업인 애플이 우리나라 기업인 삼성전자의 특허를 침해하였다고 판단하여 미국 외에서 생산된 애플의 일정 제품이 미국 내로 수입되는 것을 금지하는 최종심결을 내렸으나, 오바마 대통령의 거부권 행사로 인해 해당 최종심결의 효력이 상실되었는데 이는 예외적인 조치로 여겨지고 있다.[148]

당시 사건에서는 통신 분야의 표준 필수 특허가 문제되었는데, 위와 같은 거부권을 행사함에 있어서는 당시 지식재산권 침해조사에서 쟁점이 되었던 FRAND 선언 표준 필수 특허의 권리 행사 제한의 필요성, 기술 발전을 촉진하기 위한 특허권자의 보호의 필요성 및 미국 경제와 소비자에게 미칠 영향 등이 고려되었다. 이는 결국 표준 필수 특허침해의 경우 수입을 금지하는 조치를 취할 경우 특허권자의 특허 억류(patent holdup)가 발생할 수 있다고 판단한 것으로 평가되나, 구체적인 거부권 행사의 이유가 자세히 명시되어 있지는 않다.[149]

---

147) 19 U.S.C. § 1337(j).
148) 오바마 대통령의 거부권 행사는 1987년 이후 유일한 거부권 행사이다.
149) https://ustr.gov/sites/default/files/08032013%20Letter_1.PDF(2021. 4. 18. 방문).

# IX. 불복절차

국제무역위원회의 최종심결에 대하여는 최종심결일 또는 대통령의 검토 기간이 끝난 날로부터 60일 이내에 연방순회항소법원에 불복할 수 있다. 또한 국제무역위원회의 지식재산권 침해조사 사실을 인지하고 있었던 당사자가 아닌 자 역시 불복할 수 있다.[150] 불복 사건의 당사자는 국제무역위원회의 심결에 대한 불복을 하는 것이므로, 불복당사자 이외의 자는 기본적으로 불복사건의 당사자가 되지 않는다. 이에 따라 해당 사건에서의 신청인 또는 피신청인 중 불복 당사자가 아닌 자는 불복사건에 참가신청(Motion to Intervene)을 하여 참가하여야 한다.

연방순회항소법원의 심사 대상이 되는 위원회의 결정에는, ① 불공정무역행위 여부에 대한 결정, ② 불공정무역행위로 믿을 만한 사유가 있는지에 대한 결정, ③ 중지명령에 대한 결정, ④ 피신청인의 비협조 여부에 대한 결정, ⑤ 공익에 관한 결정, ⑥ 공탁금에 관한 결정, ⑦ 남용에 대한 제재조치 관련 결정 등이 있으나 불복할 수 있는 사안의 범위는 위원회가 내린 최종심결로 국한되므로 위원회가 어떠한 입장을 취하지 않은 특정 사안에 대한 행정법판사의 심결에 대해서는 불복이 불가능하다.

---

150) 19 U.S.C. § 1337(c).

# X. 침해 인정 시 수입 방안

미국 세관은 지식재산권 침해 여부에 대한 판단을 할 수 있는 권한을 보유하고 있지 않고, 다만 국제무역위원회의 배제명령을 해석하고 실행할 뿐이다.[151] 따라서 미국 세관은 수입 제품의 각 요소가 지식재산권을 침해하는지 여부를 확인하기 어렵다는 문제가 발생한다. 배제명령의 대상이 의심되는 제품을 수입하고자 하는 이는 연방규정집 제19편 제177조에 따라 수입 대상 제품을 수입하기 전에 세관에 해당 제품이 배제명령의 대상이 아님을 결정하는 판단을 구할 수 있다.[152]

세관은 제177조에 의한 판단 요청이 제기된 사실을 국제무역위원회 조사 신청인에게 통보할 의무는 없으나 보통 양당사자로 하여금 서면 제시 및 구두 의견을 제시할 수 있는 기회를 준 후 판단을 내린다. 또한 수입을 한 제품이 국제무역위원회의 배제명령의 범위에 들어간다는 세관의 판단에 따라 압류되거나 수입이 배제된 경우, 수입업자는 연방규정집 제19편 제174조에 따라 세관의 판단으로부터 180일 이내에 이에 대한 이의를 제기할 수 있으며 세관은 이의 신청일로부터 30일 이내에 이에 대한 심사 결과를 내려야 한다.[153] 이 절차에서도 국제무역위원회 조사 신청인은 참가할 수 없다. 이에 따라 국제무역위원회는 배제명령을 내릴 때 미국 세관으로 하여금 수입업자가 수입하는 물건이 배제명령의 범위에 들어가지 않는다는 내용의 선서를 받도록 하기도 한다.[154]

---

151) 이와 관련하여 제한적 배제명령의 경우 제품 시리얼 번호 등으로 배제명령의 대상을 특정하기 때문에, 일부 구성을 변경하고 제품 생산 라인을 달리하여 배제명령을 우회하는 경우도 있다. 이와 관련해서는 Steven E. Adkins & John Evans, "Several Healthy Steps Away: New & Improved Products in Section 337 Investigations", 8 J. Marshall Rev. Intell. Prop. L. 309 (2009) 참조.

152) 19 C.F.R. § 177.

153) 19 C.F.R. § 174.

154) J. Gregory Sidak, "International Trade Commission Exclusion Orders for The Infringement of Standard Essential Patents", Cornell J. L. & Pub. Pol., vol. 26:125, p.142.

또한 배제명령이 내려진 이후에 회피설계 등을 통하여 지식재산권을 침해하지 않는 다른 제품을 수입하고자 하더라도 위와 동일한 문제가 발생할 수 있는데, 이러한 경우 배제명령을 받은 지식재산권 침해조사 피신청인은 국제무역위원회의 자문 의견(Advisory Opinion)을 통하여 해당 수입품이 배제명령의 대상이 않는다는 점을 밝혀야 한다. 이와 같은 자문 의견 수령의 지연을 방지하기 위해서는 피신청인이 지식재산권 침해조사 과정에서 회피설계가 완료된 제품을 제출하여야 한다.[155]

---

155) Steven E. Adkins, US ITC: Use Redesigns to Win at the ITC, MANAGING INTELL. PROP., Oct. 1, 2010, http://www.managingip.com/Article/2679363/Supplements/US — ITC — Use — redesigns — to — win — at — the — ITC.html?ArticleId = 2679363& supplementListId = 78381&p = 3.

**제3절**
# 특허무효심판

# Ⅰ. 특허무효심판 개관156)

## 1. 미국특허심판원(PTAB)

미국특허심판원(Patent Trial and Appeal Board, PTAB)은 2011년 개정특허법 (Leahy-Smith America Invents Act, AIA)에 의하여 2012. 9. 16. 설립된 미국특허청의 산하기관으로 각종 심사결과에 대한 불복 및 무효심판 절차를 수행하는 기관이다. 위 기관은 특허행정판사(Administrative Patent Judge, APJ)로 구성되는데, 특허행정판사의 대다수는 특허청 심사관이나 특허변호사 경력이 있는 자이다.157) 미국특허심판원은 크게 특허청의 결정을 검토하는 항소부(Appeals Division)와 특허등록 이후의 무효심판(Inter Partes Review, Post-Grant Review 등)을 담당하는 심판부(Trial Division)로 구성되어 있다.

대부분의 미국특허심판원 심리는 미국 특허청이 위치한 버지니아주 알렉산드리아에서 진행되어 왔는데 당사자들의 편의를 위하여 지부를 개설하였고 최근에는 캘리포니아주 산호세의 사무실을 포함하여 미시간주 디트로이트, 텍사스주 달라스, 콜로라도주 덴버의 지부에서 화상을 통해 심리절차가 진행되

---

156) CBMR은 PGR의 특수한 형태의 절차로 제3자가 영업방법에 관한 특허의 무효를 주장할 수 있는 절차이다. 다만, 2012. 9. 16.부터 2020. 9. 16.까지 8년간만 한시적으로 운영되었다.

157) 미국특허심판원에는 약 100명의 특허행정판사가 있으며 특허행정판사 외에 법무, 행정조사관등이 있다.

는 등 지리적 접근성이 개선되고 있는 추세이다.

## 2. 특허무효심판

미국특허심판원에서의 무효심판은 크게 당사자계 무효심판(inter partes review, IPR)[158]과 등록 후 무효심판(post grant review, PGR)[159]으로 나눌 수 있다.[160] 그 외에 결정계 재심사(ex parte reexamination, EPX)도 등록된 특허의 무효를 다툴 수 있는 절차이다.

등록 후 무효심판은 특허등록일로부터 9개월 이내에 제3자가 무효를 다툴 수 있는 절차로 이때 제3자가 주장할 수 있는 무효사유에는 제한이 없다.[161]

당사자계 무효심판은 특허등록일로부터 9개월이 지나거나 등록 후 무효심판 종료 이후에 제3자가 무효를 다툴 수 있는 절차로 이때 제3자가 주장할 수 있는 무효사유는 선행기술에 기초한 신규성이나 비자명성(진보성) 위반에 한정된다.[162]

이 중에서 등록 후 무효심판은 신청시점의 제한이 있기 때문에 당사자계 무효심판이 가장 많이 이용되는 제도이다. 2020년 10월 1일부터 2021년 4월 30일까지의 신청 건수를 보면, 당사자계 무효심판은 754건 신청된 반면, 등록 후 무효심판은 61건에 그쳤다(아래 미국특허청 통계자료상 2020. 10. 1.부터 2021.4. 30.까지의 월별 신청건수 참조).[163]

---

158) 35 U.S.C. §§ 311 – 319.

159) 35 U.S.C. §§ 321 – 329.

160) 이외에 영업방법 특허에 관한 등록 후 무효심판(Continued Business Method Review)이 있는데 그 대상이 영업방법에 관한 특허에 한정되는 절차로, American Invests Acts가 입법되던 당시 8년간 한시적으로 운영하는 시범 제도(transitional system)로 도입되었던 절차인데 2020년 9월 그 기간이 만료되었으며 현재는 2020년 9월에 개시된 CBMR만 진행되고 있다. CBMR에서 주장할 수 있는 무효사유에는 제한이 없고 대상특허는 'technological inventions (기술적인 발명)'을 제외한 'financial services (금융서비스)'와 관련된 특허에만 한정된다.

161) 35 U.S.C. § 321.

162) 35 U.S.C. § 311(b).

163) https://www.uspto.gov/sites/default/files/documents/ptab_aia_.pdf.

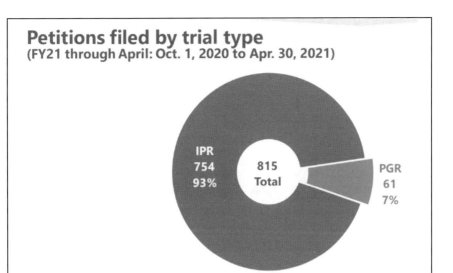

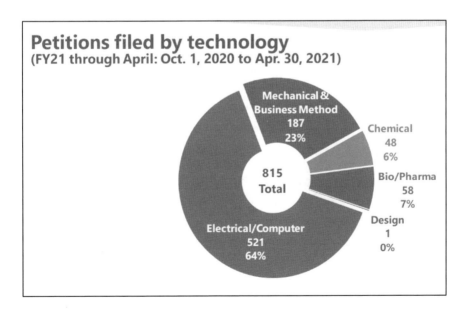

[그림 1] 미국 특허청 통계자료

기술분야 별로 보면 최근에는 전기/컴퓨터 분야가 521건으로 가장 많고 기계 및 영업방법 분야가 187건으로 그 뒤를 이었다.[164]

당사자계 무효심판(IPR), 등록 후 무효심판(PGR), 영업방법 특허에 관한 등록 후 무효심판(CBMR)과 무효 확인소송의 주요 내용을 간략히 비교하면 아래 표와 같다.

| 구 분 | 당사자계 무효심판(IPR) | 등록 후 무효심판(PGR) | 영업방법 특허에 관한 등록 후 무효심판(CBMR) | 무효확인소송 |
|---|---|---|---|---|
| 판단기관 | 특허심판원 | 특허심판원 | 특허심판원 | 연방지방법원 |
| 대상특허 | 모든 특허 | 모든 특허 | 영업방법 특허 | 모든 특허 |
| 신청사유 | *신규성, 비자명성 *근거자료: 선행특허 및 인쇄된 출판물 | 제한 없음 | 제한 없음 | 제한 없음 |
| 신청인 | 특허권자 및 법원에 무효소송을 제기한 자 이외에 누구나, 이해관계 필요 | 특허권자 외 누구나, 이해관계 필요 | PGR과 동일 | 침해자 또는 이해관계인 |
| 신청기한 | *2013. 3. 16. 이후 출원 특허: 특허등록일로부터 9월 경과한 날 또는 PGR 이 종료된 날 중 늦은 날 이후, *2013. 9. 16. 전 출원 특허: 언제든지 *특허침해소송 피고: 소장 받은 날로부터 1년 내 | *특허등록일로부터 9월 이내 *민사소송에서 무효를 주장한 자는 신청 불가 | PGR과 동일 단, 2012. 9. 16.부터 2020. 9. 16.까지 한시적으로 운영(현재는 이용불가) | 제한 없음 |

---

164) https://www.uspto.gov/sites/default/files/documents/ptab_aia_.pdf.

| 절차개시<br>기준 | 신청대상 청구항 중<br>하나 이상에서 무효<br>주장이 받아들여질<br>합리적인 가능성 | 신청대상 청구항 중<br>하나 이상에서 무효<br>가능성이 더 크거나<br>다른 특허나 특허출<br>원에 새롭거나 해결<br>되지 않은 중요한 법<br>률 문제를 제기 | PGR과 동일 | 적용 없음 |
|---|---|---|---|---|
| 증명책임<br>기준 | preponderance of the evidence | | | clear and<br>convincing<br>evidence |
| 특허청구<br>범위 해석<br>기준 | 민사소송이나 국제무역위원회에서 특허청구범위해석이 먼저 이루<br>어지고 해당 해석이 심판절차에 적시 제출된 경우 당해 해석을 참<br>작함(when construing a claim term in an IPR, PGR, or CBM, the<br>PTAB will take into consideration any prior claim construction<br>determination that has been made in a civil action, or a<br>proceeding before the International Trade Commission (ITC), if<br>that prior claim construction is timely made of record in that<br>IPR, PGR, or CBM.) | | | Ordinary and<br>customary<br>meaning as<br>understood<br>by one of<br>ordinary skill<br>in the art |
| 불 복 | 연방순회항소법원 | | | |

## Ⅱ. 당사자계 무효심판(IPR)

### 1. 신 청

#### 가. 신청사유

당사자계 무효심판에서 주장할 수 있는 무효사유는 신규성과 비자명성(진보성)으로 한정되어 있고, 무효를 주장할 수 있는 근거자료도 선행특허 및 인쇄된 출판물(patent and printed publications)로 한정되어 있다.165)

#### 나. 신청인

특허권자 및 법원에 무효소송(civil action)을 제기한 자 이외에 누구나 당사자계 무효심판을 신청하는 것이 가능하다. 다만, 신청인에게 해당 특허의 무효에 대한 이해관계가 있어야 하므로 익명으로 신청할 수는 없다.166)

#### 다. 신청기한

당사자계 무효심판을 신청할 수 있는 시기는, 해당 특허가 언제 출원되었는지, 특허침해소송이 계속 중인지 여부에 따라 달라진다.

2011년 개정특허법(Leahy – Smith America Invents Act, AIA)에 의해 기존의 선발명주의를 대체하는 선출원주의가 도입되었는바, 선출원주의에 따라 등록된 특허(2013. 3. 16. 이후에 출원되어 등록된 특허)의 경우에는 특허등록일(또는 재등록일)로부터 9월이 경과한 날 또는 등록 후 무효심판이 종료된 날 중 늦은 날 이후부터 당사자계 무효심판을 신청하는 것이 가능하다.167) 반면, 2013. 3. 16. 전에 출원되어 선출원주의가 적용되지 않은 특허에 대해서는 특허등록결정 후 언제든지 당사자계 무효심판을 신청할 수 있다.

---

165) 35 U.S.C § 311(b).
166) 35 U.S.C § 312(a)(2).
167) 35 U.S.C § 311(c).

특허침해소송의 피고가 당사자계 무효심판을 신청하는 경우에는 특허침해소송의 소장을 받은 날로부터 1년 내에 신청하여야 한다.[168] 따라서 특허침해소송의 피고는 소장 송달일로부터 1년내에 당사자계 무효심판을 신청하여야 당사자계 무효심판을 방어수단으로 활용할 수 있고, 특허침해소송은 법원에 제기된 소송만을 의미하고 국제무역위원회 절차는 여기에 포함되지 않는다.[169]

### 라. 신청서

신청서는 법정비용을 납부하면서 제출하여야 하고, 이해관계가 있는 신청인들을 특정하여야 하며, 무효를 주장하는 청구항들을 그에 대한 증거와 함께 명시하여야 한다.[170] 특허권자에게 보낼 신청서 부본도 제출되어야 하고, 신청은 일반에 공개된다.[171]

### 마. 특허권자의 예비답변

특허권자는 정해진 기간 내에 당사자계 무효심판의 개시요건을 충족하지 못한다는 내용의 예비답변을 제출할 수 있다.[172]

## 2. 절차개시

당사자계 무효심판은 신청의 대상이 된 특허청구항 중 적어도 하나 이상의 특허청구항에서 신청인의 무효주장이 받아들여질 합리적인 가능성(a reasonable likelihood that the petitioner would prevail with respect to at least 1 of the claims

---

168) 35 U.S.C § 315(b).

169) *Robert Bosch Tool Corp. v. SD3, LLC*, IPR2016-01751, Paper 15 (P.T.A.B. Mar. 22, 2017).

170) 35 U.S.C § 312(a).

171) 35 U.S.C § 312(b).

172) 35 U.S.C § 313.

challenged in the petition)이 있어야 개시(institution)될 수 있다.[173] 특허청장은 예비답변 제출일 또는 예비답변 제출기한 마지막 날로부터 3개월 이내에 당사자계 무효심판의 개시 여부를 결정하여야 한다.[174] 개시여부의 결정은 일반에 공개되고 개시결정에는 심판이 시작되는 날짜가 명시된다.[175] 개시여부 결정은 최종적인 것으로 이에 대해 불복할 수 없다.[176]

2018년 연방대법원 판결인 *SAS Inst., Inc. v. Iancu*[177] 사건 이전의 미국특허심판원은 당사자계 무효심판이 신청된 특허의 청구항 중 일부만을 개시하고 일부는 개시거부를 하여 부분적인 심판개시결정을 할 수 있었으나, *SAS* 사건에서 연방대법원이 미국특허심판원은 당사자계 무효심판 개시 결정 시 일부가 아닌 모든 청구항에 대하여 개시하여야 한다고 판결한 이후, 더 이상 부분적인 개시는 불가능해졌다.[178]  *SAS* 판결 이전 지속적으로 감소추세이던 미국특허심판원의 당사자계 무효심판개시율은 *SAS* 판결 이후인 2019년에는 다시 증가세로 돌아선 듯 했으나 2020년 다시 감소하였다.[179]

---

173) 35 U.S.C § 314(a).

174) 35 U.S.C § 314(b).

175) 35 U.S.C § 314(c).

176) 35 U.S.C § 314(d).

177) *SAS Inst. Inc. v. Iancu, Dir. U.S. Pat. & Trademark Off.*, 138 S. Ct. 1348 (2018) (holding that when the Board institutes an *inter partes* review, it must decide the patentability of all claims challenged in the IPR).

178) *SAS* 판결 이후에 특허심판원이 부분적인 개시결정을 한 사례가 있는데, 해당 사례에서는 신청인이 일부 청구항에 대한 권리를 포기(disclaim)하여 특허심판원은 당사자계 무효심판 개시 신청된 남은 청구항을 검토한 뒤 모든 청구항에 대해 개시한 바 있다 (*Moen, Inc. v. Kohler Co.*, IPR2018-01053, Paper 7 (P.T.A.B. Aug. 13, 2018)).

179) https://www.uspto.gov/sites/default/files/documents/ptab_aia_.pdf.

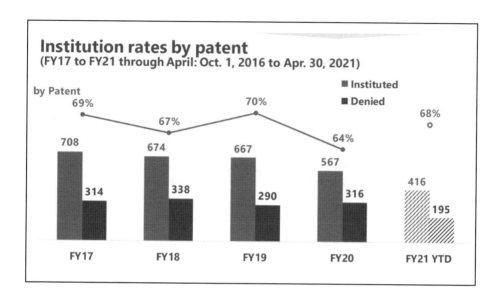

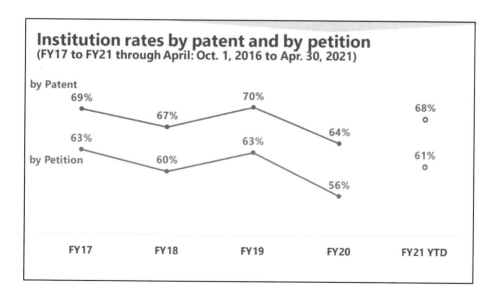

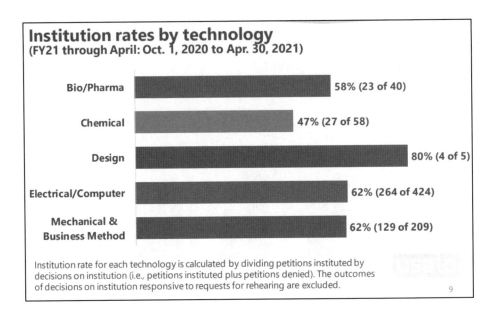

[그림 2] 미국 특허청 통계자료[180]

　　특허청장은 해당 특허에 대해 따로 당사자계 무효심판을 신청한 다른 당사자들을 그에 대한 예비답변 제출 또는 제출기한 이후에 해당 당사자계 무효심판에 참여시킬 수 있다.[181] 또한 해당 특허와 관련된 다른 절차가 진행 중인 경우 특허청장은 당사자계 무효심판과 다른 절차를 중지, 이송, 병합, 종료 등의 조치를 취할 수 있다.[182]

## 3. 정정신청

　　당사자계 무효심판이 개시된 이후 특허권자는 1회의 특허정정신청을 할 수 있는데, 정정은 해당 특허청구항을 삭제하거나 그에 대한 종속항을 제안하

---

180) https://www.uspto.gov/sites/default/files/documents/trial_statistics_20200331.pdf; https://www.uspto.gov/patents/ptab/statistics.

181) 35 U.S.C § 315(c).

182) 35 U.S.C § 315(d).

는 방식으로 이루어질 수 있다.[183] 정정은 1회로 한정되고 2회 이상의 정정은 신청인과 특허권자가 공동으로 신청하는 경우에만 허용된다.[184] 특허청구항을 확장하거나 신규사항을 부가하는 정정은 허용되지 않는다.[185]

이와 관련하여, 미국 연방순회항소법원은 2017. 10. 4. 당사자계 무효심판 절차에서 당사자계 무효심판 신청인이 특허권자에 의해 정정된 청구항의 특허성(특허를 받을 수 없다는 점)에 대한 증명책임을 부담한다고 판시하였다.[186] 이는 특허권자가 정정청구항의 특허성에 대한 증명책임을 부담한다는 기존 특허심판원 및 연방순회항소법원의 입장과 달리 특허권자에게 유리한 판결이어서 앞으로의 당사자계 무효심판 절차에서의 정정신청이 증가할 전망이다.

## 4. 증　명

특허가 무효라는 점에 대해서는 신청인이 증명책임을 부담한다. 이 경우 증명의 정도는 'preponderance of the evidence(증거의 우위)'이다.[187] 증거개시 절차는 선서진술서(affidavits) 또는 진술서(declarations)를 제출한 증인에 대한 녹취증언(deposition) 및 정의의 관점에서 필요한 다른 증거로 제한되고 구체적인 사항은 특허청장의 규정으로 정한다.[188]

---

183) 35 U.S.C § 316(d)(1).

184) 35 U.S.C § 316(d)(2).

185) 35 U.S.C § 316(d)(3).

186) *Aqua Products Inc. v. Matal, No.* 2015－1177 (Fed. Cir. Oct. 4, 2017).

187) 35 U.S.C § 316(e), 특허침해소송이나 특허무효소송 등 법원의 재판에서는 특허의 유효성이 추정되어, 특허무효의 증명 정도가 clear and convincing(명확하고 설득력 있는 증거)인 점에 비추어 보면, 이러한 증명책임은 무효심판청구인에게 유리하게 되어 있는 것이다. 그에 따라 특허소송에서보다 당사자계 무효심판에서 특허무효가능성이 훨씬 높고, 당사자계 무효심판의 활용도가 증가하면서, 특허침해소송이 감소하는 경향을 보이고 있다.

188) 35 U.S.C § 316(a)(5).

## 5. 절차의 종료

### 가. 특허심판원의 결정

당사자계 무효심판이 개시되고 중도에 취하되지 않으면 특허심판원은 특허의 유효성 여부에 대한 최종 결정을 한다.[189] 그 이후 항소가 없거나 항소 절차가 종료된 후 특허청장은 결정에 따른 증명서를 발급한다.[190]

당사자계 무효심판, 등록 후 무효심판, CMBR 중 각 단계 별 진행 건수는 아래와 같다. 2020. 9. 30.까지 총 12,147건 중 절차 개시(institution)가 된 건은 6,228건이고 최종 결정으로 종결된 건은 3,414건이다.

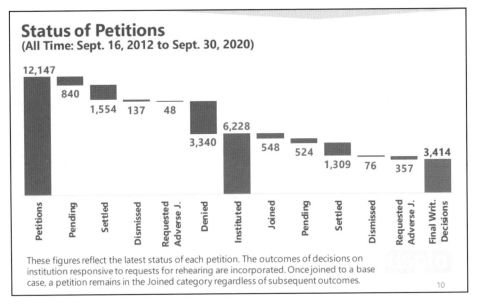

**Status of Petitions**
(All Time: Sept. 16, 2012 to Sept. 30, 2020)

12,147 / 840 / 1,554 / 137 / 48 / 3,340 / 6,228 / 548 / 524 / 1,309 / 76 / 357 / 3,414

Petitions / Pending / Settled / Dismissed / Requested Adverse J. / Denied / Instituted / Joined / Pending / Settled / Dismissed / Requested Adverse J. / Final Writ. Decisions

These figures reflect the latest status of each petition. The outcomes of decisions on institution responsive to requests for rehearing are incorporated. Once joined to a base case, a petition remains in the Joined category regardless of subsequent outcomes.

10

[그림 3] 미국특허청 통계자료[191]

---

189) 35 U.S.C § 318(a).

190) 35 U.S.C § 318(b).

191) https://www.uspto.gov/sites/default/files/documents/trial_statistics_20200930.pdf.

당사자계 무효심판 정정 이전에는 해당 특허를 침해하지 않았으나 당사자계 무효심판 절차에 따른 정정으로 해당 특허를 침해하게 되는 경우 정정 이전에 특허침해를 구성하는 물건을 생산, 판매, 사용, 수입하거나 이를 준비하는 행위에 대해서는 중용권(intervening rights)이 인정되어 침해행위를 구성하지 아니한다.[192]

최종 결정이 있는 경우 당사자계 무효심판에서 제기되었거나 합리적으로 제기될 수 있었던 쟁점들(grounds raised or reasonably could have raised)에 대해서는 미국 특허청, 연방법원 또는 국제무역위원회에서 다시 주장할 수 없는 금반언(estoppel)의 제한이 있다.[193] 제기할 수 없는 주장은 당사자계 무효심판 절차에서 실제로 제기된 쟁점에 한정되지 않고 제기될 수 있었던 쟁점도 포함한다는 점을 유의할 필요가 있다.[194]

미국특허심판원은 절차 개시를 결정하기 위해 하나 이상의 청구항에 대한 무효주장이 받아들여질 합리적인 가능성을 고려하지만 그러한 가능성이 있다고 하여 반드시 당사자계 무효심판을 개시해야 하는 것은 아니다.

최근 *Apple Inc. v. Fintiv.* 결정에 의하면, 당사자계 무효심판신청 전 진행되고 있는 연방지방법원소송의[195] 증거개시절차 등의 진행경과에 따라 미국특허심판원은 당사자계 무효심판 개시를 거부할 재량이 있다.[196] 이와 같이 미국특허심판원이 병행절차(예를 들어 지방법원 소송)와 관련하여 당사자계 무효심판개시를 결정할 때 고려하는 사항들을 Fintiv요건이라고 부르는데 이는 다음과 같다.

① 미국특허심판원이 당사자계 무효심판을 개시할 시 법원의 소송 절차 중단(stay) 여부 혹은 중단할 것이라고 여겨지는 증거의 유무 (whether

---

192) 35 U.S.C § 318(c).

193) 35 U.S.C § 315(e).

194) *Great West Casualty Co. v. Intellectual Ventures II LLC*, IPR2016-01534, Paper 13 (P.T.A.B. Feb. 15, 2017).

195) 지방법원 소송에 한정되지 않고, 국제무역위원회의 절차 진행도 포함한다.

196) *Apple Inc. v. Fintiv, Inc.*, IPR2020-00019, Paper 11 (March 20, 2020). 이와 같은 특허심판원의 결정이 무효심판을 형해화하는 부작용이 있다면서 이를 번복하는 입법이 현재 시도되고 있으므로, 이 결정은 향후 유지되지 않을 가능성이 있다.

the court granted a stay or evidence exists that one may be granted if a proceeding is instituted);

② 미국특허심판원이 예상하는 당사자계 무효심판 결정 기일(개시된다면) 과 법원의 변론기일의 근접성 (proximity of the court's trial date to the Board's projected statutory deadline for a final written decision);

③ 법원과 소송 당사자의 병행절차에 대한 투자 정도 (investment in the parallel proceeding by the court and the parties);

④ 당사자계 무효심판신청과 병행절차에서 제기된 쟁점의 중첩 (overlap between issues raised in the petition and in the parallel proceeding);

⑤ 당사자계 무효심판 신청인과 병행절차의 피고가 동일한 당사자인지 여부 (whether the petitioner and the defendant in the parallel proceeding are the same party);

⑥ 무효가능성 등 미국특허심판원의 재량권 행사에 영향을 주는 다른 요 소들 (other circumstances that impact the Board's exercise of discretion, including the merits).


## 나. 합의에 의한 종료

신청인과 특허권자가 공동으로 당사자계 무효심판 절차의 종료를 신청할 수 있고 이 경우 금반언(estoppel)은 적용되지 않는다.[197] 당사자계 무효심판 절차를 종료하는 신청인과 특허권자의 합의는 서면으로 이루어져야 하고 당 사자들의 신청이 있으면 그러한 합의는 공개되지 않을 수 있다.[198]

최근 절차 개시(institution) 전후의 합의 비율은 아래와 같다.[199]

---

197) 35 U.S.C § 317(a).
198) 35 U.S.C § 317(b).
199) https://www.uspto.gov/sites/default/files/documents/ptab_aia_.pdf.

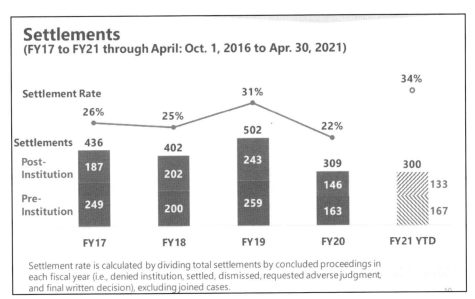

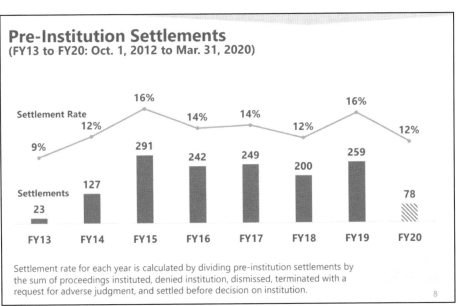

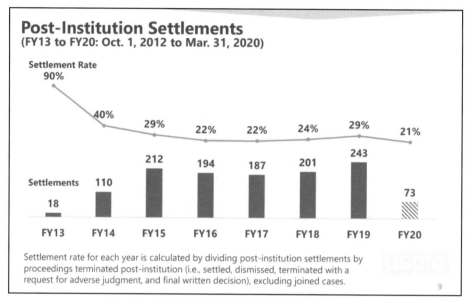

[그림 4] 미국특허청 통계자료200)

## 6. 항소, 상고

특허심판원의 당사자계 무효심판에 관한 결정에 불복하는 경우, 그에 대한 항고 및 상고절차는 미국 연방순회항소법원 및 연방대법원에서 진행된다.

특허심판원의 당사자계 무효심판개시 여부 결정에 대하여는 불복이 허용되지 않으며201) 또한 무효심판청구기간 도과와 관련된 결정202)에 대하여도 불복이 허용되지 않는다.203)

---

200) https://www.uspto.gov/sites/default/files/documents/ptab_aia_.pdf.

201) 35 U.S.C. §314(d); *Cisco Systems Inc. v. Ramot at Tel Aviv University*, Case Nos. 20−2047, −2049 (Fed. Cir. Oct. 30, 2020).

202) 35 U.S.C. §315(b).

203) *Thryv, Inc v. Click−To−Call Technologies, LP*, 140 S. Ct. 1367 (2020). 제척기간이 경과한 이후(특허침해소송 제소 1년 후)에 신청된 당사자계 무효심판을 개시한 PTAB의 결정이 번복될 수 없다고 판시함.

# Ⅲ. 등록 후 무효심판(PGR)

## 1. 신 청

### 가. 신청사유

등록 후 무효심판에서 주장할 수 있는 무효사유 및 대상 특허에는 제한이 없다.[204) 이는 뒤에서 설명하는 바와 같이 당사자계 무효심판의 경우 무효사유가 신규성과 비자명성으로 한정되어 있고, CBMR(Covered Business Method Patents Review)의 경우 대상 특허가 영업방법 관련 특허로 제한되어 있었던 것과 차이가 있다.

2011년 개정특허법(Leahy-Smith America Invents Act, AIA)에 의해 기존의 선발명주의를 대체하는 선출원주의가 도입되었고, 선출원주의에 따라 등록된 특허(2013. 3. 16. 이후에 출원되어 등록된 특허)에 대해서만 등록 후 무효심판을 신청할 수 있다.

### 나. 신청인

등록 후 무효심판은 특허권자 이외에 누구나 이해관계가 있으면 신청할 수 있다.[205) 이해관계가 있어야 하므로 익명으로 신청할 수는 없고 신청서에는 이해관계가 있는 신청인들을 명시하여야 한다.[206)

### 다. 신청기한

등록 후 무효심판은 특허등록일(또는 재등록일)로부터 9월 이내에만 신청이 가능하다.[207) 민사소송에서 무효를 주장한 자는 등록 후 무효심판을 신청할 수 없다.[208) 한편, 특허등록일로부터 3개월 이내에 특허 예비적 금지명령이 신

---

204) 35 U.S.C § 321(b).
205) 35 U.S.C § 321(a).
206) 35 U.S.C § 322(a)(2).
207) 35 U.S.C § 321(c).

청된 경우에는 법원이 등록 후 무효심판에도 불구하고 가처분 사건 심리를 중단하지 않을 수 있다.209)

재등록 특허에 대한 등록 후 무효심판 신청에 대해서는 제한이 있는바, 원특허에 대해 신청기간 제한으로 인해 등록 후 무효심판을 청구하지 못한 경우 원특허의 청구항과 동일하거나 원특허의 청구항 보다 범위가 좁은 재등록 특허 청구항의 무효를 구하는 신청은 개시될 수 없다.210)

### 라. 신청서

신청서는 법정비용을 납부하면서 제출하여야 하고, 이해관계가 있는 신청인들을 특정하여야 하며, 무효를 주장하는 청구항들을 그에 대한 증거와 함께 명시하여야 한다.211) 특허권자에게 보낼 신청서 부본도 제출되어야 하고, 신청은 대중에게 공개된다.212)

### 마. 특허권자의 예비답변

특허권자는 정해진 기간 내에 등록 후 무효심판의 개시요건을 충족하지 못한다는 내용의 예비답변을 제출할 수 있다.213)

## 2. 절차개시

등록 후 무효심판은 신청의 대상이 된 특허청구항 중 적어도 하나 이상의 특허청구항에서 무효가 될 가능성이 더 크거나(more likely than not that at least 1 of the claims challenged in the petition is unpatentable)214) 신청이 다른 특허나

---

208) 35 U.S.C § 325(a).
209) 35 U.S.C § 325(b).
210) 35 U.S.C § 325(f).
211) 35 U.S.C § 322(a).
212) 35 U.S.C § 322(b).
213) 35 U.S.C § 323.
214) 35 U.S.C § 324(a).

특허출원에 새롭거나 해결되지 않은 중요한 법률 문제를 제기하는 경우(the petition raises a novel or unsettled legal question that is important to other patents or patent applications)에만 개시(institution)될 수 있다.[215]

특허청장은 예비답변 제출일 또는 예비답변 제출기한 마지막 날로부터 3개월 이내에 등록 후 무효심판의 개시 여부를 결정하여야 한다.[216] 개시여부의 결정은 대중에 공개되고 개시결정에는 심판이 시작되는 날짜가 명시된다.[217] 개시여부 결정은 최종적인 것으로 이에 대해 불복할 수 없다.[218]

특허청장은 해당 특허에 대해 여러 건의 등록 후 무효심판 신청이 있는 경우 하나의 등록 후 무효심판 절차로 병합할 수 있다.[219] 또한 해당 특허와 관련된 다른 절차가 진행 중인 경우 특허청장은 등록 후 무효심판과 다른 절차를 중지, 이송, 병합, 종료 등의 조치를 취할 수 있다.[220]

## 3. 정정신청

등록 후 무효심판이 개시된 이후 특허권자는 1회의 특허정정신청을 할 수 있는데, 정정은 해당 특허청구항을 삭제하거나 그에 대한 종속항을 제안하는 방식으로 이루어질 수 있다.[221] 정정은 1회로 한정되고 2회 이상의 정정은 신청인과 특허권자가 공동으로 신청하는 경우에만 허용된다.[222] 특허청구항을 확장하거나 신규 사항을 부가하는 정정은 허용되지 않는다.[223]

---

215) 35 U.S.C § 324(b).
216) 35 U.S.C § 324(c).
217) 35 U.S.C § 324(d).
218) 35 U.S.C § 324(e).
219) 35 U.S.C § 325(c).
220) 35 U.S.C § 325(d).
221) 35 U.S.C § 326(d)(1).
222) 35 U.S.C § 326(d)(2).
223) 35 U.S.C § 326(d)(3).

## 4. 증 명

특허가 무효라는 점에 대해서는 신청인이 증명책임을 부담한다. 이 경우 증명의 정도는 'preponderance of the evidence(증거의 우위)'이다.224)

## 5. 절차의 종료

### 가. 특허심판원의 결정

등록 후 무효심판이 개시되고 중도에 취하되지 않으면 특허심판원은 특허의 유효성 여부에 대한 최종 결정을 한다.225) 그 이후 항소가 없거나 항소절차가 종료된 후 특허청장은 결정에 따른 증명서를 발급한다.226)

등록 후 무효심판 정정 이전에는 해당 특허를 침해하지 않았으나 등록 후 무효심판 절차에 따른 정정으로 해당 특허를 침해하게 되는 경우 정정 이전에 특허침해를 구성하는 물건을 생산, 판매, 사용, 수입하거나 이를 준비하는 행위에 대해서는 중용권이 인정되어 침해를 구성하지 아니한다.227)

최종 결정이 있는 경우 등록 후 무효심판에서 제기되었거나 합리적으로 제기될 수 있었던 쟁점들(grounds raised or reasonably could have raised)에 대해서는 미국 특허청, 민사법원 또는 국제무역위원회에서 다시 제기 할 수 없는 금반언(estoppel)의 제한이 있다.228)

### 나. 합의에 의한 종료

신청인과 특허권자가 공동으로 등록 후 무효심판 절차의 종료를 신청할 수 있고 이 경우 금반언(estoppel) 제한은 적용되지 않는다.229) 등록 후 무효심

---

224) 35 U.S.C § 326(e).
225) 35 U.S.C § 328(a).
226) 35 U.S.C § 328(b).
227) 35 U.S.C § 328(c).
228) 35 U.S.C § 325(e).
229) 35 U.S.C § 327(a).

판 절차를 종료하는 신청인과 특허권자의 합의는 서면으로 이루어져야 하고 당사자들의 신청이 있으면 그러한 합의는 공개되지 않을 수 있다.[230)]

## 6. 항소, 상고

특허심판원의 등록 후 무효심판에 관한 결정에 불복하는 경우, 그에 대한 항고 및 상고절차는 미국 연방순회항소법원 및 연방대법원에서 진행된다.

---

230) 35 U.S.C § 327(b).

국제무역위원회는 앞에서 살펴본 외국물품에 대한 지식재산권침해조사
이외에도[231] 국제통상 관련 무역구제조치에 관한 조사도 수행하며, 한국 기업
들을 상대로 한 조사의 빈도도 점차 증가하고 있다. 특히 국제무역위원회는
반덤핑관세, 상계관세 또는 세이프가드 등과 무역구제조치와 관련하여, 외국
물품의 수입으로 인하여 '미국 내 산업'에 피해가 발생하였는지 여부를 조사하
고 있으며, 국제무역위원회는 이러한 조사를 수입 피해(import injury) 조사라고
칭하고 있다.

국제무역위원회의 수입피해 조사는 취해지는 무역구제의 성격에 따라 크
게 (i) 반덤핑 · 상계관세 부과를 위한 조사와 (ii) 세이프가드 조치를 위한 조
사로 구분된다. 전자는 덤핑 또는 보조금이 부여된 외국물품의 수입으로부터
발생한 미국내 동종물품을 생산하는 산업("국내산업")이 입고 있는 피해 구제를
목적으로 반덤핑관세 또는 상계관세를 부과하기 위한 조사로, 구체적인 관세
율을 검토, 결정하는 미국 상무부(Department of Commerce)와 공동으로 업무를
수행하고 있다. 반면, 외국물품의 수입으로 인한 국내산업의 심각한 피해를
구제하기 위한 세이프가드 조치에 대한 조사는 국제무역위원회가 단독으로
업무를 진행하고 있다.

---

231) 제2장 제2절 '국제무역위원회(ITC)의 지식재산권침해조사' 참조.

# Ⅰ. 반덤핑 및 상계관세 조사 및 구제조치 절차

## 1. 개 관

### 가. 반덤핑관세/상계관세의 의미

덤핑(dumping)이란 한 국가로부터 다른 국가로부터 수출된 상품의 수출가격이 수출국내에서 소비되는 동종 상품에 대한 정상적 거래에서 비교가능한 가격("정상가격")보다 낮은 경우를 말한다.[232] 정상가격과 수출가격의 차이를 덤핑마진이라고 하며, 반덤핑관세(anti-dumping duties, AD duties)는 수출국의 덤핑 행위로 인하여 피해를 입고 있는 수입국내 동종물품을 생산하는 국내산업 구제를 목적으로 덤핑마진을 제거하기 위하여 부과하는 관세를 의미한다.

보조금(subsidies)이란, 정부 또는 정부로부터 위임 내지 지시를 받은 민간기관에 의한 재정적 기여가 수혜자에게 혜택을 부여하는 것을 의미한다.[233] 특정 기업(군) 이나 산업(군) 또는 특정지역에 한정되어 제공된 '특정성'[234]이 있는 보조금에 대하여, WTO 보조금 및 상계조치에 대한 협정(WTO Agreement on Subsides and Countervailing Measures, "WTO 보조금협정")은 상품의 제조, 생산 또는 수출에 직접적 또는 간접적으로 지급된 보조금을 상쇄하기 위한 특별관세를 부과할 수 있도록 허용하고 있으며,[235] 이때 부과되는 특별관세를 상계관세(countervailing duties, CVD)라고 한다.

반덤핑 및 상계관세 제도는 미국을 비롯하여 호주, 캐나다 등의 국내법에서 출발하여, GATT의 여러 라운드에서 다자간 논의를 거친 후 1994년 출범된 WTO 협정에 반덤핑협정과 보조금 협정이 포함되면서 국제적 규범으로 구체화되었고, WTO 회원국들은 WTO 협정의 범위 내에서 반덤핑관세 제도와 상

---

232) WTO 반덤핑협정(Agreement of Implementation of the General Agreement on Tariff and Trade 1994) 제2.1조. 한편 미국 관세법 1930 에서는 덤핑을 공정가격보다 낮은 가격으로 판매되는 것(Less Than Fair Value, LTFV)로 규정하고 있다.

233) WTO 보조금 협정(Agreement on Subsides and Countervailing Measures) 제1.1조.

234) WTO 보조금협정 제2조.

235) WTO 보조금협정 제1.2조.

계관세 제도를 운영하고 있다.

## 나. 관련 법령

미국은 1930년 관세법(Title VII of the Tariff Act of 1930), 연방행정규칙(Code of Federal Regulation, C.F.R.) 200 이하 및 행정조치문(Statement of Administrative Act, SAA)를 통하여 WTO 반덤핑 협정 및 보조금 협정을 국내법으로 법제화하고 있다.

## 다. 무역구제 관련기관

미국의 무역구제기관은 국제무역위원회와 상무부(Department of Commerce, DOC)로 이원화되어 있다. 국제무역위원회는 덤핑 또는 보조금이 부과된 물품의 수입으로 발생하는 국내산업의 피해에 대한 조사를 담당하고 있으며, 상무부는 반덤핑관세 및 상계관세의 관세율 산정에 관한 업무를 담당하고 있다. 이외에도 상무부의 결정에 따라 반덤핑관세 및 상계관세의 징수 및 정산 등의 업무를 담당하는 세관 및 국경보호청(Customs and Border Protection, CBP)이 있다.

우리나라 기업이 일반적으로 미국의 덤핑 또는 보조금 조사에 대응한다고 할 때에는, 상무부의 개별 회사에 대한 반덤핑 또는 상계관세의 율을 산정하기 위한 조사에 참여한다는 것을 의미한다. 한편, 국제무역위원회의 산업피해 조사는 국내산업에 미치는 피해를 조사하여 반덤핑 또는 상계관세를 부과할지 여부를 결정하는 것으로, 그 결과가 관련된 모든 이해관계자에게 동등하게 적용되고 있어, 국제무역위원회의 조사에 대한 개별기업의 참여는 상무부의 조사에 비하여 활발하지는 않다. 아래에서는 상무부의 조사에 비하여 상대적으로 덜 알려져 있는 국제무역위원회의 피해 조사 업무를 중심으로 미국의 반덤핑관세 및 상계관세 부과를 위한 조사 절차를 살펴보겠다.

## 2. 조사 절차

### 가. 제소(Petition)

반덤핑관세 또는 상계관세를 신청하고자 하는 자("제소자" Petitioner)는 상무부에 제소장을 제출하고, 같은 날[236] 국제무역위원회에도 사본을 제출하여야 한다. 제소자는 공정가격 이하로 수입되어 판매되거나 또는 수출국에서 보조금이 지급된 상품의 수입으로 인하여 피해를 받고 있는 국내산업을 대표하여, 미국내 동종물품 생산자, 생산자단체 또는 노동조합 등의 이해관계자가 제출할 수 있다.[237]

제소장에는 조사대상물품, 해외수출자, 국내생산자, 제소적격 등의 일반적인 사항과 덤핑 또는 보조금에 대한 증거 및 이로 인하여 발생한 국내산업의 피해에 대한 내용 등이 포함되어야 한다.

### 나. 상무부 조사개시

제소장이 접수되면 상무부는 20일 이내에 조사개시 여부를 결정하고 7일 이내에 관보에 게재한다. 다만 제소 적격 여부를 검토하기 위하여 필요한 경우 제소장 접수일로부터 40일까지 연장이 가능하다.[238] 이해관계자는 제소 적격에 대한 의견은 관보에 게재된 조사개시일부터 5일전까지, 반박의견서는 그 후 2일 이내에 상무부에 제출하여야 한다.[239]

---

236) P.II-4, Antidumping and Countervailing Duty Handbook, USITC.
237) 미국 1930년 관세법 § 702(b) 및 732(b).
238) 미국 1930년 관세법 § 702(c) 및 732(c).
239) 2021. 9. 20. 미 상무부는 해당 규정을 신설하고, 2021. 10. 20. 이후 시행 예정임(52300 Federal Register / Vol. 86, No. 179 / Monday, September 20, 2021 / Rules and Regulations).

반덤핑 조사일정

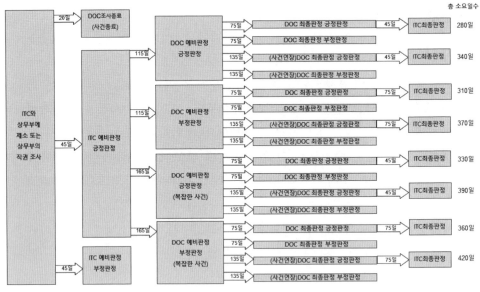

[그림 5] 미국 반덤핑 조사일정240)

상계관세 조사일정

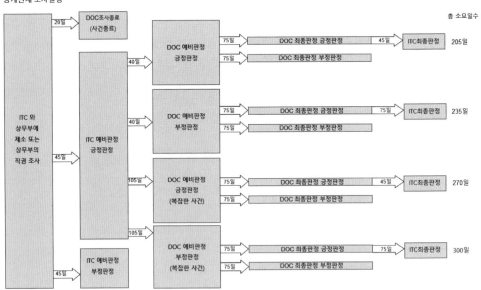

[그림 6] 미국 상계관세 조사일정241)

---

240) 국제무역위원회 홈페이지(www.usitc.com).

## 다. 국제무역위원회 예비조사

국제무역위원회는 상무부의 조사개시 결정과 무관하게 적법하게 조사신청서가 접수되면 바로 예비조사를 개시하여 신청서 접수일로부터 45일 이내 또는 상무부의 조사개시 결정이 연장된 경우 상무부의 조사개시 결정일로부터 25일 이내 예비판정을 내린다.

국제무역위원회의 예비조사는 (i) 조사준비 및 예비조사일정 수립(Institution of the Investigation and Scheduling of the Preliminary Phase), (ii) 질문서(Questionnaire), (iii) 예비청문회 및 의견서 제출(Staff Conference and Brief), (iv) 예비조사보고서 제출(Staff Report and Memoranda), (v) 예비조사보고 및 투표(Briefing and Vote), (vi) 예비 판정 및 의견 공고(Determination and Views and the Commission) 등 6단계로 구성되어 있으며,242) 이해관계자는 (ii)와 (iii)단계에 참여할 수 있다.

### (1) 조사준비 및 예비조사일정 수립

국제무역위원회는 신청서가 적법하게 접수되는 즉시 8명으로 구성된 조사팀을 구성하고, 조사일정을 수립해서 관보에 게재한다. 신청인 외에 국제무역위원회의 예비조사에 참여하고자 하는 자는 동 관보 게재일로부터 7일 이내에 국제무역위원회에 응소를 제출(Entry of Appearance)하여야 한다. 만약 조사대상물품이 소매품인 경우에는 당해 물품의 소비자(industrial users 또는 representative consumer organizations)의 참여도 제한적으로 허용될 수 있다243). 참가신청서를 제출한 자는 후술할 예비청문회에 참석하여 의견을 개진할 수 있다.

### (2) 질문서 발송

국제무역위원회는 신청서 접수일로부터 4일 이내에 필요한 정보를 획득하기 위한 질문서를 국내생산자, 수입자 및 해외수출자 등에게 발송한다. 질문서에 대한 답변기한은 통상적으로 신청서 접수일로부터 2주로, 질문서 수령

241) 국제무역위원회 홈페이지(www.usitc.com).
242) P.II−5, Antidumping and Countervailing Duty Handbook, USITC.
243) P.II−6, Antidumping and Countervailing Duty Handbook, 주석 14, USITC.

시점부터 실제로 답변을 준비할 수 있는 기한은 10일 남짓이다.

국제무역위원회의 질문서에 대하여, 국내생산자 및 수입자는 반드시 답변서를 제출하도록 요구되나, 해외수출자는 반드시 답변할 것이 요구되지는 않는다. 즉, 국내생산자나 수입자가 국제무역위원회의 질문에 응하지 않는 경우, 국제무역위원회는 필요한 정보를 얻기 위해 필요한 경우 소환 또는 강제 조사를 진행할 수 있으나, 해외수출자에 대해서는 그러하지 않다. 다만, 해외수출자가 협조하지 않은 부분에 대하여 국제무역위원회가 이용가능한 자료(facts available)를 사용할 때 비협조에 따른 불리한 추론(adverse inference)이 적용될 수 있다[244].

국제무역위원회의 예비조사 단계에서의 질문서는 조사대상물품의 생산 및 판매에 관한 회사의 기본정보와 통계자료에 대한 것으로, 덤핑율 또는 상계관세율 계산을 위한 상무부의 질문서에 비해서는 상대적으로 간단하다. 구체적인 질문서의 내용은 사안별로 달라질 수 있으나, 일반적으로 해외수출자의 질문서는 "Part Ⅰ. General Information"과 Part Ⅱ. Trade and Related Information" 두 부분으로 구성되어 있다. Part Ⅰ은 조사대상물품 생산, 판매 여부 및 미국 수입자 등 일반적인 사항에 대한 질문이며, Part Ⅱ는 조사대상 물품 생산 연혁과 생산, 판매에 대한 통계자료 등에 대한 요청으로 구성되어 있다.

### (1) 예비청문회(Staff Conference) 및 의견서(Brief)

국제무역위원회는 일반적으로 예비조사를 시작한 후 3주 이내에 예비청문회를 개최한다. 예비청문회는 국제무역위원회 조사국 국장(Director of Office of Investigation)이 주재하며, 당해 조사를 담당하는 조사관들은 참석하지만, 위원들은 참석하지 않는다.

예비청문회는 일반적으로 모두진술, 이해관계자 발표, 질의응답 및 최종 진술 순으로 진행된다. 기본적으로 모든진술은 제소자가 먼저 시작하며, 모두진술과 발표에 제소자와 피제소자 측에 각각 5분과 1시간이 배정된다. 국제무

---

244) P.Ⅱ-7, Antidumping and Countervailing Duty Handbook, USITC.

역위원회의 예비조사에 참가신청서를 제출하지 않은 자도 사전에 허가를 얻어 간단한 발표를 할 수 있다. 각각의 발표가 끝난 후 발표 내용에 대하여 참석한 조사관과 질의응답의 시간을 가진 후, 제소자와 피제소자 측은 각각 10분씩 발표내용을 요약하고 상대방에 주장에 반론을 제기할 수 있는 시간이 부여된다.[245]

이해관계자회의 이후 3영업일 이내에 이해관계자들은 이해관계자 회의에서 논의된 사안에 대한 의견서(Post-conference Brief)를 50장 내에서 제출할 수 있다. 참여신청서를 제출하지 않은 자도 동일한 기간 내에 당해 조사와 관련된 의견서를 국제무역위원회에 제출할 수 있다.[246]

한편, 2020년 이후에는 팬데믹에 따라 대면 회의가 어려워져 이해관계자 회의가 서면으로 진행되는 경우가 많았다. 이해관계자들은 회의 2일 전에 5장 이내의 모두 진술과 50장 이내의 본 주장 및 증언(첨부서류 별도)를 제출하여야 하며, 회의 당일 국제무역위원회는 공개 질의서를 각 이해관계자들에게 전달하고, 3일 이내에 질의서에 대한 답변 및 의견서를 함께 제출하도록 하고 있다.

### (2) 예비조사보고서(Staff Report) 및 법률 의견서(Memoranda)

예비조사보고서는 객관적이고 사실적인 보고서로, 예비조사기간 동안 조사관이 질문서에 대한 답변, 공개 문서, 현장 방문, 면담 등 다양한 경로를 통하여 수집한 모든 통계자료들과 이해관계자회의 및 사후의견서에서 제기된 문제들을 모두 포함하고 있으나, 위원들이 결정할 사안은 포함되지 않는다.

예비조사보고서는 내부검토를 거친 후 통상적으로 조사 개시 이후 5주 이내에 위원회에 제출되며, 예비조사 과정에서 제기된 법률적 이슈에 대한 의견서(memoranda)는 예비조사보고서가 제출된 다음 날 위원회에 제출된다.

### (3) 투표(Vote)

예비조사보고서가 제출되면 통상 4일 이내에 투표를 위한 위원회 회의가

---

245) P.II-10, Antidumping and Countervailing Duty Handbook, USITC.
246) P.II-11, Antidumping and Countervaiing Duty Handbook, USITC.

소집된다. 위원들은 제출된 예비조사보고서와 법률 의견서, 그 외 이해관계자 회의 속기록 및 사후 의견서 등을 검토하고 필요한 경우 조사관들에 대한 질의를 한 후, 다수결의 원칙으로 투표를 진행한다. 덤핑 및 상계관세 조사에서는 가부가 동수인 경우 긍정으로 간주된다[247].

### (4) 예비판정(Preliminary Determination)

국제무역위원회는 통상적으로 투표일 다음 날 예비판정 결과를 상무부에 전달하고, 5일 이내에 예비판정 사유(Views)를 서면으로 작성하여 상무부에 전달한다. 예비판정 결과와 사유 및 관련된 조사보고서는 비밀자료를 삭제한 후 국제무역위원회 홈페이지(www.ustic.gov)에서 공개되며, 예비판정 결과는 관보(Federal Register)에 게재된다.

만약 국제무역위원회의 예비판정 결과가 부정이면, 덤핑 또는 보조금에 대한 국제무역위원회 및 상무부의 조사는 모두 종료된다.

### 라. 상무부 예비조사

일반적으로 상무부는 국제무역위원회의 예비판정 직후에 덤핑 또는 상계관세율 산정을 위하여 필요한 정보를 수집하기 위한 질문서를 해외 수출자에게 발송한다. 상무부의 질문서는 실제 적용될 관세율을 계산하기 위하여 필요한 조사대상물품의 생산, 판매 등에 대해 방대한 양의 영업 및 회계자료를 요구하여, 국제무역위원회의 질문서와는 비교할 수 없을 정도로 복잡하고 준비에 많은 시간이 소요된다. 특히 상무부 질문서에 대한 답변 결과에 따라 해당 기업에 부과될 반덤핑 또는 상계관세의 율이 결정되므로, 조사에 참여하는 많은 회사들이 집중적으로 인적, 물적 자원을 투입하고 있다.

상무부는 제소장이 접수된 날로부터 반덤핑관세의 경우 160일 이내, 상계관세의 경우 85일 이내에 예비판정을 내려야 한다.[248] 상무부의 예비판정이 긍정이면 예비판정 관보일로부터 조사대상물품에 대한 관세의 청산이 중지되

---

247) P.II－12, Antidumping and Countervaiing Duty Handbook, USITC.

248) 통상적으로 상무부의 예비조사 기간에 대한 연장이 이루어지며, 연장에 따른 조사 일정 변화는 그림 5 및 그림 6 참조 요망.

고(Liquidation of Suspension)[249], 해당 물품의 수입자는 예비판정의 결과에 따른 반덤핑관세 또는 상계관세를 예치하여야 한다. 상무부의 예비판정 결과가 부정이라면 반덤핑 또는 상계관세 예치 없이 상무부의 최종 조사가 진행된다.

한편, 제소자는 상무부의 예비판정 이전에 조사대상물품의 미국 수출이 늘어남에 따라 반덤핑 또는 상계관세 조치의 효과가 반감되는 것을 막기 위하여 긴급상황(Critical Circumstance) 조사를 별도로 신청할 수 있다. 긴급상황조사 신청은 상무부의 최종판정 예정일로부터 21일전까지 할 수 있으며, 긴급상황이 인정되는 경우 반덤핑 또는 상계관세는 예비판정일로부터 90일 이전까지 소급될 수 있다. 긴급상황조사 신청은 최근 미국 조사에서 많이 사용되고 있으며 실제로 긴급상황이 인정되어 반덤핑 또는 상계관세가 소급 부과되는 경우가 종종 발생하고 있다.

### 마. 상무부 최종조사

상무부는 예비판정 이후, 조사대상업체가 제출한 답변서에 대한 현지실사(On-site verification)와 조사과정에서 제기된 이슈에 대한 의견서(Case Brief) 및 그에 대한 반박의견서(Rebuttal Brief), 그리고 청문회(Hearing) 등의 과정을 거친 후, 최종판정을 내린다.

상무부의 최종판정은 제소장 접수일로부터 반덤핑관세의 경우 280일, 상계관세의 경우 205일 이내에 이루어진다.[250] 한편 하나의 제품에 대해 반덤핑과 보조금에 대한 조사가 동시에 이루어지는 경우, 상무부는 반덤핑관세와 상계관세에 대한 최종 판정을 일반적으로 같은 날에 하고 있다.

상무부의 최종판정이 긍정인 경우, 최종판정 결과에 따라 조사대상물품의 수입자는 반덤핑 또는 상계관세를 예치하여야 한다. 만약 상무부의 최종판정

---

249) 세관이 수입자가 신고납부한 관세가 적정한지 여부를 심사하여 관세를 확정하고, 부족분이 있는 경우 추가 징수하는 절차를 청산(Liquidation)이라고 한다. 상무부의 예비 긍정 판정에 의하여 청산이 중지된 조사대상물품에 대한 관세는 이후 해당 기간에 대한 연례재심을 통하여 확정되어 청산된다.

250) 예비조사 기간과 마찬가지로 일반적으로 상무부의 최종조사 기간도 연장되며, 연장에 따른 조사일정은 그림 5와 그림 6 참조 요망.

이 부정이라면, 해당 조사는 종료되며 예치된 반덤핑 및 상계관세는 모두 반환된다.

## 바. 국제무역위원회 최종조사

상무부의 덤핑 또는 보조금에 대한 예비조사 결과가 긍정인 경우 국제무역위원회는 최종조사 일정을 발표하고 최종 조사를 시작한다. 반면 상무부의 예비조사 결과가 부정인 경우, 상무부의 최종조사 결과가 긍정인 경우에 한하여 국제무역위원회의 산업피해에 대한 최종조사가 진행된다. 상무부의 최종조사 결과가 부정이면 산업피해에 대한 추가조사 없이 사건은 종료된다.

국제무역위원회의 최종조사는 (i) 최종조사 일정 수립(Scheduling of Final Phase), (ii) 질문서(Questionnaire), (iii) 청문회 전(前) 조사보고서(Prehearing Staff Report), (iv) 청문회 및 의견서(Hearing and Briefs), (v) 최종조사보고서(Final Staff Report and Memoranda), (vi) 기록 마감 및 최종 코멘트(Closing of the Record and Final Comments by Parties), (vii) 조사보고 및 투표(Briefing and Vote), (viii) 최종 판정(Determination and Views of the Commission) 등 8단계로 구성되어 있다.[251]

### (1) 최종조사 일정수립

국제무역위원회는 상무부로부터 예비 긍정 판정 내역을 공식으로 통보받은 후에, 최종조사 일정과 조사관을 배정하여 관보에 게재한다. 최종조사를 위하여 국제무역위원회는 예비조사와 동일하게 경제학자, 회계사, 변호사 등을 포함하여 8명의 조사관을 배정한다. 조사의 연속성을 위하여 일정이 허락하는 한 가급적 예비조사에 참여한 인원이 최종조사에 배정된다.

국제무역위원회의 최종조사에 참여하고자 하는 이해관계자는 예비조사와 마찬가지로 국제무역위원회에 응소를 제출(Entry of Appearance)하여야 한다. 다만 예비조사에 참가신청서를 제출한 자는 추가로 참가신청서를 제출하지 않고 최종조사에 참여할 수 있다. 예비조사에 참가하지 않은 자가 최종참가를 원하는 경우 청문회일로부터 21일전까지 참가신청서를 국제무역위원회에 제

---

251) P.II−15, Antidumping and Countervailing Duty Handbook, USITC.

출하여야 한다.[252)

## (2) 질문서

최종조사를 위한 질문서는 예비조사의 조사 결과를 반영하여 작성된다. 국제무역위원회는 공식적으로 이해관계자들에게 질문서를 배포하기 전에, 이해관계자들의 의견을 구하기 위하여 상무부의 예비판정을 전후하여 사전에 이해관계자들에게 질문서를 회람하고 있다.[253)

질문서는 먼저 예비조사 단계에서 확인되었거나 확인할 필요가 있는 모든 미국 내 생산자 및 수입자, 그리고 해외 생산자들에게 발송된다. 이들에 대한 최종조사를 위한 질문서는 기본적으로 예비조사의 것과 동일하다. 그리고 국제무역위원회는 미국 내 주요(significant) 구매자 들에 대해서도 국산재와 수입재의 사용 내역, 국산재와 수입재의 경쟁 현황(가격, 품질, 서비스 등) 등에 대한 질문서를 발송한다.[254)

국제무역위원회의 최종 조사를 위한 질문서는 상무부의 예비판정 공고일로부터 수주 이내에 발송하며, 답변 기한은 조사에 따라 2~4주 정도 주어진다.

## (3) 청문회 전 조사보고서(Prehearing Staff Report)

청문회 전 조사보고서 비공개본(Business Proprietary Version)은 청문회로부터 10일 전에 위원회와 행정보호명령(Administrative Protective Order, APO)를 통하여 승인된 특정 이해관계자의 대리인에게[255) 전달된다. 공개본은 비공개본이 전달된 이후에 공개된다.[256)

청문회 전 조사보고서는 예비조사보고서와 마찬가지로 조사과정에서 수

---

252) P.II−16, Antidumping and Countervailing Duty Handbook, USITC.

253) P.II−16, Antidumping and Countervailing Duty Handbook, USITC.

254) P.II−17, Antidumping and Countervailing Duty Handbook, USITC.

255) 국제무역위원회 및 상무부는 조사과정에서 습득한 영업상의 비밀정보에 대한 접근권을 이해관계자의 특정대리인에게 행정보호명령(Administrative Protective Order, APO)하에서 제한적으로 부여하고 있다.

256) P.II−18, Antidumping and Countervaiing Duty Handbook, USITC.

집한 조사대상물품에 대한 통계 등 각종 자료를 집대성한 것으로, 청문회에서 가장 근간이 되는 자료가 되며 이해관계자들은 동 자료에 기초하여 청문회 전에 제출되는 의견서(Prehearing Brief)를 준비한다.

### (4) 청문회(Hearing & Briefs)

최종조사의 청문회는 영문으로 Hearing으로 표시되며, 예비조사의 Staff Conference와 영문 명칭에서 구분되나, 국제무역위원회 위원들이 전자에는 참석하지만 후자에는 참석하지 않는다는 점을 제외하면 두 기일의 형식상의 차이는 거의 없다.

국제무역위원회의 청문회는 상무부의 덤핑 또는 보조금에 대한 최종판정 직후에 열린다. 국제무역위원회는 청문회에 참석하는 이해관계자들에게 가급적이면 청문회 전 의견서(Prehearing Report)를 제출할 것을 요구하고 있다. 청문회 전 의견서는 청문회 개최일로부터 5일 이전까지 전자적으로 제출되어야 하며, 같은 날 사본 9부도 제출되어야 한다. 청문회 전 의견서는 청문회에서 이해관계자가 하는 주장의 기본이 되는 것으로, 분량 제한은 없으나, 가급적이면 위원회의 판정과 관련된 정보 및 주장에 대하여, 조사 과정에서 위원회가 획득한 정보의 범위 내에서 압축적으로 작성하도록 요구된다. 한편, 참가신청서를 제출하지 않은 자도 동일한 기간 내에 조사와 관련된 의견서를 위원회에 제출할 수 있다.[257)

청문회은 위원장이 주재하며, 이해관계자들은 청문회에서 위원회에 자신들의 의견을 직접 전달하고, 위원들의 질의에 응답할 수 있다. 청문회의 시간 배분은 5분의 모두진술과 일반적으로 1시간 정도의 발표 시간이 찬성 측과 반대 측에 각각 주어진다. 청문회에 참석하여 증언하는 모든 당사자들은 증언 전에 선서를 하여야 하며, 자신 또는 상대방이 제출한 청문회 전 의견서에 포함된 정보 또는 청문회 전 의견서 제출 시점에 이용가능하지 않았던 정보에 대한 것만 발표하여야 한다.[258)

---

257) P.II−18, Antidumping and Countervaiing Duty Handbook, USITC.
258) P.II−19, 20, Antidumping and Countervailing Duty Handbook, USITC.

모두진술 및 발표는 모두 찬성 측, 즉 제소자가 먼저 하며, 각각의 발표가 끝나면 질의 응답으로 이어진다. 질의는 국제무역위원회 위원, 조사관 및 원하는 경우 상대방도 참여할 수 있다. 통상적으로 질의 응답에 상당한 시간이 소요되어 전체 청문회의 소요 시간의 절반 이상을 차지하고 있다.

청문회 후 일반적으로 5일 이내에 이해관계자는 청문회에서 논의된 내용 또는 청문회 이후에 입수한 정보 등에 대하여 15쪽 이내의 청문회 후 의견서 (Posthearing briefs)를 제출할 수 있으며, 참가신청서를 제출하지 않은 자도 마찬가지로 청문회 후 의견서를 제출할 수 있다.[259]

### (5) 최종 조사보고서

조사관은 '청문회 전 조사보고서' 작성 이후 청문회 등을 통하여 입수한 자료를 바탕으로 '청문회 전 조사보고서'를 보완하여 '최종 조사보고서'를 작성한다. '최종 조사보고서'의 비공개본은 대략 '청문회 후 의견서' 제출 마감일로부터 2주 후에 위원회 및 APO를 통하여 승인된 특정 이해관계자의 대리인에게 전달되고, 공개본은 비공개본 전달 직후에 공표된다.[260]

최종 조사보고서는 청문회 속기록, 청문회 전후로 이해관계자들이 제출한 의견서 등과 함께 국제무역위원회 위원들이 최종판정을 내리는 기초 자료로 활용된다.

### (6) 기록 마감 및 최종 의견

국제무역위원회는 최종 조사보고서 발표 이후 대략 4일 이후에 새로운 사실 정보(new factual information)의 접수를 중단하며, 이를 기록 마감(closing of the record)라고 부른다. 이해관계자들은 기록마감일로부터 2일 이내에 이전에는 의견을 낼 기회가 주어지지 않았던 정보의 정확성, 신뢰성 등에 대하여 마지막으로 의견을 제출할 수 있으며, 최종 의견(Final Comment)은 15장 이내로 작성되어야 한다. 단, 새로운 사실정보(new factual information) 제공의 기회로 활용할 수는 없다.[261]

---

259) P.II-21, Antidumping and Countervailing Duty Handbook, USITC.
260) P.II-22, Antidumping and Countervailing Duty Handbook, USITC.

### 사. 조사 보고 및 투표

기록 마감 이후 최종의견(final comment) 제출 마감일로부터 대략 3일 이후 또는 법률상 국제무역위원회의 최종 조사 종료일로부터 8일 이전에, 국제무역위원회는 제출된 최종 조사보고서의 승인 절차와 투표를 실시한다.262)

### 아. 최종판정

국제무역위원회는 상무부의 예비판정으로부터 120일 또는 최종판정으로부터 45일 이내(단, 상무부의 예비판정이 부정인 경우에는 75일 이내)에 덤핑 또는 보조금이 부여된 제품의 수입으로 인하여 미국 내 산업이 실질적인 피해(material injury)를 입고 있는지 또는 실질적인 피해에 대한 위협(threat of material injury)이 있는지 또는 국내산업의 설립이 지연되었는지(material retardation of establishment of an industry) 여부에 대하여 최종 판정을 하여야 한다.

국제무역위원회의 최종판정은 연방관보에 게재되며, 최종판정과 함께 관련된 최종보고서(비밀정보는 삭제됨), 최종 판정에 대한 국제무역위원회의 견해(View) 등은 국제무역위원회 홈페이지(www.usitc.gov)에 모두 공개된다.

그런데 만약 국제무역위원회가 실질적인 피해 위협에 대하여 긍정 판정을 한 경우에는, 관세청산중지(suspension of liquidation)가 없는 경우에 실질적인 피해가 존재하였을지 여부에 대하여 판단을 추가로 하여야 한다. 국제무역위원회가 긍정 판정을 내리면 반덤핑 또는 상계관세는 청산중지일(date of suspension of liquidation)로부터 효력이 발생하나 반대의 경우 국제무역위원회의 최종판정이 연방관보에 게재된 날로부터 효력이 발생한다.263) 국제무역위원회가 설립 지연에 대하여 긍정 판정을 한 경우에도 비슷하게 반덤핑 또는 상계관세는 국제무역위원회의 최종판정의 연방관보 게재일부터 효력이 발생하며, 최종판정의 연방관보 게재일 이전에 예치한 반덤핑 또는 상계관세는 모두 반환된다.264)

---

261) P.II — 23, Antidumping and Countervailing Duty Handbook, USITC.

262) P.II — 23, Antidumping and Countervailing Duty Handbook, USITC.

263) P.II — 25, Antidumping and Countervailing Duty Handbook, USITC.

한편, 반덤핑 또는 상계관세를 상무부의 예비판정일 이전까지 소급 적용을 하기 위하여 상무부가 긴급상황(critical circumstance)에 대한 조사를 진행 중이면, 국제무역위원회는 앞선 최종판정과는 별도로 긴급상황 조사의 대상이 되는 수입이 반덤핑 또는 상계관세 조치의 효과를 심각하게(seriously) 저해하였는지 여부를 판단하여야 한다. 여기서 국제무역위원회가 긍정 판정을 내리게 되면 반덤핑 또는 상계관세는 예비판정일로부터 90일까지 소급하여 적용된다.[265]

## 3. 불복 절차

### 가. 연방무역법원(U.S. Court of International Trade)

국제무역위원회 또는 상무부가 반덤핑 또는 상계관세 부과와 관련하여 내린 결정에 이의가 있는 이해관계자는, 이들 결정에 대하여 뉴욕에 소재한 연방무역법원에 제소할 수 있다.

사법심사의 대상이 되는 국제무역위원회와 상무부의 판정은 약식판정(Review of Certain Determinations)과 기록에 근거한 판정(Review of Determinations of Record)으로 구분된다.

### (1) 약식판정

약식판정의 대상이 되는 국제무역위원회 또는 상무부의 결정을 연방무역법원에 제소하기 위해서는, 이해관계자는 해당 결정의 관보 게재일로부터 30일 이내에 소환장(Summon)과 소장(Complaint)를 동시에 연방무역법원에 제출하여야 한다.[266]

약식판정의 대상이 되는 결정에 대한 연방무역법원은 판단 기준은, 해당 결정이 자의적인지(arbitrary), 일관성이 없는지(capricious), 재량권이 남용인지(abuse of discretion) 또는 관련 법률에 일치하지 않는지 여부 등이다.[267] 약식

---

264) P.II−25, Antidumping and Countervailing Duty Handbook, USITC.

265) P.II−26, Antidumping and Countervailing Duty Handbook, USITC.

266) 미국 1930년 관세법 § 516A(a)(1).

판정 대상 결정은 아래와 같다.[268]

- 반덤핑 또는 상계관세 조사를 개시하지 않겠다는 상무부의 결정
- 상황변동재심을 개시하지 않겠다는 국제무역위원회의 결정
- 반덤핑 또는 상계관세 조사에서 산업피해에 대한 국제무역위원회의 부정 판정
- 종료재심에 무대응 또는 부적절한 답변에 따른 상무부 또는 국제무역 위원회의 결정

## (2) 기록에 근거한 판정

'기록에 근거한 판정'을 구하는 이해관계자는, 해당결정의 관보 게재일로 부터 30일 이내에 연방무역법원에 소환장(Summon)을 제출하고, 그로부터 30일 이내에 소장(Complaint)를 제출하여야 한다.[269]

'기록에 근거한 판정'에 대하여 연방무역법원은 관련 결정이 상당한 기록 상의 실질적인증거에 근거(substantial evidence on the record)하지 않거나 또는 관련 법률에 일치하는지 여부를 검토한다.[270]

기록에 근거한 판정의 대상이 되는 국제무역위원회 또는 상무부의 결정 은 아래와 같다.[271]

- 상무부와 국제무역위원회의 긍정 최종판정
- 상무부 또는 국제무역위원회의 부정 최종판정
- 약식판정에 포함되지 않는 상무부 또는 국제무역위원회의 최종 판정
- 상무부의 조사 중지 결정
- 조사중지합의에 따른 국제무역위원회의 피해 효과 판정
- 특정물품이 반덤핑 또는 상계관세 부과대상인지 여부에 대한 상무부 의 판정

---

267) 미국 1930년 관세법 § 516A(b)(1)(A).
268) 미국 1930년 관세법 § 516A(a)(1).
269) 미국 1930년 관세법 § 516A(a)(2)(A).
270) 미국 1930년 관세법 § 516A(b)(1)(B).
271) 미국 1930년 관세법 § 516A(a)(2)(B).

- WTO 반덤핑/상계관세 협정 불일치 등 관련 상무부 또는 국제무역위
  원회의 판정

## 나. 연방순회항소법원

연방무역법원의 판결에 이의가 있는 이해관계자는 워싱턴 D.C에 소재하
고 있는 연방순회항소법원에 항소할 수 있다.[272]

## 다. WTO 분쟁해결절차

미국의 반덤핑 또는 상계관세 조사가 WTO 반덤핑 협정 또는 보조금 협
정에 불일치하는 경우, 해외수출자는 자국 정부를 통하여 WTO 분쟁해결절차
을 이용할 수도 있다.

---

272) 28 U.S.C. § 1295(a)(5).

# Ⅱ. 세이프가드 조사 및 구제조치 절차

## 1. 개 관

### 가. 세이프가드의 의미

세이프가드는 예측할 수 없었던 상황으로 인해 특정물품의 수입이 급격히 증가하여, 수입국내 동종물품을 생산하는 국내산업이 심각한 피해를 입고 있거나 입을 우려가 있는 경우, 관련 국내산업을 보호하기 위하여 수입 수량을 제한하거나 관세를 인상하는 구제 조치이다.

세이프가드는 WTO 체제하에서 허용되는 무역구제조치이나, 덤핑 또는 보조금이라는 불공정무역 행위에 대한 제재를 목적으로 하는 반덤핑 또는 상계관세와 달리, 수출자 또는 수출국가가 공정한 무역행위를 행하였음에도 불구하고 단지 국내산업의 피해를 구제하기 위하여 취해지는 조치라는 점에서 예외적으로 인정되는 제도이다.[273)]

### 나. 미국의 세이프가드 제도

세이프가드 제도와 관련한 조사는 국제무역위원회가 담당하고 있으며, 국제무역위원회가 조사하는 세이프가드는 (ⅰ) 1974년 무역법 제201조(Section 201 of the Trade Act of 1974)에 따른 글로벌 세이프가드, (ⅱ) 1974년 무역법 제421조(Section 421 of the Trade Act of 1974)에 의한 중국 세이프가드, (ⅲ) NAFTA 또는 미국이 체결한 FTA에 따른 양자 세이프가드 등 3가지로 구분된다.[274)] 최근 철강, 세탁기, 태양광 등 우리나라 제품에 대한 세이프가드는 (ⅰ) 1974년 무역법 제201조에 따른 글로벌 세이프가드로 Escape Clause라고도 불리운다.

미국의 글로벌 세이프가드 제도는 GATT의 대표적인 면책조항인 제19조 긴급수입제한조치(Safeguard Clause)를 국내법화한 것으로 미국 산업이 수입증가로 인해 심각한 피해 또는 피해 위협을 받을 경우 일시적으로 수입 경쟁으

---

273) 동국대학교 산학협력단, "미국 국제무역위원회, ITA의 조직별 기능 및 역할에 대한 연구", 지식경제부, 2009. 12., 56면 참조.

274) USITC Homepage, https://www.usitc.gov/trade_remedy.htm.

로부터 구제할 수 있도록 하는 제한적 조치이다.[275] 아래에서는 글로벌 세이
프가드를 중심으로 미국의 관련 제도를 살펴보겠다.

## 2. 조사절차

### 가. 제소(Petition)

국제무역위원회는 ( i ) 국내산업을 대표할 수 있는 협회나 노조 또는 해
당 기업 등 이해관계자의 신청, ( ii ) 대통령 및 무역대표부(USTR)의 요청, (iii)
상원 또는 하원의 관련 상임위의 결의 또는 ( iv ) 직권으로, 조사대상물품의 수
입량 증가가 동종물품을 생산하는 미국 내 산업에 심각한 피해(serious injury)
또는 위협의 중요한 원인(substantial cause)이 되는지 여부에 대한 조사를 개시
할 수 있다.[276]

국내산업을 대표하는 이해관계자의 신청에 의하여 조사를 개시할 때, 이
해관계자는 조사신청서에 세이프가드 조치를 통하여 달성하고자 하는 목적(산
업구조 개편 촉진, 경쟁력 제고 등)을 반드시 기재하여야 하고,[277] 제소장 제출 이
후 120일 이내에 경쟁 상황을 긍정적으로 개선할 수 있는 계획(Adjustment
Plan)을 위원회에 제출하여야 한다.[278]

### 나. 산업피해 조사 및 건의

국제무역위원회는 위 (가)에 의한 신청 또는 요청 등이 접수된 날로부터
120일[279] 이내에 조사대상물품이 동종물품을 생산하는 미국 내 산업의 심각
한 피해 또는 위협의 실질적인 원인이 될 정도로 수입량이 증가하였는지 여부
에 대한 결정을 내려야 한다.[280] 다만 국제무역위원회가 사안이 복잡하다고

---

275) 동국대학교 산학협력단, "미국 국제무역위원회, ITA의 조직별 기능 및 역할에 대한 연
   구", 지식경제부, 2009. 12., 57면 참조.
276) 19 U.S.C. § 2252(b)(1)(A).
277) 19 U.S.C. § 2252(a)(2)(A).
278) 19 U.S.C. § 2252(b)(4).
279) 긴급상황(Critical Circumstance)에 대한 주장이 제소장에 제기된 경우 60일이 추가될 수
   있다.

판단한 경우 조사 기간을 30일 연장할 수 있다.[281]

## (1) 질문서

국제무역위원회는 제소장를 접수한 날로부터 1~2주 후에 이해관계자에게 질문서를 발송한다. 질문서에 대한 답변 기한은 사안의 복잡성에 따라 다르나 대략 30일 정도 주어진다. 조사에 참여하고자 하는 이해관계자는 국제무역위원회의 조사개시가 관보에 게재된 날로부터 21일 이내에 이해관계자 등록을 하여야 한다.[282]

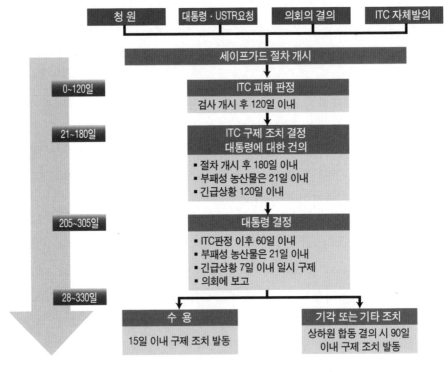

[그림 7] 미국의 세이프가드 조사 절차[283]

---

280) 19 U.S.C. § 2252(b)(1)(A).

281) 19 U.S.C. § 2252(b)(2)(B).

282) 외교부수입규제대책반, 『알기쉬운 미국의 수입규제』, 외교부수입규제대책반, 2019, 42 면 참조.

283) 동국대학교 산학협력단, "미국 국제무역위원회, ITA의 조직별 기능 및 역할에 대한 연

## (2) 1차 공청회 및 산업피해판정

국제무역위원회는 조사대상물품의 수입 증가가 미국 내 산업이 주장하는 피해 또는 피해우려의 실질적인 원인인지 여부에 대한 판정을 하기 전에 1차 공청회를 개최한다. 1차 공청회는 국제무역위원회의 산업피해 판정일로부터 약 1개월 전에 실시된다. 1차 공청회는 산업피해 여부와 관련하여 이해관계자들이 의견을 피력할 수 있는 기회를 제공하기 위한 자리로, 공청회 이후 조사관들은 보고서를 작성하여 산업피해 의결일 약 1주일 전에 위원들에게 제출한다.[284]

## 다. 구제조치 결정 및 건의

위 (2)에서 국제무역위원회가 산업피해 긍정 판정을 내리면 국제무역위원회는 구체적인 구제조치를 결정해서, 조사신청서 등의 접수일로부터 180일 이내에, 또는 산업피해 의결일부터 60일 이내에 대통령에게 건의한다.[285]

국제무역위원회가 건의할 수 있는 구제조치의 유형은 (ⅰ) 추가 관세 부과 또는 관세인상 (increase of imposition of any duty), (ⅱ) 할당관세(tariff rate quota), (ⅲ) 수량 제한(modification or imposition of any quantitative restriction) 등이 있다.[286] 이외에도 국제무역위원회는 대통령에게 조사대상물품의 수입 증가 요인의 시정 등을 위한 국제협상의 개시 또는 수입품에 대한 경쟁력 제고를 위한 지원조치를 건의할 수도 있다.[287]

국제무역위원회는 구제조치의 유형을 결정하기 위한 2차 공청회를, 위원회의 의결일부터 약 1개월 내에 개최한다.[288]

---

구", 지식경제부, 2009. 12., 64면 참조.
[284] 외교부수입규제대책반, 『알기쉬운 미국의 수입규제』, 외교부수입규제대책반, 2019, 43면 참조.
[285] 19 U.S.C. § 2252(f)(1).
[286] 19 U.S.C. § 2252(e)(2).
[287] 19 U.S.C. § 2252(e)(4).
[288] 외교부수입규제대책반, 『알기쉬운 미국의 수입규제』, 외교부수입규제대책반, 2019, 44면 참조.

한편, 국제무역위원회 위원들 중 위 (2)의 산업피해 판정에서 긍정에 투표한 위원들만 구제조치를 결정하는 투표에 참여할 수 있다. 산업피해 판정 투표에서 부정을 택한 위원들은 별도로 자신의 견해만을 제출할 수 있고 투표에는 참여할 수 없다[289].

### 라. 대통령 승인(Action by President)

대통령은 국제무역위원회로부터 보고서를 받은 날로부터 60일 이내 또는 아래의 보충 보고서의 제출일로부터 30일 이내에 적절한 구제조치를 시행하고,[290] 구제조치와 사유를 담은 보고서를 시행 당일에 의회에 제출하여야 한다.[291]

대통령은 보고서 접수일로부터 15일 이내에 국제무역위원회에 보충 조사를 요청할 수 있다. 국제무역위원회는 대통령의 요청을 접수한 날로부터 30일 이내에 추가 자료를 대통령에게 제출하여야 한다.[292]

만약 대통령이 국제무역위원회가 건의한 구제조치를 실행하지 않거나 또는 건의에 포함되지 않은 구제조치를 시행하는 경우, 대통령은 의회에 관련 사실을 보고하여야 한다.[293] 이 경우, 대통령이 보고서를 제출한 날로부터 90일 이내에 상하 양원이 합동으로 결의하여 대통령의 구제조치를 번복하고 국제무역위원회가 건의한 구제조치를 실행할 수 있다.[294]

### 마. 구제조치 발효

일반적인 경우 구제조치는 대통령이 선포한 날로부터 15일 이내에 발효된다. 다만 상하 양원의 합동 의결로 구제조치를 실행하는 경우 대통령은 해

---

289) 19 U.S.C. § 2252(e)(6).
290) 19 U.S.C. § 2253(a)(4).
291) 19 U.S.C. § 2253(b)(1).
292) 19 U.S.C. § 2253(a)(5).
293) 19 U.S.C. § 2253(b)(2), (3).
294) 19 U.S.C. § 2253(c).

당 구제조치를 양원 합동 결의일부터 30일 이내에 선포해야 한다.[295] 발효된 구제조치는 기본적으로 4년간 유효하며, 연장을 통하여 최장 8년간 지속될 수 있다.[296]

## 3. 구제조치의 축소, 변경 또는 종료

국제무역위원회가 대통령에게 미국내 산업의 자구노력이 제대로 이행되지 않고 있거나 또는 상황의 변동으로 구제조치의 효과가 손상되었다는 내용을 보고하는 경우, 또는 미국 내 산업을 대표하는 자의 요청이 있는 경우, 대통령은 기존 구제조치를 축소, 변경 또는 종료할 수 있다[297]. 반대로 우회 문제가 발생하는 경우 이를 제거하기 위하여 대통령은 추가적인 조치를 취할 수도 있다.

## 4. 구제조치의 연장

국제무역위원회는 대통령의 요청 또는 제소자가 연장 신청서를 구제 조치 종료일로부터 9개월부터 6개월 이전 사이의 기간에 제출한 경우, 공청회 등을 거쳐 구제조치 종료일로부터 60일 전까지 대통령에게 연장 여부에 관한 보고서를 제출하여야 한다.[298]

국제무역위원회가 구제조치 연장에 대해 긍정 결정을 내리고 이를 대통령에게 보고하면, 대통령은 구제조치 연장의 필요성을 별도로 판단한 연후에 기존 구제조치를 연장할 수 있다. 단, 연장된 기간을 포함한 전체 조치 기간은 8년을 초과할 수 없다.[299]

---

295) 19 U.S.C. § 2253(d).
296) 동국대학교 산학협력단, "미국 국제무역위원회, ITA의 조직별 기능 및 역할에 대한 연구", 지식경제부, 2009. 12., 63면 참조.
297) 19 U.S.C. § 2254(d).
298) 19 U.S.C. § 2254(c).
299) 19 U.S.C. § 2253(e)(1)(B).

## 5. 불복 절차

### 가. 사법적 절차

대통령이 결정한 세이프가드 조치가 사법심사의 대상이 되는지 여부에 대하여 미국 사법부는 소극적인 태도를 취하고 있어서, 반덤핑 또는 상계관세 조치와는 달리 연방무역법원에 제소하는 것에 대해서 신중한 접근이 필요하다[300].

나아가 WTO 반덤핑 협정 및 보조금 협정은 회원국에게 반덤핑 또는 상계관세 조치에 대한 사법심사 절차를 유지할 의무를 부여하고 있지만, WTO 세이프가드 협정은 이러한 규정을 가지고 있지 않다.

### 나. WTO 분쟁해결절차

미국의 세이프가드 조치가 WTO 세이프가드 협정을 위반한 경우, WTO 분쟁해결절차를 이용하여 문제 해결을 도모할 수 있다. 그러나 WTO 분쟁해결절차에 통상 2년 이상의 기간이 소요되며 그 결정에 소급효가 없어서, 세이프가드에 대한 WTO 분쟁해결절차의 실효성이 높지는 않다.

---

300) 배찬권/엄준현/정민철, -"최근 미 세이프가드(통상법 201조) 조치의 주요 쟁점과 대응방안", 『오늘의 세계경제』제18권 제5호, KIEP, 2018. 2. 21., 17면 참조.

제5절

# 공정거래 소송 실무

# Ⅰ. 미국 공정거래 시스템 개관

## 1. 공정거래 관련 법령

### 가. Sherman법[301]

미국 반독점법 체계에서 가장 기본적이고 핵심적인 법률은 Sherman법이다.[302] Sherman법 제1조는 거래를 제한(restraint of trade)하는 내용의 계약(contract), 공모(conspiracy), 기업결합(combination)과 공동행위를 금지한다. 동일한 관련 시장에서 경쟁업자 간의 경쟁을 제한하는 수평적 거래제한과 거래단계에서의 상류·하류에 있는 사업자간의 경쟁제한행위인 수직적 거래제한 모두 규제대상으로 삼고 있다. 수평적 거래제한은 카르텔규제로서 당연위법원칙과 합리성원칙에 따라 심사하여 왔다. 반면에, 수직적 거래제한은 합리성심사를 원칙으로 하는 경향이 있다.

Sherman법 제2조는 독점력남용(monopolize), 독점화기도(attempt to monopolize), 독점력 남용을 위한 결합 또는 공모(combine or conspire to monopolize)를 금지한다. 이 중에서도 법무부는 Sherman법 제2조의 독점력남용 및 그 미수로서 독점기도를 내용으로 하는 단독행위를 주로 규제하고 있다.[303]

---

301) 15 U.S.C. §§ 1-38.

302) 입법 연혁적으로 FTC법, Clayton법은 Sherman법의 한계를 보완하기 위해 만들어진 법으로 볼 수 있다.

| 구 분 | 내 용 |
|---|---|
| 15 U.S.C. 1<br>(셔먼법 제1조) | "Every contract, combination in the form of trust or otherwise, or conspiracy, in restraint of trade or commerce among the several States, or with foreign nations, is declared to be illegal. Every person who shall make any contract or engage in any combination or conspiracy hereby declared to be illegal shall be deemed guilty of a felony,..."<br>\* 거래제한(Sherman법 제1조) : 수평적 거래제한 + 수직적 거래제한 + 합병 규제<br>\* 합병 규제는 주로 Clayton법 제7조를 적용 |
| 15 U.S.C. 2<br>(셔먼법 제2조) | "Every person who shall monopolize, or attempt to monopolize, or combine or conspire with any other person or persons, to monopolize any part of the trade or commerce among the several States, or with foreign nations, shall be deemed guilty of a felony.."<br>\* 독점력남용 · 독점기도(Sherman 법 제2조) : 단독행위(Unilateral Actions) |

## 나. FTC법[304]

FTC법은 연방거래위원회(Fair Trade Commission)의 업무 절차 및 법 위반 행위 유형을 규정하고 있다. 특히 제5조는 "거래에 있어서 혹은 거래에 영향을 미치는 불공정한 경쟁 방법 및 불공정하거나 기만적인 행위 또는 관행은 위법으로 한다"고 규정하고 있다. FTC법 제5조는 사실상 일반 규정의 성격을 갖고 있다. Sherman법 제1조 및 제2조에 해당하는 행위 유형뿐만 아니라, 우리 공정거래법의 불공정거래행위(제23조 제1항) 유형 중 상당 부분이 이 조항의 적용을 받게 된다. 다만, FTC법 제5조의 '불공정한(unfair)'이라는 의미가 명확하지 않고 법 적용 범위가 과도하게 넓어서, Sherman법 등 타 법률 집행과의 혼선이나 과잉집행의 우려가 있다는 지적이 있어 왔다. 이에 연방거래위원회

---

303) 중앙대학교 산학협력단, "미국의 경쟁/소비자법 · 제도 및 사건처리절차 연구", 공정거래위원회, 2015. 11., 16−17면.

304) 15 U.S.C. §§ 41−58.

는 '불공정한(unfair)'이라는 문언에도 불구하고 경쟁제한적 효과가 있는 사안 위주로 조사하고, 위법성 판단 시에도 경쟁제한성 여부를 위주로 심사하려는 움직임을 보이고 있다.[305]

### 다. Clayton법[306]

Sherman법이 시행 단계에서 실효성 문제가 야기되자, Clayton법을 통해 배타조건부 거래, 가격차별, 기업결합 등 특정 법 위반 유형에 관하여 별도 조항을 규정하고, 3배 배상 등 민사적 구제 수단을 강화하였다.

| 구 분 | 내 용 |
|---|---|
| 제2조 | 경쟁사 제품을 구매하는 고객에게 가격이나 서비스를 차별하는 등 다양한 방법으로 소비자를 차별하고 경쟁을 감소시키는 행위를 금지하고 있다. Robinson-Patman법에 의해 개정되었기 때문에 통상 Robinson-Patman법이라고 불리며 가격차별법이라고도 불린다. |
| 제3조 | 상품의 거래에 있어서의 배타조건부 거래를 금지한다. 공동행위를 규제하는 Sherman법 제1조도 경합적으로 적용될 수 있다. |
| 제7조 | 몇 차례의 법 개정을 통해 기업결합 심사 범위 및 경쟁당국의 심사권을 강화하였다.<br>* Celler-Kefauver법: 경쟁을 제한하는 주식인수뿐만 아니라 자산인수도 규제하도록 규정하고 있다.<br>* Hart-Scott-Rodino Antitrust Improvements법(HSR): 연방거래위원회와 법무부에게 소정의 조건을 충족하는 기업인수나 합병의 사전 심사권을 부여하였다 |

### 라. 기 타

Sherman법, FTC법, Clayton법 등 공정거래에 관한 일반법 이외에도 특정 거래 유형을 규제하는 연방거래위원회 규칙이나 특별법을 두고 있다.

---

305) 중앙대학교 산학협력단, "미국의 경쟁/소비자법·제도 및 사건처리절차 연구", 공정거래위원회, 2015. 11., 29-30면.

306) 15 U.S.C. §§ 12-27.

| 구 분 | 내 용 |
|---|---|
| 가맹사업 | 연방거래위원회는 Franchise Rule[307] |
| 방문판매 | 연방 차원에서 방문판매(door-to-door sale) 거래를 연방거래위원회 규칙인 The Cooling-Off Rule(청약철회규칙)[308] |
| 전자상거래통신판매 | 연방거래위원회는 Mail, Internet, or Telephone Order Merchandise Rule[309] |
| 표시광고 | FTC 법 제5조와 랜햄법(Lanham Act) 제43조(a)를 통해 허위, 과장, 기만적인 광고를 규제하고 있다. |

아울러 특정 산업 분야에서의 경쟁을 규제하거나 소비자 보호를 위한 법률이 약 50여개 존재한다.[310] 대표적으로 International Antitrust Enforcement Assistance Act of 1994, Interstate Commerce Commission Termination Act of 1995, Medicare Prescription Drug, Improvement, and Modernization Act of 2003 National Cooperative Research and Production Act of 1993 등이 있다.

---

307) 16 C.F.R. § 436.2.

308) 16 C.F.R. § 429.

309) 16 C.F.R. § 435.

310) 공정거래에 관한 법률로 분류되기도 하고, 개별 산업 분야에 관한 법률로 분류되기도 한다.

## 2. 공정거래 집행 기관

### 가. 연방거래위원회(Fair Trade Commission)와 법무부(Department of Justice)

우리나라의 경우, 공정거래위원회(공정위)가 사실상 유일한 반독점법 집행 기관이다. 특히 공정거래법 제55조는 공정위의 처분에 대한 불복의 소는 서울 고등법원을 전속관할로 한다고 규정하고 있어, 공정위의 처분이 1심 법원의 판결을 대체하는 효력을 갖도록 하고 있다.

반면, 미국의 경우에는 법무부(Department of Justice)와 연방거래위원회(Federal Trade Commission)라는 2개의 대표적인 집행기관이 있다.

먼저, 법무부의 경우 "Antitrust Division"에서 반독점법 관련 집행을 담당한다. 법무부는 연방 법원에서의 소송절차를 통하여 Sherman법, Clayton법을 집행한다. 즉, 법무부는 법 위반행위에 대한 조사 후 혐의가 발견되면, 연방지 방법원에 법 위반행위의 중지명령을 구하는 민사소송을 제기하거나 형사재판을 위한 기소를 할 수 있다.

[그림 8] 법무부 조직도

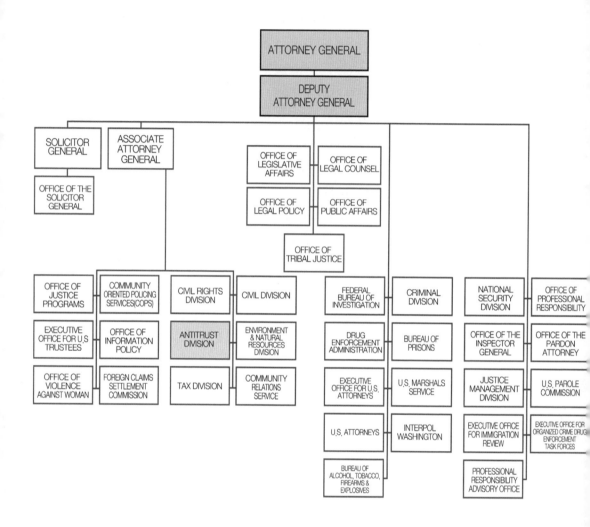

한편, 연방거래위원회는 행정적 집행(Administrative Enforcement)과 사법적 집행(Judicial Enforcement)을 통해 FTC법, Clayton법, 각종 소비자 보호법 등을 집행한다.

| 구 분 | 내 용 |
|---|---|
| 행정적 집행 | • 조사 과정에서 법 위반 혐의가 인정되면 소장(complaint)를 발송한다. 피심인은 소장을 검토하여 동의명령(consent order)으로 사건을 종결할 수 있다.<br>• 피심인이 혐의를 다툴 경우, 행정법판사(administrative law judge)가 중지명령(cease and desist order) 여부 및 혐의 여부에 관한 1차적인 결정을 한다.<br>• 피심인이 연방거래위원회의 결정에 불복할 경우 60일 내 연방항소법원(Court of Appeals)에 소를 제기할 수 있다. 60일이 내 불복이 없으면 결정이 확정된다. |
| 사법적 집행 | 연방거래위원회는 조사 결과 법위반 혐의가 발견되면 연방지방법원에 법위반행위의 중지명령을 구하는 소를 제기할 수 있다. |

법원은 중지명령과 금전적인 명령을 동시에 내릴 수 있으며, 법원의 명령은 60일의 경과기간이 없이도 즉시 효력이 발생한다. 이런 이유로 연방거래위원회는 사법적 집행을 선호하는 경향이 있다. 이 외에도, 클레이튼법(Clayton Act)은 모든 사람, 회사, 기업 및 단체 역시 법 위반행위의 중지명령을 구하는 소를 법원에 제기를 할 수 있도록 규정하고 있다.

정리하건대, 형사적 집행은 법무부만 할 수 있고, 기만적이고 불공정한 행위로부터 소비자를 보호하는 조치는 연방거래위원회만 취할 수 있지만, 그 이외의 반독점법 사안에 대해서는 법무부와 연방거래위원회 모두가 집행 권한을 주장할 수 있다. 과거에는 관행적으로 산업별로 권한을 배분하여 왔는데, 최근 신산업의 발달, 이종 산업 간 기업결합 증가 등으로 두 기관 사이의 권한 조정이 어려운 경우가 빈번하게 발생하고 있다. 이러한 권한 중복으로 인해, 비용 중복, 규제 강도 및 해석의 차이, 권한 조정에 따른 사건 처리 지연[311]

---

311) 기업결합의 사전심사 기간인 30일의 대부분이 두 기관 사이의 관할권 결정에 소요되는 문제가 발생하기도 한다.

등의 문제가 발생한다. 이에 연방거래위원회와 법무부는 업무협조절차(clearance procedure)를 통해 최대한 빠른 시일 내에 관할 기관을 정하고, 공동의 법집행지침(joint guideline) 등을 만들어 법집행 해석을 최대한 통일화하려는 노력을 기울이고 있다.

## 나. 기타 기관 및 주/연방 집행

연방거래위원회와 법무부는 소비자보호 문제들에 대한 연방차원의 법률 해석 및 소송 등 업무 전반을 담당하는데, 일부 정부 기관들 역시 소관 산업 분야와 관련된 소비자 보호나 관련 경쟁 이슈를 처리한다. 예를 들어, 연방통신위원회(Federal Communications Commission, 이하 "FCC")는 방송통신분야의 독립규제위원회로서 방송통신관련 이용자보호를 위한 정책의 수립과 사건의 처리를 담당하고, 상무부(Department of Commerce, 이하 "DOC")는 기업이 제공하는 상품의 품질을 개선, 소비자 교육, 소비자를 우선으로 하는 경제정책 수립 등을 처리하며, 농림부(United States Department of Agriculture, 이하 "USDA")는 육류와 가금류, 난류 등과 관련된 소비자 보호, 시장 보호와 관련된 업무를 담당한다.

한편 연방거래위원회는 모든 분야의 표시광고를 규제하는 기관이기 때문에 식약품 등의 표시광고와 관련하여 연방거래위원회와 식품의약품청의 관할권이 중복될 수 있다[312]. 제2연방항소법원은 식품의약청(Food and Drug Administration, "FDA")뿐만 아니라 연방거래위원회도 관할권을 가진다고 판시하였고, 이후 양기관이 양해각서(MOU)를 체결하여 업무의 조정과 협조를 하고 있다.

기업결합심사는 기본적으로 연방거래위원회나 법무부의 소관이지만 각 산업별로 타 기관들이 추가적인 심사를 하기도 한다. 예컨대 방송통신관련 기업결합은 연방통신위원회의 추가적인 심사를 받아야 하고 국방관련 기업결합은 국방부의 추가적인 심사를 받아야 한다.

---

312) 실제로 *Charles of the Ritz Distrib. Corp. v. Fed. Trade Comm'n*, 143 F.2d 676 (1944) 사건에서 화장품의 부당한 표시와 관련하여 연방거래위원회와의 관할권이 문제된 바 있다.

아울러, 연방과 주(州) 사이의 업무 중첩이 발생할 수도 있다. 일반적으로 Sherman법, FTC법, Clayton법이 규제하는 내용은 연방 이슈로 인정되어 연방 법원에서의 관할권이 인정된다. 따라서 큰 틀에서는 미국의 공정거래 집행은 연방차원에서 이루어진다고 할 수 있다. 그러나 미국 각 주는 독자적인 입법 권한을 갖고 자체적으로 공정거래에 관한 법률을 제정할 수 있다. 주 독점규제법과 연방 독점규제법은 개념적으로 서로 유사하지만, 주 정부 독점규제법이 연방 정부의 그것에 비하여 금지행위의 수나 질에 있어 규제의 폭이 넓은 경우도 있다. 그 결과 연방과 주 사이에서 이원적·중첩적인 반독점법 집행이 발생하기도 한다.

앞서 살펴본 각종 공정거래 관련 각종 법령에 따르면, 각 주 정부 역시 소를 제기할 수 있는 권한을 갖고 있다. 실제로 여러 사건에서 각 주 및 경쟁업체들이 소를 제기한 바 있다. 미국의 대표적인 반독점법 위반 사건인 Microsoft 건에서는 연방정부 이외에도 20개의 주와 워싱턴 D.C.가 별도의 소를 제기하였고, AT&T와 T-mobile간의 기업결합 건에서는 뉴욕주를 비롯한 7개의 주가 연방 정부의 소송에 참여하였다[313].

이러한 미국 반독점법 집행의 특수성에 대하여 중복 집행으로 인한 비용의 낭비라는 비판도 존재한다. 그러나, 각 기관들을 통해 구제받고자 하는 권리가 조금씩 다를 수 있고, 소비자들에게 최대한 다양한 권리 주제 수단을 보장할 필요가 있으며, 각 기관들의 경쟁을 통해 반독점법 집행 수준을 높일 수 있는바, 중첩적 집행 체계를 계속 유지하고 있는 것으로 보인다.

---

313) 경쟁업체인 Sprint 또한 별도의 소를 제기하기도 하였다.

# Ⅱ. 연방거래위원회(FTC)

## 1. 조사 및 민사절차

### 가. 일 반

연방거래위원회의 사건처리절차는 사실상 미국의 민사소송절차와 상당부분 유사하다.

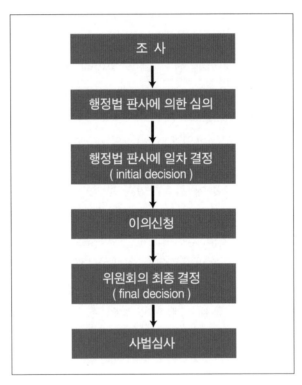

[그림 9] 연방거래위원회의 사건처리절차

연방거래위원회의 사건착수는 공익(public interest)이 존재(FTC 법 제5조 제b항)해야 하는데 공익이란 것은 막연히 공동체의 이익에 도움이 되는 것만으로는 부족하고 구체적이고 상당한 이익이 있어야 한다. 연방거래위원회는 사건착수에 있어서 공익판단을 매개로 하여 광범위한 재량을 갖고 있기 때문에,

수많은 신고가 있다고 하여 의무적으로 조사에 착수하는 것은 아니고 가장 공익성이 큰 사건을 선별하여 수사착수를 할 수 있다.

### 나. 조사절차

연방거래위원회의 조사는 임의조사인 예비조사와 강제조사인 본조사로 나눌 수 있다, 기업결합사건은 HSR법(Hart-Scott-Rodino Antitrust Improvements Act of 1976)에서 별도 규정을 두고 있으니 이하에서는 설명을 생략한다.

예비조사는 강제조사가 아니라 상대방의 동의를 얻어야 하는 임의조사이다. 예비조사 단계에서 연방거래위원회는 당사자나 이해관계자로부터의 자발적인 자료제출을 요청하거나 자체적으로 자료를 수집해야 한다. 예비조사 결과 내용이 미흡하거나 강제적인 자료 수집이 필요한 경우에는 본조사로 전환을 한다.

본조사로 전환되어 소환명령 등 강제조사 진행시에는 위원회의 사전승인을 얻어야 한다. 만약 강제조사 대상이 된 사업자가 이의가 있으면 연방거래위원회에 이의신청을 할 수 있다. 이의신청에 대한 심사는 강제조사를 담당한 연방거래위원회 위원이 1차적으로 판단하고, 사업자가 해당 위원의 판단에도 이의가 있으면 위원회에 2차로 이의를 제기할 수 있다. 사업자가 연방거래위원회의 강제조사를 따르지 않는 경우에 연방거래위원회는 법원에 강제조사 집행명령을 신청할 수 있다.

### (1) 증거제출 및 구인명령

연방거래위원회 법 제9조에 의해 발부되는 증거제출 및 구인명령은 형사절차 상 영장과는 다른 것이어서 법원이 아닌 연방거래위원회가 발부하는 것이다. 진술을 위해 구인장(*subpoena ad testificandum*)이나 증거문서제출명령(*subpoena duces tecum*)을 명할 수 있다. 다만, 연방거래위원회는 영장으로 사업자가 이미 가지고 있는 자료의 제출을 명할 수는 있지만 새로운 자료를 작성하여 제출을 명할 수 있는 것은 아니다.

### (2) 민사조사요구권(Civil Investigative Demand; CID)

연방거래위원회는 CID를 통해 서증 및 물증제출, 보고서 또는 질문에 대한 답변제출, 증언 등을 요구할 수 있다(FTC법 제20조). CID는 피조사대상자가 갖고 있지 않는 서류도 작성하도록 명령할 수 있다는 점에서 영장에 따른 강제수사 절차와는 구분된다. 다만 이를 통하여 압수수색할 수 있는 권한은 인정되지 않는다.

### (3) 조사청문회(Investigational Hearings)

법원의 소송절차에서 행하는 '녹취증언(deposition)'과 유사한 절차로, 연방거래위원회 직원과 피조사인 변호사가 진실만을 진술할 것을 선서한 후 증인에게 구두심문하는 방식으로 진행된다. 심사보고서와 유사한 연방거래위원회의 소장(complaint) 제출 이후 행정법판사가 주재하는 심리기일(Adjudication Hearings)과는 다른 절차로 비공개로 진행되며 속기록에 청문내용이 기록된다.

### (4) 열람명령(Access Order)

서증을 확보하기 위한 현장조사(on-site inspection) 시 활용되는 명령으로, 사업자가 자료를 작성하여 제출하는 것이 아니라 연방거래위원회의 직원이 사업체에 있는 자료를 복사하여 확보하는 방법이다.

### (5) 심의(Hearing)

연방거래위원회의 심의는 원칙적으로 민사소송절차와 유사하다. 왜냐하면 특별한 규정이 없는 한 민사소송절차를 준용하도록 하고 있기 때문이다. 다만 연방거래위원회의 특수성을 감안하여 일부 수정된 준사법적 절차이다. 연방거래위원회의 시정명령에는 행위중지 및 재발방지명령이 포함될 수 있다. 또한 합리적 관련성이 있는 범위(지역, 상품, 용역, 행위) 내에서 유사행위를 금지할 수도 있다.

절차적으로는 행정법판사에 의한 예비심결(initial decision)이 내려지고 정해진 기간 내에 행정청에 이의신청(appeal)이 제기되거나 행정청 자신이 재심결정(review on motion)을 하지 않는 이상 추가적인 절차 없이 행정청의 결정으로 된다. 행정법판사의 예비심결에 대해서는 연방거래위원회의 심사관이나 피심인 모두 이의를 제기할 수 있고 연방거래위원회 스스로가 재고를 결정할 수도 있다. 연방거래위원회는 이의신청을 검토하여 최종결정을 내리는데, 행정법판사의 예비심결에 포함된 사실인정, 법적 결론 혹은 명령을 그대로 채택하거나 수정할 수 있다.

### 다. 민사절차

연방거래위원회 소송이란, 소비자 피해가 발생한 사안에서 연방거래위원회가 원고가 되어 연방지방법원 등에 소비자 대신 소송을 제기하여 손해배상을 받는 일련의 절차를 의미한다(FTC법 제13조 제b항 및 제19조).

### (1) FTC법 제13조(b)

연방거래위원회는 제13조 제b항에 따라 잠정적 금지명령 또는 예비적 금지명령(temporary restraining order or preliminary injunction)뿐만 아니라 영구적 금지명령을 청구할 수 있다. 이 권한이 중요한 것은 영구적 금지명령(permanent injunction)을 위한 소송에서 연방거래위원회는 전통적인 시정명령과 같은 금지명령을 법원에 청구할 수 있을 뿐만 아니라 그에 부수하여 손해배상이나 원상회복과 같은 형평법상의 구제(equitable relief)를 청구할 수 있기 때문이다.

### (2) FTC법 제19조(b)

불공정하거나 기만적인 행위 또는 관행으로 인하여 법에 의한 규칙(rule)을 위반한 경우(법 제5조 제a항을 위반한 불공정하거나 기만적인 행위 또는 관행이 아닌 경우 외), 연방거래위원회는 연방지방법원 또는 주의 관할법원에 민사소송(civil action)을 제기할 수 있다.

또한 불공정하거나 기만적인 행위 또는 관행(이 법 제5조(a)(1)의 규정의 범위 내에서)으로 인하여 연방거래위원회가 최종 시정명령을 발부하였고 이러한 시정명령을 위반한 경우, 연방거래위원회는 연방지방법원 또는 주의 관할법원에 민사소송을 제기할 수 있다. 이 경우에는 피해구제가 이루어져야 하는 불공정한 또는 기만적인 행위 또는 관행이 최종 시정명령의 대상이 된다.

연방거래위원회가 구할 수 있는 구제조치로, 원상회복(restitution) 또는 계약의 정정(reformation), 금전적 반환 또는 재산의 회복, 손해배상, 법위반 사실의 공표(public notification respecting the rule violation or the unfair or deceptive act or practice) 등이 열거되어 있으나 이에 국한되지 않는다.

## 2. 동의명령(Consent Order)[314]

연방거래위원회의 동의명령은 심판절차를 거친 일반적인 명령(order)과 동일한 구속력을 지니게 된다. 만약 사업자가 동의명령을 불이행하게 되면 시정명령 불이행과 동일한 절차에 따라 처벌받게 된다.

연방거래위원회는 동의명령 신청이 법에 정한 요건에 적합한지 판단할 수 있는 광범위한 재량권의 대상이라고 해석되고 있다. 특히 공공의 이익(public interest)에 부합하는지 여부가 가장 중요한 고려의 대상이라 할 수 있다.

### 가. 심판절차 개시 전(Pre-complaint)

연방거래위원회는 사건조사를 종료한 후 사업자에게 심판개시결정서안(proposed complaint) 및 중지명령안(proposed cease and desist order)과 함께 심판개시 예고통지서(notice of intention to institute an adjudicative proceeding)를 송달한다. 사업자는 송달받은 내용을 검토한 후 동의명령에 의해 사건을 종결할 의사가 있으면 연방거래위원회에 그러한 의사를 통보하고 연방거래위원회의 직원들과 세부내용에 대한 협의(negotiation)를 시작한다.

연방거래위원회 직원들과 합의가 이루지면 동의명령안(consent agreement)을 작성하게 된다. 동의명령안을 위한 초안은 피조사인이 작성할 수도 있고 연방거래위원회 직원이 작성할 수도 있지만 주로 피조사인이 협의를 제의하기 때문에 보통 피조사인이 초안을 작성하게 된다고 한다. 그 후 여러 차례 수정안을 주고 받으면서 양측의 의견을 조율한다.

연방거래위원회 직원들과 사업자가 합의한 동의명령 합의안(consent agreement)이 위원회에 제출되면 위원회는 사업자가 명령을 이행할 방법을 자세히 기술하여 서명한 준비보고서(initial report)를 동시에 제출하게 할 수 있다. 위원회는

---

314) 연방규칙(Code of Federal Regulation) 제16조 참조.

제출된 동의명령안에 대하여 적절하다고 판단되면 수락할 수도 있고 부적절하다고 판단되면 거절할 수도 있다.

이러한 동의명령안과 관련 서류 등을 관보(Federal Register)에 게재하여 60일간 의견을 접수한 후 동의명령안의 수락여부를 최종 결정한다. 일반인들의 이해를 돕기 위해 분석서(analysis)를 작성하여 게재하는 데 여기에는 합의안의 바탕이 된 정황과 사유, 반경쟁적인 영향, 수집된 증거의 성격과 범위, 시정조치의 성격, 소비자에게 미치는 영향에 대한 설명 등을 포함해야 한다. 이후 위원회가 동의명령을 작성하여 송달함으로써 확정이 된다.

### 나. 심판절차 개시 후(Post-complaint)

동의명령 절차는 심판절차가 아니기 때문에 사업자가 동의명령을 제안하면 위원회는 심판절차를 중지하고 당해 안건을 심판절차에서 철회(withdraw matter from adjudication)할 수 있다.

안건이 심판절차에서 제외가 되면 위원회는 재량을 갖고, 당해 합의해결안을 검토하여 타당성여부를 판단한 후 수용 또는 거부를 결정하거나 다시 심판절차에 회부할 수도 있다.

## 3. 불복절차

연방거래위원회의 결정에 이의가 있는 경우 피심인은 의결서를 송달 받은 후 30일 이내에 연방항소법원에 불복의 소를 제기할 수 있다. 연방지방법원이 아닌 연방항소법원에 소송을 제기하도록 하고 있는 것은 연방거래위원회가 사실상 1심법원의 역할을 하기 때문이다.

연방항소법원이 우리나라의 고등법원과 다른 점은 연방항소법원의 사법심사는 원칙적으로 법률적인 측면에 대한 심사라는 점이다. 미국의 연방항소법원은 원칙적으로 사실문제에 대해서는 개입하지 않고 설령 사실문제에 대해 심사한다 하더라도 심사의 권한이 대단히 좁은데 사실문제 인정에 있어서 연방거래위원회가 객관적 합리성을 결하지 않는 한 개입하지 않는다. 연방항소법원의 판단에 대하여는 연방대법원에 상고를 제기할 수 있다.

## Ⅲ. 미국 법무부(DOJ)[315]

### 1. 개 요

  법무부에 속한 독점금지국(Antitrust Division)에서 반독점법 집행을 담당하고 있다. 법무부의 경우 행정 처분이 아니라, 법원에 민사소송 또는 행정소송을 제기하여 관련 법령을 집행하고 있으므로, 앞서 자세히 살펴본 일반 미국 소송절차가 그대로 적용된다. 본 항목에서는 반독점법 집행과 관련된 사항들을 위주로 살펴본다.

### 2. 예비조사(preliminary inquiry)

  법무부에서 사건을 인지한 경우, 예비조사를 통하여 본조사를 개시할 것인지, 혹은 무혐의 결정을 할 것인 여부를 결정한다. 예비조사 단계에서 조사관은 혐의가 인정될 경우 해당 절차를 형사절차(grand jury)로 진행할 것인지, 민사 조사 절차로 진행할 것으로 결정한다.

  법무부에서 진행하는 조사들의 경우 명백히 민사 사건에 해당하는 경우가 많지만, 때로는 민사 또는 형사로 진행할 것이 명백하지 않은 경우도 있다. 법무부에서는 경쟁 사업자들 사이의 담합(horizontal agreement), 당연 위법(per se illegal)에 해당하는 가격 합의, 입찰 담합, 고객 및 지역 설정 등에 대하여만 형사절차로 진행하는 것을 원칙으로 하고 있다. 그 외 합리의 원칙(rule of reason)에 따라 분석이 필요한 사안에 대하여는 민사절차가 진행된다. 한편, 당연 위법에 해당하는 것으로 보이나, (ⅰ) 아직 관련 사안에 대한 판례가 명확하지 않아 확립되지 않은 경우, (ⅱ) 사실관계 또는 법리상 새로운 이슈가 있는 경우에는 형사절차로 진행하는 것이 적절하지 않다고 보아 민사절차로 진행하기도 한다.

  예비조사 과정에서 조사관은 여러 산업 관계자에 대한 인터뷰, 통계자료

---

315) DOJ의 절차 관련 내용은 DOJ에서 발간한 "Antitrust Division Manual"을 발췌, 정리함. U.S. Department of Justice(website link), https://www.justice.gov/atr/file/761166/download (2021. 9. 21. 마지막 방문).

수집, 개인에 대한 소재 파악 등 다양한 조사를 진행한다. 이때, 조사관은 FBI(Federal Bureau of Investigation) 또는 다른 연방 기관 등에게 조사 협조를 요청할 수 있다. 또한 조사관은 관련 산업, 고객, 협회 등에게 자료 제출 요청을 할 수 있으며, 이는 임의 조사 형태로 진행된다.

예비조사 결과 혐의가 인정되지 않는 경우, 조사관은 조사 종결에 관한 의견서를 작성하여 조사를 종결한다. 또한, 예비조사 결과 혐의가 인정되는 것으로 보이는 경우, 조사관은 강제조사 또는 대배심 조사를 진행할 수 있다.

## 3. 민사절차

### 가. 사건 조사 절차

법무부의 예비조사 결과 민사 사안으로 진행하기로 결정하였으나, 임의 조사에서 충분한 자료를 취득하지 못한 경우, 법무부는 CID(Civil Investigative Demands, "CID") 절차를 통하여 자료 제출을 강제할 수 있다. 법무부는 Antitrust Civil Process Act of 1976 ("ACPA")에 따라 위반 혐의자, 잠재적 피해자, 증인, 기록 보관자가 관련된 자료를 가지고 있는 것으로 믿을 만한 근거 (reason to believe)가 있는 경우, 관련 자연인 또는 법인에게 자료의 제출을 명하거나, 구두 진술, 질의에 대한 응답을 요구할 수 있다.

CID 절차는 문서 제출 요청(Documentary), 서면질의(Interrogatory), 구두 답변 요청(Oral)으로 나뉘어지며, 여러 형태가 결합한 형식으로도 진행될 수 있다. 아래 표에서 확인할 수 있는 것 같이 자료제출 요청과 서면질의 형태가 많이 활용되고 있다.

## [표 1] 법무부 Antitrust Division의 CID 활용 현황[316]

| CID 절차 진행 건 | 2010 | 2011 | 2012 | 2013 | 2014 | 2015 | 2016 | 2017 | 2018 | 2019 |
|---|---|---|---|---|---|---|---|---|---|---|
| 총 건수 | 480 | 476 | 474 | 338 | 331 | 515 | 458 | 377 | 504 | 418 |
| - 문서 제출 요청 | 58 | 98 | 47 | 28 | 19 | 40 | 25 | 24 | 85 | 32 |
| - 서면질의 | 2 | 3 | 16 | 18 | 10 | 60 | 12 | 0 | 5 | 0 |
| - 구두답변요청 | 89 | 99 | 130 | 98 | 80 | 217 | 188 | 156 | 179 | 142 |
| - 문서 제출 요청 및 서면질의 | 326 | 275 | 279 | 176 | 221 | 198 | 224 | 196 | 234 | 239 |
| - 문서 제출 요청 및 구두답변 | 5 | 1 | 2 | 18 | 1 | 0 | 9 | 1 | 1 | 5 |

CID는 민사소송을 제기하기 전에 활용할 수 있는 조사 권한으로 소를 제기한 이후에는 활용할 수 없고,[317] 소송 절차에서는 연방 민사소송법이 적용된다. 다만, 법무부가 소송을 제기하기로 결정하였으나, 실제 소송을 제기하지 않은 단계에서는 CID 절차를 활용할 수 있다.

CID를 통해 자료 제출을 요청 받은 자는 수령일로부터 20일 이내에 법원에 CID를 수정하거나 기각해 달라고 이의를 제기할 수 있다.[318] 한편, CID로 요청한 자료를 고의로 제출하지 않거나, 은닉, 훼손, 수정하거나, 허위의 자료를 제출한 경우 별도의 형사 절차가 진행될 수 있다.[319]

사건 조사 절차가 마무리된 경우, 조사관은 동의 판결(Consent Decree)로 사건을 종결할 것인지, 소송을 제기할 것인지를 결정한다.

---

316) U.S. Department of Justice(website link), https://www.justice.gov/atr/file/788426/download (2021. 9. 21. 마지막 방문).

317) 15 U.S.C. § 1312(a).

318) 15 U.S.C. § 1314(b)(1).

319) 18 U.S.C. § 1505.

## 나. 민사소송 절차

### (1) 동의 판결(Consent Decree)

법무부는 민사 소송을 통하여 (i) 법 위반 행위의 중단, (ii) 위반 행위가 갱신되는 것을 제지하고 (iii) 위반 행위 이전 상태로 경쟁을 회복시키는 것을 목적으로 하는데, 일반적으로 정부는 이러한 목적을 달성하기 위한 어떠한 조치도 취할 수 있다. 이러한 목적을 달성하기 위하여 법무부는 Antitrust Procedures and Penalties Act of 1974,[320] ("**APPA**")에 따라 협상 후 동의 판결을 받는 것이 일반적이다.

동의 판결로 사건을 처리하고자 하는 경우, 조사관은 소장(Complaint), 동의 결정(consent decree, stipulation), 경쟁 영향 분석(competitive impact statement), 보도자료(press release), 연방 관보 (Federal Register notice)을 준비하여 제출하여야 한다. 경쟁 영향 분석 자료는 동의 판결을 받기 위하여 준비해야 하는 중요한 서류로, 법원 및 일반에 공개되며, 법무부는 CIS에 제안한 동의 판결이 공익을 위하여 적절한지를 기술하여야 한다.

APPA에 따라 법무부가 법원에 제안한 판단 내용, CIS는 Federal Register notice에 60일간 공개된다. 60일의 의견 수렴기간이 끝나면, 법원은 제출된 의견 등을 고려하여 동의 판결안이 공익에 부합하는지 여부를 판단하여 동의 판결 수용 여부를 결정한다.

### (2) 정식 소송

동의 판결로 합의가 이루어지지 않거나, 법원이 동의 판결안을 기각한 경우, 법무부는 연방민사소송규칙(Federal Rules of Civil Procedure)에 따른 소송절차를 제기할 수 있다. 해당 소송에는 앞서 살펴본 일반 민사 절차가 적용되며, 반독점법 위반의 경우, 정식 소송이 진행되는 경우는 많지 않다.

아래 표에서 확인할 수 있는 것과 같이 법무부에서 제기한 민사소송은 대부분 합의(settlement)로 종결되고 있다.

---

320) 15 U.S.C. § 16.

[표 2] 법무부 Antitrust Division의 민사소송 통계[321)

| 총 민사 절차 진행 건 | 2010 | 2011 | 2012 | 2013 | 2014 | 2015 | 2016 | 2017 | 2018 | 2019 |
|---|---|---|---|---|---|---|---|---|---|---|
| 접 수 | 14 | 18 | 13 | 12 | 8 | 14 | 20 | 16 | 10 | 19 |
| 종 결 | 14 | 11 | 15 | 15 | 6 | 13 | 18 | 19 | 13 | 15 |
| – 승 소 | 0 | 0 | 1 | 1 | 1 | 1 | 0 | 3 | 0 | 0 |
| – 패 소 | 0 | 0 | 0 | 0 | 0 | 0 | 0 | 0 | 1 | 0 |
| – 합 의 | 14 | 11 | 12 | 14 | 6 | 11 | 14 | 15 | 12 | 14 |
| – 정부 직권 종결 | 0 | 0 | 2 | 1 | 0 | 1 | 4 | 1 | 0 | 1 |
| 계류 중 | 4 | 11 | 9 | 6 | 8 | 9 | 11 | 8 | 5 | 9 |

## 4. 형사 절차

### 가. 사건 조사 절차

예비조사 결과 형사 사건으로 처리를 결정한 경우, 법무부가 강제로 사건을 조사하기 위하여는 대배심(Grand Jury)을 소집하여 영장을 발부 받아야 한다. 대배심으로 사건을 진행하기로 결정할 경우, 담당자는 기존에 구성된 대배심을 활용하거나, 새롭게 대배심을 구성할 수 있다. 수사가 오래 지속될 것으로 예상될 경우 법무부는 반독점법 사건만 다룰 새로운 대배심 구성을 요청하며, 새롭게 구성된 대배심은 18개월의 기간 동안 유효하다.

대배심의 구성 등에는 연방형사소송규칙(Federal Rules of Criminal Procedure, Rule 6)이 적용되는바, 대배심은 16명에서 23명으로 구성되어야 하며, 12명 이상이 찬성해야 기소를 할 수 있다. 대배심은 사건 조사를 위하여 증거문서제출명령(Subpoenas duces tecum) 또는 구인장 (Subpoena ad testificandum)을 발부할

---

321) U.S. Department of Justice(website link), https://www.justice.gov/atr/file/788426/ download (2021. 9. 21. 마지막 방문).

수 있다. 또한, 법무부는 상당한 이유(probable cause)가 있다고 생각하는 경우 법원에 수색영장(search warrant)을 청구할 수도 있다.

법무부에서 조사 후 기소 여부를 결정한 이후, 대배심에게 기소를 권고하고, 대배심 구성원 중 12명 이상이 찬성할 경우 해당 사안에 대한 기소가 이루어질 수 있다.

### 나. 형사소송

법무부가 사건을 기소하는 경우, 상대방이 혐의사실을 인정하는 경우(plead guilty), 양 당사자의 협의에 따라 유죄 협상이 이루어지고, 협상이 이루어지지 않는 경우 정식 재판 절차가 진행된다. 상대방이 혐의사실을 인정하는 경우가 대부분이며, 정식 재판 절차가 진행되는 경우는 많지 않다.

참고로, 아래 표에서 확인할 수 있는 것과 같이 법무부가 제기한 형사소송에서 혐의사실을 인정하는 경우가 많기 때문에, 법무부가 기소한 사건에서 무죄 판결을 받은 사례는 매우 드물다.

**[표 3] 법무부 Antitrust Division의 형사소송 통계[322]**

| 총 형사사건 | 2010 | 2011 | 2012 | 2013 | 2014 | 2015 | 2016 | 2017 | 2018 | 2019 |
|---|---|---|---|---|---|---|---|---|---|---|
| 기 소 | 60 | 90 | 67 | 50 | 45 | 60 | 51 | 24 | 18 | 26 |
| 승 소 | 41 | 62 | 95 | 40 | 54 | 45 | 41 | 25 | 20 | 30 |
| 패 소 | 1 | 2 | 3 | 0 | 1 | 1 | 2 | 2 | 1 | 1 |
| 계류 중 | 55 | 77 | 45 | 54 | 45 | 59 | 68 | 64 | 59 | 66 |
| 항 소 | 7 | 6 | 5 | 1 | 4 | 5 | 3 | 2 | 8 | 2 |

형사절차에서 회사에 대하여 부과될 수 있는 벌금의 상한은 1억 달러로, 벌금은 미국 양형기준 제8장(the US Sentencing Guidelines, Ch. 8)에 의해 결정되

---

322) U.S. Department of Justice (website link), https://www.justice.gov/atr/file/788426/ download (2021. 9. 21. 마지막 방문).

며, 관련매출액(the amount of affected commerce)의 20%부터 산정될 수 있다. 또한, The Criminal Fines Improvement Act[323])에 따라 위반행위로부터 얻은 금전적 이익 또는 위반행위에 의해 발생된 손해의 두 배 범위 내에서 벌금이 부과될 수 있다.

형사절차에서 개인에 대하여 부과될 수 있는 벌금의 상한은 100만 달러로, 이와 별개로 10년 범위 내에서 징역이 병과될 수 있다. 법무부는 회사뿐만 아니라 행위자 개인도 적극적으로 처벌하고 있으며, 법무부가 실제 부과한 벌금 및 징역형의 통계는 아래 표와 같다.

[표 4] 법무부 반독점국(Antitrust Division)의 형사 규제 사례 통계[324])

| 형사벌금 | 2010 | 2011 | 2012 | 2013 | 2014 | 2015 | 2016 | 2017 | 2018 | 2019 |
|---|---|---|---|---|---|---|---|---|---|---|
| 개인: 부과된 벌금 총액 | $4,373 | $1,522 | $2,141 | $3,069 | $2,016 | $369 | $5,245 | $1,017 | $10,795 | $2,138 |
| 벌금이 부과된 개인의 수 | 19 | 25 | 31 | 29 | 24 | 15 | 31 | 34 | 53 | 22 |
| 법인: 부과된 벌금 총액 | $338,645 | $380,032 | $1,472,968 | $272,214 | $1,904,714 | $985,706 | $452,935 | $2,784,839 | $188,527 | $255,114 |
| 벌금이 부과된 법인의 수 | 11 | 11 | 33 | 24 | 25 | 15 | 14 | 11 | 9 | 10 |
| 총 벌금액 | $343,017 | $381,554 | 1,475,109 | $275,283 | $1,906,730 | $986,075 | $458,180 | $2,785,856 | $199,323 | $257,253 |

| 징 역 | 2010 | 2011 | 2012 | 2013 | 2014 | 2015 | 2016 | 2017 | 2018 | 2019 |
|---|---|---|---|---|---|---|---|---|---|---|
| 징역형 선고 건 | 37 | 39 | 55 | 39 | 35 | 15 | 36 | 52 | 59 | 25 |
| 징역형이 선고된 개인의 수 | 29 | 21 | 45 | 28 | 21 | 12 | 22 | 30 | 21 | 22 |
| 평균 징역 기간(day) | 898 | 502 | 747 | 750 | 787 | 402 | 330 | 262 | 285 | 179 |

323) 18 U.S.C. §3571(d).

324) U.S. Department of Justice (website link), https://www.justice.gov/atr/file/788426/download (2021. 9. 21. 마지막 방문).

## 다. 감면 제도(Leniency Program)

미국은 1978년 감면제도를 도입한 이후 이를 활용하여 다수의 카르텔 사건을 적발하였다. 법무부는 자진신고제도를 통하여 1순위 자진 신고자에게는 벌금을 감면해 주고 있으며, 2순위 자진 신고자에 대하여도 상당한 벌금을 감액해 주고 있다.[325]

그 외에도 법무부는 Amnesty Plus 정책을 통하여 현재 수사 중인 사건 외 다른 사건에 대하여 감면 신청을 할 경우, 벌금을 감액해 주는 정책을 운영하여 다른 시장에서의 카르텔에 대한 수사를 확대할 수 있는 정책을 운영하고 있다.

## 라. 컴플라이언스 운영에 대한 고려

법무부는 2019년 7월 "Evaluation of Corporate Compliance Programs in Criminal Antitrust Investigations (July 2019)"을 발표하면서,[326] 반독점법 위반을 이유로 기업에 대한 기소 여부 및 양형을 결정할 때 기업의 반독점법 컴플라이언스 프로그램을 고려한다는 점을 명백히 하였다.

해당 문서에서, 법무부는 컴플라이언스와 관련하여 정형화된 요건은 없으나, 아래와 같은 사항들이 기소 여부를 평가하는데 중요한 요소가 될 것이라는 점을 언급하고 있다.

① 컴플라이언스 프로그램이 형사적 반독점법 위반행위를 금지하고 있는지
② 반독점법 컴플라이언스 프로그램이 위반행위를 발견하고 즉시 보고하는 것을 용이하게 했는지
③ 회사의 고위급 경영진이 위반행위에 어느 정도로 관여했는지

한편, 컴플라이언스가 효과적으로 작동되고 있는지를 판단하기 위하여 아

---

325) U.S. Department of Justice (website link), https://www.justice.gov/atr/leniency-program (2021. 11. 15. 마지막 방문).
326) U.S. Department of Justice (website link), https://www.justice.gov/atr/page/file/1182001/download (2021. 9. 21. 마지막 방문).

래와 같은 요소들을 검토하여야 한다는 점을 언급하고 있다.

① 프로그램의 구조 및 포괄성
② 기업 내 준수 문화
③ 반독점법 준수에 대한 책임 및 그에 제공된 자원
④ 반독점법 위험 평가 기법
⑤ 준수 훈련 및 직원들과의 의사 소통
⑥ 반독점법 컴플라이언스 프로그램에 대한 지속적 검토, 평가, 개정을 포함한 관찰 및 감사 기법
⑦ 보고 구조
⑧ 준수 유인 및 징계
⑨ 개선 방안

# Ⅳ. 사적 분쟁 해결

## 1. 손해배상청구(3배 배상)

### 가. 개　관

　　미국은 반독점법 위반행위에 대해 손해배상 소송을 통하여 피해 구제를 활발히 진행하고 있다. 미국은 손해배상과 관련하여 다양한 규범적·제도적 장치를 마련해 두고 있는데, 민사상 손해배상청구 이외에도, 집단 소송(class action), Clayton법상의 3배 손해배상제도, 연방거래위원회에 의한 손해배상소송, 주 법무부장관에 의한 부권소송 등이 대표적이다.

### 나. 3배 손해배상

　　미국 Clayton 제4조에 따르면, 반독점법 위반행위로 인하여 영업 또는 재산에 손해를 입은 사람은 누구든지(any person) 3배 손해배상(threefold the damages)을 청구할 수 있다.

　　미국법상의 3배 배상은 징벌적 손해배상과 마찬가지로 처벌의 효과를 얻기 위해 실제 손해를 넘는 손해배상을 허용한다는 점에서 두 제도는 유사성을 가지고 있다. 그렇지만 미국에서 징벌적 손해배상은 현재 판례법에 의해 근거하여 불법행위 전반에 걸쳐 적용되는 반면에 배액 배상제도는 개별 법률에 근거하여 제한된 범위에 적용되고 있다. 그리고 징벌적 손해배상액의 산정은 행위의 비난가능성, 피고의 재산 상황 등을 고려하여 법관의 재량에 속하지만, Clayton법의 경우 실손해액(변호사비용 포함)에 일정한 승수를 곱하여 배상액을 정하는 방식으로 하고 있다는 점에서 차이가 있다.[327]

　　여기서 규정하는 반독점법 위반행위에는 Sherman법, Clayton법 위반이 포함되고, FTC법 제5조는 포함되지 않는다.

　　미국 반독점법 위반을 원인으로 한 손해배상청구에서 원고적격을 인정받

---

327) 정병덕, "공정거래법상의 3배 배상제도에 관한 연구", 『법학논총』 제43권 제4호, 단국대학교 법학연구소, 2019, 381면 참조.

기 위하여, 원고는 그의 손해와 피고의 위반행위 사이의 인과관계의 존재를 증명하여야 한다. 하지만, 원고는 피고의 반독점법 위반이 원고의 손해에 중요하거나 실질적인 원인임을 입증하면 족하고, 피고의 반독점법 위반이 원고의 손해에 대한 유일한 원인이 될 필요는 없다.[328]

3배 손해배상소송에서 중요한 것은 모든 피해에 대하여 손해배상을 인정하는 것이 아니라 반독점법 위반행위로 인한 손해(antitrust injury)에 대해서만 3배 손해배상을 인정한다는 점이다. 연방대법원은 경쟁의 촉진으로 인하여 간접적·부수적으로 발생한 손해에 대해서는 3배 배상을 인정받지 못한다는 입장을 취하고 있다.[329]

### 다. 집단소송

공통의 권리 또는 이익을 가진 집단 전체를 1인 또는 소수의 자가 대표당사자가 되어 소송을 진행하는 것을 말한다. 일반 민사소송과는 달리 집단소송은 소송이 제기되면 먼저 법원의 소송허가를 받아야 한다. 만약 집단소송에 대한 법원의 허가를 받지 못하면 소가 제기되지 않은 것으로 간주되어, 그 동안의 소송행위는 그 효력을 상실한다. 따라서 원고가 집단소송 허가 결정을 받는 것이 중요한데, 소송허가결정을 받기까지 상당한 시간과 절차가 소요된다.

일반적인 집단소송과 마찬가지로, 공정거래법 위반을 이유로 한 집단소송에서도 식별가능한 집단(class)의 존재(판례상 요건), 다수성, 공통성, 전형성, 대표의 적절성(연방민사소송규칙상 요건) 등의 요건을 충족하여야 한다.

공정거래 관련 집단소송에서 문제되는 특수 쟁점으로 간접구매자 소송, 손해전가의 항변 등이 있다.

예를 들어, LCD 패널을 생산하는 사업자들이 패널 가격을 담합하여 가격을 부당하게 인상한 경우, 패널을 구매하여 TV, 컴퓨터 등 모니터를 생산하는

---

328) 강지원, "공정거래법 위반행위에 대한 사인의 금지청구제 도입 관련 쟁점", 『이슈와 논점』 제1446호, 국회입법조사처, 2018. 4., 2-3면 참조.

329) *Brunswick Corp. v. Pueblo Bowl-O-Mat, Inc.*, 429 U.S. 477 (1977).

사업자들은 직접 구매자로서 패널 담합 가담자들을 상대로 손해배상을 청구할 수 있다. 반면에, 직접 구매자로부터 모니터를 구매한 소비자들(간접 구매자)이 패널 담합 가담자들을 상대로 손해배상을 청구할 수 있는지 여부가 문제된다[330]. *Illinois Bricks* 판결[331]에서 연방대법원은 손해전가의 항변이론을 근거로 직접구매자가 이미 배상을 받은 사안에서 또 다시 간접구매자가 배상을 청구한다면 피고는 중복배상의 부담을 안게 되며, 법원이 가격의 전가경로를 분석하고 판단해야 하는 불확실성이 발생한다며 간접구매자의 원고적격을 부정하였다. 그러나 예외적으로 (ⅰ) 판매량이 제한되어 있고, 직접구매자가 판매자에 대하여 cost−plus 계약[332]을 한 경우와 (ⅱ) 직접구매자가 독점규제법 위반자에 의하여 조종되고 있는 경우에는 간접구매자의 원고적격을 인정하였다. 그럼에도 불구하고 미국의 많은 주는 *Illinois Brick* 판결을 따르지 않고 간접구매자의 손해배상청구를 허용하는 주법을 제정하여 간접구매자의 손해배상청구소송을 인정하고 있다[333].

"손해전가 항변(passing−on defense)"이란 직접구매자가 반독점법 위반행위자에게 지불하게 된 초과가격이나 이로 인한 손해의 전부 또는 일부를 그

---

330) 유영국, "공정거래법 전부개정안의 사적 집행수단 도입에 따른 제도 활용 방안 연구", 『공정거래기본연구』 2019−제2호, 한국공정거래조정원, 2020, 64−65면 참조. 간접구매자 집단소송의 원고들은 TFT−LCD 담합에 대하여 Sherman 법 제1조 위반으로 Clayton 법 제16조의 형평상의 구제(equitable relief)와 24개 주법의 독점규제법, 소비자보호법, 부당경쟁방지법(unfair competition law)에 따른 금전적인 손해배상을 요구하였다. 간접구매자 집단소송은 2010년 법원의 승인을 받았으며, 2011년에는 삼성전자, 샤프 등 7개사와 총 5억 5,330만 달러의 합의를 하였고, 2012년에는 LG디스플레이, 도시바, AU와 총 5억 7,100만 달러의 합의를 하였다. 본 합의안에 대하여 법원이 승인하면서 TFT−LCD 가격담합관련 집단소송은 모두 막을 내렸다.

331) *Illinois Brick v. State of Illinois*, 431 U.S. 720 (1977).

332) 원가에 일정한 이익을 가산하여 생산물의 가격을 정하고 맺는 매매 계약이다.

333) 중앙대학교 산학협력단, "미국의 경쟁/소비자법・제도 및 사건처리절차 연구", 공정거래위원회, 2015. 11., 121면 참조. 2012년 캘리포니아 주를 비롯한 25개주와 워싱턴 D.C에서 인정하고 있다. 그러나 각 주마다 법과 절차가 다르며 각 주의 법률에 따라 1−3배 배상을 받을 수 있다. 예를 들어 캘리포니아 주법무장관은 카트라이트법 하에 3배의 배상을 받을 수 있는 반면, 워싱턴 주법무장관은 주소비자보호법에 의거하여 피해액만을 배상받을 수 있다.

하위단계의 간접구매자에게 전가하는 경우에 그 전가부분에 해당하는 초과가격이나 손해에 대하여는 위반행위자에게 배상책임이 부정되어야 한다는 항변을 말한다. 연방대법원은 반독점법 위반행위를 통하여 초과이득을 얻은 자는 자신으로부터 재화를 등을 구매한 직접구매자가 그의 고객(간접구매자)에게 초과가격을 전가하여 손해를 전보받았음을 주장하여 직접구매자에 대한 손해배상책임을 면할 수 없다는 입장이다. 즉, 연방대법원은 손해전가의 항변을 인정하지 않는다.[334]

## 2. 사인의 금지청구

### 가. 개 관

일반적으로 사인의 금지청구란 경쟁당국의 법 위반 행위에 대한 조사 및 처분 여부와 무관하게, 이해관계인이 특정 사업자의 공정거래법 위반 행위에 대해 법원에 법 위반행위의 중지 혹은 금지를 직접 청구할 수 있는 권리를 의미한다.

우리 법 체계는 민법에 금지청구에 관한 일반 규정을 두지 않고 일부 개별 법령에서 금지청구에 관한 규정을 두고 있다. 법원은 개별 법령에 금지청구권이 명시되어 있지 않는 이상 금지청구를 불허하거나 제한적으로 인정하는 입장을 취하였다. 이에 개정 공정거래법에서는 사인의 금지청구권을 명시하였다.

반면에 미국은 연방거래위원회 등 경쟁당국의 공적 집행만큼이나 사인의 금지청구를 통한 사법적 해결 방식이 오래전부터 활성화되어 왔다. 예방적 구제방법으로서의 금지청구는 판례법상의 구제 수단인 손해배상의 구제가 충분하지 않은 예외적인 경우에 보충적으로 이용되었다. 보통법상의 구제수단의 부적절성이 형평법상의 구제제도의 존재 근거가 되었기 때문에, 이러한 보충성을 표현하기 위하여 "회복불가능한 손해"를 예방하기 위하여 형평법상의 구제가 취해져야 하는 원칙이 확립·발전되었으나, 금지명령을 담당하는 법관이

---

334) *Hanover Shoe Inc. v. United Shoe Mach. Corp.*, 392 U.S. 481 (1968).

그 범위를 확장함으로써 손해배상이 인정되는 경우에도 금지청구가 인용되는 경우가 생겨나고 있다.

## 나. 규 정

Clayton법 제16조[335])에서 사인에게 피고의 법위반행위로 인해 손실 또는 손해의 위협이 있는 경우에 사인이 금지청구를 할 수 있도록 신청할 권한을 부여하고 있다.

또한 FTC법 제13조(b) 'Temporary restraining orders; preliminary injunctions' 에 따르면, 연방거래위원회는 관할 법 규정을 위반 또는 위반할 우려가 있으며 그러한 위반행위의 금지가 공익에 부합하는 것으로 볼만한 이유가 있는 경우, 연방거래위원회법 제13조 (b)에 기초하여 예비적 금지명령 또는 영구적 금지 명령을 청구할 수 있다.[336]) 동 조항에 따른 연방거래위원회의 권한이 중요한 의미를 가지는 이유는 영구적 금지청구를 위한 소송에 있어서 연방거래위원회는 시정명령은 물론 법원으로 하여금 금지명령을 청구할 수 있으며, 동시에 손해배상 또는 원상회복 등 금전적 구제조치를 청구할 수 있기 때문이다.

## 다. 요건 및 입증책임

원고적격과 관련하여, 반독점법 위반으로 인하여 경쟁상의 피해(antitrust injury)를 입은 자만이 금지청구를 제기할 수 있다. 즉, 경쟁상의 피해를 입지 않은 제3자나 시민단체 등이 금지청구권을 행사할 수는 없다.

---

335) 15 U.S.C. § 26.

336) FTC Act Sec. 13(b) (15 U.S.C. § 53) ("Temporary restraining orders; preliminary injunctions Whenever the Commission has reason to believe－－ (1) that any person, partnership, or corporation is violating, or is about to violate, any provision of law enforced by the Federal Trade Commission, and (2) that the enjoining thereof pending the issuance of a complaint by the Commission and until such complaint is dismissed by the Commission or set aside by the court on review, or until the order of the Commission made thereon has become final, would be in the interest of the public [...].").

원고적격이 인정되는 사인은 Clayton법, 연방거래위원회 소관 법과 관련된 모든 법 위반행위 유형에 대하여 금지청구를 제기할 수 있다. 소송 실무에 있어 구성요건 및 입증책임과 관련하여 아래와 같은 특징을 보인다.

첫째, 원고는 피고의 법 위반행위로 인하여 자신이 장래에 손해 또는 손실을 입을 우려가 있다는 점을 입증하여야 한다. 따라서 피고의 반독점법 위반행위 여부가 금지청구 심리 과정에서 주요 쟁점이 된다. 실제로 피고는 금지청구 소송 단계에서 법 위반행위가 없음을 적극 주장하는 경향이 있고, 회복할 수 없는 손실·손해의 존재 여부보다도 법 위반 여부가 더 큰 쟁점이 되는 경우가 많다. 이 경우, 경쟁당국은 일반적인 소송제도인 amicus curiae를 활용하여, 법원에 의견을 제출하거나 법정에서 의견의 진술 등을 할 수 있으며, 그 의견이 소송에서 상당한 영향력을 미치는 경향이 있다.[337]

둘째, 원고는 피고의 법 위반 행위가 금지·중지되지 않을 경우 자신에게 '회복할 수 없는 손실·손해(irreparable loss or damage)'가 가해질 수 있다는 점을 입증하여야 한다. 금지청구는 사후적인 손해배상만으로 충분한 피해구제가 이루어질 수 없는 경우에 활용되는 사전적·보충적 구제수단이므로, 단순한 손실·손해가 아니라 '회복할 수 없는' 손실·손해에 이르러야 한다. 예를 들어, (ⅰ) 독점사업자의 필수설비 공급 거절, (ⅱ) 대형 유통업체가 납품업체에게 다른 경쟁 유통업체에게 물품을 공급하지 않을 것을 거래조건으로 요구하는 배타조건부거래(exclusive dealing) 등의 경우, 그로 인한 거래기회의 상실이나 사업상 위험은 금전배상이 아닌 해당 행위의 중지를 통해서만 온전히 구제될 수 있는 것으로 인정될 여지가 크다.

셋째, 금지청구의 경우 피해자가 구체적인 손해액을 입증할 필요가 없다. 손해배상청구는 이미 발생한 손해에 대한 배상을 사후적으로 청구하는 것인 반면에, 금지청구는 계속된 위법행위로 인해 장래에 발생할 피해를 사전적으로 방지하는데 그 목적이 있으므로, 본질적으로 구체적인 손해액을 입증할 수

---

337) 손혁상, "공정거래 사건에 있어서 사인의 금지청구제 도입 및 피해자의 증거확보 능력 제고를 위한 입법 과제", 『NARS 정책연구용역보고서』, 국회입법조사처, 2018, 51면 참조.

없다338).

넷째, 법원은 공익적 요소를 고려하여 금지청구 인용 여부를 최종적으로 결정한다. 회복할 수 없는 장래의 손해 우려가 입증되었다고 해서 법원이 원고의 금지청구를 항상 인용하는 것은 아니다. 법원은 금지청구가 기각될 경우 원고의 부담과 금지명령이 내려질 경우 피고에게 발생하는 부담을 비교형량(balance of hardships between the parties)하여, 피고에게 과도한 부담이 내려지는지 여부를 고려하게 된다. 반대로 공익적 필요가 금지청구를 인용하는 요인이 되기도 한다. 원칙적으로 금지청구는 사적 당사자에게 중요한 비금전적 구제방법을 제공함을 목적으로 하지만, 법원이 사적 당사자들 간 주장뿐만 아니라 공익과 사적 필요에 대한 조정과 조화를 목적으로 금지명령을 발부하는 경우도 있다.339)

### 라. 금지명령

Clayton법 제16조는 단순히 '금지구제수단(injunctive relief)'을 청구할 수 있다고만 되어 있기 때문에 구체적으로 그 구제수단이 무엇인지는 법원의 해석운영에 따른다. 미국 판례법에 따르면, 법원이 피고에게 부작위의무를 부과하는 것뿐만 아니라 작위의무를 부과하는 금지명령도 가능하다.340)

판례에 따르면, 행태적 금지명령(behavioral injunction)뿐만 아니라 재산처분 등 구조적 금지명령도 가능하다. 구조적 금지명령은 관련시장에서 경쟁적 자산(competitive assets)을 재분배함으로써 직접적으로 시장구조에 영향을 미치는 경우이다. 재분배는 피고사업자를 둘 이상으로 분할하여 회사 자산을 재편하는 것을 말하는데, 피고 사업자에게 판매를 강제하거나 경쟁사업자가 시장에서 경쟁하는데 도움에 되는 일부의 투입물, 권리 또는 설비를 이용가능하게 하는 것을 의미한다. 연방대법원은 사인의 금지청구에 대하여 소극적 명령뿐

---

338) *Zenith Radio Corp. v. Hazeltin Research, Inc.*, 395 U.S. 100, 130 (1969).

339) *Id.* at 131.

340) 장승화, "공정거래법상 사인의 금지청구제도 도입방안 연구", 공정거래위원회 연구용역 보고서, 2005, 40면 참조.

만 아니라 적극적 명령으로 재산처분명령도 가능하다고 하면서도, 금지명령의 정도 및 범위에 있어서 공적 주체에 의한 경우와 반드시 동일할 필요는 없음을 강조한 바 있다.[341]

법원은 종국적으로 발부하는 금지명령 외에도 예비적 금지명령(preliminary injunction)을 허가할 수 있다. 이는 예외적인 형평법상 구제방법으로 원고의 구제권리가 분명하고 명백하여야 함을 요건으로 한다.

연방대법원은 1986년 *Cargill* 사건에서 예비적 금지명령을 청구하기 위해서는 "원고는 반독점법에서 방지하고 하는 유형의 손실·손해가 발생할 수 있다. 그러한 손해는 피고의 법위반행위에서 기인하였음을 주장하여야 함"을 판시하였다. 결국 예비적 금지명령이 없다면 피고의 행위로 인해 '회복할 수 없는 손해'를 입을 가능성을 입증하여야 하는데, 회복 불가능한 손해의 요건을 충족하기 위하여 원고는 그러한 손해 자체가 가능성이 희박하거나 추상적인 것이 아니라 '법원이 판결종결시까지 지체하면 치유될 수 없는(if a court waits until the end of trial to resolve the harm)' '실제적이고 임박한 것(actual and imminent)'임을 입증하여야 한다.[342]

---

341) *California v. American Stores*, 495 U.S. 271 (1990).
342) *Grand River Enter. Six Nations, Ltd. v. Pryor*, 481 F.3d 60, 66 (2d Cir. 2007).

# V. 한국 기업에 대한 미국 공정거래 규제 현황

## 1. 역외적용 및 최근 10년간 한국 기업에 대한 규제 내용

일반적으로 속지주의 및 속인주의가 적용되는 법 체계에서는 미국 기업의 행위 혹은 미국 영토 내에서의 행위만이 제재 및 손해배상의 대상이 된다. 그런데 공정거래 분야의 경우, 국경 밖에서 발생한 반독점법 위반 행위로 인하여 국경 내에 반경쟁적 효과가 발생할 경우, 제재를 부과하고 손해배상을 청구할 수 있다는 효과주의 법리가 전 세계적으로 확립되어 있다.

미국의 경우, 연방대법원은 1945년 *Alcoa* 사건, 1993년 *Hartford Insurance* 사건에서 효과주의 입장을 채택하기 시작하였다. 연방대법원은 1997년 *Nippon Paper* 사건의 판결에서는 더 전향적으로 미국 영토 밖에서 이루어진 외국인의 경쟁제한행위도 Sherman법에 따른 형사처벌의 대상이 될 수 있다고 판시하였다. 아울러 미국은 1982년 대외거래독점금지개선법(Foreign Trade Improvement Act of 1982: FTAIA)과 1994년 국제반독점집행지원법(International Antitrust Enforcement Assistance Act) 등 법률을 통해 역외적용을 명확히 규정하였다. 따라서 한국 기업들이 한국 내에서 미국에 수출하는 제품에 대한 가격을 담합한 경우 미국 경쟁당국은 한국 기업들을 조사하여 제재할 수 있고, 미국 소비자는 미국 법원에서 손해배상 소송을 제기할 수도 있다.[343] 현재 미국은 반독점법의 역외적용에 가장 적극적인 국가로 평가되고 있다.

실제로 한국 기업들의 성장, 수출 증가 등으로 미국 반독점법의 집행을 받는 사례가 증가하고 있으며, 한국 기업들이 연루된 LCD 가격 담합 건, 항공운임 담합 건, DRAM 가격 담합 건 등은 미국 반독점법 집행 역사상 과징금액이 큰 대형 사건으로 기록되고 있다.

---

343) 다만, '영향'의 의미를 과도하게 넓게 해석할 경우, 미국 관할권이 인정되는 범위가 과도하게 확장되므로, 미국 판례는 '영향'을 '실질적이며 합리적으로 예견가능한 영향(direct, substantial and reasonably foreseeable effect)'으로 제한적으로 해석하는 경향이 있다.

## [표 5] 10 million 이상 벌금이 부과된 법무부 처벌 사례[344]

| 피고(피심인) | 연 도 | 품 목 | 과징금액<br>(백만불) | 지리적 범위 | 국 가 |
|---|---|---|---|---|---|
| Citicorp | 2017 | 외국환 거래 | $925 | 국제 | 미국 |
| Barclays, PLC | 2017 | 외국환 거래 | $650 | 국제 | 영국 및 북아일랜드 |
| JP Morgan Chase & Co. | 2017 | 외국환 거래 | $550 | 국제 | 미국 |
| F. Hoffmann-La Roche, Ltd. | 1999 | 비타민 | $500 | 국제 | 스위스 |
| AU Optronics Corporation of Taiwan | 2012 | LCD 패널 | $500 | 국제 | 대만 |
| Yazaki Corporation | 2012 | 자동차 부품 | $470 | 국제 | 일본 |
| Bridgestone Corporation | 2014 | 차량용 진동방지 고무 | $425 | 국제 | 일본 |
| LG Display Co., Ltd & LG Display America | 2009 | LCD 패널 | $400 | 국제 | 한국 |
| Royal Bank of Scotland | 2017 | 외국환 거래 | $395 | 국제 | 스코틀랜드(영국) |
| Societe Air France and Koninklijke Luchtvaart Maatschappij, N.V. | 2008 | 항공 운송(화물) | $350 | 국제 | 프랑스(에어프랑스), 네덜란드(KLM) |
| Samsung Electronics Company, Ltd. Samsung Semiconductor, Inc. | 2006 | DRAM | $300 | 국제 | 한국 |
| Korean Air Lines Co., Ltd. | 2007 | 항공 운송(화물 & 여객) | $300 | 국제 | 한국 |
| British Airways PLC | 2007 | 항공 운송(화물 & 여객) | $300 | 국제 | 영국 |
| BASF AG | 1999 | 비타민 | $225 | 국제 | 독일 |
| CHI MEI Optoelectronics Corporation | 2010 | LCD 패널 | $220 | 국제 | 대만 |
| Furukawa Electric Co. Ltd. | 2012 | 차량용 전선 및 관련 부품 | $200 | 국제 | 일본 |
| Taro Pharmaceuticals U.S.A., Inc. | 2020 | 제네릭 | $205.7 | 국내 | 미국 |

앞으로 한·미 FTA로 인하여 양국 간 무역이 활성화되고 우리나라 기업들의 경쟁력 및 규모가 세계적인 수준에 이르고 있는바, 앞으로는 카르텔뿐만 아니라 시장지배적 지위 남용행위와 기업결합 사안 등에도 역외적용이 확대될 가능성이 있다.

---

344) U.S. Department of Justice (website link), https://www.justice.gov/atr/page/file/991706/download (2021. 9. 22. 마지막 방문).

## 2. 한국 기업 관련 주요 반독점 소송 사례

### 가. LCD 패널 담합 사건[345]

삼성, LG 디스플레이, 청화, 엡손, 샤프, 도시바 AU 등 7개 LCD 제조업체들은 1999년부터 2006년까지 상호간 회의·의사연락 등을 통해 전세계의 박막필름트랜지스터액정표시장치(Thin-Film Transistor-Liquid Crystal Display, TFT-LCD) 패널의 가격을 합의하고 이행여부를 감시하기 위한 정보교환을 하였다는 혐의로 2006년 법무부로부터 조사를 받았다. 이를 계기로 삼성, LG 디스플레이 등 한국 기업들을 상대로 한 다수의 소송이 제기되었다.

[법무부 조사 및 형사처벌] 미국의 법무부는 이 사건의 TFT-LCD 패널 가격담합에 대해 2006년부터 조사를 했으며, 2008년 이후 유죄협상(plea bargaining)을 통하여 LG디스플레이, 샤프, 청화, 세이코, 히타시, 치메이 등 6개 회사에 대해 총 8억 6천만 달러의 벌금을 부과하였다. 우리나라 기업 중 삼성전자는 자진신고로 벌금과 임직원에 대한 형사처벌을 면제받았지만, LG디스플레이는 벌금 4억 달러를 부과받았으며,[346] 임직원 2명에 대하여는 벌금 총 5억 5천만 달러 및 징역 각 7개월, 12개월을 부과받았다.[347]

[집단 소송] 2006년 미국 법무부의 LCD 패널 담합에 대한 조사개시 이후, 2007년 TFT-LCD 패널 제조업체들은 집단소송에 피소되었다. 집단소송은 2007년 간접구매자의 집단소송이 제기된 후로 직접구매자의 집단소송과 주정

---

345) 중앙대학교 산학협력단, "미국의 경쟁/소비자법·제도 및 사건처리절차 연구", 공정거래 위원회, 2015. 11., 132-138면 참조.

346) 이는 당시 DOJ가 2008년까지 개별회사에 부과한 카르텔 위반 벌금 중 두 번째로 큰 금액이었다.

347) 미국 법무부는 유죄인정합의서를 작성할 때 유죄를 인정하여 벌금을 내고 수사에 협조하면 더 이상 해당기업 임직원들에 대하여 해당 독점규제법 위반사건과 관련하여 형사소추를 진행하지 않겠다는 내용을 삽입하였다. 이 때 해당사건에 실제로 참여했을 가능성이 높은 수 명의 임직원은 예외로 하는데, 이처럼 보호대상에서 제외하는 예외적인 경우를 'Carve-out'이라고 한다(이세인, "한국 기업과 미국 반트러스트 소송", 『법조』 제58권 제12호(통권 제639호), 법조협회, 2009. 12., 246면).

부에 의한 소송이 각각 제기되었다. 그러나 일부의 간접·직접 구매자는 집단의 제외신고(opt-out)를 하고, 개별소송을 진행하였다.

1996년부터 2006년까지 미국전역에서 피고들로부터 LCD 패널을 직접 구매하여 완제품을 제조하는 Ominis Computer Supplies 등 12개 중소업체들은 TFT-LCD 패널을 제조하는 피고회사들이 Sherman법 제1조를 위반하였다며 연방민사소송규칙 제23조(a), 제23조(b), 제23조(C)에 따른 금지청구(injunctive relief) 및 손해배상(damages)을 위한 집단소송을 제기하였다. 이 소송은 이후 연방 캘리포니아 북부지방법원으로 이송되어 병합되었으며, 2010년 법원의 집단소송 승인을 받았다. 본 소송은 2011년 삼성 8억 2,700만 달러, LGD 7,500만 달러, 샤프 1억 500만 달러, Chimei 7,800만 달러, Hitachi 2,800만 달러 등에 합의하였고, 이 합의안은 2012년 12월 법원의 승인을 받았다.

LCD 패널 가격담합 사건으로 인하여 관련하여 손해를 입었다고 주장하는 소비자들이 국내 기업인 LG 디스플레이와 삼성전자를 비롯한 많은 TFT-LCD 생산업체를 상대로 미국의 여러 법원에서 민사소송을 제기하였다. 5개의 연방 지방법원에 20개의 소송이 제기되었다. 간접구매자 집단소송의 원고들은 TFT-LCD 담합에 대하여 Sherman법 제1조 위반으로 Clayton법 제16조의 형평상의 구제(equitable relief)와 24개 주의 독점규제법, 소비자보호법, 부당경쟁방지법(unfair competition law)에 따른 금전적인 손해배상을 요구하였다. 간접구매자 집단소송은 2010년 법원의 승인을 받았으며, 2011년에는 삼성전자, 샤프 등 7개사와 총 5억 5,330만 달러의 합의를 하였고, 2012년에는 LG 디스플레이, 도시바, AU와 총 5억 7,100만 달러의 합의를 하였다. 본 합의안에 대하여 법원이 승인하면서 TFT-LCD 가격담합관련 집단소송은 모두 막을 내렸다.

[개별 소송] Wal-Mart, Sony, AT&T와 같은 TFT-LCD의 거대 구매자들은 집단소송이 아닌 개별소송을 진행하였다. 2009년 이후로 AT&T, Motorola 등이 계속하여 소를 제기하고 있는데, 이러한 개별소송이 제기될 때마다 피고회사들은 합의를 함으로써 소를 취하하였다.

[주정부 소송] 2010년 중반부터 2014년까지 아칸소, 캘리포니아, 플로리

다, 일리노이, 미시간, 미시시피 등 총 14개 주의 주정부소송이 제기되었다. 미시시피 등 일부 주의 경우 집단소송에서의 원고적격을 갖추지 못하여 소송이 불허되었고, 일부 주와는 합의하여 소송이 종결되었다.

## 나. DRAM 담합 사건

### (1) 1차 사건

[형사 소송]  미국 법무부는 삼성전자, 하이닉스 등 6개 DRAM 제조사들이 1999~2002년 미국 시장에서 D램 가격을 담합·인상한 혐의로 조사를 실시하였다. 삼성전자와 하이닉스는 혐의 사실을 인정하고 유죄 협상을 진행하였다. 그 결과 각각 3억 달러와 1억 8,500만 달러의 벌금을 부과하고 담합에 가담한 임원이 수개월의 징역형을 받는 것으로 합의하고 형사 소송을 종결하였다.

[집단 소송]  직접 구매자(원고: PC 제조사) 민사소송에서는 삼성전자나 하이닉스, 인피니온은 대부분의 주요 PC 업체들과 각각 6,700만 달러와 7,300만 달러, 2,000만 달러를 지급하기로 합의하고 사건을 종결하였다. 한편 PC를 구매한 일반 소비자들과 41개 주가 제기한 손해배상 소송에서도 삼선전자 등은 손해배상을 합의(삼성 9,000만 달러 등)하고 사건을 종결하였다.

[개별 소송]  R−DRAM 기술개발업체인 램버스는 2004년 삼성전자, 하이닉스·마이크론·인피니온·지멘스 등 DRAM 제조업체들이 담합해 자신들이 개발한 기술을 시장에서 퇴출시켰다며 반독점 소송을 제기했다. 삼성전자·인피니온·지멘스는 램버스와 특허사용 계약을 체결해 소송 대상에서 제외되었고, 하이닉스와 마이크론은 다툰 결과 미국 센프란시스코 주 지방법원은 원고의 청구를 기각하였다.[348)]

---

348)  미국 샌프란시스코 주 지방법원은 램버스의 기술이 퇴출된 것은 시장 경쟁에서 도태된 것이며, 하이닉스 등의 행위로 램버스에게 손해가 발생하였다는 점에 대한 입증도 부족하다고 판단하였다. 이후 2013. 6. 하이닉스와 램버스는 모든 특허침해소송과 손해배상 소송을 취하하고, 일부 특허에 대한 라이선스 계약을 체결하는 것으로 합의하였다.

## (2) 2차 사건349)

중국, EU 등 경쟁당국은 2018년경부터 삼성전자, SK하이닉스, 마이크론의 DRAM-NAND 끼워팔기, DRAM 가격 인상 담합 혐의 등을 조사하기 시작하였다(2021년 현재 일부 경쟁당국의 조사는 계속 진행 중).

이에 미국 내 소비자들(2016. 1. ~ 2018. 2. 기간 동안 3사의 DRAM 제품이 포함된 전자기기를 구매한 자350))은 2018. 4. DRAM 제조 3사를 상대로 손해배상을 청구하는 집단소송을 캘리포니아 북부 연방지방법원에 제기하였다. 소송에서는 DRAM 가격 공모 행위가 있었는지 여부가 다투어졌는데, 법원은 2019. 9. 원고들이 주장한 묵시적 공모 행위는 성립되지 않는다고 판시하면서351) 피고들의 각하신청(Motion to Dismiss)을 인용하였다.352)


## 다. 항공화물운임 담합 사건

[형사 소송]  미국 법무부, 우리나라 공정거래위원회 등 각국의 경쟁당국은 2001년~2006년 대한항공, 아시아나를 포함한 10여개 항공사들이 항공화물운임을 담합한 혐의를 조사하였다. 2007년 8월 대한항공과 아시아나는 혐의사실을 인정하고 3억 달러 벌금을 내는 것으로 합의하고 형사 소송을 종결하였다.

[집단 소송]  미국 화물업체들은 2006년 대한항고, 아시아나 등 항공사들을 상대로 손해배상 소송을 제기하였다. 본 소송은 집단소송 허가, 정상가격 산정을 위한 경제분석 등에 상당한 기간이 소요되었는데, 대한항공은 2013년

---

349) 위 1차 소송(1999년~2002년 행위)과 구별되는 별개의 행위(2016년~2018년 행위)가 문제되었다.

350) 본 사건의 혐의 사실은 중국 시장 내에서 가격 공모가 있었다는 것으로, 효과이론에 따라 중국에서 생산된 DRAM 제품이 탑재된 휴대폰, PC 등을 미국에서 구매한 소비자들이 손해배상 소송을 제기하였다.

351) 판결은 단순히 소수의 사업자들이 시장을 독과점하고 있는 점, 가격 정보를 교환할 수 있는 시장 여건이 형성되어 있는 점, 가격 인상 추이가 유사하다는 점만으로는 가격 인상에 관한 공모를 인정하기에 부족하다고 지적하였다.

352) *Jones v. Micron Tech. Inc.*, 18-CV-3805-JSW (N.D. Cal.).

1억 1,500만 달러를 지급하기로 합의하고 소송을 종결하였으며, 아시아나항공은 2016년 5,500만 달러를 지급하기로 합의하고 소송을 종결하였다.

### 라. 군납유류 사건[353]

[형사 소송] 미국 법무부는 2005. 4.~2016. 7. 까지 SK에너지㈜, GS칼텍스㈜, ㈜현대오일뱅크, S－OIL㈜, ㈜지어신코리아, ㈜한진이 주한미군용 유류 공급시장에서 유류 공급 물량과 납품 지역을 배분하고, 미국 국방부 산하 국방조달본부가 실시한 5차례 입찰에서 낙찰 예정자와 투찰 가격을 합의하고 이를 실행한 행위에 대하여 조사를 하였다. 이에 대하여 위 회사들은 법무부가 조사한 혐의사실을 인정하고, 각각 아래 표와 같은 벌금을 내는 것으로 합의(plead guilty)하고 형사 소송을 종결하였다.

| 회 사 | 형사벌금 |
|---|---|
| SK에너지 | $34,078,785 |
| GS칼텍스 | $46,669,672 |
| 한 진 | $1,389,297 |
| S－오일 | $30,565,964 |
| 현대오일 | $44,126,544 |

[민사 소송] 위 형사 사건 진행 후 미국 정부[354]는 법원에 민사상 손해배상을 제기하였다. 법무부는 위와 같은 담합 행위에 대하여 Clayton Act Section 4A에 따라 손해의 3배의 범위 내에서 손해 배상을 청구할 수 있다고 주장하

---

353) U.S. Department of Justice(website link), https://www.justice.gov/opa/pr/three－south－korean－companies－agree－plead－guilty－and－enter－civil－settlements－rigging－bids; https://www.justice.gov/opa/pr/more－charges－announced－ongoing－investigation－bid－rigging－and－fraud－targeting－defense (2021. 9. 21. 마지막 방문).

354) 해당 소송은 DOJ Antitrust Division의 Transportation, Energy, and Agriculture Section, Civil Division의 Fraud Section, 미국 Southern District of Ohio의 Attorney's Office에서 진행하였다.

면서, 아래 민사손해배상액 지급을 요청하였다. 해당 요청에 대하여 각 회사들이 합의를 하면서, 법무부가 제기한 민사소송 역시 합의(settlement)로 종결되었다. 한편, 법무부는 담합을 이유로 한 손해배상 외 각 당사자들이 입찰에 참여하면서 담합을 한 것은 False Claims Act 위반에 해당한다고 주장하면서 손해배상을 청구하였는바, 해당 청구 역시 본건 합의로 종결되었다.

| 회 사 | 민사손해배상 |
|--------|-------------|
| SK에너지 | $90,384,872 |
| GS칼텍스 | $57,500,000 |
| 한진 | $6,182,000 |
| S-오일 | $12,980,000 |
| 현대오일 | $39,100,000 |
| 지어신 | $2,000,000 |

[공정거래 위원회] 한국 공정위 역시 동일한 건을 조사하였는데, 피심인들은 이미 미국에서 처분이 이루어졌다는 점을 적극 다투었다. 공정위는 사업자들의 합의와 실행이 국내에서 이루어지고, 담합의 대상이 된 주한미군용 유류가 국내에서 공급·소비된 점 등을 고려하여, 법무부의 제재가 이루어진 사안임에도 추가적으로 시정명령 및 교육명령을 부과하였다. 다만, 법무부에 상당한 민사상 배상금 및 형사 벌금을 납부한 점을 고려하여, 과징금 부과 및 고발을 제외하였다.

# 집단소송 실무

# Ⅰ. 미국 집단소송(class action) 개관

최근 들어 여러 국가에서 미국식 집단소송과 유사한 제도를 도입하고 있지만, 이른바 'class action'은 근본적으로는 미국에 고유한 절차이다. 집단소송은 미국 민사소송제도 및 법규범상 혁신적인 도구로 평가되면서도, 동시에 여러 논란을 불러일으키는 제도이다. 미국의 법규범이 세계화, 표준화되는 경우가 꽤 있지만, 미국식 집단소송제도는 미국 법원과 의회에 의해 발전되어 온 여러 제도와 긴밀히 연계되어 기능하여 왔기 때문에, 미국 외 국가들에서 미국식 집단소송제도를 도입하는 것은 간단치 않다.

이하에서는 연방민사소송규칙(Federal Rules of Civil Procedure) 제23조의 집단소송절차를 중심으로, 미국 내에서 집단소송 및 그와 유사한 기능을 하는 제도들을 개괄적으로 살펴보기로 한다.

## 1. 연방민사소송규칙 제23조(집단소송 또는 class action)

연방민사소송규칙 제23조는 통상 우리가 미국식 집단소송이라고 부르는 class action의 근거규정이다. 집단소송이란 공통의 이익을 가진 집단의 구성원인 1인 또는 수인이 대표당사자로서 그 집단 전체의 이익을 위하여 제소하거나 제소당할 수 있는 소송형태를 말한다. 집단소송은 집단의 구성원 전원의 동의나 절차 참가 없이도, 판결의 효력이 (부재당사자가 스스로에 대한 해당 소송의 구속력을 부인하기로 opt-out하지 않는 한) 해당 집단의 구성원 전원에게 미치는 점이 특징이다.

　　미국식 집단소송은 제조물책임소송이나 증권관련소송과 같이 다수의 피해자들이 개별적으로 소를 제기하기에는 손해액이 소액일 경우에, 개별당사자가 소송절차를 진행하는 데에 드는 경제적·시간적 비용부담을 극복할 수 있다는 점에서 큰 효용이 있다. 집단소송은 미국 소송절차의 다른 특징적인 제도들, 예를 들어 배심재판이나 고비용의 증거개시절차, 징벌적 손해배상 위험 등과 결합하여 강력한 영향력을 발휘하는데, 이로 인해 연방민사소송규칙 제23조는 1966년 개정된 이래 미국 내에서 공정거래, 증권소송, 제조물책임 이슈는 물론 차별금지 등 다수당사자들의 이해관계와 관련된 굵직한 이슈들을 소송(또는 화해) 방식으로 해결하는 데 큰 기여를 한 것으로 평가된다.

## 2. Class Actions Fairness Act of 2005

　　연방민사소송규칙 제23조가 미국의 여러 주에서 문제될 수 있는 집단소송을 규율하기 위한 제도임에도 불구하고, 연방법원의 관할이 인정되려면 연방법적 문제에 관한 소송이거나(Federal Question Jurisdiction), 이주민(異州民)간 민사소송관할(Diversity Jurisdiction) 요건을 충족하여야 한다.[355] 이주민간 민사소송관할(diversity jurisdiction)이 인정되려면 (1) (미 연방법원이 complete diversity requirement를 요구하는 경우) 원고들과 피고들 모두가 완전히 서로 다른 주의 출신이어야 하며, (2) 원고의 최소청구금액이 $75,000를 초과하여야 한다. 집단소송은 피해액수 자체는 소액이나 다수의 피해자들이 발생한 경우가 대부분인데, 개별 원고들이 각자 $75,000를 초과하는 손해를 입는 것은 드물고, 원고들 중 한 명이라도 피고가 되는 기업의 설립지 출신이면 위 관할 요건을 완전히 충족하기 어렵다는 문제가 있었다.

　　이로 인해 여러 주에서 다수의 피해자가 발생하여 개시된 집단소송들조차 연방법원이 아닌 주 법원에서 관할하는 경우가 많이 발생하였다. 이 문제

---

355) [제1장 제2절 Ⅲ. 1. 주법원 vs. 연방법원] 참고.

점을 시정하기 위하여 2005년 제정된 법이 바로 연방법률집 제28장 제13332
조 제d항, 즉 Class Actions Fairness Act("CAFA")이다.[356] CAFA는 전국적으로
문제되는 집단소송을 주 법원으로부터 연방법원으로 이송(removal)하여 연방
법원에서 집단소송을 판단할 수 있도록 한다. CAFA는, (1) 100명 이상의 원고
들이 집단소송을 제기하는 경우, (2) 한 명의 당사자라도 타방 당사자와 설립
지가 다르면 복수 주간 관할 요건이 충족되었다고 보며, (3) 집단소송을 통해
당사자들이 구하는 청구금액 합계가 5백만 달러를 초과하기만 하면 (개별 당사
자의 피해액수가 75,000 달러에 미달하더라도) 연방법원의 관할을 인정한다.[357]

## 3. 복수관할구역 소송 사법위원회(Judicial Panel on Multidistrict Litigation, "MDL Panel")

미국 외 국가들은 연방민사소송규칙 제23조에 기한 집단소송과, 유사 집
단소송에 해당하는 다른 제도들을 구분하지 않은 채 이를 뭉뚱그려 미국식 집
단소송으로 인식하는 경우가 많다. 그러나 전자는 당사자들의 동의나 참가 없
이도 판결의 효력을 미치는 고유한 의미의 집단소송이지만, 후자는 그렇지 아
니하다. 후자의 예로, 복수의 소송을 하나의 절차로 병합하면서 집단소송과
유사한 방식으로 진행하는 제도인 연방법률집 제28편 제1407조(또는 Multidistrict
Litigation Act)에 따른 복수관할구역 소송 사법위원회, 즉 MDL Panel의 병합절
차가 있다.[358]

이 제도는 동일한 이슈와 관련하여 다수의 소송이 여러 연방법원에 제기
된 경우, 효율적인 소송관리를 위하여 관련 소송들을 모두 병합하여 특정 연
방법원에서 처리하는 것이다. 소송당사자들이 제기한 소송을 병합하는 것이므
로 소송에 참여하는 당사자들에 대하여서만 기판력이 미친다.

구체적으로 MDL Panel은 동일한 이슈가 문제되는 다수의 소송이 여러

---

356) 28 U.S.C. § 1332(d).
357) 28 U.S.C. § 1332(d).
358) 28 U.S.C. § 1407.

연방법원들에 별건으로 제출된 경우, 당사자의 신청 또는 MDL Panel의 직권으로 해당 사건들의 병합이 필요한지 여부를 심사한다. 7인의 판사로 구성된 MDL Panel은 다수결로 병합 여부를 심사하며, 병합이 필요한지 여부를 심사하기 위하여 심리를 개최한다. 이는 연방민사소송규칙 제23조에 따른 집단소송과 달리, 연방법원에 제기된 사건들에만 적용된다는 점에서 차이가 있다. 그러나 MDL Panel의 결정에 따라 복수의 소송이 특정 연방법원에 모두 이송되면, 결과적으로는 (피고로 지명된 상대방에 대한 압박효과, 분쟁의 일회적 해결 등의 관점에서) 집단소송과 유사한 효과가 발생할 수 있다. MDL Panel은 증거개시 절차를 효율적으로 진행하면서도, 전체 판결의 내용에 모순이 없도록 사건을 진행할 수 있다. 한편 MDL Panel로부터 사건을 모두 병합하여 이송받은 특정 연방법원은 결과적으로 화해의 내용 또한 통제하는데, 이로 인해 MDL Panel의 결정에 따른 병합절차는 여러 면에서 집단소송과 유사한 결과를 낳는 것으로 보인다.

# Ⅱ. 집단소송 절차

## 1. 개 관

이처럼 다수당사자가 관련된 사건에서 집단소송과 유사한 다른 권리구제 절차들도 있으나, 통상 미국식 집단소송이라 함은 연방민사소송규칙 제23조에 따른 소송절차를 가리킨다. 이하에서는 연방민사소송규칙 제23조에 따른 집단소송의 주요 요건을 집중적으로 살피기로 한다.

집단소송을 제기하려는 당사자는 우선 다음 두 요건을 충족하여야 한다. 첫째, 집단소송허가결정(class certification decision)의 요건에 해당하는 연방민사소송규칙 제23조 제a항의 1차적 선결요건을 갖추어야 한다. 둘째, 연방민사소송규칙 제23조 제b항에서 정하고 있는 집단소송의 유형 중 하나에 해당하여야 한다.

연방민사소송규칙 제23조에서 명시하고 있는 위 선결요건 외에, 학계의 다수설 및 미국 연방법원은 추가적으로 다음과 같은 내용을 묵시적인 요건으로서 요구하고 있다. ① 분쟁에 현존하는 청구 또는 쟁점이 있어야 한다. 실무적으로 이는 집단의 대표로 지정된 자의 청구가 적어도 집단소송허가결정을 통해 집단이 인증될 때까지는 현존해야 한다는 것을 의미한다. ② 집단의 대표는 집단 구성원 중에서 지정하여야 한다. ③ 집단은 객관적인 기준에 따라 정의되어야 한다. 이러한 묵시적인 요건은 일부 법원에서는 "확인가능성(ascertainability)"이라고 지칭되는데, 연방법원은 원고로 하여금 해당 집단에 속하는 자를 결정하는 행정적으로 실현 가능한 방법을 제시하도록 추가적으로 요구할 수도 있다. 어떤 요건이 적용되는지는 관할 법원에 따라 상이하다.[359]

---

359) Practice Points, Class Actions 101: How to Obtain (or Defeat) Class Certification, American Bar Association (Official Website), https://www.americanbar.org/groups/litigation/committees/class−actions/practice/2019/class−actions−101−how−to−obtain−certification/ (2021. 9. 14. 마지막 방문).

## 2. 집단소송허가결정(Class Certification)의 요건

연방민사소송규칙 제23조 제a항은 집단소송허가결정(class certification)의 요건을 규정하고 있는데, 그 조문의 내용은 아래와 같다.

(a) 전제조건

하나의 소송에서 한 명 또는 그 이상의 구성원은 아래와 같은 경우에 모든 구성원의 대표당사자로서 소송을 제기하거나 소송에 응소할 수 있다.

(1) 소송의 당사자가 너무 많아 개별적인 공동소송 실행이 불가능한 경우

(2) 소송 단체에 공통된 사실상 또는 법률상 쟁점이 있는 경우

(3) 대표당사자의 청구 또는 항변이 전체 구성원의 전형적인 청구 또는 항변인 경우

(4) 대표당사자가 공정하고 적절하게 소송 집단의 이익을 대변하는 경우[360]

결국, 위 규정상 다수성(Numerosity, 제1호) 공통성(Commonality, 제2호), 전형성(Typicality, 제3호), 대표의 적절성(Adequate Representation, 제4호) 네 가지 요건을 모두 충족해야만 해당 사건이 집단소송으로서 진행될 수 있가고 보아 허가가 내려진다는 의미이다.

위 네 가지 기본 요건의 충족 여부는 이를 판단하는 하급심법원의 재량에 상당 부분 달려 있다.[361] 하급심법원은 위 네 가지 기본요건의 충족 여부를 판단함에 있어 모든 관련자료를 종합적으로 엄격히 검토·심사하여야 한다.[362] 다만 일부 하급심법원에서는 위 네 가지 요건 모두를 충족하지는 못한

---

360) Fed. R. Civ. P. 23(a) ("Prerequisites. One or more members of a class may sue or be sued as representative parties on behalf of all members only if: (1) the class is so numerous that joinder of all members is impracticable; (2) there are questions of law or fact common to the class; (3) the claims or defenses of the representative parties are typical of the claims or defenses of the class; and (4) the representative parties will fairly and adequately protect the interests of the class.e interests of the class").

361) 오시영, 『미국법상의 대표당사자소송』, 법률저널, 2015, 32면 참조.

362) *Hydrogen Peroxide Antitrust Litig.*, 552 F.3d 305, 320 (3d Cir. 2008); *Terrill v. Electrolux Home Pro., Inc.*, 295 F.R.D. 671 (S.D.Ga. Oct. 11, 2013).

경우에도, 실질적으로 해당소송을 집단소송으로서 진행할 필요가 있다고 인정되는 경우에는 집단소송을 허용하기도 하였다.[363] 하급심 법원이 신중한 검토를 거쳐 연방민사소송규칙 제23조 제a항의 요건을 갖추었다고 인정하였다면, 그러한 결정은 재량권의 남용으로 인정되지 않는 한 유효하다는 것이 연방대법원의 입장이다.[364]

다음에서는 각 요건에 대해서 자세히 살펴보도록 한다.

### 가. 다수성(Numerosity)

연방민사소송규칙 제23조 제a항 제1호는 소송의 당사자가 너무 많아 개별적인 공동소송 실행이 불가능한 경우에 한하여 집단소송을 허용하겠다는 취지에서 구성원의 다수성을 집단소송의 허가요건으로 정하고 있다. 즉, 연방민사소송규칙 제19조나 제20조에 규정된 통상의 공동소송으로 충분히 권리구제가 가능하다면, 굳이 연방민사소송규칙 제23조의 집단소송을 이용할 필요가 없다는 것이다.[365]

다수성이 인정되기 위하여 최소한으로 갖추어야 하는 구성원 규모는 조문에 규정되어 있지 않다.[366] 그 결과 사안에 따라 구성원이 20명에 불과한 경우에도 다수성 요건을 충족하였다고 인정한 판결이 있는가 하면, 구성원이 300명 이상인 경우에도 다수성 요건이 부정된 사례도 있다.[367] 대체로 40명 정도의 구성원이면 다수성 요건을 갖추었다고 보는 경향이라는 분석도 있다.[368]

---

363) *Wal-Mart Stores, Inc. v. Dukes*, 131 S. Ct 2541 (2011); *Haddock v. Nationwide Financial Services, Inc.*, 293 F.R.D. 272 (D. Conn. 2013), appeal denied 2nd Cir. 13-3525 (Jan 14, 2014).

364) *Gen. Tel. Co. of Southwest v. Falcon*, 457 U.S. 147, 161 (1982); *Gray v. Golden Gate Nat. Recreational Area*, 279 F.R.D. 501 (N.D. Cal. Aug 30, 2011).

365) 오시영, 『미국법상의 대표당사자소송』, 법률저널, 2015, 32면 참조.

366) 한편, CAFA가 적용되는 집단소송의 경우 구성원 수가 최소한 100명 이상일 것을 요건으로 하고 있다.

367) 오시영, 『미국법상의 대표당사자소송』, 법률저널, 2015, 33면 참조.

368) Practice Points, Class Actions 101: How to Obtain (or Defeat) Class Certification,

다수성 요건은 단순히 구성원의 수 뿐만 아니라, 여러 요소를 고려하여 종합적으로 판단된다. 특히 지리적인 분산 여부도 중요한데, 구성원이 여러 개 주에 걸쳐 분산되어 있는 경우 집단소송을 허용하는 경우가 많고, 반대로 소송을 제기하는 구성원이 모두 같은 주에 거주하고 있다면 다수성 요건을 인정하기 어려울 수 있다. 실제로 미국의 한 통신사의 종업원들이 집단소송을 제기한 사안에서, 법원은 설령 해당 통신사에 의해 고용된 종업원들이 전국적으로 퍼져 있다고 하더라도 제기한 소송의 청구원인이 오직 플로리다에 거주하는 자들에게만 해당되고 그 수가 많지 않다면 집단소송을 인정할 이유가 없다고 한 바 있다.[369]

집단소송의 당사자는 소를 현실적으로 제기하는 당사자(대표당사자, named plaintiffs)는 물론이고 장차 기판력으로 인해 해당 판결의 내용에 구속될 지위에 있는 당사자(부재당사자, unnamed plaintiffs)도 포함하는 개념이다.

### 나. 공통성(Commonality)과 전형성(Typicality)

연방민사소송규칙 제23조 제a항 제2호는 집단소송을 구하는 당사자들의 청구에 공통된 사실상 또는 법률상 쟁점이 있어야 한다는 '공통성' 요건을 규정하고 있다. 이를 통해 법원은 집단에게 공통적으로 적용되는 쟁점에 대하여 동일한 판단을 내림으로써 판결의 모순·저촉을 방지하고 분쟁의 일회적 해결을 도모할 수 있다. 법원은 모든 구성원이 동일한 쟁점을 가지고 청구하여야 한다는 제한적인 관점에서 공통성 요건을 판단하기보다는, 어느 정도의 유사성이 인정되면 공통성 요건을 인정하는 추세로 보인다.

연방민사소송규칙 제23조 제a항 제3호는 집단소송 대표당사자의 청구 또는 항변이 전체 집단 구성원의 전형적인 청구 또는 항변이어야 한다고 규정하

---

American Bar Association (Official Website), https://www.americanbar.org/groups/ litigation/committees/class−actions/practice/2019/class−actions−101− how−to−obtain−certification/ (2021. 9. 14. 마지막 방문).

369) *Vega v. T−Mobile USA, Inc.*, 564 F.3d 1256 (11th Cir. 2009); *Karhu v. Vital Pharmaceuticals, Inc.*, 2014 WL 1274119 (S.D.Fla. Mar 27, 2014).

고 있다. 즉, 집단소송을 통해 대표당사자가 제기하는 청구/항변이 해당 집단 구성원 전체를 대표하는 전형적인 것이어야 한다. 연방민사소송규칙 제23조는 '전형성' 요건을 통해 문제되는 집단 구성원들의 청구/항변이 완전히 동일할 것까지 요구하는 것은 아니나, 적어도 상당한 정도의 공통성은 요구하고 있는 것으로 보인다. 한편 구성원 간의 청구 내용이 상당히 다르거나, 구성원 간의 이해관계가 충돌할 가능성이 있는 경우라면 법원은 집단의 분할을 명하기도 한다.

엄격히 보면 '공통성' 요건은 집단소송을 제기하는 구성원 내부의 관계에서, '전형성' 요건은 대표당사자와 부재당사자들 사이의 관계에서 판단된다는 점에서 구분된다. 그러나 실무에 있어서는, 연방대법원이 *General Telephone Co. v. Falcon*에서 판시한 바와 같이 공통성 요건과 전형성 요건의 판단은 제반 사정상 해당 집단소송을 유지하는 것이 경제적인지 여부 그리고 대표당사자의 청구와 전체 집단의 청구가 서로 밀접하게 관계되어 있어 집단의 이익이 공정하고 적절하게 대변될 수 있는지 여부에 비추어 함께 판단되는 경향이 있다.[370]

## 다. 대표·대리의 적절성(Adequate Representation)

연방민사소송규칙 제23조 제a항 제4호는 대표당사자가 집단의 이익을 공정하고 적절하게 대변할 것을 요구함으로써 '대표의 적절성'을 집단소송허가결정의 요건으로 하고 있다. 이는 대표당사자가 집단의 구성원 전체의 이익을 위해 적절히 소송을 수행할 수 있어야 한다는 의미이다.[371] 한편 이는 대표당사자뿐 아니라 소송대리인 또한 당사자를 적절히 대리할 수 있어야 한다는 내

---

[370] *Gen. Tel. Co. v. Falcon*, 457 U.S. 147 (1982) (finding that "The commonality and typicality requirements of Rule 23(a) tend to merge. Both serve as guideposts for determining whether under the particular circumstances maintenance of a class action is economical and whether the named plaintiff's claim and the class claims are so interrelated that the interests of the class members will be fairly and adequately protected in their absence. . .").

[371] 오시영, 『미국법상의 대표당사자소송』, 법률저널, 2015, 47면 참조.

용 또한 포함한다. 구체적으로 대표당사자는 대표당사자 이외의 당사자들과 이해관계가 크게 상충되지 않아야 하며, 소송대리인의 경우 집단소송 및 주요 청구/항변에 관하여 적절한 수준의 경험을 갖춘 자로서 사건 진행 과정에서 중대한 과실을 범해서는 안 된다.[372]

일반적으로 소송에서 당사자로 지정되지 않았거나 절차상 당사자가 되지 않은 자에 대해서는 그 판결이 직접 효력을 미치지 않는 것이 당연한데, 그러한 대전제에 대한 예외가 되는 집단소송을 인정하기 위해서는 대표의 적절성 요건이 적어도 충족되어야 한다. 연방대법원은 집단소송의 일부 구성원만이 당사자인 '집단(class)' 또는 '대표(representative)' 소송의 판결이 집단의 구성원 또는 그 당사자가 아닌 대표자에게 적법하게 효력이 미치려면, 부재당사자들의 이익 또한 대표당사자가 적절히 보호할 수 있어야 한다고 명시적으로 판시하였다.[373]

대표의 적절성은 집단의 구성원들에게 적법절차를 보장한다는 관점에서 중요한 의미가 있으며, 집단소송의 광범위한 기판력이 인정되기 위한 기본전제이다. 따라서 대표의 적절성을 규율하기 위한 여러 방법이 존재하고, 법원은 집단소송을 허가하는 과정에서 직권으로 또는 당사자들의 이의에 의해 대표의 적절성을 심사한다.

## 3. 집단소송허가결정과 법원의 본안 심사

미국식 집단소송은 법원이 연방민사소송규칙 제23조상 요건을 심사하여 집단소송허가결정(class certification)을 내리는 경우에만 가능하다. 한편, 법원이 집단소송을 허가하는지 여부에 따라, 당사자들이 해당 사건을 화해로 해결할 유인 또한 달라지게 된다.

---

372) Practice Points, Class Actions 101: How to Obtain (or Defeat) Class Certification, American Bar Association (Official Website), https://www.americanbar.org/groups/litigation/committees/class—actions/practice/2019/class—actions—101—how—to—obtain—certification/ (2021. 9. 14. 마지막 방문).

373) *Hansberry v. Lee*, 311 U.S. 32 (1940).

집단소송허가결정이 내려지면 특별한 사정이 없는 한 집단소송에 참여하지 않는 개별 구성원들, 소위 부재당사자에게까지 판결의 효력이 미치게 된다. 원고들은 적절히 해당 사건에 대한 고지 내지 공시를 처리하여 부재당사자의 권리를 보전하여야 하는데, 이처럼 광범위한 기판력으로 인해 피고로서는 해당 사건을 화해(settlement)를 통해 해결할 강력한 유인이 생긴다. 반대로, 집단소송허가결정이 기각되어 통상의 소송으로 진행하게 될 경우(decertification), 피고의 입장에서는 해당 소송의 개별성(즉 부재당사자에게는 해당 소송의 기판력이 미치지 않음)으로 인해 화해에 임할 유인이 적어지고, 반면 원고들로서는 이를 화해로 해결할 유인이 커지게 된다. 집단소송허가결정은 이처럼 실무상 당사자들의 이해관계에 커다란 영향을 미치므로, 미국 연방법원이 집단소송허가결정을 내리는 과정에서 구체적으로 어떠한 것들을 고려하(여야 하)는지 등은 집단소송에 관여하는 당사자들, 집단소송 제기를 고려하는 당사자들 모두에게 중요한 함의를 가진다.

이와 관련하여, 법원이 집단소송허가 여부를 심사하는 단계에서 과연 본안 쟁점을 심사·검토할 수 있는지, 심사하는 경우에는 과연 어느 정도로 심사할 수 있는지 등이 문제된다. 집단소송허가결정 자체가 단순히 집단소송 진행을 위한 형식적인 심사에 그치는지, 집단소송에 대한 일종의 "mini-trial"로도 기능할 가능성이 있는지가 문제되는 것이다.

연방대법원이 1974년 설시한 소위 "Eisen Rule"에 따라,[374] 미국 법원은 집단소송허가결정을 함에 있어 연방민사소송규칙 제23조 요건을 충족하는지 검토할 때 본안에 대한 판단은 배제하여야 한다는 제한적인 입장을 취하여 왔다. 그러나 실무상 집단소송요건을 판단하는 과정에서 본안에 관한 심사를 완벽히 분리하기 어렵다는 점 등으로 인해, 이후 미국 법원은 그 입장을 어느

---

[374] *Eisen v. Carlisle & Jacquelin*, 417 .U.S. 156 (1974) (finding that "we find nothing in either the language or history of Rule 23 that gives a court any authority to conduct a preliminary inquiry into the merits of a suit in order to determine whether it may be maintained as a class action. . ."). 연방민사소송규칙 제23조에 따른 집단소송허가결정 요건 판단에 있어 법원이 본안에 대한 분석 내지 판단을 할 권한이 없다고 보아 금지하는 것을 가리킨다.

정도 변경한 것으로 보인다.[375] 현재 미국 법원은 집단소송허가결정 단계에서 연방민사소송규칙 제23조 충족 여부에 대한 엄격한 심사를 거치되, 그 과정에서 필요하다면 본안에 대한 심사 또한 이루어질 수 있다는 입장으로 이해된다.

미국 법원은 연방민사소송규칙 제23조상 각 요건 충족여부를 판단함에 있어 단순히 당사자들의 주장서면상 기재된 내용을 넘어 각종 증거를 검토한 뒤 집단소송허가결정을 내린다.[376] 이는 결국 집단소송허가결정의 기준이 엄격해지는 것을 의미한다. 한편 법원의 본안에 대한 심사가 집단소송허가 단계에서 일부 이루어지면서, 추후 본안소송의 성패 또한 집단소송허가결정 단계에서 일부 드러나는 것으로 이해된다. 또한 법원은 법적 쟁점은 물론 사실적 쟁점까지 함께 판단하여야 하므로, 필요한 경우 연방법원 판사들은 집단소송허가결정을 내리기에 앞서 증거개시절차의 결과 또한 고려하게 된다. 이에 집단소송허가결정이 내려지기에 앞서 이미 많은 사실적인 쟁점이 증거개시절차를 통해 해결되는 경우 또한 생기고 있다.

## 4. 연방민사소송규칙 제23조 제b항 – 집단의 유형

원고의 청구가 연방민사소송규칙 제23조 제a항에 따른 네 가지 조건 모두를 준수하더라도, 해당 청구는 동조 제b항이 열거하고 있는 유형의 집단소송 중 하나 이상에 해당하여야 집단소송으로 진행될 수 있다. 그러나 동항 중 어느 유형에 해당하는지를 명확히 판단하는 것은 쉬운 일이 아니며, 판례 또한 해당 집단의 유형과 관련한 적용 기준에 대해 통일된 의견을 제시하지 못

---

375) 법원이 연방민사소송규칙 제23조상 선결요건이 충족되었는지 여부에 관한 엄격한 심사 (rigorous analysis)을 거쳐야 한다고 판시한 주요 판례로 *Gen. Tel. Co. v. Falcon*, 457 U.S. 147 (1982)와 *Wal−Mart Stores, Inc. v. Dukes*, 131 S. Ct. 2541 (2011) 등이 있다. Dukes에서 Scalia 대법관은 연방민사소송규칙 제23조 충족 여부에 대한 엄격한 심사 (rigorous analysis)는 때로 원고들의 본안에 대한 심사와 그 내용이 중복되기도 한다고 판시함으로써, 법원이 집단소송허가결정을 하는 단계에서 일부 본안에 대한 심사가 이루어질 수 있다는 점을 인정하였다.

376) *In re Hydrogen Peroxide Antitrust Litig.*, 552 F. 3d 305 (3d Cir. 2008).

하고 있다. 그런 이유에서 법원 또한 실무상 집단소송을 허가함에 있어 집단
소송 유형 중 어느 유형의 소송인지를 면밀히 따지기보다는, 연방민사소송규
칙 제23조 어느 하나에 해당하면 집단소송을 허용하는 방식으로 해당 요건 심
사에 접근하고 있다.[377]

현행 연방민사소송규칙 제23조 제b항에서 집단 유형은 크게 ① Opt-out
집단(제3호), ② 필수 집단(Mandatory Class, 제1호와 제2호), 그리고 ③ 쟁점 집단
(Issue Class, 제4호)[378]으로 분류된다. 아래에서는 각 유형에 따른 요건과 특징
에 대해서 살펴보도록 한다.

## 가. Opt-Out 집단(Opt-Out Class)

연방민사소송규칙 제23조 제b항 제3호가 규정하는 Opt-Out 유형의 집
단소송은, 단체의 공통 법률관계나 사실관계가 구성원 개인의 문제보다 우월
하거나, 다른 구제 방법보다 집단소송으로 분쟁을 해결하는 것이 더 공정하고
효율적이라고 판단되는 경우에 예외적으로 허용되는 집단소송이다.[379]

1966년 연방민사소송규칙 제23조가 개정되며 동조 제b항 제3호에서 Opt-Out
유형의 집단소송을 인정하기 시작했다. 1966년 개정 이전 집단 소송은 "Opt-In"
방식이었는데, 이는 해당 집단의 구성원으로서의 자격이 있는 사람이라 하더
라도, 스스로 해당 집단에 확정적으로 가입하지 않는 한 집단의 구성원이 되
지 않는 방식이다. 대조적으로, 현재의 Opt-Out 방식은 집단의 정의 범위에
속하면, 해당 집단에서 자신을 확실히 제외시키지 않는 한(즉 Opt-Out), 기본
적으로 해당 집단의 구성원이 된다.

Opt-Out 유형의 집단소송을 허용하기 위해서 법원은 단체 구성원 모두
에게 미치는 공통된 쟁점이 구성원 개인에게 미치는 쟁점들보다 우위에 있다
고 판단하여야 한다. 이를 우위(predominance) 분석이라고 하는데, 법원은 보통

---

377) 오시영, 『미국법상의 대표당사자소송』, 법률저널, 2015, 65면 참조.
378) 쟁점집단을 독립된 별개의 집단소송 유형으로 볼 수 있는지에 관하여는 다툼의 여지가
    있으나, 논의의 편의상 본고에서는 이를 열거하기로 한다.
379) 오시영, 『미국법상의 대표당사자소송』, 법률저널, 2015, 93면 참조.

연방민사소송규칙 제23조 제b항 제3호에 규정된 다음의 네 가지 요소, 즉
(ⅰ) 집단 구성원이 개별적인 제소나 항변에 대해 갖고 있는 이익 (ⅱ) 이미
집단 구성원들에 의해 착수되거나 관련된 소송의 범위 및 성질 (ⅲ) 하나의
법원에서 개별 소송들을 통합하여 관할하는 것의 적절성 (ⅳ) 집단 소송을 관
리하는데 발생할 수 있는 어려움 등을 종합적으로 판단하여 결정한다.

## 나. 필수 집단(Mandatory Class)

앞서 살핀 바와 같이, 집단소송이 실질적으로 소송에 참여하지 아니한 부
재당사자에게까지 기판력이 미치는 것은, 부재당사자들이 해당 집단소송의 결
과로 인한 구속력(기판력)을 선택할 기회가 있었음을 전제로 한다. 이처럼
opt-out할 수 있는 기회가 보장되는 것은 헌법상 적법절차와 관련된 문제로
서 중요한 의미가 있으며, 실질적으로 '통지'의 중요성 또한 opt-out할 수 있
는 기회의 보장과 관련된다. 이를 고려할 때 당사자들의 의사를 불문하고 해
당 집단의 구성원에게 집단소송의 결과로 인한 구속력이 반드시 미치게 되는
'필수 집단(mandatory)'은 특수한 경우에 한정하여서만 인정될 수밖에 없다.

우선 원고들이 필수 집단으로서 자격을 얻으려면 연방민사소송규칙 제23
조 제a항의 전제 조건을 충족하여야 하며, 동조 제b항 제1호 또는 제2호 중
하나를 충족해야 한다. 제1호와 제2호는 아래와 같이 필수 집단을 규정한다.

    (1) 개별 구성원들에 대한 판결이 불일치하거나 가지각색이어서 각 판결
        이 반대당사자에게 통일된 기준을 제시하지 못하게 될 위험을 초래하
        는 경우 (제1호 A목)

    (2) 개별 구성원들에 대한 판결의 결과가 판결의 당사자가 아닌 다른 구
        성원의 이익을 결정하거나, 이익을 보호받을 수 없도록 그들의 능력
        을 손상시키거나 방해할 위험을 초래하는 경우 (제1호 B목)

    (3) 집단소송의 반대당사자가 단체에 일반적으로 적용되는 행위를 하거
        나 행위를 거부함으로써 최종적인 금지명령이나 확인명령이 필요한
        경우 (제2호)

만약 문제되는 집단소송이 위 제1호 또는 제2호에 해당할 경우, 앞서 설명한 제3호의 Opt-Out 유형과 달리 부재당사자들은 소송에 참가할 것인지 및 해당 판결에 구속될 것인지를 "선택"할 권한이 없고, 해당 소송은 "필수" ~ 집단소송 유형로 간주된다. 따라서, 위 제1호와 제2호의 집단 구성원은 법원의 관할권에 따라 집단의 청구에 대한 화해(settlement) 또는 판단(judgement)에 구속된다. 또한, Opt-Out 유형에서는 집단 구성원에 대한 통지가 필수적인 것과 다르게 필수 집단에게는 통지가 필수가 아니다.

### 다. 쟁점 집단(Issue Class)

한편 연방민사소송규칙 제23조 제c항 제4호는,[380] 적절한 경우 특정 쟁점에 관한 집단소송이 제기 또는 유지될 수 있다고 규정하고 있다. 이는 연방법원의 재량으로 특정 쟁점에 한하여 집단소송 형태로 사건이 진행될 수 있다는 것을 의미한다. 예를 들어, 해당 소송의 쟁점을 손해배상책임의 존부와 손해액으로 나누어 우선 손해배상책임 여부만을 쟁점 집단(Issue Class)을 통해 진행하는 것이다. 주지해야 할 것은, 쟁점 집단(Issue Class)에 대하여 진행되는 집단소송 또한, 연방수정헌법 제7조 즉 '배심원단에 의하여 심사된 사실관계는 미국 내 어느 법원에서도 재심사되지 않는다'는 법리에 따라 부재당사자를 포함한 해당 집단 전체에 대하여 기판력을 가지게 된다는 것이다.

제7연방항소법원은 *McReynolds v. Merrill Lynch* 사건에서, 문제된 회사의 정책이 고용 불평등을 가져오는 효과가 있는지 등과 관련하여 연방민사소송규칙 제23조 제c항 제4호에 근거하여 쟁점 집단(Issue Class)을 인증하며 집단소송허가결정을 내렸다. 이는 과연 해당 정책이 인종불평등을 야기하는지, (만약 해당 정책이 인종불평등을 야기한다면) 그럼에도 불구하고 해당 정책이 사업상 필요에 의하여 정당화되는지 여부가 전체 집단에 문제되는 공통된 이슈로서 집단소송을 통한 결정이 적절하다고 보아 집단소송허가결정을 내린 것이

---

380) Fed. R. Civ. P. 23(c)(4) ("Particular Issues. When appropriate, an action may be brought or maintained as a class action with respect to particular issues").

다. 해당 판결을 내린 Posner 판사는 이와 관련하여, 집단소송허가결정으로 인하여 당사자들에게 화해 압박이 생기는 문제와, 집단소송을 통한 분쟁의 효율적인 해결 간에 적절한 균형이 이루어져야 한다고 판시하였다.[381]

한편 위 제3호에 따른 opt-out 집단이 동호의 요건에 해당하는 쟁점의 우월성을 충족하지 못하는 경우에도, 공통되는 특정 이슈에 한하여서는 제c항 제4호에 근거하여 집단소송을 허가하는 것이 허용되는지가 문제된다. 이에 대해서는 아직 판례가 정립되지 않은 상황이므로,[382] Issue Class 형태로 집단소송을 진행하기를 희망하는 경우 집단소송 전문가의 자문이 필요할 것이다.

---

381) *McReynolds v. Merrill Lynch, Pierce, Fenner & Smith, Inc.*, 672 F.3d 482 (7th Cir. 2012).

382) *In re Nassau County Strip Search Case*, 461 F.3d 219 (2d Cir. 2006) (holding that "[A] court may employ rule 23(c)(4)(A) to certify a class as to an issue regardless of whether the claim as a whole satisfies the predominance test.") (emphasis added); *Valentino v. Carter-Wallace, Inc.* 97 F.3d 1227, 1234 (9th Cir. 1996), (finding that "[e]ven if common questions do not predominate over the individual questions so that class certification of the entire action is warranted, Rule 23 authorizes the district court in appropriate cases to isolate the common issues under rule 23(c)(4)(A) and proceed with class treatment of these particular issues.") (emphasis added); *Castano v. Am. Tobacco Co.*, 84 F.3d 734, 45 n.21 (5th Cir. 1996) (conducting strict application of Rule 23 (b)(3)'s predominance requirement, holding that "the proper interpretation of the interaction between subdivisions (b)(3) and (c)(4) is that a cause of action, as a whole, must satisfy the predominance requirement of (b)(3) and that (c)(4) is a housekeeping rule that allows courts to sever the common issues for a class trial.") (emphasis added).

# 5. 연방민사소송규칙 제23조 제e항[383] – 집단 화해(Class Settlements)

---

383) Fed. R. Civ. P. 23 (Class Actions) ("**(e) Settlement, Voluntary Dismissal or Compromise.** The claims, issues, or defenses of a certified class may be settled, voluntarily dismissed, or compromised only with the court's approval. The following procedures apply to a proposed settlement, voluntary dismissal, or compromise:

**(1) Notice to the Class.** (A) Information That Parties Must Provide to the Court. The parties must provide the court with information sufficient to enable it to determine whether to give notice of the proposal to the class. (B) Grounds for a Decision to Give Notice. The court must direct notice in a reasonable manner to all class members who would be bound by the proposal if giving notice is justified by the parties' showing that the court will likely be able to: (i) approve the proposal under Rule 23(e)(2); and (ii) certify the class for purposes of judgment on the proposal.

**(2) Approval of the Proposal.** If the proposal would bind class members, the court may approve it only after a hearing and only on finding that it is fair, reasonable, and adequate after considering whether: (A) the class representatives and class counsel have adequately represented the class; (B) the proposal was negotiated at arm's length; (C) the relief provided for the class is adequate, taking into account: (i) the costs, risks, and delay of trial and appeal; (ii) the effectiveness of any proposed method of distributing relief to the class, including the method of processing class−member claims; (iii) the terms of any proposed award of attorney's fees, including timing of payment; and (iv) any agreement required to be identified under Rule 23(e)(3); and (D) the proposal treats class members equitably relative to each other.

**(3) Identifying Agreements.** The parties seeking approval must file a statement identifying any agreement made in connection with the proposal.

**(4) New Opportunity to be Excluded.** If the class action was previously certified under Rule 23(b)(3), the court may refuse to approve a settlement unless it affords a new opportunity to request exclusion to individual class members who had an earlier opportunity to request exclusion but did not do so.

**(5) Class−Member Objections.** (A) In General. Any class member may object to the proposal if it requires court approval under this subdivision (e). The objection must state whether it applies only to the objector, to a specific subset of the class, or to the entire class, and also state with specificity the grounds for the objection. (B) Court Approval Required for Payment in Connection with an Objection. Unless approved by the court after a hearing, no payment or other consideration may be provided in connection with: (i) forgoing or withdrawing an objection, or (ii) forgoing, dismissing, or abandoning an appeal from a judgment approving the proposal. (C) Procedure for Approval After an Appeal. If approval under Rule 23(e)(5)(B) has not been obtained before an appeal is docketed in the court of appeals, the procedure of Rule 62.1 applies while the appeal remains pending.").

집단소송은 많은 경우 재판이 아닌 화해를 통해 해결된다. 미국소송은 증거개시절차의 부담으로 인해 화해로 종결되는 비율이 상당히 높으므로, 다른 소송들에 비해 집단소송에서만 화해가 지니는 의미나 중요성이 크다고 할 수는 없을 것이다. 그러나 집단소송에서 화해는 협상에 직접 참여한 대표당사자 및 대리인뿐만 아니라, 협상에 참여하지 아니한 부재당사자들의 이해관계에도 영향을 미친다는 점에서 큰 차이가 있고, 그로 인해 대표당사자와 대리인이 부재당사자의 이익에 반하는 내용으로 화해안을 도출할 위험이 있다.[384] 따라서 통상적인 민사소송에서는 법원이 화해를 승인할 필요가 없으나, 집단소송에 있어서는 법원이 해당 화해가 공정하고, 합리적이며 적절한 것이라는 판단하에 화해를 승인하여야만 그 효력이 발생한다.

화해에 대한 법원의 심사는 다음의 두 단계로 이루어지게 된다. 우선 ( i ) 선결적인 심사는 대표당사자들이 법원에 화해안을 제시하고 그 정당성을 논증하면 법원이 선결적으로 해당 화해가 공정하고 적절한지를 심사하여 승인해주는 방식으로 이루어진다. 이후 ( ii ) 최종적인 승인은 법원이 화해 공고·고지(settlement notice)를 해당 집단의 구성원들에게 송부하고, 부재당사자들이 이의를 제기하거나 opt-out하는 방식으로 해당 화해의 효력을 다투는 방식으로 이루어지게 된다. 실무상 유념해야 할 것은, 법원이 화해의 내용을 수정할 권한은 없다는 것이다. 법원은 오직 ( i ) 해당 화해안을 인용하거나, 아니면 화해안을 기각하고 재판을 진행하는 방식, 또는 ( ii ) 화해안을 기각하고 새로운 화해안이 도출될 때까지 재판을 정지하는 방식으로만 집단소송을 진행할 수 있을 뿐이다.

판사들은 문제되는 전체 집단으로부터 집단소송의 화해안을 심사할 권한을 위임받은 자로서 가장 높은 수준의 주의를 기울여 면밀한 심사를 거쳐야 한다.[385] 따라서 집단소송에서 화해를 심사하는 판사는 해당 소송의 승소가능

---

384) *In re Dry Max Pampers Litig.*, 724 F.3d 713, 715 (6th Cir. 2013).

385) *Reynolds v. Beneficial National Bank*, 288 F.3d 277 (7th Cir. 2001) (holding that "[d]istrict judges are to exercise the highest degree of vigilance in scrutinizing proposed settlements of class actions – In fact, district judges in the settlement phase of a class action suit is a fiduciary of the class, who is subject therefore to the high

성 및 경제적 가치를 구체적으로 살피면서 당사자들이 합의한 화해안의 공정성을 확인할 필요가 있는 것이다. 이하에서는 법원이 집단소송에서의 화해를 심사하는 과정에서 문제되는 구체적인 실무상 이슈를 간략히 살피기로 한다.

### 가. 화해를 위한 집단인증(집단소송허가결정)

연방민사소송규칙 제23조 제c항에 의하면 집단소송을 제기한 당사자는 법원이 당사자 사이의 화해를 승인하는 것을 포함하여 종국 판결에 이르기 전에 집단소송허가결정을 받아야 한다. 만약 법원이 연방민사소송규칙 제23조 제c항에 따른 집단소송허가결정을 내리기에 앞서 양 당사자가 화해에 이르고자 한다면, 법원은 '화해 집단(settlement class)' 방식을 사용할 수 있다. 이는 '법원이 당사자 간의 화해 교섭이 성공할 때까지 정식 집단소송허가결정(인증) 절차를 연기하여, 피고 측의 집단소송허가결정에 관한 이의를 인정하지 않은 채 해결을 도모할 수 있도록 하는 장치'이다.

### 나. 화해의 사전승인

집단소송에서 실효적인 화해를 위한 첫 번째 단계로, 당사자들이 연방민사소송규칙 제23조 제e항 제1호에 따라 화해안을 제출하고 법원은 이를 사전승인하는 것이 포함된다. 법원이 모든 집단 구성원들에게 해당 화해안을 통지하기 위해서는, 법원 스스로 동항 제2호에 근거하여 해당 화해안을 승인할 수 있고, 화해 집단을 인증할 가능성이 높다는 것을 확인해야 한다. 이를 위해 당사자들은 법원이 심사기준에 따라 통지를 할 것인지 여부를 결정할 수 있을 만큼 충분한 정보를 제공해야 하고, 그 정보의 종류에는 정산 내역, 단체 구성원에게 제공할 보상의 성격, 그리고 변호사 및 단체의 대리인에 대한 비용 지불에 관한 모든 합의가 포함된다.

---

duty of care that the law requires of fiduciaries.").

## 다. 화해의 통지

연방민사소송규칙 제23조 제e항 제1호 B목은 법원으로 하여금 당사자들이 제시한 화해안(proposed settlement), 소 취하(voluntary dismissal) 또는 협상(compromise)에 의해 '해당 집단소송의) 기판력이 미치는 모든 단체 구성원'에게 합리적인 방법으로 통지를 지시하도록 하고 있다. 적절한 통보를 하지 않는 것은 제23조를 위반하는 것일 뿐만 아니라 적법 절차(due process protection) 위반이 될 수 있다는 점에서 실무상 중요한 의미가 있다. 적절한 통지는 집단소송허가결정에 따라 인증된 집단의 부재당사자들에게 화해의 적정성에 이의를 제기할 수 있는 기회를 부여한다.

## 라. 공정성

연방민사소송규칙 제23조 제e항 제2호는 법원으로 하여금 제안된 화해안이나 소 취하의 내용이 궁극적으로 집단 구성원들을 구속할 경우, 그것이 공정하고 합리적이며 적절한지를 확인한 후 허가하여야 한다고 규정하고 있다. 즉 집단소송에서는 당사자 사이에 화해가 성립한다 하더라도, 법원이 이를 심사하여 허가하여야만 화해의 효력이 발생하고, 이는 통상적인 민사소송과 집단소송에 있어 화해의 의미를 구분하는 중요한 요소이다.

최근에 개정되어 2018. 12. 1.부터 시행된 연방민사소송규칙 제23조 제e항 제2호는 법원이 집단소송 화해의 허가를 위해 '공정성, 합리성, 적절성'을 평가하는 데 있어 심리를 개최하여야 하고, 다음의 요소들을 분석하도록 하고 있다. 구체적으로 법원은 ① 대표당사자들 및 집단의 소송대리인이 해당 집단을 적절하게 대표하는지 여부(whether class representatives and class counsel adequately represent the class), ② 객관적으로 공정한 협상을 거쳐 화해에 이르렀는지(whether the settlement was fairly negotiated and at arm's length), ③ 집단 전체에게 부여된 화해 금액이 적절히 분배되었는지, 변호사 보수 약관 및 소송대리인의 합의 등을 고려하여, 화해 금액(구제책)이 적절한지 여부(whether the relief provided the class is adequate, considering the effectiveness of the proposed distribution of the relief to the class, the terms of proposed attorneys' fees, and any agreements of counsel), ④ 해당 화해안이 집단 구성원들을 집단 내에서 상대적으로 공평하게 대하는지 여부(whether the proposal treats class members equitably relative to each other) 등을 분석하여야 한다.

미국 법조계는 2018년 12월 말 이루어진 연방민사소송규칙 제23조 개정으로 인하여, 기존에는 비교적 용이하게 진행되었던 법원의 집단소송 관련 화해 승인이 더욱 강화된 심사에 직면하게 되었다고 본다. 나아가 그로 인해 예비 승인 단계를 포함하여 피고들이 화해와 관련하여 부담하게 될 비용 및 위험이 증가할 것이라는 것이 상당수의 의견이다.386) 법원은, 부재당사자를 포함한 해당 집단 구성원의 이의에 기해서 화해안의 공정성을 재량에 기초하여 심사하게 될 수 있다. 위 공정성 심리의 결과에 기초하여 법원은 집단소송과 관련한 화해안을 승인하고, 집단소송의 원고에게 변호사비 및 비용을 청구하는 최종 명령 및 결정문을 발할 수 있다.387)

## 6. 연방민사소송규칙 제23조 제f항388) – 집단소송허가(불허)결정에 대한 연방항소법원의 심사

당사자들은 연방민사소송규칙 제23조 제f항에 근거하여 연방지방법원의 집단소송허가결정에 대하여 항소할 수 있다. 구체적으로, 연방항소법원은 연방지방법원이 집단소송허가결정 또는 집단소송불허결정이 내려진 이후 14일

---

386) Insights, Increased Scrutiny Means Increased Costs: Amended Rule 23 and Class Settlement Approval (March 2019), Jones Day (Official Website), https://www.jonesday.com/en/insights/2019/03/increased–scrutiny–means–increased–costs (2021. 9. 14. 마지막 방문).

387) Cravath, Swaine & Moore LLP, Class action procedure in USA, Lexology (Official Website), https://www.lexology.com/library/detail.aspx?g=a2cd8947–2c7f–42a4–b4eb–09c5fc203c9c (2021. 9. 14. 마지막 방문).

388) Fed. R. Civ. P. 23 (Class Actions) ((f) Appeals. A court of appeals **may permit an appeal from an order granting or denying class–action certification under this rule** if a petition for permission to appeal is filed with the circuit clerk within 14 days after the order is entered. An appeal does not stay proceedings in the district court unless the district judge or the court of appeals so orders) (emphasis added).

이내에 당사자들이 항소허가 신청서(petition for permission to appeal)를 연방항소법원의 서기에게 제출한 경우 그 항소를 허가할 수 있다. 이 때, 연방지방법원 또는 연방항소법원의 판사가 별도의 명령을 내리지 않는 한 연방지방법원에서의 절차는 정지되지 아니한다.[389]

많은 연방항소법원은 연방민사소송규칙 제23조 제f항에 따라 집단소송허가결정(또는 집단소송불허결정)에 대한 항소허가 신청을 심사함에 있어 다음과 같은 세 가지 요소를 고려한다. 첫째, 문제되는 집단소송불허결정이 해당 소송의 실질적인 진행을 무력화시키는지 여부, 둘째, 집단소송허가결정으로 인해 피고에게 부당한 화해 부담이 가해지는지 여부, 셋째, 집단소송허가(불허)결정이 새로운 법적 쟁점 또는 미해결된 법적 쟁점과 관련된 것인지 여부가 그것이다.

## Ⅲ. 대표적 실무사례

이하에서는 미국 내에서 대표적인 집단소송 사례를 간략히 살펴보기로 한다. 제조물책임, 소비자보호, 고용, 공정거래, 데이터 관련 개인정보 위반 이슈 등은 주로 다수당사자들과 관계되며, 공통된 쟁점이 문제되고, 개별 당사자들이 입은 손해액 자체는 미미하나 전체 손해액은 상당하다는 등의 특징을 가지고 있다. 이로 인해 집단소송을 통한 해결이 바람직하다고 여겨지는 경우가 많고, 당사자들 또한 집단소송 방식으로 해결을 추구하려는 시도가 빈번하다.

### 1. 노동(인종에 근거한 차별 이슈) - *General Telephone Co. v. Falcon*, 457 U.S. 147 (1982)

미국에서 직장 내 불평등한 처우와 관련한 이슈가 불거지는 경우, 그 불

---

389) Fed. R. Civ. P. 23(f).

평등한 처우의 기준이 인종인 경우 통상 이는 해당 개인이 속하는 인종 전체에 문제되는 이슈로 볼 수 있고(이 경우 특별법에 근거한 Title VII 집단소송[390]을 제기할 수 있다), 개인의 입장에서는 대상회사를 압박하기 위한 압박 수단으로 집단소송을 제기하는 경우가 많다.

본 사건의 경우, 피신청인인 Falcon은 대상회사(General Telephone Co.)가 자신을 멕시코계 미국인이라는 이유로 승진에서 누락시켰다고 주장하면서, 대상회사의 피용자들에 적용되는 승진 실무를 문제삼았을 뿐만 아니라 대상회사에서 고용하지 아니한 13인의 멕시코계 미국인 구직자들을 대표하여 대상회사가 더 많은 멕시코계 미국인을 고용하여야 한다는 취지의 청구를 포함하여 집단소송을 제기하였다. 즉, Falcon은 승진과 관련한 대상회사의 실무(promotion practices)는 물론, 고용 실무(hiring practices) 또한 집단소송을 통해 문제삼은 것이었다. 당초 연방지방법원은 대상회사가 Falcon을 고용함에 있어서는 차별적인 행위를 한 사실이 없지만, 승진과 관련하여서는 차별행위가 이루어졌다고 판단하면서 전체 집단에 대하여 $67,925.49 및 이에 대한 법정이자를 명하였다.

그러나 연방대법원은, 대표당사자는 해당 집단의 구성원으로서, 동일한 이해관계를 가지며 해당 집단의 구성원들과 동일한 종류의 피해를 입을 것을 요한다고 판시하면서,[391] 연방지방법원이 Falcon의 청구가 이미 대상회사에 고용된 상태에 있는 피고용자들 이외에, 잠재적인 구직자들에 대하여 집단소송허가결정을 내린 부분을 파기환송하였다. 즉 Falcon이 대표할 수 있는 집단은 이미 고용된 피고용자들일 뿐, 잠재적인 구직자들은 아니므로 집단소송의 요건인 공통성과 전형성이 결여되었다고 판단한 것이다.

---

390) 1964년 시민법 제7장 (Title VII of the Civil Rights Act of 1964).

391) *Gen. Tel. Co. v. Falcon*, 457 U.S. 147 (1982) ("[W]e have repeatedly held that a class representative must be part of the class and 'possess the same interest and suffer the same injury' as the class members.").

## 2. 노동(성별에 근거한 차별 이슈) — *Wal-mart Stores, Inc. v. Dukes*, 131 S. Ct. 2541 (2011)

성별에 근거한 차별 이슈 또한 피해자들이 집단소송 방식으로 구제책을 강구하는 대표적인 쟁점에 해당한다. 특정 성별로 인해 피고용인이 차별적인 대우를 받았다면, 이는 고용주가 피해자가 속한 집단 전체를 차별한 것이라 볼 수 있고(역시 특별법인 Title VII 집단소송으로 진행된다), 역시나 고용주에 대한 압박 등의 차원에서 개개인이 별도의 소송을 제기하는 것보다 집단소송 방식으로 소송을 진행하는 것이 훨씬 더 효과적인 압박 수단이 되므로 차별 이슈는 집단소송으로 진행되는 경우가 많다.

월마트 사의 (현직 또는 전직) 여성 노동자들 약 150만 명이 제기한 본 사건은, 월마트가 미국에서 가장 큰 고용주에 해당한다는 점을 고려하더라도 미국 내에서도 손꼽히는 대규모 집단소송에 해당한다. 연방지방법원 및 연방항소법원은 집단소송허가결정을 승인하였으나, 연방대법원은 연방민사소송규칙 제23조 제a항 및 제b항 제2호 요건을 심사한 뒤 해당 청구가 '공통성' 요건을 결하였다고 보아 파기하였다.

월마트 내에서 급여 및 승진에 관한 결정은 일반적으로 해당 지역 매니저의 주관적인 재량에 맡겨져 있었다. 이에 대표당사자들은 월마트 사의 현직 또는 전직 여성 노동자들의 150만 명을 대표하여, 회사가 성별을 근거로 하여 동등한 급여 내지는 승진을 제공하지 않았고, 지역 매니저들이 성별에 기초하여 불평등한 취급을 하고 있음을 인지하고도 회사가 아무런 관여를 하지 않은 점을 문제삼아, 전체적인 "사내 문화"가 여성에 대한 편견을 조장하고 있으며, 이는 무의식적으로 회사 내에서 근무하는 모든 여성으로 하여금 동일한 차별적 패턴을 겪게 하여 피해를 주고 있다고 주장하였다.

해당 사건의 핵심은 연방민사소송규칙 제23조 제a항 제2호의 공통성 (commonality)이었다. 연방대법원은 원고들이 집단 전체에 동일한 법적 쟁점 또는 사실적 쟁점이 존재한다는 점을 입증하여야 하고, 이로 인해 원고들은 해당 집단의 구성원들이 "동일한 피해를 입었"다는 점을 입증하여야 한다고 판시하였다. 이와 관련하여 연방대법원은, 모든 집단 구성원이 결과적으로 동일한 법령상 위반을 겪었다는 사실만으로는 공통성 요건이 충족되지 않는다고 판시하면서, 해당 청구는 반드시 동일한 주장에 기초한 것이어야 하며, 이는 집단 차원에서의 구제책을 통해 해결될 수 있는 것이어야 한다고 판시하였다. 즉, 해당 주장의 진위를 판단함으로써 전체 구성원의 청구를 일회적으로 해결할 수 있는지 여부가 '공통성'과 연결된다는 것이다. 위 논리에 기초하여 미 연방대법은 단순히 대상회사의 재량적인 정책이 전반적으로 성별에 기초한 불평등을 낳았다는 것만으로는 집단소송의 '공통성'을 충족할 수 없다고 보면서, 이 경우 대표당사자에 대한 판단이 부재당사자에 대한 판단과 동일하다고 보아 집단소송을 진행하는 것이 불가능하다고 판단하였다.

## 3. 노동(인종에 근거한 차별 이슈) – *McReynolds v. Merryl Lynch, Pierce, Fenner & Smith, Inc.*, 672 F.3d 482 (7th Cir. 2012)

*Wal-mart Stores Inc. v. Dukes* 사건 이후 제기된 본건은, 700여명의 메릴린치 사 (전·현직) 브로커인 원고들이 고용주를 상대로 인종에 근거한 고용상 차별을 문제 삼은 집단소송이다. 원고들은 메릴린치 사가 사내 15,000여명의 브로커들에 대한 보상 결정을 함에 있어 135명의 이사들에게 재량을 할애하면서, 대상회사의 팀 정책 및 계정 분배 정책에 차별적 처우를 사내 정책으로 강화한다는 점 등에 비추어 인종차별이 자행되고 있다고 주장하였다. 이와 더불어 원고들은 본건 소송이 (i) 연방민사소송규칙 제23조 제c항 제4호에 따라 공통 대상회사가 차별적인 효과를 가진 실무를 자행하였는지에 대한 쟁점에 한하여 집단소송을 허가하여 줄 것을 구하고, (ii) 연방민사소송규칙 제23조 제b항 제2호에 근거하여 금지조치를 구하였다.

해당 소송은 Wal-mart Stores Inc. v. Dukes 사건에 대한 판결이 내려진 이후 제기되었는데, 당초 연방지방법원은 본건이 정책적으로 이사들에게 재량을 허용한 점에서 Wal-mart Stores Inc. v. Dukes 사건과 유사하다고 보아 집단소송불허결정을 내렸다. 그러나 제7연방항소법원은 월마트 사건에서의 판단으로 인하여 사내 정책을 집단소송으로 다투는 것이 전면적으로 금지되는 것은 아니며, 오히려 회사 전체에 만연한 실무를 개별 소송이 아닌 집단소송 방식을 통해 일회적으로 해결하는 것이 더 적절한 경우라면 집단소송을 인증하여야 한다고 판시하면서,[392] 연방지방법원의 집단소송불허결정을 파기하였다. 한편 연방대법원은 위 제7연방항소법원의 결정에 대한 일방 당사자의 상고허가신청(writ of certiorari)을 기각하였고,[393] 이에 제7연방항소법원의 판단은 확정되었다.

한편 제7연방항소법원이 사내 정책의 차별 이슈에 대하여서는 집단소송허가결정을 내리면서도, 추후 원고들의 손해액을 판단하는 단계에 있어서는 집단 구성원 간에 공통된 쟁점이 없을 수 있다고 판단하였다는 점을 고려할 필요가 있다. 즉 문제된 사내 정책이 인종차별을 자행하고 있는지 여부는 피고용인들 모두에게 공통적인 쟁점에 해당하고, 이에 따라 집단소송허가결정 이후 추후 피고용인들에게 유리한 판단이 내려지는 경우에도, 손해액을 판단함에 있어 개별적인 판단이 필요하다면 손해액을 청구하는 체불 임금 관련 소송은 집단소송이 아닌 개별소송으로 진행된다.

---

392) *McReynolds v. Merryl Lynch, Pierce, Fenner & Smith, Inc.*, 672 F.3d 482 (7th Cir. 2012) ("challenging those policies in a class action is not forbidden by the Wal-Mart decision; rather that decision helps (as the district judge sensed) to show on which side of the line that separates a company-wide practice from an exercise of discretion by local managers this case falls" and "the lawsuits will be more complex if, until issue or claim preclusion sets in, the question whether Merril Lynch has violated the antidiscrimination statutes must be determined anew in each case").

393) *Merryl Lynch, Pierce, Fenner & Smith, Inc. v. George McReynolds, et al.*, 136 S. Ct. 1562 (2016).

## 4. 제조물책임(석면) – *Amchem Products, Inc. v. Windsor*, 521 U. S. 591 (1997)

석면은 불, 부식, 산성에 강하면서도 다양한 용도를 가지고 있어서 오랫동안 각광을 받은 물질인데, 미국에서는 1860년대 이후 석면의 사용이 급격하게 증가하였다. 석면과 관련된 위험성이 제조사들에게 알려진 것은 1930년대부터였으나,[394] 실제로 인체에 끼치는 부작용이 크게 드러나 시작한 것은 1970년대에 들어서였다.[395]

제5연방항소법원[396]이 석면에 대해서 무과실책임(엄격책임)을 인정한 뒤부터 석면소송은 점진적으로 늘어났다. 1970~1980년대에는 석면소송이 계속적으로 증가하였으며, 1991년에는 석면으로 인한 인적 상해 사건이 연방법원과 주법원에서 70만 건 이상 계속 중이었다. 이처럼 석면소송이 사법자원을 심각하게 고갈하면서, 그에 대한 대응책으로 도입된 다양한 시도 중 하나가 집단소송을 통한 해결이었다.[397]

아래에서 소개하는 *Amchem Products Inc., v. Windsor*, 521 U.S. 591(1997) 판결은 연방민사소송규칙 제23조상 요구되는 집단소송의 선결요건이 충족되지 않았다고 보아 석면소송이 집단소송으로 해결되기에 적합하지 않다는 판결을 내렸다. 이 판결 이전에 *Georgine v. Amchem Products, Inc.*, 878 F.Supp. 716 (1994) 사건에서 제3연방항소법원이 연방민사소송규칙 제23조상 요구되는 집단소송 선결요건이 충족되지 않았다고 판시한 적이 있었는데, 미국 연방대법원이 이 사건에서 같은 입장을 일관적으로 취하였다는 점에서 의미가 있다.

연방대법원은 위 결정에서 화해만을 위한 집단은 연방민사소송규칙 제23

---

394) Paul D. Carrington, *Asbestos Lessons: The Consequences of Asbestos Litigation*, 26 REV. LITIG. 583, 585 (2007).

395) Deborah R. Hensler, *Asbestos Litigation in the United States: Triumph and Failure of the Civil Justice System*, 12 CONN. INS. L.J. 255, 260 (2006).

396) *Borel v. Fibreboard Paper Products Corp.* 493 F.2d 1076, 1092 (5th Cir. 1973).

397) 이재우/장지용, "미국의 복잡소송(Complex Litigation)에 관한 연구 – 광역소송을 중심으로 –",『사법정책연구원 연구총서』2018-10, 사법정책연구원, 2018, 41면 참조.

조 제a항의 요건 네 가지 모두와 동조 제b항 중 적어도 하나를 충족하여야 하는데, 대표의 적절성과 이해상충에 대한 잠재적 문제로 인해 법원은 "화해에 관해서는 집단소송 요건을 판단함에 있어 오히려 더 강화된 기준이 적용되어야 한다"고 판시하였다.[398]

또한 연방대법원은 이 판결에서 화해를 목적으로 한 집단인증에 관하여 다루었는데, 소장에 기재된 집단에 속하는 구성원들 중에는 현재 부상을 입은 개인들뿐만 아니라 석면에 노출되기만 하여 아직 현실적으로는 질환이 발현되지 않아 손해를 입지 않은 것으로 보이는 개인들도 포함되었다. 연방대법원은 이러한 광범위한 집단은 연방민사소송규칙 제23조 제a항와 제b항에 비춰 볼 때 적절하지 않다고 판단하였는데, 무엇보다도 대표당사자들이 "집단의 이익을 공정하고 적절하게 보호할 것"이라는 제23조 제a호 제4호의 요건이 충족되지 않았다고 판단했다. 법원은 다양한 종류의, 여러 단계의 증상이 나타나는 질환에서 각자 다른 단계에서 질환을 겪고 있는 대표당사자들이 하나의 대규모 집단을 대표하는 것은 적절하지 않다고 판단하였다. 특히나 현재 질환을 겪고 있는 자들에게 가장 중요한 목표는 즉시 후한 금액의 화해금을 지불받는 것인 반면, 이는 잠재적으로 증상이 나타날 것을 대비하여 미래에 충분한 기금이 유지되도록 보장하는 것이 중요한 아직 질환이 나타나지 않은 자들의 이익에 반한다는 점을 지적하였다.

위 연방대법원 판결은 또한 석면에 노출만 된 자들에 대한 통지가 부적절하였을 수 있다는 가능성을 제시했다. 석면에 노출만 된 채 아직 질환을 겪고 있지 않은 많은 개인들의 경우 본인이 노출되었다는 사실을 모르거나 또는 노출로 인한 피해를 인식하지 못할 것인데, 그러한 자들은 결국 현재 소송에 참가할지 여부를 결정할 수 있는 정보나 선견지명이 부족하였다고 본 것이다.

---

398) *Amchem Products Inc., v. Windsor*, 521 U.S. 591 (1997).

## 5. 제조물책임(고엽제 사건) – *Stephenson v. Dow Chemical Co.*, 273 F. 3d 249 (2d Cir. 2001)

이 사건은 베트남 전쟁에서 사용된 고엽제의 독성으로 인한 피해와 관련된 사건이다. 본 사건에서는, "1994. 12. 31.까지 고엽제에 의한 피해를 입은 자로서 해당 기간까지 신고한 사람"에게만 배상금을 지급하기로 한 종전 집단소송에서의 화해로 인해, 1994년 이후 암이 확진된 베트남전 참전 군인의 후소제기가 기판력에 저촉되는지 여부가 문제되었다.

문제되는 종전 집단소송은 1979. 1. 월남전에 참전한 군인들과 그 가족들이 고엽제의 제조사와 연방정부를 상대로 한 집단소송을 뉴욕에 소재한 연방지방법원에 제기한 것으로, 1984. 5. 고엽제 제조사들이 피해자들에게 1억 8천만달러(USD)를 지급하기로 하는 화해안이 성립됨으로써 종결되었다. 이 사건과 관련하여 1억 8천만 달러의 고엽제 화해기금이 펀드에 투자되었고, 최종적으로는 1997. 9. 27.에 분배가 완료되었음을 이유로 폐지되었다.

이후, 두 베트남 참전 군인은 동일한 고엽제 노출로 인해 피해를 입었다고 주장하면서 각자 고엽제 제조사를 상대로 소송을 제기하였는데, 한 명은 주 법원에, 다른 한 명은 연방법원에 소를 제기하였다. 주 법원에 제기된 소송은 연방법원으로 이송되었고, 뉴욕연방지방법원의 판사는 1995년 이후 새로이 추가된 피해자가 소를 제기할 경우 전소 집단소송화해안 승인판결의 기판력으로 인하여 관련 소 제기가 금지된다고 보아야 한다고 보아 각하했다. 원고들은 항소했고, 연방항소법원의 판사는, (1) 화해기금이 소진될 때까지 고엽제로 인한 질환이 나타나지 않은 월남전 참전군인들은 이전 집단소송에서 적절히 대표되었다고 볼 수 없고 (2) 따라서 종전 집단소송화해안 승인판결의 기판력으로 인해 1994. 12. 31. 이후 고엽제 관련 질환이 나타난 원고들의 청구가 배제(preclude)되지 않는다고 판시하였다.

이 판결은 1995년 이후 암이 발병한 월남전 참전군인의 소제기가 이전 동일한 고엽제 집단소송화해안 승인판결의 기판력에 저촉되지 않는다고 판시함으로써, 1995년 이후에 새로이 추가된 고엽제 피해자들에게도 고엽제 제조업체를 상대로 소를 제기할 수 있도록 하고 피해구제를 가능하게 하였다는 점에서 의미가 있다.

## 6. 개인정보보호 – *Lane v. Facebook, Inc.*, 696 F.3d 811 (9th Cir, 2012)

2007년 11월 페이스북은 비콘이라는 프로그램을 새로 런칭하였는데, 해당 프로그램은 회원들이 인터넷 상에서 무엇을 하고 있는지 등의 현황을 친구들과 공유할 수 있도록 하는 것이었다. 즉 회원이 페이스북과 계약을 체결한 웹사이트를 방문하면 해당 웹사이트에서 정보를 페이스북으로 보내고 회원의 프로필 사진에 그 정보가 보여지도록 하는 방식이다. 한편 페이스북은 비콘 프로그램을 시행하며 개인정보를 공개하지 않을 수 있도록 설계하였지만, 이용자들로부터 이와 관련한 명시적인 동의·부동의를 구하지는 않았다.

비콘 서비스의 개인정보침해 문제가 계속되자 페이스북은 비콘 서비스를 폐지하였으나, 페이스북 사용자 19명은 페이스북과 비콘 프로그램에 참여한 웹사이트들에 대해 대표당사자로서 집단소송을 제기했다. 페이스북은 처음에는 해당 혐의를 부인하였지만, 각하신청(motion to dismiss)에 대한 법원의 선고가 내려지기 전에 조정을 신청하였고, 결국 양 당사자는 화해에 이르렀다. 화해의 조건은 (1) 페이스북이 비콘 프로그램을 영구히 폐지하는 것과, (2) 원고가 집단소송 청구를 취하하는 것을 조건으로 페이스북이 원고들에게 미화 950만 불을 지불하는 것이었다. 화해안에 따르면 이 중 미화 300만 불은 변호사비용 및 소송비용 등으로 사용하도록 하고, 나머지 미화 650만 불은 Digital Trust Foundation("DTF")[399]이라는 온라인 상 개인정보 보호에 관한 새로운 자선단체를 설립하는데 사용하기로 하였다. 법원은 해당 화해안을 승인하였는데, 이후 통지 과정에서 확인된 3,663,651명의 집단 구성원 중 해당 화해에 동의하지 않는 4명은 화해를 승인한 법원에 재량권의 일탈 및 남용의 위법이 있다며 항소하였다. 그러나, 항소법원은 원심 법원의 재량권 일탈 남용이 없었다고 판단하며 화해에 대한 승인이 유효하다고 보았다.

이 사건은 소송이 화해로 종결되었으나, 대상회사가 화해안에 기초하여

---

399) 해당 자선단체의 설립 목적은 사용자, 규제기관, 기업들에 대한 개인정보 보호 및 온라인 공격으로부터의 보호에 관한 교육이다.

지불하는 금액 중 원고들, 즉 피해자들에게 지급된 배상액은 없었다는 점에서 주목할 만하다. 이러한 배상 방법은, *cy pres* 또는 *fluid recovery*라고 불리는데, 법원으로 하여금 집단소송상 화해금액 중 구성원들이 청구하지 않는 금액 내지는 배분 불가능한 금액을 가장 해당 집단소송허가결정의 대상인 집단과 가장 유사한 수익자 집단 구성원들에게 배분하도록 하는 방식이다. 보통 이러한 간접적인 배상은 피고(대상회사)의 제3자에 대한 기부 등의 방식을 띄게 되나, 이 경우 수익자의 선택은 해당 집단의 구성원과 합리적인 수준에서 관련성이 있어야 한다.

# 효과적인 미국소송 관리와 대응 전략

# 미국소송 대응시
# 고려해야 할 사항

　　어떤 소송이든 외부의 법률전문가들에게 소송에 대한 직접적인 준비와 대응은 맡겨 두더라도 실제 소송의 진행 과정에서 요구되는 중요한 쟁점에 대한 최종 판단과 전략적 의사결정은 궁극적으로 당사자가 책임져야 할 몫이다. 결국 당사자가 소송의 진행방식을 정확히 이해하고 그 결과를 전망할 수 있어야 효과적인 대응이 가능하다. 그런데, 미국 분쟁의 당사자가 되는 대부분의 국내 기업들은 미국소송 절차에 대한 사전 지식이나 경험이 별로 없는 반면, 미국소송은 통상 수백만 불 이상의 막대한 비용이 소요되면서 그 소송 결과가 국내 기업들의 주요 시장인 미국뿐만 아니라 다른 국가에서의 사업활동에도 직·간접적으로 큰 영향을 미칠 수 있다. 이러한 점에서 미국소송의 절차와 그 결과를 정확히 이해하고 전망하면서 체계적으로 대응하는 과정은 국내 기업들의 비즈니스에 절실히 필요한 사항이다.

## Ⅰ. 미국소송 절차 및 미국 대리인의 업무에 대한 정확한 이해

　　미국소송을 진행함에 있어서 사건의 법리적 쟁점 분석 및 절차적 판단에 대해서 대리인인 미국 로펌의 의견에 전적으로 의존할 수밖에 없다. 미국소송 과정에서 어떠한 절차적인 결정을 내려야 할 때, 미국 로펌이 어떤 방향의 결정을 바람직하다고 제안하면 국내 기업은 미국 로펌의 의견을 존중하고 그 의견에 따라 결정을 내리는 것이 일반적이다.

그런데 미국 로펌의 입장에서는 미국 기업이든 한국 기업이든 동일하게 진행되는 미국소송의 일반적인 절차와 이슈로 이해하여 한국 기업에게 특별히 추가적인 설명과 협의가 필요하지 않은 쟁점으로 판단하였더라도, 미국소송의 당사자가 된 한국 기업에게는 매우 생소한 쟁점일 수 있다. 이 경우 한국 기업이 미국 로펌에 전적으로 의지하여 간혹 미국 로펌의 의견대로 결정을 내리기 어려운 상황임에도 이를 간과한 채 미국소송 절차가 진행이 되어, 예상치 않은 불리한 결과를 초래하는 경우도 생길 수 있다.

따라서 국내 기업이 자신의 이익을 최대한 보호하면서도 소송 결과뿐만 아니라 절차 진행 과정에서도 개개의 쟁점에 대해 최선의 의사결정을 하기 위해서는 미국 로펌이 제시하는 의견과 관련된 정확한 정보와 배경을 확실하게 이해할 필요가 있다. 그러기 위해서는 미국 로펌이 소송 진행 과정에서 어떠한 의견 개진이나 구체적인 제안을 해 왔을 때 그 내용을 적극적으로 확인하여 충분한 설명을 듣고, 해당 내용이 국내 기업의 권리의무에 어떤 영향을 미치는지, 어떠한 절차적 부담을 주는지 등에 대하여 명확히 이해하고 확인한 후에 의사결정을 해야 한다. 또한 이러한 정확한 이해가 바탕이 되어야 미국 로펌이 소송 수행을 적절하게 하고 있는지에 대한 모니터링도 가능하다.

## Ⅱ. 국내 기업의 이해관계와 소송 대응 전략의 공유

미국소송에 대한 대응은 향후 예상되는 소송 결과에 대한 정확한 진단에서부터 출발해야 한다. 미국소송 절차에 따른 소송 결과를 분쟁의 본질에 맞게 예측하고 그에 따라 소송 진행을 통하여 얻고자 하는 목표를 정확히 설정하면서 소송 진행 과정에서 일관되게 국내 기업의 목표에 맞는 최선의 대응 전략을 실행해 나가야 한다. 이러한 관점에서 국내 기업은 해당 분쟁의 기초가 되는 사실관계뿐만 아니라 분쟁의 본질을 이해하기 위해 필요한 배경사실, 소송을 진행함에 있어 기업이 갖고 있는 실질적인 우려 사항이나 경영판단상 고려해야 하는 사항 등을 미국 로펌과 정확하게 공유하고 이에 대하여 미국 로펌이 숙지하고 소송을 진행하도록 해야 한다.

예를 들어, 소송 자체에는 유리한 사실이지만 기업 내부적인 사정으로 공개가 어렵다고 생각하는 내용이 있을 수 있고, 소송을 진행하는 중간에 어떠한 이해관계나 사정 변경으로 인해 상대방과 협상을 하는 것이 바람직하다는 판단을 대리인에게 알려야 할 상황이 생길 수도 있다. 위와 같은 사실이나 의견은 소송 수행 전략에 민감하게 영향을 주기 때문에 소송을 수행하는 대리인들이 기업의 입장과 이해관계를 정확하게 이해하고 공감하고 있어야만 한다. 그런데 미국 로펌은 아무래도 한국의 기업 문화나 의사결정과정 내지 기업의 내부 사정에 대한 이해가 충분하지 않을 수 있기 때문에, 각자 이러한 내용이 정확하게 대리인에게 전달하는 방안을 강구해야 할 필요가 있다.

한편 당사자인 한국 기업으로서는 불필요한 설명 과정을 고려하여 일부 사실을 미국 로펌에 아예 전달하지 않는 쪽을 선택할 수도 있지만 이는 바람직하지 않다. 소송을 수행하는 대리인은 유·불리를 떠나 당사자의 사정을 모두 파악한 상태에서 전략적인 판단을 내려야 하며, 어떤 사실을 알지 못한 채로 소송을 수행하면 전혀 예상치 못한 쟁점에서 문제가 생길 수도 있고, 만일 전달되지 않은 일부 사실들이 증거개시절차상 상대방에게 알려 주었어야 하는 내용이라면 소송 결과 자체에 심각한 영향을 미칠 수도 있기 때문이다.

## Ⅲ. 관련 국내법의 검토 및 협의

미국 법원에서 소송이 진행되는 중이라도, 복잡한 국내법 쟁점들에 대한 검토가 필요한 경우가 있고, 미국 법원에 국내법 쟁점에 대한 검토 의견을 전달해야 하는 경우도 종종 발생 한다. 예를 들면 미국에서 제소를 당한 한국 기업이 공기업일 경우, 이에 근거한 주권면제(sovereign immunity)를 주장하기 위해 해당 기업의 한국법상 설립근거 및 법률이 부여한 기능 등에 대한 상세한 검토가 필요할 수 있다.

또한 증거개시절차 진행 시 증거자료 제출이나 증인진술 등과 관련하여 국내 개인정보보호법 위반 여부나 산업기술의 유출방지 및 보호에 관한 법률상의 국가핵심기술의 수출절차에 대한 신고나 승인절차가 필요한지 여부 등을 검토하는 것도 매우 흔한 일이고 이를 제대로 점검하지 않으면 국내 기업은 한국법상 심각한 처벌을 받게 될 수도 있다. 그런데 이러한 증거개시절차의 국내법상 적법한 진행을 위하여 당연히 수반되어야 하는 국내법 쟁점 검토는 한국법에 익숙지 않은 미국 로펌이 국내 기업에게 의견을 제시하기 어려운 부분이므로 당사자가 사내 법무팀이나 국내 로펌을 통해 이러한 쟁점을 미리 파악하고 미국 로펌의 대리인과 충분히 협의할 필요가 있다.

## IV. 글로벌 분쟁 상황에 대한 전략적인 대응

지식재산권 분야나 공정거래와 같은 규제 분야에 있어서는 동일한 당사자 간의 동일한 분쟁이 세계 여러 나라에서 동시 다발적으로 진행될 수 있고, 이러한 분야에 있어서는 현재 대응하고 있는 미국소송뿐만 아니라 미국 외의 다른 나라에서도 진행될 수 있는 동일 쟁점의 여러 사건들에 대하여 종합적인 진행 과정을 예측하고 그 내용에 맞게 국제적인 대응 전략을 함께 수립하여야 한다.

예를 들어 다른 나라에서 유사한 쟁점 내지 사실관계로 진행되는 소송의 결과가 나올 때까지 미국소송을 중단할 필요가 있을 수도 있고, 다른 나라에서 진행되는 소송절차를 통해 얻어낸 증거를 미국소송에서 현출시킬 필요가 생길 수 있어 그 절차를 마련해야 하기도 한다. 이 역시 미국 로펌이 스스로 포착하여 소화하고 해결하기에는 어려움이 있을 수 있기 때문에 당사자가 적절히 관련 정보를 공유하면서 대응을 해야 한다. 특히 이 경우에는 해당 사건과 관련되는 전 세계 사건을 한꺼번에 모니터링하면서 다면적인 분쟁상황에 입체적으로 대응하는 "컨트롤 타워" 내지 "프로젝트 매니저"를 두는 것이 바람직하다.

# V. 효율적인 증거개시절차 대응

　미국소송 대응에 소요되는 비용 중 상당한 부분이 증거개시절차에서 발생한다고 해도 과언이 아니다. 특히, 국내 기업이 미국소송에 대응할 경우, 국문 문서에 대한 미국 로펌의 검토는 필수적인 절차이다. 그런데 앞서 설명한 미국소송에 도입된 이디스커버리(e-Discovery)에 따라 증거개시절차를 위하여 검토하여야 할 대상문서는 이메일까지 포함해서 방대한 양에 이르고 국내 기업의 문서 대부분은 한글로 작성되어 있음에도 미국소송에서의 증거로 제출되기 위하여는 최종적으로 영어로 번역하는 작업이 필요하므로 국내 기업으로서는 비용 관리 측면에서 우선 미국 로펌의 관련서류 1차 검토를 위해 자료 전부를 번역할 것인지, 번역 이전의 원문을 1차적으로 분류하고 검토하여 소송과 관련성이 있다고 보이는 자료만을 번역한 후 전달할 것인가를 결정해야만 한다. 미국 로펌들이 한국어를 구사할 수 있는 현지 변호사들을 고용하여, 국문 문서를 직접 검토하는 경우가 많기는 하지만, 아무래도 정확성이나 업무 효율성 면에서 볼 때 한국에서 훈련 받은 국내변호사들의 국문 문서 검토 능력에는 못 미치는 경우가 대부분이고 국내 로펌들이 미국 로펌과 협업해서 이러한 문서 검토 업무도 제공해 주고 있으므로 이러한 점을 종합적으로 고려해서 증거개시절차 전략을 수립하는 것이 바람직하다.

# 미국소송의 효율적 관리와
# 국내 로펌의 역할

국내 기업이 미국소송에서 최선의 결과를 도출해 내려면 미국소송 절차와 소송 진행 경과에 대한 정확한 이해를 하는 것은 물론 국내 기업의 소송 전략과 입장을 충분히 미국 대리인에게 전달하기 위하여 상호간에 원활한 커뮤니케이션 방식과 업무 협조체계를 마련해야 한다. 소송 초기부터 이러한 업무 협조체계를 가장 원활하고 효율적으로 구성한다면 미국소송을 성공적으로 수행할 수 있다.

미국소송에 대응하고 있는 국내 기업들은 사내 법무팀 등을 통해 직접 미국의 로펌을 소송대리인으로 선임하여 소송을 진행하기도 한다. 특히 국내 대기업들의 경우 해외 법무 경험이 있는 사내 전문가 그룹(국내·외 변호사 자격 소지자 포함)을 갖추고 있을 뿐만 아니라 미국소송에 대한 경험도 적지 않아 직접 현지로펌을 선임하여 소송을 진행하는 경우가 상당히 많다. 이러한 맥락에서 국내 로펌을 선임하지 않고 미국 로펌만을 선임하는 것이 비용 면에서 더 효율적일 것이라고 생각되는 경향도 있다.

그러나 최근 수년간 국내 대기업들을 포함한 다수의 기업들이 관련된 미국소송 사례를 통하여 해외 소송의 경험과 전문성을 구비한 국내 로펌의 적극적인 관여가 효과적인 사건 관리 및 대응에 큰 도움을 준다는 것이 검증되고 있다. 미국소송 사건 수행 경험과 원활한 의사소통 능력, 미국법과 한국법에 대한 종합적인 분석능력, 한국의 기업 문화나 의사결정과정 내지 기업의 내부 사정에 대한 이해, 미국 로펌의 업무 수행방식에 대한 지식 등을 갖추고 있는 국내 로펌은 국내 기업과 효과적인 의사소통을 통하여 긴밀하게 업무 협조를 하면서 원활한 진행을 지원할 수 있고, 다른 한편으로 미국 로펌과도 효과적으로 협업할 수 있어 '최적의 소송대응체계'를 마련함에 있어서 결정적인 역할을 하고 있는 것이다.

이러한 점을 토대로 미국소송의 성공적인 수행과 관리를 위한 국내 로펌의 구체적인 역할을 살펴본다.

## Ⅰ. 미국소송 절차 및 미국 로펌의 역할에 대한 정확한 이해를 바탕으로 한 소송 지원

미국소송 경험이 없는 국내 기업의 담당자가 미국소송 절차를 정확히 이해하기 위해서는 상당한 노력이 요구된다. 국내 로펌은 당사자인 국내 기업의 입장에서 미국 로펌의 설명을 정확히 이해하고 국내 기업의 담당자들이 그 취지와 방향을 정확히 이해할 수 있도록 전달해줄 수 있으며, 그 과정에서 미국 로펌의 설명에 불확실하거나 부족한 부분들을 먼저 살펴보고 미국 로펌에 추가 확인[1]하는 등으로 정확한 방향을 제시하여 미국소송이 원활하게 진행될 수 있도록 할 수 있다. 특히 미국 로펌과의 협업 경험이 많은 국내 로펌의 경우에는 훨씬 더 효율적으로 전문성을 발휘할 수 있다.

또한, 소송진행상황이나 국내 기업의 업무 진행 방식을 잘 알고 있는 국내 로펌이 기업 내부 사정까지 고려하여 경영진의 의사결정을 위한 핵심적인 소송진행 상황보고를 작성하거나 내용을 정리하고, 새로운 이슈가 발견될 경우 추가적인 자문의견까지 신속히 제공하면서 소송이 국내 기업이 목표하는 방향으로 가장 효율적으로 진행될 수 있도록 지원하는 경우가 많다. 상황에 따라서는 현지로펌에 제공하는 영문 의견서를 그대로 번역하여 활용하는 것

---

[1] 국내 기업의 미국소송의 절차에 대한 이해 정도를 알 수 없는 미국 로펌들이 국내 기업이 당연히 알 것이라고 생각하고 미국소송 절차나 제도에 대한 설명을 생략한 채 설명을 하는 경우에 국내 기업의 담당자가 이러한 설명에 기하여 사내 보고를 하거나 절차 진행에 대한 의사결정 등을 하는데 많은 어려움을 겪게 된다.

보다 국내 로펌이 국내 기업이 이해하기 쉽도록 추가로 정리한 국문 의견서를 바로 활용하는 것이 경영진 등에 대한 정확한 의미 전달의 면에서도 보다 효과적일 수 있다. 이와 같이 국내 로펌은 해당 국내 기업이 미국소송에 익숙한 사내 법무팀을 가지고 있는 경우에도 상당히 유용하게 활용될 수 있고, 사내 법무팀과 국내 로펌의 전문가들이 원활한 협조체계를 갖출 경우 더 큰 시너지 효과가 생길 수 있다. 이 밖에도 국내 로펌은 미국 로펌의 법률비용청구서 감수(review) 또는 업무처리 방식에 대한 컴플레인 및 시정요구 전달 등과 같은 행정적 지원업무도 유용하게 제공하고 있다.

## Ⅱ. 국내 기업의 이해관계와 소송 전략에 대한 원활한 커뮤니케이션

국내 기업의 소송 수행을 맡게 된 미국 로펌은 소송 결과에 대한 정확한 진단을 하고 소송절차가 진행되는 과정에서 국내 기업이 당면하게 될 여러 가지 이슈들을 정확히 전달하며 이에 대한 국내 기업의 입장을 수시로 확인해야 한다. 또한 그 과정에서 소송 전반에 대한 국내 기업의 주요 입장, 소송 외적으로 국내 기업이 당면하고 있는 상황 및 국내 기업의 목표와 전략 등이 미국 로펌에 정확히 전달되어야 한다.

미국 로펌이 이러한 다양한 이해관계를 정확히 파악하고 이를 소송 절차 내에 원활하게 반영하지 못할 경우 국내 기업과의 긴밀한 협업관계하에 진행하여야 하는 소송 수행은 상당히 어려워질 수도 있는데, 국내 기업의 사정과 미국소송 절차 전반을 정확히 알고 있는 국내 로펌은 미국 로펌에 국내 기업의 입장을 정확하고 효과적으로 전달하여 가장 효율적인 방향에서 미국소송이 진행되도록 할 수 있다. 미국 로펌의 입장에서도, 미국 소송절차를 정확히 이해하고 있고, 미국 로펌과 이미 업무 협조 관계를 갖고 있는 국내 로펌의 전문가가 소송 맥락에 맞게 정보를 전달해주면 이를 정확히 이해하고 소송에 적극적으로 반영하게 된다.

## Ⅲ. 국내법 쟁점의 신속, 정확한 검토

미국소송에서 국내법 쟁점 검토가 필요할 경우 국내 로펌은 이에 대한 즉각적인 대응을 할 수 있다. 미국소송을 전반적으로 관리를 하고 있는 국내 로펌이 없다면 쟁점이 생길 때마다 국내 로펌을 정하여 개별적인 자문을 요청할 수도 있겠지만, 진행 중인 소송의 맥락에 대한 이해 없이 신속하고 정확한 의견을 내기는 어렵다. 소송 전체를 관리하는 국내 로펌이 있는 경우에는 소송 초기부터 지속적으로 소송 진행 경과를 모니터링하다가 관련 국내법 검토 필요성이 제기되는 즉시 투입되어 자문을 제공할 수 있을 뿐 아니라 당사자에게 선제적으로 관련 쟁점을 포착해서 제시해 줌으로써 미국소송이 원활하게 진행되도록 할 수 있다.

## Ⅳ. 글로벌 분쟁에 대한 종합적인 대응전략 자문

국내 로펌은 동일한 쟁점의 분쟁이 세계 각지에서 동시 다발적으로 일어나고 있을 때 이를 체계적으로 관리하는 역할 역시 효과적으로 수행할 수 있다. 특정 법률 분야에서 국내 로펌의 전문성을 활용할 수 있을 뿐 아니라, 국내 기업 가까이에서 진행상황을 공유하고 긴밀한 논의를 통해 전략적 판단을 내리기에 가장 적합한 위치에 있기 때문이다. 물론 일부 대기업의 경우 자체 사내변호사 그룹을 통해 이러한 동시다발적인 분쟁 관리를 독자적으로 수행하는 경우도 있지만, 국내 로펌을 별도로 선임하여 컨트롤 타워 내지 프로젝트 매니저 역할을 부여하는 경우도 다수 있으며, 미국뿐만 아니라 서로 다른 소송체계를 가진 국가들의 대리인들과 신속, 원활한 커뮤니케이션을 하고 관련 분쟁을 종합적으로 모니터링할 필요가 있는 사건의 경우 세계 각국의 로펌들과 협업해 본 경험이 많은 국내 로펌의 역량은 더 발휘되고 있다.

## V. 효율적인 증거개시절차 대응

효율적인 증거개시절차 대응도 미국소송 수행에서 중요한 요소이다. 국내 로펌에서 증거개시절차를 주도적으로 대응하도록 하면, 국문 문서에 대한 검토가 제대로 이루어지고 관련성 없는 문서까지 영문 번역을 하는 불필요한 비용을 최소화할 수 있다는 장점이 있다.

예컨대, 국내 로펌은 디스커버리 각 단계의 목적에 맞도록 국문 자료에 대한 1차 검토를 직접 수행하여, 이를 미국 로펌에 선별적으로 전달해주거나, 상대방이 보내온 서면질의(interrogatory) 등의 답변 초안을 준비하는 업무를 할 수 있다. 이렇게 하면 국내 기업 입장에서는 불필요한 번역 작업 및 그로 인한 추가 비용을 크게 절약할 수 있고, 미국 로펌 입장에서는 보다 깔끔하게 정리되고 번역된 문서를 선별해서 검토할 수 있어 작업에 효율을 기할 수 있다. 결과적으로는 현지로펌을 단독 선임한 경우보다 훨씬 효율적으로 신속하면서도 낮은 비용으로 소송에 대응할 수 있게 된다. 물론, 그러한 분업 과정을 어떻게 효율적으로 진행하느냐는 전적으로 해당 국내 로펌의 노하우에 달려있으므로, 증거개시절차 자체에 관한 국내 로펌의 경험이 상당히 중요하다.

그 동안 진행된 다수의 국내 기업의 미국소송에서 미국 로펌만을 선임하여 소송을 수행한 경우와 국내 로펌을 선임하여 미국 로펌과 협업을 하도록 한 경우의 최종적인 법률비용을 비교하여 보면, 미국 로펌만을 선임한 경우에 더 많은 비용이 발생하는 것을 다수 확인할 수 있었다.

국내 로펌을 선임하여, 분쟁의 분석 및 전략 수립 등이 이루어지게 되면, 국내 로펌이 개입된 관련 검토서면들이 미국소송에서 attorney-client privilege에 의하거나 attorney-work product로 보호받을 수 있다는 측면도 고려될 수 있다.

# 미국소송의 대리인 선정과 대응전략

## Ⅰ. 미국 로펌의 선정

　미국소송의 대응은 국내 기업의 소송을 가장 잘 수행할 미국 현지 로펌을 선정하는 것에서 출발하며 미국 로펌 선정이 미국소송 대응에서 가장 중요한 과정임은 두말할 나위가 없다. 인지도만을 근거로 미국 현지의 대형 로펌을 바로 선임하는 것은 결코 바람직하지 않으며 다수의 로펌으로부터 제안서 (proposal)를 받아 보고, 소송전략이나 담당 변호사의 역량과 자질, 업계에서의 평판 등을 심층적으로 확인, 분석해 본 후 결정하는 것이 필요하다.

　미국 로펌의 제안서 내용을 분석하는 과정에서 소송전략이 다각도로 검토되고 구체화될 수 있다. 이때 한국 기업이 미국소송에 경험이 많은 국내 로펌을 공동으로 선임하였다면, 현지로펌의 제안서에 담긴 소송에 대한 검토의견에 더하여 국내 로펌의 객관적인 평가와 의견까지 참고할 수 있으므로 상당히 유용한 과정이 된다. 이러한 과정에서 후보인 미국 로펌들로부터 해당 로펌에 대한 정보뿐만 아니라 사건에 대한 분석까지 제대로 반영된 제안서를 받는 것이 중요하며, 접촉 대상 로펌을 너무 확대하기보다는 분쟁이 발생한 지역을 중심으로 해당 지역 내 포럼(forum)에 한정하여, 특히 명망있는 변호사를 통해 직접 제안서를 받는 것이 중요하다. 미국 현지의 여러 로펌과 직접적인 업무 경험이 있는 국내 기업이 아닌 이상 국내 기업의 법무팀이나 담당자 스스로 이러한 업무를 진행해 나가는 것은 현실적으로 매우 어렵다. 따라서 소송 시작 초기에 미국 로펌의 선정단계부터 여러 미국 로펌들과 협업 경험이 있고, 그들과 상시적인 네트워크를 구축하고 있는 국내 로펌의 조언이 실질적으로 매우 큰 역할을 할 수 있다.

일반적으로 미국소송 대응 초기에 (1) 사건의 중요도, (2) 해당 지역에서의 로펌 순위, (3) 담당 파트너 변호사, (4) 관련 분야의 전문성 등을 종합적으로 분석하여 접촉 대상 로펌 리스트를 먼저 확정하고, 그 중에 적절한 로펌 몇 곳을 1차적으로 선정하여 제안서를 요청하게 된다. 미국 로펌의 경우, 로펌 규모 등에 따라 변호사 비용에 상당한 차이가 있으므로 비용에 대한 우려가 있다면 여러 Tier의 로펌으로부터 제안서를 받아 보기도 한다.

제안서를 받은 이후, 사내 법무팀 내지 국내 로펌의 의견을 참고로 한국기업이 자체적으로 세우고 있는 기준에 맞추어 적당한 현지로펌 2−3곳을 후보로 선정하여, 인터뷰(가급적 소를 제기하거나 응소할 지역의 오피스를 직접 방문하여 인터뷰하는 것이 좋고, 전화 인터뷰도 고려해볼 수 있다)를 통해 최종적으로 대리인을 정하는 것이 바람직하다.

# Ⅱ. 국내 로펌의 선정

미국소송 대응을 위하여 국내 로펌을 별도로 선임하면 보다 원활하고 효율적인 소송 진행이 가능하다. 이 때 선임하는 국내 로펌은 그 역량과 경험이 충분히 뒷받침되는 곳이어야 한다.

관련 경험과 지식을 이미 갖춘 상태에서 full service를 제공할 수 있는 국내 로펌을 선임하는 것이 효과적일 수 있다. 국내 로펌의 역할은 소송당사자인 국내 기업의 사정이나 구체적인 니즈(needs)에 따라 다양할 수 있기 때문에 시작부터 천편일률적으로 정해 놓을 필요는 없다. 효과적이고 즉각적인 서비스의 제공을 위해 국내 로펌이 소송 초기부터 개입되어야 할 필요는 있지만 서비스 제공 범위를 유연하게 조절함으로써 비용을 효과적으로 조절해 나갈 수 있다.

미국소송 대응에 있어서 국내 로펌은 미국 현지 로펌과의 의사소통 및 협업을 효과적으로 하는 것이 무엇보다 중요하다. 따라서 미국소송 관리의 오랜 경험과 노하우로 주도적으로 최적의 업무분담구조를 계획해 내고, 이러한 계획 아래 효율적으로 업무를 수행할 수 있는, 미국 로펌과의 긴밀한 네트워크를 갖춘 국내 로펌을 선정하는 것이 무척 중요하다. 그러한 역량을 갖추지 못한 국내 로펌에 의존하여 미국소송 관리를 하게 될 경우, 자칫 미국 로펌의 의견에 매몰되어 국내 로펌의 독립적이고 객관적인 소송 관리를 기대하기 어려울 수 있다. 이런 상황에서는 국내 로펌 선임을 통한 효율성은 전혀 기대할 수 없고, 불필요한 추가 비용만 발생하게 되므로 각별한 주의가 필요하다.

보다 구체적으로는, 실제로 미국소송을 현지에서 진행해 본 경험이 있고, 해당 경험을 바탕으로 소송 각 단계별로 현지로펌과 협조해야 할 모든 조치를 신속하고 효율적으로 처리할 수 있는 능력을 갖추고 있는 전문가가 포함되어 있는 국내 로펌이 선정되어야 한다. 예컨대, 미국 법원에서 재판연구원(law clerk)으로 근무한 경력이 있거나, 실제로 송무 전문 변호사(litigation attorney)로 근무한 경력이 있는 미국변호사가 전문가로 소속되어 있는지 살펴볼 필요가 있다. 그리고 국내 기업이 생소하게 느낄 수 있는 미국소송의 진행 상황을 정확히 파악하여, 미국 현지로펌과 국내 기업 간의 의사소통이 원활하게 이루어지도록 할 필요도 있으므로, 의사소통의 창구 역할을 할 수 있는 역량이 있는지도 꼼꼼하게 따져봐야 한다.

이렇게 미국 로펌과 효과적으로 협업하는 동시에 미국 로펌을 적절히 통제하고 모니터링할 수 있는 국내 로펌이 선정되고 효과적인 업무분담을 통한 협업 관계가 구축되고 나면, 비로소 미국소송에 대응할 수 있는 전략적 기반이 갖추어진다고 할 수 있다. 이를 기반으로 구체적인 소송 진행의 밑그림을 그리고 차근차근 소송이 진행되어야 할 것이다.

## 사항 색인

# 공저자 약력 (가나다순)

## 강기중 변호사

**학 력**
- 서울대학교 법학과 졸업 (1987)
- 제28회 사법시험합격 (1986)
- 제18기 사법연수원 수료 (1989)
- 미국 New York University School of Law (LL.M.) (1999)

**주요 경력**
- 법무법인(유한) 태평양 IP 그룹 Partner 변호사 (2017-현재)
- 도쿄국제중재센터 중재인 (2018-현재)
- 삼성전자 IP센터 IP법무팀장(부사장)/상근고문 (2011-2017)
- 삼성그룹 법무실 전무 (2007-2011)
- AIP 법률특허사무소 대표변호사 (2006)
- 대법원 재판연구관(지적재산권조 팀장, 부장판사) (2002-2006)
- 특허법원 판사 (2000-2002)
- 대전지방법원, 인천지방법원, 서울중앙지방법원 판사 (1989-2000)

## 강일 변호사

**학 력**
- 서울대학교 경제학과 졸업 (2001)
- 제42회 사법시험합격 (2000)
- 제32기 사법연수원 수료 (2003)
- 서울대학교 경제학부 대학원 수료 (2006)
- 미국 University of California, Berkeley School of Law (LL.M.) (2011)

**주요 경력**
- 법무법인(유한) 태평양 공정거래그룹 Partner 변호사 (2006-현재)
- 한국 아시아경쟁연합 사무차장 (2021-현재)
- 벨기에 브뤼셀 CMS EU Law Office 파견 (2011)
- 육군법무관 (2003-2006)

## 강한길 미국변호사

**학 력**
- 미국 Georgetown University (B.S.) 졸업 (1998)
- 미국 University of Florida (M.S.) 졸업 (2004)
- 미국 Duke University School of Law (J.D.) 졸업 (2007)
- 미국 New York주 (2008) 및 Washington D.C. 변호사 (2009)
- 미국 변리사 자격 취득 (2010)

**주요 경력**
- 법무법인(유한) 태평양 IP그룹 Senior Foreign Attorney (2016-현재)
- Covington & Burling LLP, Washington D.C. (2013-2016)
- 삼성전자 IP Legal Team, Legal Counsel (2010-2013)
- McDermott Will & Emery LLP, Washington D.C. (2007-2009)

## 곽가은 변호사

**학 력**
- Cornell University (B.S.) 졸업 (2016)
- 인하대학교 법학전문대학원 졸업 (2020)
- 제9회 변호사시험 합격 (2020)

**주요 경력**
- 법무법인(유한) 태평양 IP그룹 변호사 (2020-현재)

## 김규식 변호사

**학 력**
- 서울대학교 법학과 졸업 및 경제학과(복수전공) 우등졸업 (2009)
- 제50회 사법시험합격 (2008)
- 제41기 사법연수원 수료 (2012)
- 미국 Georgetown University Law Center (LL.M.) (2021)

**주요 경력**
- 법무법인(유한) 태평양 공정거래그룹 Partner 변호사 (2016-현재)
- Alston & Bird LLP, Washington D.C. (2021)
- SK 스토아 방송시청자 위원 (2019-2020)
- 법무법인(유) 충정 변호사 (2012-2016)

## 김보연 변호사

**학력**
- 연세대학교 법학과 우등졸업 (2007)
- 제48회 사법시험합격 (2006)
- 제38기 사법연수원 수료 (2009)
- 미국 New York University School of Law (LL.M.) (2017)
- 미국 New York주 변호사 (2020)

**주요 경력**
- 법무법인(유한) 태평양 공정거래그룹 Partner 변호사 (2009-현재)

## 김상철 변호사

**학력**
- 한국과학기술원(KAIST) 전기및전자공학부 졸업 (2003)
- 한국과학기술원(KAIST) 전기및전자공학부 석사 졸업 (2009)
- 연세대학교 법학전문대학원 졸업 (2012)
- 제1회 변호사시험 합격 (2012)
- 영국 King's College London (M.Sc.) 석사 졸업 (2020)
- 영국 England and Wales 변호사 (2021)

**주요 경력**
- 법무법인(유한) 태평양 국제중재그룹 Partner 변호사 (2017-현재)
- 대한무역투자진흥공사(KOTRA) 정부간수출계약 심의위원 (2021-현재)
- 삼성물산 건설부문 법무팀 (2012-2017)

## 김세진 미국변호사

**학력**
- 서울대학교 정치학과 최우등 졸업 (2005)
- 미국 University of Washington School of Law (J.D.) 졸업 (2008)
- 미국 New York주 변호사 (2009)
- 서울대학교 대학원 법학과 석사(국제투자법) 졸업 (2016)

**주요 경력**
- 법무법인(유한) 태평양 국제중재그룹 Senior Foreign Attorney (2013-2022)
- 해군 법무관(법무행정장교) (2010-2013)
- 소말리아해역 호송전대(청해부대) 법무참모 (2010-2011)
- 미국 Washington주 고등법원(Washington Court of Appeals, Div.I) Mary Kay Becker 판사 재판연구관 (2008-2009)
- Washington International Law Journal (Comment Editor) (2006-2008)
- 미국 Washington주 고등법원 Kenneth H. Kato 판사실 Extern (2006)
- 미국 연방하급심법원 Robert H. Whaley 판사실 Extern (2006)

## 김준우 변호사

**학력**
- 서울대학교 외교학과 졸업 (1997)
- 제44회 사법시험합격 (2002)
- 제34기 사법연수원 수료 (2005)
- 미국 University of Pennsylvania Carey Law School (LL.M.) (2010)

**주요 경력**
- 법무법인(유한) 태평양 국제중재그룹 Partner 변호사 (2005-현재)
- Anderson Mori & Tomotsune, Tokyo 파견 (2011)
- Freshfields Bruckhaus Deringer LLP, Paris 파견 (2010-2011)

## 김지현 변호사

**학력**
- 이화여자대학교 법학과 졸업 (1992)
- 제36회 사법시험합격 (1994)
- 제26기 사법연수원 수료 (1997)
- 미국 University of California, Berkeley School of Law (LL.M.) (2006)

**주요 경력**
- 법무법인(유한) 태평양 IP그룹 Partner 변호사 (2000-현재)
- 특허청 부정경쟁행위 공표자문위원회 위원 (2021-현재)
- 공정거래위원회 소비자정책위원회 전문위원 (2021-현재)
- 행정안전부 데이터기반행정활성화위원회 위원 (2021-현재)
- 산업통상자원부 산업기술분쟁조정위원회 위원 (2019-현재)
- 중소벤처기업부 규제자유특구 규제특례 등 심의위원회 민간위원 (2019-현재)
- 서울특별시 개인정보보호 심의위원회 위원

(2019-2021) 외 다수
- 미국 Duke University School of Law, Visiting Scholar (2007)
- 대전지방법원 판사 (1997-2000)


## 염호준 변호사

**학 력**
- 서울대학교 지리학과 졸업 (1998)
- 제39회 사법시험합격 (1997)
- 제29기 사법연수원 수료 (2000)
- 서울대학교 대학원 법학 석사(지식재산권법) 졸업 (2003)
- 서울대학교 대학원 법학 박사(지식재산권법) 수료 (2008)
- 변리사 자격 취득 (2021)

**주요 경력**
- 법무법인(유한) 태평양 IP그룹 Partner 변호사 (2021-현재)
- 서울중앙지방법원 지식재산전담부 부장판사 (2019-2021)
- 사법정책연구원 연구기획실장/선임연구위원 및 인천지방법원 부장판사 (2017-2019)
- 국가지식재산위원회 전문위원 (2017-2022)
- 광주지방법원 부장판사 (2015-2017)
- 서울중앙지방법원 판사 (2014-2015)
- 특허법원 판사 (2011-2014)
- 서울북부지방법원 판사 (2010-2011)
- 미국 Georgetown Law Center, Visiting Researcher (2008-2009)


## 이재엽 변호사

**학 력**
- 서울대학교 법학과 졸업 (2003)
- 제49회 사법시험합격 (2007)
- 제39기 사법연수원 수료 (2010)
- 미국 University of Southern California (LL.M.) (2018)

**주요 경력**
- 법무법인(유한) 태평양 IP그룹 Partner 변호사 (2010-현재)


## 이창현 변호사

**학 력**
- 고려대학교 영문학과 졸업 (1998)
- 제41회 사법시험합격 (1999)
- 제31기 사법연수원 수료 (2002)
- 고려대학교 법무대학원 국제거래법학과 석사 졸업 (2005)
- 영국 런던정경대학(LSE) International Business Law(LL.M.) (2013)
- 서울대학교 법학전문대학원 박사(국제거래법) 졸업 (2020)

**주요 경력**
- 법무법인(유한) 태평양 국제중재그룹 Partner 변호사 (2021-현재)
- 부산지방법원 부장판사 (2017-2020)
- 서울동부지방법원 판사 (2016-2017)
- 서울중앙지방법원 판사 (2014-2016)
- 수원지방법원 판사 (2009-2014)
- 창원지방법원 통영지원 판사 (2006-2009)
- 서울남부지방법원 판사 (2004-2006)
- 서울중앙지방법원 예비판사 (2002-2004)


## 이채은 미국변호사

**학 력**
- 미국 Emory University (B.A.) 졸업 (2013)
- 미국 University of Illinois College of Law (J.D.) 졸업 (2017)
- 미국 New York주 (2018) 및 Washington D.C. 변호사 (2019)

**주요 경력**
- 법무법인(유한) 태평양 IP그룹 Foreign Attorney (2020-현재)
- Paul Hastings LLP, Washington D.C. (2017-2020)

## 이한길 변호사

**학 력**

- 서울대학교 법학과 졸업 (2011)
- 제52회 사법시험 합격 (2010)
- 제42기 사법연수원 수료 (2013)
- 미국 New York University School of Law (LL.M.) (2019)
- 미국 New York주 변호사 (2019)

**주요 경력**

- 법무법인(유한) 태평양 국제중재그룹 Partner 변호사 (2013-현재)
- Kobre & Kim LLP, New York (2019-2020)

## 서고은 연구원

**학 력**

- 경희대학교 법학과 졸업 (2012)
- 경희대학교 일반대학원 석사(상법) 졸업 (2014)
- 경희대학교 법학전문대학원 박사(상법, Ph.D.) 졸업 (2019)

**주요 경력**

- 법무법인(유한) 태평양 IP그룹 일반연구원 (2021-현재)
- 경희대학교 경영학부 회계세무학과 강사 (2020-2021)

# 우리 기업을 위한 미국소송 실무가이드

| | |
|---|---|
| 초판발행 | 2022년 11월 25일 |
| 지은이 | 법무법인(유한) 태평양<br>강기중 강 일 강한길 곽가은 김규식 김보연 김상철 김세진<br>김준우 김지현 염호준 이재엽 이창현 이채은 이한길 서고은 |
| 펴낸이 | 안종만 · 안상준 |
| 편 집 | 김상인 |
| 기획/마케팅 | 조성호 |
| 표지디자인 | BEN STORY |
| 제 작 | 고철민 · 조영환 |
| 펴낸곳 | (주) **박영사**<br>서울특별시 금천구 가산디지털2로 53, 210호(가산동, 한라시그마밸리)<br>등록 1959. 3. 11. 제300-1959-1호(倫) |
| 전 화 | 02)733-6771 |
| f a x | 02)736-4818 |
| e-mail | pys@pybook.co.kr |
| homepage | www.pybook.co.kr |
| ISBN | 979-11-303-4156-9  93360 |

copyright©법무법인(유한) 태평양, 2022, Printed in Korea

정 가    28,000원